高速公路沥青路面养护及检测技术

邓星鹤　王　旺　展宏图　主编

文化发展出版社
Cultural Development Press

图书在版编目（CIP）数据

高速公路沥青路面养护及检测技术 / 邓星鹤，王旺，展宏图主编 .—北京：文化发展出版社有限公司，2019. 6

ISBN 978-7-5142-2587-7

Ⅰ. ①高… Ⅱ. ①邓… ②王… ③展… Ⅲ. ①高速公路－沥青路面－公路养护－研究②高速公路－沥青路面－检测－研究 Ⅳ. ① U418. 6

中国版本图书馆 CIP 数据核字（2019）第 053244 号

高速公路沥青路面养护及检测技术

主　　编：邓星鹤　王　旺　展宏图

责任编辑：李　毅　　　　　　责任校对：岳智勇

责任印制：邓辉明　　　　　　责任设计：侯　铮

出版发行：文化发展出版社有限公司（北京市翠微路 2 号 邮编：100036）

网　　址：www. wenhuafazhan. com　www. printhome. com　www. keyin. cn

经　　销：各地新华书店

印　　刷：阳谷毕升印务有限公司

开　　本：787mm×1092mm　1/16

字　　数：398 千字

印　　张：21

印　　次：2019 年 9 月第 1 版　2021年 2 月第 2 次印刷

定　　价：54. 00 元

I S B N：978-7-5142-2587-7

◆ 如发现任何质量问题请与我社发行部联系。发行部电话：010-88275710

编委会

作　者	署名位置	工作单位
邓星鹤	第一主编	广东交科检测有限公司
王　旺	第二主编	广东交科检测有限公司
展宏图	第三主编	广东交科检测有限公司
屈　磊	副 主 编	新疆生产建设兵团公路科学技术研究所
苗继承	副 主 编	驻马店市农村公路管理处
蔡耀能	副 主 编	中国一冶集团有限公司
张小雷	副 主 编	江西省高速公路投资集团有限责任公司

前　言

近年来，随着我国经济的快速发展，关系国计民生的基础建设也实现了跨越式发展，尤其是高速公路建设，已经位居世界第一。高速公路在为国家经济建设带来一系列优势之外，其养护工作也产生了许多问题。随着高速公路的逐年使用，其自身功能也在不断地下降，危害也日趋严重。因此，探索新时期高速公路的养护技术，通过这些技术确保高速公路的正常使用，已经引起了许多工作者和学者的重视。

沥青路面的养护是一项长期性的工程，但是在这个过程中必须贯彻“预防为主”的方针政策，对于路面中出现的问题要及时解决，而在正常运行的过程中则需要市场加强检查和处理，一旦发现问题就要及时解决。一般来说，沥青路面的养护包括预防性的养护以及修复性的养护，这两种养护都是针对于不同的路面情况进行的措施维护，但其核心的目的就是要提前发现路面的病害并及时处理，进而打造良好的路面环境，提高路面的运行质量，而在路面出现问题的时候则及时地进行修护。

公路工程检测是验收的重要工序，它以现场检测为基础，通过现场检测使每一项工程质量都得到保证。我们通过对道路工程的全面检测，了解道路的质量情况，作为道路工程验收、维护的重要依据，这样，通过完善的质量管理，可使检测工作能够顺利进行且获得可靠的检测数据，统一道路工程现场检测方法及判定方法，检验道路工程的施工质量是否达到设计要求，并为客户提供优质的检测服务，保证道路工程的每一项质量，从而确保交通运输过程中人民的生命财产安全。

由于编者水平有限以及时间仓促，书中难免存在一些不妥之处，恳请广大读者批评指正，以便做进一步的修订。

《高速公路沥青路面养护及检测技术》编委会

目　录

第一章　高速公路沥青路面养护基础

第一节　沥青路面养护作业分类与技术要求

一、沥青路面破损的分类

沥青路面的破损因路面类型、地区和交通的差别而不同。从大的方面可分为结构性破损和功能性破损两大类。结构性破损是由于路面各结构层的承载能力降低而引起的，其结果反映到路面上就是各种形状的裂缝，如龟裂、块裂、纵裂和横裂。这些裂缝是由于路基下沉、路面材料品质不良、施工质量不合格、渗水和交通荷载剪切作用等因素引起的；功能性破损是由于路面提供给道路用户的服务能力下降而引起的，反映在路面上则是平整度降低和车辙加深。常见的功能性破损有不平整性、坑洞、拥包、泛油、波浪、修补、车辙（小量）和局部裂缝等。

按照现行的《公路养护技术规范》（JTG H10—2009）的规定，根据破损的外表形态，沥青路面的破损可分为裂缝类（含龟裂、不规则裂、横裂、纵裂等）、松散类（含食槽、啃边、脱皮、麻面等）、变形类（含沉陷、车辙、波浪、拥包等）及其他类（翻浆、泛油、修补损坏等）4 大类。各种路面破损所包含的内容及状态如下：

1. 裂缝

（1）轻微裂缝。该裂缝多属局部裂缝，一般是在路面使用 3 ~ 5 年后发生的，其表现多是细线状裂缝。裂缝的形状种类如下：

发状或条状：不需要放大即能发现的路面条状裂缝。沥青面层较薄时将成为贯穿裂缝；面层较厚时，尚不贯通。

发射裂缝：由于基层物理性的开裂，反映至沥青面层而呈现出的条状裂缝（又称反射裂缝）。

（2）严重裂缝

严重裂缝的主要类型及内容，见表 1–1。

表 1–1　严重裂缝的类型及内容

类型	主要内容
网裂	不规则的大网格式片网状裂缝，裂缝间距大小相近，形状和尺寸上都有别于龟裂
龟裂	路面由于压实不足、路基下沉等原因产生的小网格式的、成块的、不规则破碎性的网状裂缝，由于其形状类似于乌龟背壳，故俗称为龟裂
纵横裂	顺路方向出现在行车道的纵向长条裂缝，或横断方向有规则的裂缝。其中横向裂缝通常在温差变化较大的地区发生。夏季完好的路面到了冬季会由于路面温度收缩，产生纵向近似等间距的横向裂缝。横向裂缝一般贯通整个路面宽度，纵向间距约为 5 ~ 30m 不等。纵向裂缝通常以单条裂缝出现

2. 麻面：沥青混合料的结合料大部分磨失，成片地出现过度的粗糙段。

3. 松散：沥青路面由于结合料散失或脱落，集料间失去粘结力而出现松散。

4. 坑槽

（1）轻微坑槽：面层集料局部脱落而产生的路面洞穴或小坑槽。

（2）严重坑槽：坑槽连片或者由小坑槽破损连成的大而深的洞穴或坑槽。

5. 车辙：在道路横断面上由于车辆轮胎重复行驶而产生的一种路面横向凹凸沉陷现象。

6. 磨光：沥青路面表面磨成光滑面，其摩擦系数已达到最小极限值。

7. 啃边：路面边缘呈不整齐的破碎损坏。

8. 脱皮：路面上下面层脱离，大块脱落。

9. 搓板：路面表面产生接近等距离的纵向凸凹，形似洗衣搓板状。

10. 波浪：波浪是沿路面纵向形成的一种波长较短、振幅较大的凸凹现象，其波峰、波谷的距离和起落差异均大于搓板。

11. 沉陷

（1）局部下陷：路面局部产生小面积的下陷变形。

（2）沉陷

塌陷：路面较大面积的下陷变形。

桥头跳车：常发生在桥梁或涵洞等构造物与路面交接的部位。一般是由于路面材料压实不均匀，或桥梁两端路基沉陷，路面与构造物间形成一定程度的高差而造成的行车颠跳。

12. 泛油：出现泛油的原因一是沥青材料质量差，软化点低；二是沥青路面用油量过多，未严格按照设计沥青用量施工，在高温季节沥青在行车作用下被挤出表面而形成油层。

13．油包：因局部泛油处理不当或成块的油污结成面积不大的包状物。

14．翻浆：路面表面鼓起以致破裂，从裂缝中冒出泥浆的现象。

15．发软：路面整体失去稳定，行车时出现弹簧状。

在上面叙述的各类破损现象中，坑槽、车辙、脱皮、搓板、波浪、沉陷、油包、发软等破损，都表明了沥青路面的纵向不平整性。纵向不平整性一般用平整度来描述，是在道路纵横断面方向上产生的波长较短的凸凹不平现象。不平整的道路在我国公路网中低等级的公路上到处可见，是非常普遍的一种破损现象。尽管近年来我国在公路工程中大量采用机械化施工，大大提高了路面平整度，但整个路网平整度低下的状况尚未得到根本改变。因此，这一破损类型将在相当长的一段时间内普遍存在。

二、沥青路面破损原因

造成沥青路面破损的原因很多，主要有交通条件、气象条件、排水条件、材料因素、施工水平、管理水平（养护频率、资金投入和设备条件）等。但归根结底，还是由于沥青路面的使用性能下降造成的。概括地讲，沥青路面的使用性能主要是指高温稳定性、低温抗裂性、水稳定性、抗疲劳性能、抗老化性能、表面服务功能。以上性能中，水稳定性、抗疲劳性能、抗老化性能也统称为耐久性能。沥青路面使用性能对沥青路面破损的影响如下：

1．高温稳定性

高温稳定性主要是指沥青混合料在夏季高温条件下，不发生由于垂直荷载重复作用引起的车辙和由于剪切荷载引起的推移变形的能力，也就是指路面抵抗流动变形的能力。沥青路面高温稳定性不足，会直接导致路表面出现车辙、泛油、油包、发软等病害。车辙是在沥青路面行车道的轮迹带上产生的永久形变。此永久形变由两部分组成，一部分是沥青面层在行车荷载反复作用下进一步碾压密实产生的，可称其为压密形变；另一部分是因为沥青混合料在高温时的强度不足以抵抗行车荷载反复作用，车轮下的部分沥青混合料产生剪切形变，逐渐产生侧向流动，被挤压到轮迹两侧，使两侧的沥青混合料发生鼓起变形。

产生压密形变的主要原因，一是沥青混合料施工压实度不足，经行车碾压后产生形变；二是由于超载重车的碾压而产生形变；三是在高速公路行车道上，由于过往车辆始终在某一车道中央行驶，形成渠化交通，路面负荷过重而产生形变。对于剪切形变，首先取决于沥青混合料的矿料骨架，尤其是粗集料的相互嵌挤情况。在高温时，沥青的粘度较低，粘结集料抵抗变形的能力有限，沥青结合料主要是起阻碍混合料发生剪切变形的牵制作用。所以在通常情况下，沥青路面的高温稳定性主要取决于矿料级配，它的贡献率可占 60%，沥青结合料的性能则提供 40% 的抗车辙能力。具体分析沥青混合料级配对高温稳定性的影响，主要是粉胶比、空隙率。粉胶比是指沥青混合料中矿粉与沥青用量之比。矿粉在沥青混合料中的作用非常重要，沥青只有吸附在矿粉表面形成薄膜，才能对其他粗、细集料产生粘附作用，使沥青与矿料形成一个坚实的整体。

在沥青数量一定时，矿粉用量少，沥青膜的厚度就会减薄，矿料之间的滑动变形将增大，造成高温失稳；此外，沥青用量若过多，超过最佳用量的 0.3% ~ 0.5%，也将对车辙的形成造成很大影响。所以，沥青混合料的粉胶比一定要适当。目前已有的科研成果表明：适当增加矿料在混合料中的体积百分数，适当减少沥青用量；有足够的矿粉数量，粉胶比不宜小于 1.0 ~ 1.2；减少起润滑作用的游离沥青的比例，以较薄的沥青膜使混合料结成坚实的整体，能够使沥青混合料有良好的高温稳定性。

许多试验表明，空隙率对车辙的影响非常大。随着空隙率的增加，车辙变形也将增大。空隙率也不能太小，一般认为，4% 的空隙率是临界界限。此外，与沥青粘结不好的酸性集料不仅容易丧失水稳定性产生剥离，同时也将减小粘结力而减弱高温稳定性，使车辙增大。显然，沥青面层的厚度也是影响车辙的重要因素。但究竟如何影响，国内外有一些不同的看法。一种看法认为，厚度越大，车辙越严重。也有人认为，在我国目前的沥青面层厚度情况下，厚度大的路面车辙不一定严重，厚度过薄可能变形更大。壳牌沥青设计手册认为，沥青路面出现车辙有一临界厚度。此临界厚度与路面结构、材料组成有关，一般在 15 ~ 25cm 之间。

2. 低温抗裂性

低温抗裂性主要是指沥青混合料在低温状态下，抵抗收缩裂缝的能力。沥青路面在寒冷季节产生的温缩裂缝，首先表现为混合料集料之间的沥青膜拉伸破坏，然后再导致混合料的破裂。因此，沥青混合料的低温抗裂性主要取决于沥青结合料的低温拉伸变形性能，其贡献率达到 90%。混合料的矿料级配对抵抗收缩变形导致的开裂无能为力，其贡献率充其量只有 10%。

在沥青的各种性能指标中，影响最大的是温度敏感性，感温性大的沥青容易开裂。沥青的针入度、低温延度也是影响路面开裂的重要指标。由于沥青在老化过程中会出现轻质油分挥发、沥青氧化分解等，因此沥青老化越严重，裂缝出现越早。沥青中的蜡含量越大，会使混合料拉伸应变减小，脆性增加，温度敏感性变大，极易发生横向裂缝。

此外，沥青混合料的组成对沥青路面的开裂影响也很重要。首先，沥青用量虽然重要，但一般认为在最佳沥青用量的 ±0.5% 范围内波动，对开裂率无明显影响。而且，沥青用量增加，使混合料在应力松弛性能提高的同时，也使收缩性能变大，二者互有抵消。第二，矿料组成级配对低温开裂有一定关系，但总的来说，与路面横向开裂率的关系不甚密切。第三，较厚的沥青面层其裂缝率要小，但沥青面层厚度不如沥青结合料性能重要，采用质量好的沥青即使铺筑较薄的面层，其横向裂缝也可能少于厚度较厚但沥青质量差的路段。

路面基层的性能对低温抗裂性的影响是显而易见的。首先，半刚性基层较之级配碎石等柔性基层热容量小，与沥青面层的附着粘结能力差，尤其是本身的收缩性很大,故用其做沥青路面的基层,横向裂缝要多些。其次,基层与面层的附着性能若差，将使面层产生一定的自由收缩变形，沥青混合料的应力松弛性能得不到充分发挥，温度应力将在面层内部积聚，无法传递到基层中，就很容易使沥青路面开裂。所以，在基层表面洒透层油或做下封层，加强基层与面层的层间连接，对提高沥青路面的低温抗裂性能是很有好处的。

3. 水稳定性

水稳定性主要是指沥青混合料在水的浸蚀下，抵抗沥青膜剥离、脱粒、松散乃至出现坑槽等病害的能力。水是危害公路的主要自然因素，凡是沥青路面出现的各种病害，都不同程度地与地表水和地下水的浸蚀有关。沥青面层内部若含有一定的水分，水将在沥青混合料内部自由流动，加上车辆荷载的反复作用，使面层中的水产生压动力，这部分水将逐渐浸入到沥青与集料的界面上，使沥青膜渐渐地从集料表面剥离，最终会导致沥青与集料之间的粘结力丧失，造成水损害破坏。特别是在夏季，温水更能加剧集料上沥青膜的剥离。我们知道，沥青路面是沥青与集料粘结在一体的组合体，沥青必须与集料牢牢地粘结在一起，这是防止沥青路面破坏的最基本条件。由于水损害恰恰破坏了这一基本条件，所以会直接导致路面早期损坏。

从设计、施工角度分析，造成沥青路面水损害破坏的主要原因之一是混合料空隙率过大。为了提高沥青路面的抗滑性能，保证路表面有一定的构造深度，上面层混合料的设计空隙率一般在 6% 以上，降落到路面上的水很容易进入面层混合料内部，从而带来了水损害的隐患。另一方面，在确定下面层混合料级配类型时，人们也往往习惯于选用 AM 类沥青碎石混合料，这些混合料的空隙率也是很大的，由于毛细管作用，地下水会通过基层向上聚集，浸入到下面层内部，待到春融季节开始发作，造成水损害。所以，沥青路面的水损害有时是从下面层破坏开始的，这就和下面层混合料的级配类型选择有关。

二是压实度不足。沥青面层混合料的压实度不足，是导致水损害的最直接原因。按照现行的《公路沥青路面施工技术规范》的规定，沥青面层施工过程中压实度控制标准，高速公路及一级公路为马歇尔试验密度的 96%，其他等级公路为 95%。根据压实度与空隙率的计算公式：

压实度 = 实测密度 / 马歇尔密度

空隙率 =1-（实测密度 / 理论密度）

压实度 =（理论密度 / 马歇尔密度）（1- 空隙率）

三是路面排水设施不完善。已发生水损害的路面，多数都有内、表排水不良的原因存在，及时排除浸入面层中的水分，减少面层中积水的停留时间，对减少路面病害极为重要。所以，搞好路面的排水设计，对保证公路的使用性能和使用寿命具有十分重要的作用，对防止路面水损害更有其特殊的功能。对路面水损害有直接影响的是路表面排水、中央分隔带排水、路面边缘排水。对路表面的排水，人们一般比较重视，目前重视不够的是中央分隔带的排水。实际上，中央分隔带排水是高速公路及一级公路地表排水的重要内容，应该根据分隔带的宽度、绿化和交通安全设施的形式，分隔带表面是否封闭等因素，选择相应的排水方式，防止雨水和绿化用水落到分隔带上，一直向下渗透到土基和两侧行车道基层与面层中间，危害路基的稳定性，导致沥青路面水损害破坏。

四是沥青与集料的粘附性不好。以上三个原因是说明水进入了沥青混合料内部，导致水损害破坏。从另一个角度看，若沥青与集料之间的粘附性很好，即使少量的水进来，也不会造成沥青与集料的剥离。现在的问题是，由于人们往往对集料质量的重视程度不够，所采取的提高沥青与集料粘附性的措施不够科学等原因，降低了沥青与集料的粘附性能，从而导致了水损害。修筑一条高质量的公路，必须要有高质量的材料做保证。若沥青面层所用的集料质量参差不齐，针片状含量高，含土量大，表面粉尘太多，将直接导致沥青与集料之间的粘结力下降，一旦有水浸入混合料，极易发生水损害。

另一方面，为提高沥青与玄武岩类坚硬石料的粘附性，许多工程都在沥青中添加了各种各样的抗剥落剂。但实践证明，许多工程施工时即便使用了抗剥落剂，第二年也照样发生水损害。按照现行的《公路沥青路面施工技术规范》（JTG F40—2004）的规定，为了提高沥青与集料的粘附性，可采用在填料中加消石灰粉或水泥；用石灰浆处理粗集料；在沥青中加抗剥落剂这三项措施。而有些施工单位却把加抗剥落剂作为唯一的一项措施采用，这是不正确的。

国内许多专家指出，水损害破坏是目前我国沥青路面出现坑槽、松散、脱粒、麻面等早期病害的最主要原因，对此应该引起足够重视。

4．抗疲劳性能

抗疲劳性能主要是指沥青混合料在反复荷载（包括交通荷载和温度变化）作用下抵抗疲劳破坏的能力。沥青混合料的疲劳开裂主要源于反复荷载的作用，但集料性质、矿料级配、沥青结合料的性质，包括路面结构设计都起到重要作用。一般认为，沥青结合料对抗疲劳性能的影响能占到60%。沥青含量高的沥青混合料，其沥青膜较厚，因而其疲劳寿命较高。沥青混合料的空隙率越大，其疲劳寿命就越低，因此，保证沥青混合科有较高的压实度，对提高其疲劳寿命十分重要。此外，集料的形状和表面纹理以及集料的级配都对沥青混合料的疲劳寿命有影响。棱角尖锐、表面粗糙和开级配的集料通常都难以压实，由压实不良造成的空隙率过大将导致疲劳寿命缩短。这些粗糙有棱角的集料也可能是裂缝的起源，也会缩短疲劳寿命。

5．表面服务功能

表面服务功能主要是指沥青路面在潮湿情况下的抗滑性能、行车舒适性能，防止雨天溅水及在车后产生水雾等性能。沥青路面的表面服务功能主要取决于表面矿料（主要是粗集料）的微观构造及宏观构造深度（主要是矿料级配）、排水能力。

应该指出的是，上述沥青路面的使用性能，在具体要求上往往是互相矛盾或相互制约的，照顾了某一种性能，很可能就会降低另一种性能。其中，最突出的矛盾有以下两对：

（1）高温稳定性与低温抗裂性、抗疲劳性能的矛盾

为了提高沥青路面的高温稳定性，一般都尽量采用粗级配，增大集料粒径，增加集料数量，减少沥青用量。但这样的混合料容易发脆，也很容易开裂，抗疲劳性能差，而且不易施工。另一方面，为了提高沥青路面的低温抗裂性和抗疲劳性，一般都使用针入度较大、用量较多的沥青，用较细的、空隙率小的级配混合料。但到了高温季节，这样的混合料就很容易出现软化、泛油、车辙。

所以，从选择沥青混合料级配和沥青用量看，高温稳定性与低温抗裂性、抗疲劳性能是一对矛盾。

（2）表面服务功能与耐久性的矛盾

沥青路面特别是高速公路的沥青路面，对表面服务功能的要求较高。一般要求其抗滑性能要好，不溅水，水雾小，噪声轻。为了达到这个目的，就必须提高路表面的粗糙度，采用构造深度大的开级配或半开级配沥青混合料。但是这样的混合料空隙率必然较大，而空隙率大的混合料耐久性又很差。空隙率大的混合料为什么不耐久呢？一是空隙率若大，沥青与空气的接触面就大，加快了沥青的老化速度；二是路表面的水分容易滞留在混合料孔隙内部，逐步造成沥青膜与集料的粘结力丧失，集料剥落、掉粒，最后导致松散、坑槽，造成水损害；三是空隙率大的混合料，沥青结合料与矿料的协同作用差，抗疲劳性能差，会加速混合料的荷载疲劳、温度疲劳。因此，为了提高沥青路面的耐久性，势必要求采用较小的空隙率。

显然，从选择沥青混合料级配类型和空隙率看，表面服务功能和耐久性又是一对矛盾。

要想解决这两对矛盾，就必须科学地选择沥青混合料的级配类型，合理确定混合料的沥青用量和空隙率。

三、沥青路面养护作业分类及主要工程内容

根据现行的《公路养护技术规范》（JTG H10—2009），沥青路面养护作业工程可分为以下四类，具体内容见表 1–2：

表 1–2　沥青路面养护作业工程的分类

类别	内容
大修工程	主要工程内容为整线、整段用稳定材料改善路面基层；整段加宽、加厚原有路面；翻修或补强、重铺原有路面
中修工程	主要工程内容为处理路面严重病害，对路面整段进行封层或罩面
小修保养工程	主要工程内容为：清除路面上的泥土、杂物，保持路面整洁；排除路面上的积水、积雪、积冰、积沙，撒防滑料、灭尘剂或压实积雪，维持交通；处理路面泛油、拥包、裂缝、松散、波浪、啃边等病害；修补坑槽、沉陷
改善工程	主要工程内容为分段提高公路技术等级，并铺筑新的沥青混凝土路面

四、沥青路面养护的技术要求

1. 小修保养工程技术要求

小修、保养作业是保证沥青路面使用质量、延长使用寿命的重要技术措施。通常把清扫，保洁，处理拥包、裂缝、松散等病害称为保养作业；修补坑槽、沉陷，处理车辙、波浪、啃边等病害称为小修作业。按照作业内容分类，小修保养作业可分为：初期保养、日常保养和季节性保养修理。

（1）初期保养技术要求

各种沥青路面竣工后的初期保养是十分重要的，它是使沥青路面尽快稳定成型的关键，是不容忽视的养护环节。

1）热拌沥青混合料路面的初期保养技术要求如下：

面层混合料必须充分压实，待混合料完全冷却，表面温度低于 50℃后方可开放交通；纵、横向的施工接缝是路面的薄弱点，尤应加强初期养护。对这些接缝处应铲高补低、烙平压实，消除接缝空隙，保持平整密实。

2）沥青贯入式路面的初期保养技术要求如下：

开放交通初期，应控制车速不超过 20km/h，直至路面完全成型；应设专人指挥交通或设交通路标，按照先边、后中的原则，控制车辆行驶，达到路面的全面碾压密实；应随时将行车驱散的嵌缝料回扫、布匀，然后再压实，以形成平整密实的上封层。

如有泛油现象，应在泛油处补撒与最后一层石料规格相同的嵌缝料，并仔细扫匀；路表面如有过多的浮动石料，应扫出路面或回收，以免搓动已经粘附沥青的集料；撒初期养护料时，应顺行车方向少撒、勤撒、薄撒、撒匀。撒料宜在当天最高气温时进行，同时控制行车碾压。

3）沥青表面处治路面的初期保养技术要求如下：

层铺法施工的沥青表面处治路面的初期保养与贯入式路面的要求基本相同。由于表面处治路面较薄，更应加强初期保养；拌和法施工的沥青表面处治路面的初期保养与热拌沥青混合料路面的要求基本相同，但更应重视早期病害的及时补修。

4）对于乳化沥青贯入式路面、乳化沥青碎石混合料路面，由于其初期稳定性差，压实后的路面应做好初期保养，设专人管理，封闭交通 2 ~ 6h；在未破乳成型的路段上，严禁一切车辆、人、畜通过；开放交通初期，应控制车速不超过 20km/h，并不得在路面上制动和调头。当有局部损坏时，应及时补修。

（2）日常保养技术要求

各种沥青路面的日常保养的技术要求如下：保持路面平整、横坡适度、线形顺直、路容整洁；排水良好；加强巡路检查，掌握路面情况，随时排除有损路面的各种因素。如发现路面初期病害，应及早补修；禁止各种履带式车辆和其他刚性车轮车辆直接在沥青路面上行驶；及时掌握各种养护技术资料，建立路面养护技术档案。

（3）季节性保养修理技术要求

沥青路面对气温比较敏感，应根据各地不同季节的气候特点、水和温度的变化规律，按照“预防为主、防治结合”的原则，结合成功经验，针对季节性病害根源，因地制宜，采取有效的技术措施，做好季节性保养修理。季节性保养修理应符合以下技术要求（见表 1–3）：

表 1–3　季节性保养修理应符合的技术要求

季节	技术要求
春季	应做好沥青路面温缩裂缝和其他裂缝的灌、封修理，并及时快速修补坑槽，处理松散、翻浆等病害
夏季	此时气温较高，是沥青路面养护工程的有利季节，应抓住高温期处治泛油，铲除拥包、波浪，及时修复冬季与春雨期间临时修补的破损，使路面保持良好的使用性能
秋季	此时气温由高温逐步降温，沥青路面的保养修理必须密切注意天气预报，抓紧完成养护工程年度计划项目，适时做好冬季病害的预防性保养修理，如裂缝的灌、封修理，冻胀、松脆的防治，及时修补坑槽和进行乳化沥青稀浆封层等
冬季	主要是做好除雪、除冰、防滑、疏阻、抢险及下年度养护材料采备等工作

2. 中修工程技术要求

沥青路面在长期使用过程中，会出现不同类型的破损，面层厚度因长期磨耗而减薄，或平整度、摩擦系数等指标低于规定，此时都需要进行封层与罩面，以提高路面的使用性能，延长路面的使用寿命。封层是指采用层铺法或拌和法以全面封闭路表面破损的技术措施；罩面是指在原路面上加铺一层沥青混合料面层，以延长其使用周期，恢复被磨耗的厚度，或提高路面的抗滑性能，改善平整度，但不提高承载能力。当同时要提高路面承载能力时，为补强罩面。封层与罩面都属于中修工程。

一般来说，当路面使用年限尚未达到罩面的间隔周期，或路面裂缝、松散特别严重，表面过于光滑，摩擦系数特别小时，可视路面状况铺筑封层；若原路面使用年限已久，表面老化、透水，但路拱合适，破损现象不很严重，还有一定的承载能力时，可增加一次封层，推迟罩面周期。沥青路面的罩面周期见表 1–4。

表 1–4　沥青路面的罩面周期

路面种类	罩面周期		
	使用期按单车道累计通过交通量（10^4 车次）	使用间隔年限（年）	罩面建议厚度（cm）
沥青混凝土厂拌沥青碎石	>100	7 ~ 8	2.5 ~ 4.0
路拌沥青碎石	>35	5 ~ 7	
上拌下贯式 沥青贯入式	>35	4 ~ 6	1.5 ~ 3.0
沥青表处	>15	3 ~ 4	1.5 ~ 2.5

当某路线（段）的使用年限已届龄期，同时测算其使用期间单车道累计通过交通量已达到表 1–4 的规定时，应做周期性的例行罩面。对于单车道日交通量小于 400 辆 / 日的路线（段），可参照表 1–4 执行；当路面经使用质量评定尚不需罩面时，则应以评定结果为准，同时注意加强原路面的维修保养，以延长罩面周期；在罩面的同时需要补强时，应按照现行的《公路沥青路面设计规范》（JTG D50—2017）的规定进行。各种结构的罩面，除按照现行的《公路沥青路面施工技术规范》（JTG F40—2017）的有关规定进行施工外，还应符合下列技术要求：

在罩面前，必须把原路面所有破损部分（如裂缝、坑槽、松散等）处理好，必要时铺设整平层，并处理好新旧面层的结合；罩面不应铺在逐年喷油封层而加厚的软油层上。如遇有此种情况，必须将软层铲除，完后再整平铺筑；罩面一般应采用拌和法，根据设计厚度采用一次或两次摊铺。摊铺前应彻底清扫原路面并喷洒粘层沥青，沥青用量一般为 0.3 ~ 0.5kg/m^2。对已老化的、空隙率大的沥青路面，粘层沥青用量宜为 0.5 ～ 0.7kg/m^2。

采用层铺法罩面时，按照沥青路面表面处治方法施工；当使用乳化沥青时，集料撒布必须在乳液破乳前完成，破乳成型期间应封闭交通。

罩面时应处理好施工接缝。除按《公路沥青路面施工技术规范》（JTG F40—2017）进行外，还应注意：在施工中所造成的路面纵、横向接缝，应与路面中心线平行或垂直，一般宜采用毛茬热接缝的方法；双层式罩面，每层各自的接缝不应处在同一个垂直面上；上下两层各自接头处，也应错开成台阶式衔接；罩面后应及时处理路面与路肩及路缘石的衔接，并保持衔接顺适。

3. 大修及改善工程技术要求

沥青路面如损坏严重，经判断采用其他修理方法已不能维持良好状况时，应进行路面的大修或改善。路面的大修或改善除应按照现行的《公路沥青路面设计规范》（JTG D50—2017）进行设计以外，还应符合下列技术要求：

对原沥青路面的材料必须作挖验调查和经济比较，能利用者应尽量采取再生利用或重复利用旧沥青面层，并考虑旧面层挖除后剩余强度下降的因素，进行路面结构设计；在原路面上加厚补强时，应对原有路面的病害作详细调查，防止新面层受原路面不利因素的影响；应对路面标高提高后纵坡是否顺适、与周围环境是否协调等作周密考虑。

进行沥青路面大修或改善施工时，除应按照现行的《公路沥青路面施工技术规范》（JTG F40—2017）组织施工外，还应符合下列技术要求：

铺筑补强层前，应先彻底处理好原路面的所有病害，必要时要先铺筑隔离层、整平层，然后再铺筑补强层；对于新铺路面基层，应确保其与旧基层连接良好，不得形成夹层；挖除基层时，应尽量使旧路面的基层材料也得到重复利用。

当在沥青路面大修或改善工程中需要进行加宽、加厚作业时，其施工具体技术要求应按照现行的《公路养护技术规范》（JTG H10—2009）执行，并注意以下内容：

要根据维修路段的交通量大小、原有路面的强度、破损程度等确定实际的加宽、加厚方案；加宽、加厚的路面材料、结构宜与原有沥青路面相同，加宽部位的基层强度不应低于原有沥青路面的基层强度；在边通车边施工的交通繁忙路段上，应适当掌握施工路段的连续长度，保持通车的半幅路面有必要的宽度和平整度，认真搞好排水工作，同时设立施工标志，加强施工现场交通指挥和管理，保障过往车辆正常通行，施工安全顺利；路面加宽时必须处理好新旧路面的纵、横向衔接；路面单侧加宽时必须调整好路面的横坡。

第二节 沥青路面使用性能及评价

一、沥青路面使用性能调查

现行的《公路养护技术规范》（JTG H10—2009）规定，沥青路面的使用性能（也称使用质量）主要由破损、强度、平整度、抗滑系数四项指标来衡量。为了准确掌握沥青路面的使用性能，应定期进行路况调查，分项计算其技术指标数据，用规定的临界标准衡量、评定沥青路面的使用性能，据此来确定路面需要进行养护、修理或改善的对策，并为建立沥青路面养护管理系统积累数据，以便进行科学的管理。

一般来说，沥青路面使用性能调查应选择在路面使用的最不利季节进行。具体调查方法，一是定期检查，周期是每年一次。在调查前除掌握路况检查资料外，应参考路面技术档案及设计、施工时的资料作综合判断。对于自然条件、路面结构、交通条件相同的路段，可选定其中有代表性的一段进行调查。二是随时调查，当沥青路面发生异常现象时，应随时进行调查，调查内容和方法，视其现状而定，以便采取相应措施。沥青路面使用性能调查的频率为：凡高速公路和一、二级公路，其破损状况和平整度每年必须进行 1 次调查；强度和抗滑能力可 1 ~ 3 年进行一次调查；凡三、四级公路，其破损状况和平整度每年可选择重点路段进行调查，其余项目根据需要，必要时再做调查。

路面破损的调查指标为综合破损率（DR），用来确定具体养护对策。高速公路和一级公路路面破损数据的调查，宜采用先进、快速的调查方法。其他等级公路，可采用人工调查的方法。路面各种破损的损坏范围按实测损坏面积计算，不规则形状的损坏面积按当量矩形面积估算。调查结果应按破损类型、破损范围及其严重程度，记入记录表。

路面强度的调查指标为路面弯沉值，用于评价路面的承载能力。调查设备可采用贝克曼梁或自动弯沉仪。如采用自动弯沉仪测定时，应建立与贝克曼梁测定结果的对比关系。路面强度测定应在气候最不利季节时进行，并注意温度修正。在非不利季节测定时，应作季节修正。

路面平整度用来评价路面的表面服务功能，其调查指标为国际平整度指数（IRI）。路网的全面调查，宜采用车载式颠簸累积仪快速检测；小范围的抽样调查，可采用连续式平整度仪或 3m 直尺检测。各种方法的测定结果应建立其与国际平整度指数之间的关系。

路面抗滑能力的调查指标为轮胎与路面的摩擦系数，也用来确定具体养护对策。调查设备可采用摆式摩擦系数（BPN）仪和横向力系数（SFC）测定仪。高速公路和一级公路，宜采用横向力系数测定仪。摆式摩擦系数的调查应在每个评价路段选5个测点，每个测点重复测定5次，取其平均值作为该测点的测量值，5个测点的平均值作为该路段的实测值。

二、沥青路面使用性能的评价及养护对策

1．路面破损状况指数（PCI）

路面破损状况用路面破损状况指数（PCI）进行评价，路面破损状况指数由沥青路面破损率（DR）计算得出。

（1）沥青路面破损分类分级指标见表1–5。

表1–5 沥青路面破损分类分级指标

破损类型		分级	外观描述	分级指标	计量单位
裂缝类	龟裂	轻 中 重	初期龟裂，缝细，无散落，裂区无变形 裂块明显，缝较宽，无或轻散落或轻度变形 裂块破碎，缝宽，散落重，变形明显，急待修理	块度：20 ~ 50cm 块度：<20cm 块度：<20cm	m^2
	不规则裂缝	轻 重	缝细，缝宽，散落，裂块小 不散落或轻微散落，块度大	块度：>100cm 块度：50 ~ 100cm	m^2
	纵裂	轻 重	缝壁无散落或轻微散落，无或少支缝 重缝壁散落重，支缝多	缝宽：≤ 5mm 缝宽：>5mm	长度（m）×0.2m
	横裂	轻 重	缝壁无散落或轻微散落，无或少支缝 重缝壁散落重，支缝多	缝宽：≤ 5mm 缝宽：>5mm	长度（m）×0.2m
松散类	坑槽	轻 重	坑浅，面积较小（<1m^2） 坑深，面积较大（>1m^2）	坑深：<25mm 坑深：>25mm	m^2
	松散	轻 重	轻细集料散失，路面磨损，路表粗麻 细集料散失，多量微坑，表面剥落		m^2
变形类	沉陷	轻 重	深度浅，行车无明显不适感 深度深，行车明显颠簸	深度：>25mm 深度：≤ 25mm	m^2
	车辙	轻 重	变形较浅 变形较深	深度：≤ 25mm 深度：>25mm	m^2
	波浪拥包	轻 重	波波峰波谷高差大峰波谷高差小	高差：≤ 25mm 高差：>25mm	长度（m）×0.4m

续表

破损类型		分级	外观描述	分级指标	计量单位
其他类	泛油		路表呈现沥青膜，发亮，镜面，有轮印		m^2
	修补损坏				m^2

（2）路面破损换算系数（K）

根据路面破损对车辆行驶质量和养护处治工作量的影响，确定路面破损换算系数，见表 1–6。

表 1–6　路面破损换算系数（K）

破损类型	严重程度	换算系数	破损类型	严重程度	换算系数
龟裂	轻 中 重	0.6 0.8 1.0	松散	轻 重	0.2 0.4
不规则裂缝	轻 重	0.2 0.4	沉陷	轻 重	0.4 1.0
纵裂	轻 重	0.4 0.6	车辙	轻 重	0.4 1.0
横裂	轻 重	0.2 0.4	波浪	轻 重	0.4 0.8
坑槽	轻 重	0.8 1.0	拥包	轻 重	0.4 0.8
修补损坏		0.1	泛油		0.1

（3）路面综合破损率（DR）

路面综合破损率 DR 按下式计算：

$$DR=D/A=\sum\sum D_{ij}\times K_{ij}/A$$

式中：D——路段内的折合破损面积（m^2）；

A——路段的路面总面积（m^2）；

D_{ij}——第 i 类损坏、第 j 类严重程度的实际破损面积（m^2）；

K_{ij}——第 i 类损坏、第 j 类严重程度的换算系数，可从表 1–6 查得。

（4）路面破损状况评价指标 PCI（路面破损状况指数）

PCI 的数值范围为 0 ~ 100，其值越大，路况越好。

PCI 的计算公式为：

$$PCI=100-15DR^{0.412}$$

（5）路面破损状况的评价标准

根据路面破损情况，可将路面质量分为优、良、中、次、差五个等级。评价标准见表 1–7。

表 1–7　路面破损评价标准

评价指标	优	良	中	次	差
路面破损状况指数（PCI）	≥ 85	≥ 70；<85	≥ 55；<70	≥ 40；<55	<40

2．路面强度系数（SSI）

沥青路面强度采用强度系数作为评价指标。

（1）路面强度系数（SSI）

SSI= 路面设计弯沉值 / 路段代表弯沉值

（2）路面强度评价标准见表 1–8。

表 1–8　路面强度评价标准

评价指标	优		良		中		次		差	
公路等级	高速、一级	其他公路	高速、一级	其他公路	高速、一级	其他公路	高速、一级	其他公路	高速、一级	其他公路
路面强度系数 SSI	≥ 1.20	≥ 1.00	<1.2；≥ 1.0	<1.0；≥ 0.8	<1.0；≥ 0.8	<0.8；≥ 0.6	<0.8；≥ 0.6	<0.6；≥ 0.4	<0.6	<0.4

3．行驶质量指数（RQI）

（1）国际平整度指数（IRI）

平整度测定设备的测定结果需经试验标定。IRI 与其他设备的标定关系式一般为：

$$IRI=a+b \cdot BI\ (m/km)$$

式中：BI——平整度测试设备的测试结果；

a、b——标定系数。

（2）路面行驶质量指数（RQI）

路面行驶质量指数 RQI 与 IRI 的关系为：

$$RQI=11.5-0.75IRI$$

RQI 数值范围为 0 ～ 10。如出现负值，则 RQI 值取 0；如计算结果大于 10，

RQI 值取 10。

（3）路面平整度评价标准见表 1–9。

表 1–9 路面平整度评价标准

评价指标	优	良	中	次	差
路面行驶质量指数（RQI）	≥ 8.5	<8.5；≥ 7.0	<7.0；≥ 5.5	<5.5；≥ 4.0	<4.0

4. 路面抗滑系数

路面抗滑能力用横向力系数（SFC）或摆值（BPN）表示，评价标准见表 1–10。

表 1–10 路面抗滑能力评价标准

评价指标	优	良	中	次	差
横向力系数（SFC）	≥ 0.5	≥ 0.4；<0.5	≥ 0.3；<0.4	≥ 0.2；<0.3	<0.2
摆值（BPN）	≥ 42	≥ 37；<42	≥ 32；<37	≥ 27；<32	<27

5. 路面质量指数（PQI）

PQI 作为路面的综合评价指标，其值由分项指标加权计算得出。PQI 的数值范围为 0 ~ 100，其值越大，路况越好。

$$PQI=PCI'\cdot P_1+RQI'\cdot P_2+SSI\cdot P_3+SFC'\cdot P_4$$

式中：P_1、P_2、P_3、P_4——相应指标的权重，按 PCI、RQI、SSI 及 SFC（或 BPN）的重要性确定。

沥青路面的养护对策应根据公路等级、交通量及分项路况评价结果确定。根据现行的《公路养护技术规范》（JTG H10—2009）的规定，具体养护对策如下：

（1）必须随时掌握沥青路面的使用状况，加强日常小修保养，及时修补各种破损，保持路面经常处于清洁、完好状态。其养护质量标准应符合表 1–11、表 1–12、表 1–13、表 1–14 的规定。

表 1–11 路面破损状况养护质量标准

评价指数	沥青混凝土、沥青碎石路面	沥青表处、贯入式、上拌下贯式路面
路面综合破损率（DR）（%）	<8	<14
路面破损状况指数（PCI）	>65	>55

表 1–12　路面强度养护质量标准

评价指数	高速公路、一级公路	其他等级公路
路面强度系数（SSI）	≥ 0.8	≥ 0.6

表 1–13　路面平整度养护质量标准

评价指标	沥青混凝土、沥青碎石路面		贯入式、上拌下贯式路面		沥青表面处治路面	
	平整度仪（6）	3m 直尺（mm）	平整度仪（6）	3m 直尺（mm）	平整度仪（6）	3m 直尺（mm）
路面平整度	3.5mm	8	4.5mm	10	5.5mm	12
路面行驶质量指数（RQI）	>6		>5.5		>5.5	

表 1–14　路面抗滑能力养护质量标准

评价指数	沥青混凝土、沥青碎石路面	沥青表处、贯入式、上拌下贯式路面
横向力系数（SFC）	>0.4	>0.3
摆式仪摆值（BPN）	37	32

（2）对于 PCI 评价为优、良、中，RQI 也评价为优、良、中的路段，以日常养护为主，并对局部路面破损进行小修；对于高速公路和一级公路中等路况的路段，应进行中修罩面；对于 PCI 评价为次、差，或 RQI 评价为次、差，强度满足要求（高速公路、一级公路 SSI ≥ 0.8，其他公路 SSI ≥ 0.6）的路段，宜安排中修罩面；如强度不满足要求时，则应进行大修补强。

（3）大、中修的结构类型和结构厚度，可根据公路等级、交通量、当地经济条件和已有经验，通过设计确定。

（4）对于高速公路和一级公路的路面平整度、破损率和强度均满足要求，但抗滑能力不足（SFC<0.4 或 BPN<37）的路段，应加铺抗滑磨耗层；对于二级及二级以下公路抗滑能力不足［SFC<（0.2 ~ 0.3）或 BPN<（27 ~ 32）］的事故多发路段，宜进行抗滑处理。

三、提高沥青路面使用性能的技术措施

若想提高沥青路面的使用性能，除了要正确贯彻执行现行的沥青路面设计、施工、养护技术规范以外，根据国内近年来的科研成果，在公路养护工程中，应注意

采取以下技术措施：

使用改性沥青。从前面内容可知，沥青的技术性能如何，对沥青路面的低温抗裂性起决定性作用，对高温稳定性起40%左右作用，对抗疲劳性能起60%左右作用。所以，从沥青改性着手，来提高沥青路面的使用性能，是广大道路科技人员多年来始终在研究的一个技术问题。实践证明，在沥青路面封层、中修罩面、大修及改善等养护工程中使用改性沥青，可大大提高养护质量，延长路面使用寿命。

提高集料质量。沥青混合料是由沥青、集料和矿粉按一定的配合比组成的，集料质量差，沥青混合料的质量必然受到影响。必须在保证集料质量的前提下，才能考虑如何控制矿料的级配，如何提高沥青的性能等。目前，我们对沥青的质量比较重视，但对集料的认识远没有像对沥青那样重视。从实践上看，近年来我国从国外进口了大量施工机械，也使用了进口沥青，施工水平也有很大提高，但从总体上看，我国沥青路面建设、养护水平与先进国家还有相当大的差距，至少还落后10 ~ 20年。这个落后主要体现在沥青路面的使用寿命上。更进一步地分析就可以发现，我们与先进国家所差的除了管理工作之外，就在于粗、细集料的生产和使用上。

我国公路建设部门很少自己组织生产筑路用石料，生产筑路用石料的单位大都属于建材部门或地方的集体、个人所有，其生产的石料又是面向地方上各行各业的需要，但主要是用作水泥混凝土材料，而水泥混凝土对集料规格的要求是不高的。在所有的建筑行业，可以说唯有沥青路面材料对砂石料的质量和规格要求最高，因为它在相当程度上要依靠集料的嵌挤作用。许多地方大量的石料是由村镇集体或个人承包的采石场生产，轧石机基本上都是小马力颚板式的，不适宜于坚硬石料的破碎，所生产的石料针片状含量高，含泥量大，这种情况亟待改变；而在欧美及日本等国，沥青混合料拌和场所使用的碎石、砂砾、砂等一般都是经过多次的筛分（有的需用水冲洗），然后再回配成有级配的混合料，因此材料级配很稳定。这样的材料即使采用连续式拌和机，也可以使沥青混合料达到很高的质量。所以，尽快提高我国筑路用集料的质量，是我国沥青路面建设的当务之急，有着重要意义。

提高沥青面层的施工质量。提高施工质量无疑是保证沥青路面使用性能良好的最基本措施。在当前的沥青路面养护工程中，最关键的一是要保证平整度，二是要保证压实度，三是要保证沥青混合料的均匀性。

平整度对沥青路面的使用性能和使用寿命影响很大。我们知道，沥青面层是直接与大气层接触的，承受着行车荷载的垂直力、水平力和冲击力，并且受降水和气温变化的影响最大。若沥青路面平整度很差，不但影响行车的舒适性，而且路表面会积滞雨水，水分通过面层进入基层表面，将使基层表面变软，车辆通过时将产生动水压力。这种力的反复作用将使基层表面冲刷成浆，通过面层唧出。唧浆的产生会使本来强度较低的路面继续下沉，随之会使路面产生网裂、坑槽，导致路面早期损坏。所以，提高沥青路面的平整度是很重要的。需要指出的是，若路面基层的平整度很差，沥青面层的平整度也很难保证，还会使面层厚薄不均，在薄的部位就很容易发生破坏。所以，提高基层的平整度也是至关重要的。

压实度对沥青路面的使用性能和使用寿命影响更大。通过试验可知，压实度越高，沥青混合料的马歇尔稳定度、抗拉强度就越大，实际空隙率越低，疲劳寿命越长，在使用过程中的压缩形变就越小，就能具有较强的承载能力、抗车辙能力、抗水损害能力和耐久性能。所以，在沥青混合料的碾压过程中，必须重视碾压温度、碾压遍数、碾压层厚度、碾压机械的选择与搭配、碾压程序等因素，以保证沥青路面有足够的压实度。根据一些单位的科研、施工经验，无论沥青路面中哪个结构层，哪一种级配的混合料，马歇尔试验设计空隙率不要超过 4.0%，施工现场压实度控制标准应提高至 98%。这样，面层沥青混合料压实后的实际空隙率可控制在 6% 以下。也可以按照沥青混合料的理论密度计算压实度，此时的压实度 =1– 空隙率，所以，压实度控制标准可定为 93% 或 94%，以保证混合料实际空隙率为 7% 或 6%。采取此项措施的目的就是要保证路面不透水或少透水。此外，在沥青路面施工时，要先保压实度，后保平整度，绝不能用牺牲压实度的方法来保证平整度。

沥青混合料的均匀性对路面的整体强度、抗车辙能力、抗裂性能和水稳定性能均有较大影响。所以，在沥青混合料的制备、运输、摊铺整个过程中，要进行严格的质量管理和质量控制，严防沥青混合料粗、细集料离析。产生离析的原因较多，沥青混合料的粒径越大，越容易离析；沥青混合料向自卸车车厢内装载时，混合料下落的高度越大，粗集料就越容易流到料堆的四周下部，产生离析；卸料车与摊铺机的工作配合不当，也容易产生离析；摊铺机的螺旋分料器和熨平板安装得不协调或发生故障，也会产生离析，等等。沥青混合料一旦产生粗、细集料离析，由于粗集料周围没有足够的细集料包裹，沥青混合料的空隙率就会加大，容易渗水，在快速行车荷载作用下，也容易遭到破坏。所以，在沥青路面养护工程中，要十分重视消除沥青混合料的离析现象，特别是表面层的离析现象，使铺筑后的沥青混合料表面保持均匀一致。

提高路面基层的使用性能。路面基层是路面结构体系中的主要承重层，其使用性能的好坏，直接关系整个沥青路面的使用性能和使用寿命，在实际工作中，对这一点要给予高度重视。根据现行的《公路路面基层施工技术规范》（JTG / T F20–2015）的要求，为了提高基层的使用性能，在进行沥青路面大修及改善工程时，在路面基层混合料的选择方面，应重点考虑以下因素（见表 1–15）：

表 1–15　路面基层混合料的选择

考虑因素	内容
抗裂性能和抗冻性能	抗裂性能和抗冻性能是路面基层混合料很重要的性能指标。就此而言，选择级配碎石类柔性基层是最理想的，它的抗裂性能要大大好于半刚性基层，但缺点是造价较高，抗疲劳性能差一些。若选用半刚性基层，一定要精心进行混合料的配合比设计，确保路面基层混合料的抗裂性能、抗冻性能良好。如无特殊情况，不要在很薄的沥青面层下直接铺筑一点儿粗集料都没有的无机结合料稳定细粒土基层
水稳定性能	在选择路面基层混合料时，一定要注意其水稳定性。为此，在进行路面基层混合料配合比试验时，除了要检验 7 天浸水无侧限抗压强度，有条件时，还应对基层混合料进行冻融循环试验、干湿循环试验、抗冲刷试验，以检验其水稳定性究竟如何
强度	根据路面基层在整个路面结构中的作用，强度无疑是选择路面基层混合料的首要因素。作为良好的路面基层混合料，它的早期强度应该高一些，以利于及早开放交通；后期强度应随着使用时间的延长而增长，以适应交通量的逐渐增加；还要具有较高的抗疲劳强度，以延长路面的使用寿命
路面等级	不同等级的公路，由于其交通量不同，面层厚度不同，工程造价不同，对基层混合料的承载能力、抗裂性能、水稳定性能等的要求也不一样，应该具体情况具体分析，选择相应的、合适的路面基层混合料，并进行科学的配合比设计
因地制宜、就地取材	修筑半刚性基层时，可以选用很多种无机结合料和集料。为了降低养护工程的造价，应该因地制宜、就地取材，做到本地有什么材料，就用什么材料；什么材料运距近，就选用什么材料。当然，所选用材料的强度、抗裂性能、抗冻性能、水稳定性能等必须符合施工技术规范要求

第三节　沥青路面养护管理系统

一、数据采集系统

建立沥青路面养护管理系统，首先必须采集大量、精确的数据。这些数据包括内业数据与外业数据。

内业数据主要包括本地区专业养护路线每一条公路的路面几何数据、结构数据、养护处治历史数据和交通量数据。路面几何数据、结构数据和养护处治历史数据主要由公路等级、路基宽度、路面宽度、路面结构、修建年份、养护处治年份、养护作业类型等数据组成。这些数据可直接从技术档案与工程竣工验收资料中采集。技术资料不全的，可通过现场调查或走访有关工程技术人员来获得。其中路面几何数据也可用路面几何数据检测仪来采集。交通量数据包括年平均换算昼夜交通量及测算得到的交通量年增长率。交通量的检测可用人工目测，也可用交通量自动记录仪与车辆轴重仪联合检测。需要指出的是，这些内业数据应根据实际变化情况，每年修改一次。

外业数据主要指本地区专业养护路线每一条公路当前的路况数据。现行的《公路养护技术规范》（JTG H10—2009）把路面整体弯沉、平整度、表面破损、抗滑性能作为评价沥青路面使用性能的 4 项指标，其采集方法见第二节内容。由于外业数据采集量比较大，且必须到实际现场去采集，所以，采集外业数据最好使用高效、快速的检测设备。检测路面破损情况可用路面病害摄影仪或用人工目测。这些高效、快速的检测设备和传统设备（如用贝克曼梁检测弯沉，用摆式仪检测摩擦系数）共同组成了一个完整的外业数据采集系统。

二、数据库管理系统

路面管理系统是借助于计算机技术进行路面养护评价、预测、分析和决策的计算机辅助决策系统，数据库是这一系统的基础。系统所需的各种数据经采集系统采集并输入计算机后，通过数据库加以处理，就可以用于系统决策。数据库的基本功能为：数据编辑打印、数据检索查询、数据统计分析、为网级路面管理系统与项目级路面管理系统提供决策数据。数据库管理系统主要由路网参照系统、数据库和数据库管理软件三部分组成。

1. 路网参照系统

为了对路网各项数据进行有效的管理，需要建立路网参照系统。一切数据均应按照路网参照系统进行合理组织，在此前提下，才能将系统评价、决策的抽象结果和具体的路面实体结合起来。路网参照系统由各类不同形式的编码组成。其中路网由路线组成，路线又分成若干个 10 ~ 30km 长的区间，区间再进一步分成 1km 长的路段。给路线、区间和路段编码，可使不同的数据存放在不同的层次上。

公路本身具有典型的线性特征，路网参照系统一般有以下两种：

（1）里程桩定位参照系统

公路是由若干条路线组成的，每一条路线具有规定的编号及沿着一定方向建立的、表示与路线起点距离的里程桩。假设用路线来表示公路，就构成了公路里程桩定位参照系统。由路线编号和里程桩所组成的数据与公路上的实际位置构成了一一对应的关系。路网中任意一条公路上的任意一点均可由其路线编号和里程桩进行定位。同样，给定有效的路线编号和里程，路网上必有一点与之相对应。

里程桩定位参照系统的最大优点是简单、直观、定位方便。因此，在传统的公路管理中，一直将其作为定位参照系统。这一参照系统的缺点是变更困难。例如，某条路线的某一部分若经过改建，实际里程就会发生变化。要准确地反映这一变化，就需要改变从里程变化点至终点的全部里程桩。对于长距离、跨省市的路线，随时进行这种改变是十分困难的。在实际管理中这种改变并不是随时进行的，这就造成了在一定时期内局部里程桩的长链、短链或断链。

（2）大地坐标定位参照系统

我们知道，空间中的任何一点均可用三维坐标精确地描述。三维大地坐标定位系统是三维坐标系统的形式之一。应用三维大地坐标定位系统，地球表面的任一点，均可用这一点的经、纬度坐标和高程来确定。如果将公路看作覆盖于地球表面具有一定特性的连续点构成的实体，就可以利用三维大地坐标定位系统精确地描述公路。这样，路网中任一条路线上的任一点，均可由这一点所处的经、纬度坐标和高程来表示。与经、纬度数据变化的范围相比，高程的变化是十分微小的，因此，在大多数高程数据影响不大的场合，通常忽略高程而采用二维大地坐标定位系统。

在路面管理系统中采用大地坐标定位作为参照系统的优点是：定位准确，而且不会因路线的某一部分改线而影响其他部分的定位，还可用于计算机的地图信息处理。与里程桩定位参照系统相比，大地坐标定位参照系统的缺点是：数据采集困难，精度要求高、成本高、工作量大，与习惯的管理方式不相一致。

我国目前推广应用的 CPMS 将上述两种参照系统相结合作为路网的参照系统。大地坐标定位参照系统主要应用于 GIS（地理信息系统）管理，里程桩定位参照系统则应用于路况数据的采集、记录、分析和决策。根据实际应用的需要，两种参照系统可以进行相互转换。如在某一路线上给出指定的里程桩，可得到其相应的地理坐标；同样，已知公路上某一点的地理坐标也可得到其相应的里程桩号。

2．数据库

路面管理系统中的数据库，依据其在系统中的作用，可分为原始数据库、中间结果库和分析结果库三类。原始数据库用于记录、存储系统的基本编码及路况数据；中间结果库用于存储系统在运行过程中产生的中间结果，这类库是系统内部应用的，在系统中为数不多，也没有用户界面；分析结果库用于存储系统所产生的分析与决策结果。

原始数据库依据其存储数据的性质可分为两类：静态数据库和动态数据库。静态数据库是指所存储的数据保持相对稳定，一次采集和输入后，除特殊情况外基本保持不变。静态数据库主要包括：路线编码、政区编码、养管单位编码、区间编码、路段编码等。动态数据库存储的数据是动态变化的，它必须根据路况的变化而定期更新。动态数据库主要包括：交通量数据、路面病害数据、路面平整度数据、路面弯沉数据、路面抗滑数据、养护处治历史数据等。

我国目前推广应用的 CPMS 由系统编码管理数据库、基本数据管理数据库和综合数据库三大部分组成，具体内容见表 1–16。

表 1–16　CPMS 的组成

项目	内容
系统编码管理数据库	该数据库由路线编码、政区编码、养管单位编码、区间编码、路段编码、面层结构编码、连接层结构编码、基层结构编码、土基结构编码、养护处治类型编码 10 种数据库组成。路线编码、政区编码、养管单位编码按照《公路路线命名编号和编码规则》（GB917.1—89）、《中华人民共和国行政区划代码》（GB/T 2260–2007）、《公路管理养护单位代码编制规则》（JT 0022—90）的规定编制；区间的划分原则是：在一个管养单位某一条路线的管界内，具有相同的道路等级、交通量、路况、路面结构、路基与路面宽度的路段，划为一个区间。区间编码是按上述原则所划分出的区间的代码；路段是对路况进行描述和养护处治的基本单元，以 1km 为 1 个路段，路段编码由数据库系统按照区间编码自动生成。面层结构编码、连接层结构编码、基层结构编码、土基结构编码、养护处治类型编码应参照《公路路面等级与面层类型代码》（GB/T 920–2002），结合各省（市、自治区）公路典型结构自行拟定
基本数据管理数据库	基本数据管理数据库主要包括：各区间交通量数据库、各路段路面病害数据库、路面平整度数据库、路面弯沉数据库、路面抗滑系数数据库、养护处治历史数据库及宏观数据库。以区间为单位采集到的各类交通量数据录入交通量数据库中后，可自动统计出年平均日交通量（AADT）、汽车交通量及承载能力交通量；以路段为单位采集到的路面病害数据录入路面病害数据库中后，会自动按照预先设定的换算系数，将不同类型、不同种类的路面病害折算成标准损坏面积，由标准损坏面积计算出破损率并录入到系统中；路面平整度数据库以路段为单位，存放路面平整度原始数据——颠簸累积值 BI（车载式颠簸累积仪测量值），并可将 BI 值按标定方程自动转化为国际平整度指数 IRI 并录入到数据库中；路面弯沉数据库以路段为单位存放各点实测弯沉值，并可自动计算出每个路段的平均弯沉、方差及该路段的代表弯沉值；路面抗滑系数数据库以路段为单位存放各点实测摩擦系数值（SFC 或 BPN），并可自动计算出每个路段的平均摩擦系数与方差；养护处治历史数据库以路段为单位存放各路段现有路面结构数据及养护处治历史数据；宏观数据库存放本地区国民经济指标，客、货运量，路面养护维修费用，各类公路里程及统计指标等
综合数据库	该库以路段为单位存放由“系统编码管理数据库”、“基本数据管理数据库”传来的基本数据，并依靠这些数据，计算出相应的路面使用性能指标，如国际平整度指数 IRI、路面破损状况指数 PCI、路面行驶质量指数 RQI、路面强度系数 SSI、路面质量指数 PQ1 等，为下一步进行网级、项目级养护管理决策提供基础数据

3．数据库管理软件

数据库管理软件很多，CPMS 的数据库管理采用的是通用数据库管理方法，主要有通用编辑、通用检索、通用打印等功能。

三、网级路面管理系统

建立路面管理系统的根本目的是为了帮助养护工作者在实际工作中进行科学决策。路面管理系统包括网级和项目级两个层次。对于网级路面管理系统来说，决策是在给定限制条件下，对本地区所有专业养护公路进行技术经济分析，编制中长期公路养护规划，选择最经济有效的资金分配方案，合理地使用有限的养护资金资源。具体来说，网级路面管理系统可利用数据库中所存的数据信息，确定在中长期养护规划中，路网内哪些路段需要进行养护；在什么时间进行养护（按时序安排）；采取什么技术措施进行养护；为保持路面的使用性能，在某一要求的养护水平上所需的养护投资；对于给定的养护投资，经优化决策后给出最佳养护方案，使路网保持尽可能高的服务水平。

CPMS 网级决策主要根据公路等级、交通量、路面破损状况指数 PCI、路面行驶质量指数 RQI 和路面强度系数 SSI 等技术指标进行。其决策过程如下：

1. 确定路面使用性能评价标准

在现行的《公路养护技术规范》（JTG H10—2009）中，已规定了沥青路面使用性能的评价指标、评价标准和养护对策。但各地区沥青路面的使用特点和路况不同，评价标准也不一样。

2. 进行使用性能预测，确定各路段实施养护的时间

沥青路面在使用过程中，其使用性能随着时间及行车荷载作用次数的增加而降低。当使用性能降低到规定的评价标准时，就应该采取养护措施，恢复和提高路面的使用性能。在编制路面养护长远规划时，只有预测到路面采用不同的技术措施养护后，随着使用时间的延长及行车荷载作用次数的增加，路面使用性能的变化情况，才能对各养护方案进行寿命周期费用分析，选择最佳养护方案。网级路面管理系统主要是用于本地区整个公路网长期养护决策的，所以，必须要进行沥青路面使用性能预测。

CPMS 沥青路面使用性能预测模型包括路面行驶质量指数 RQI 和路面破损状况指数 PCI 两项指标的预测模型。该模型是用回归分析的方法，对拟定的六种路面养护技术措施，按照不同交通量和道路等级，以使用时间为自变量建立的。CPMS 提供了指数曲线与 S 曲线两种预测模型。

3. 制定本地区网级养护技术措施与养护标准

沥青路面养护的技术措施很多，各地区应该结合本地公路使用情况、病害特点，自行制定养护技术措施与评价标准。

4. 根据养护管理系统决策树，确定可选养护技术措施

CPMS 是采用决策树方法进行决策的。决策树是一种树形结构，在决策过程中，

可将道路等级、交通量、路况等影响决策的因素分在各“树叉”上，再将影响上述因素的因素分在每一个“树枝”上，通过不断地细化、分枝，综合考虑各种组合条件，在每个分枝的枝末，给出在各种组合条件限制下的、可选的养护技术措施。

5．确定最佳养护技术措施

确定各路段可选养护技术措施后，系统将按照各种数学模型，预测各可选养护技术措施在分析年限内的交通量、路面使用性能指标（RQI、PCI 及 SSI）、车速、油耗、车辆运营费用、时间费用、道路总用户费用和道路养护费用等。根据预测结果和工程经济分析原理，可计算出各可选养护技术措施的效益净现值 NPV 和效益费用比 BCR，从各可选养护技术措施中，选取 NPV（或 BCR）最大的方案作为该路段的最佳养护方案。

6．对需要养护的路段进行排序

在整个路网中需要养护的路段很多，在养护资金有限的情况下，不可能对所有路段同时进行养护，应根据养护需求的轻重缓急，对各路段养护顺序进行排队（即排序）。排序方法目前有两种：一种是按照经济指标排序，即按照 NPV 或 BCR 值从大到小进行排序，这个顺序也就意味着各路段养护必要性的大与小；另一种方法是从工程技术角度出发，根据道路等级、路面使用性能指标、交通量等因素，按照给定的排序数学模型，对各路段按养护必要性大小进行排序。

路段养护优先排序模型为：

$$PN = \sum_{i=1}^{5} W_i \times VEP_i$$

式中：PN——优先顺序；

W_i——排序数量的权重（重要性）；

VEP_i——排序变量。

PN 值大的路段，就是应该优先安排养护的路段。

交通部目前推广的 CPMS Vn97，其网级路面管理系统的功能有较大提高。该系统可通过路面状况评价、路面使用性能预测、道路使用者费用预测、养护方案效益分析和优化决策，对本地区整个路网进行未来养护需求分析、路网车速预测和评价、路面养护水平（标准）优化分析、养护预算优化分配、养护投资敏感性、风险性分析和新建、改建项目投资效益分析。

在该网级决策系统路面使用性能评价模块中，可给出当前路网使用性能的评价结果；养护需求分析模块则可提供未来 10 年内路面大中修养护的时间、费用、地点和方案；车速预测评价模块可从路面行驶质量评价角度分析预测未来 10 年内路网车速的变化情况，为道路改建、拓宽提供依据；养护水平（标准）优化分析模块可给道路养护工程师提供达到要求的养护水平所需要的最小投资；养护预算优化分配模块将分析不同投资水平给路网带来的变化，建立投资水平与路况的关系，用以确定最佳的路网投资方案和计划；养护投资敏感性及风险性分析模块可分析推迟或提前养护对路面使用性能、养护费用和用户费用的影响。

四、项目级路面管理系统

项目级路面管理系统的功能是在年度养护计划内，利用网级系统运行结果，对具体路段的路面状况进行评价，通过技术经济分析，确定各路段应在何时采取何种措施进行养护，制定以达到网级决策目标为最终目的的年度养护维修方案。

在进行项目级决策时，要依据沥青路面使用性能评价标准，根据各路段的道路等级、交通量、路面破损状况指数 PCI、路面行驶质量指数 RQI 和路面强度系数 SSI 等技术指标，确定各路段的养护技术措施。项目级决策结果分为两种情况，在有唯一养护方案的情况下，决策结果即为该路段的养护方案；当有多个养护方案可选时，要通过对路面使用性能的预测，比较各养护方案的寿命周期和费用，以选择出最佳的养护方案。

在交通部目前推广的 CPMS Vn97 中，项目级系统的主要功能是进行补强设计方案优化分析和罩面方案选择。当路面强度不足时，项目级 CPMS 可利用我国现行的《公路沥青路面设计规范》（JTG D50—2017）规定的理论方法，进行路面补强设计，建立可选方案。然后对可选方案按照数学模型进行经济效益分析，通过经济指标确定最佳的补强设计方案。罩面设计方案的选择，则是根据 CPMS 评价结果和路面使用性能评价标准，选择一种合理的、以修复路面表面破损为目的的养护方案。罩面方案的选择不涉及路面强度问题，罩面的厚度取决于道路等级和路面状况。

第二章　乳化沥青稀浆封层技术

第一节　稀浆封层技术特点与应用

乳化沥青稀浆封层是以适当级配的石屑或砂为骨料，以乳化沥青为结合料，加粉料（水泥、石灰、粉煤灰、矿粉等）、添加剂和水按一定配合比拌和而成的流动状态的沥青混合料，均匀摊铺在路面上形成的沥青表面处治薄层。在水分蒸发干燥硬化成型后，其外观与细粒式沥青混凝土相似，具有耐磨、抗滑、防水、平整等技术性能，施工快、造价低、用途广、能耗省，是一种沥青路面养护用新材料、新工艺、新结构。实践证明，在许多沥青路面预防性养护技术措施中，乳化沥青稀浆封层是使用功能最多、最经济的一种技术措施。

乳化沥青稀浆封层施工法在国外自 20 世纪 40 年代就开始应用。当时是用普通的水泥混凝土拌和机拌和稀浆混合料，再运到现场后人工摊铺而成。初期采用的是阴离子乳化沥青，破乳成型时间较长，对矿料的要求较高，所以主要是在气候温暖地区使用，并且主要应用在交通量较小的农村道路、居民区、公园小路等。60 年代以后，人们对阳离子乳化沥青进行了深入的研究，发现把阳离子乳化沥青用于稀浆封层，具有较短的固化时间，并且对矿料的要求也比较低。同时，美国斯堪道路公司（当时是杨氏稀浆封层公司）研制出了专用的稀浆封层摊铺机，使稀浆封层的手工作业变为机械化作业。从此以后，稀浆封层施工在国外得到了广泛的应用，许多国家已把稀浆封层用于高速公路的预防性养护和填补高速公路的车撤上，并且成立了国际稀浆封层协会。该协会经常进行各国间的学术交流，推动了稀浆封层技术的发展。同时，美国沥青协会制定了稀浆封层施工手册，美国材料和试验协会 ASRM 制定了 D3910 稀浆封层混合料试验和检验标准。这一切都为稀浆封层技术的规范化提供了足够的依据，使稀浆封层施工法得到了迅速发展。

我国最早应用稀浆封层技术是在 1981 年，当时在援建赞比亚赛曼公路上铺筑了乳化沥青稀浆封层双层表面处治，经行车使用效果良好。1987 年辽宁省组织力量对稀浆封层技术进行了研究，并参照赛曼公路工程中使用的 SB-804 型稀浆封层摊铺机，改善施工条件，延长施工时间，减少气温对养护作业的影响；可以实现沥青路面的预防性养护、周期性养护，使路面始终保持良好的行车条件。此外，用这项技术养护沥青路面，生产效率比较高。

2. 新建沥青路面的封层

稀浆封层技术还可用于新建沥青路面的封层。如铺筑双层表处路面时，在第二层嵌缝料摊铺碾压完毕后，最后一层封层料可用稀浆封层代替。由于稀浆混合料流动性好，可以很快地渗入嵌缝料的空隙中去，与嵌缝料牢固地结合，使双层表处路面及早形成强度，避免由于泛油不及时而造成路面早期破损。在新铺筑的沥青贯入式路面或沥青碎石路面上，也可以加铺一层稀浆封层，使路面更加密实，防水性良好。

3. 在砂石路面上铺磨耗层

在压实整平后的砂石路面上铺筑稀浆封层，可使砂石路面的外观具有沥青路面的特征，提高砂石路面的抗磨耗性能，防止扬尘，改善行车条件，降低砂石路面的养护费用，改善砂石路面养路工人的工作条件。

4. 水泥混凝土路面和桥面的维修养护

稀浆封层混合料对水泥混凝土也具有良好的附着性。水泥混凝土路面经多年行车后，路面容易产生裂缝、麻面或轻微的不平整。若在旧水泥混凝土上铺设稀浆封层混合料，可以改善水泥路面因磨损而出现的光滑现象，改善因接缝而引起的跳车现象，提高路面的平整度，延长水泥路面的使用寿命。此外，在桥梁的行车道面层上采用稀浆封层表面处治，桥面自重增加很少，可代替热拌沥青混凝土罩面。

三、应用稀浆封层技术注意事项

要想做好稀浆封层，在实际施工中，必须要注意以下问题：

1. 正确选择沥青乳化剂

乳化沥青在稀浆封层混合料中主要起粘合作用，它的质量好坏，直接影响稀浆封层的施工质量。由于稀浆封层混合料从拌和到摊铺都是在一台机器上连续完成的，需要充足的时间，所以稀浆封层所用的乳化沥青，一般都是采用阳离子慢裂型。目前，国产阳离子慢裂型沥青乳化剂大部分为木质胺类。这类沥青乳化剂的质量往往很不稳定，也就必然造成乳化沥青的质量不稳定。所以，沥青乳化剂的质量问题是目前普遍存在的问题，应该引起高度的重视。在进行稀浆封层前，必须要选择技术性能稳定、经实践证明乳化效果良好的沥青乳化剂。国内有的单位用非离子表面活性剂改善中裂型阳离子沥青乳液的拌和性能，即用季胺盐或其他胺类表面活性剂与烷基酚聚氧乙烯醚、木质素磺酸盐配合使用制备乳化沥青，以延缓破乳时间，使中裂型阳离子沥青乳液也能用于稀浆封层。这是一种解决木质胺类慢裂型阳离子沥青乳化剂质量不稳定的很好的办法，但价格偏高。

我们知道，阴离子沥青乳化剂价格比较便宜，如能在稀浆封层施工中应用，可大大降低稀浆封层的成本，便于此项技术的推广。但阴离子沥青乳化剂多半属于中裂或快裂型，慢裂型很少，目前很少在稀浆封层中应用。在目前阳离子慢裂型沥青乳化剂价格居高不下的情况下，应该研究开发一些阴离子慢裂型沥青乳化剂，这是无可非议的。广西、四川、贵州等盛产石灰石的地区，本着经济适用的原则，先后开发了这类沥青乳化剂，大部分是以烷基磺酸钠、硬脂酸盐为原料皂化后加入稳定剂而制成的，应该大力推广。

2. 正确掌握施工时机

必须明确稀浆封层技术属于预防性养护这个功能特点，正确掌握施工时机，不要等路面已经破坏得相当严重了才进行稀浆封层，这样很可能造成失败。在一些地方，之所以稀浆封层技术推广不开，就是因为不管路面病害的具体情况，在损坏过度的路段上未作事先处理就铺筑稀浆封层，使用年限很低，稀浆封层路面过早地损坏，从而挫伤了推广稀浆封层技术的积极性，影响了稀浆封层技术的声誉。所以，对已经破坏的路面必须先进行修补、整平，强度不足的路面必须先进行补强，然后才能加铺稀浆封层。要防止不管什么样的路面都一律采用稀浆封层的养护方法，应根据路况选择各种不同的养护方法，如乳化沥青表面处治、贯入式、乳化沥青碎石加铺罩面等。国外有一种叫作"开普顿封层"（cape-seal）的养护技术，即在旧沥青路面上先铺筑单层表面处治层，提供一个良好的基础和足够的表面构造，然后再摊铺稀浆封层，施工效果很好，值得我们借鉴。

3. 正确选择稀浆封层所用矿料

稀浆封层所用矿料主要由石屑和矿粉组成。因为稀浆混合料是摊铺到路表面上的，直接与车轮接触，承受着行车荷载的反复作用，为了提高稀浆封层混合料的耐磨性和抗滑性能，延长使用寿命，应选用坚硬、耐磨、棱角比较多的石屑（酸性、碱性均可）。特别要注意的是，要彻底清除石屑中的泥土及其他杂物，彻底筛除超出封层厚度的大颗粒。因为大颗粒在摊铺时容易积聚在摊铺槽刮片前，会使稀浆铺到路面后形成一道道划痕，直接影响着稀浆封层的质量和路容美观。稀浆封层混合料中要有一定数量的矿粉。矿粉过少，稀浆的和易性不好，容易产生离析跑浆，降低混合料的密实度；矿粉过多，会增加油石比，提高工程造价。所以，稀浆封层混合料中的矿粉数量应适当。石屑和矿粉的具体数量应该通过筛分试验确定，使之符合现行的《公路沥青路面施工技术规范》（JTG F40—2017）规定的稀浆封层混合料级配范围。

除此以外，稀浆封层混合料中还要掺加一部分填料，一般常用水泥。它的作用是提高沥青与骨料的粘结力，加快稀浆混合料破乳时间，改善稀浆混合料的和易性，其用量一般占混合料总重的0.5% ~ 3%。稀浆封层混合料中要含有大量的水，它主要是起调稀混合料的作用，其用量多少应该视骨料的干湿程度确定。

4. 原路面的清理和初期养护

在整个稀浆封层施工工艺中，原路面的清理和初期养护工序十分重要。为保证稀浆封层混合料与原路面十分牢固地结合在一起，在正式进行稀浆封层作业前，必须对原路面进行彻底的清理和修补。具体要求是：对原路面存在的松散、脱皮、啃边、坑槽等病害要预先处理完毕；将路面拥包、隆起等突出部位铲平；将路面上的牲畜粪便、泥土、石块等杂物清扫干净；对路面洒水，保持路面湿润。

我们知道，慢裂型乳化沥青一般常需要 2 ~ 4h 才能破乳，用它拌制的稀浆混合料这时才能固化成型。因此在成型期间，稀浆混合料的强度不足以承担任何外界荷载的作用。所以，为保证施工质量，必须做好初期养护。为此，稀浆封层混合料铺到路面后，应在作业面区域内设置标志，由专人负责看护，禁止一切车辆通行。一旦局部遭受破坏，要立即用同样的稀浆修补。混合料破乳成型后，方可开放交通。在平时，路面要经常清扫，以免石块在行车作用下压坏封层。

在现行的《公路沥青路面施工技术规范》（JTG F40—2017）中，对稀浆封层的技术要求已作了原则规定，国家建设部也已颁布了稀浆封层施工规程，这些都是稀浆封层施工的准绳。要想保证稀浆封层施工质量，应该严格按照这些规范、规程组织施工。

第二节　慢裂快凝稀浆封层技术

推广使用乳化沥青稀浆封层技术，关键是要有高质量的稀浆封层机和高质量的沥青乳化剂。目前，国内对稀浆封层机比较重视，已可批量生产质量高、性能好、技术先进的自行式稀浆封层机。相对而言，对于开发更能适应稀浆封层技术要求的沥青乳化剂，还比较滞后。目前我国稀浆封层所用的沥青乳化剂，主要是采用木质胺类慢裂阳离子沥青乳化剂，在使用中主要存在以问题（见表 2–2）：

表 2–2　沥青乳化剂使用中存在的问题

存在问题	主要内容
品种少	稀浆封层所用阳离子沥青乳化剂只有木质胺类一种，其他品种几乎没有。适合于稀浆封层施工所用的阴离子慢裂型沥青乳化剂，开发进度较慢，只有少量的几个品种

续表

存在问题	主要内容
破乳时间过长	目前我国稀浆封层最大的问题是摊铺后开放交通一般需要 3 ~ 4h 以上，有时甚至更长，封闭交通比较困难，特别是在高速公路、干线公路和城市道路上矛盾更加突出。此外，如果铺筑稀浆封层后遇雨，还会将稀浆混合料冲掉，造成很大浪费。这样就极大地妨碍了此项技术的进一步推广应用。究其原因，主要是因为我国生产的木质胺类沥青乳化剂破乳凝固速度过慢，不能使稀浆封层及早成型
对沥青的性质影响比较大	通过对木质胺类慢裂阳离子沥青蒸发残留物的检验可知，其 25℃时的延度一般下降 20% 以上，降低了沥青的使用性能
质量不稳定	生产木质胺类沥青乳化剂的主要原料是木质素。木质素是天然植物纤维原料的重要成分之一，属于一种由苯基丙烷单元通过醚键和碳 – 碳键联结成的大分子所组成的高分子聚合物。在造纸、人造纤维等工业植物纤维原料的蒸煮过程中，木质素经过高温下的化学作用转变成亲液性的物料溶解于蒸煮液中，从而使纤维得以分离成浆料。被排放出的液体色泽深黑，称为黑液。黑液的主要成分是木质素，还有糖类物、无机物等。采用适用技术将木质素回收，可成为一种重要的原料，用于生产水泥减水剂、沥青乳化剂、粘合剂、橡胶填充剂等

由于受造纸原料及工艺的影响，特别是受木质素的分离、提纯方法的影响，往往使木质素含有较多的灰分和纤维素等，提纯比较困难，这就造成木质素的质量很不稳定，由之而来，乳化沥青的质量也很不稳定，也就直接影响了稀浆封层的施工和质量。

稀浆封层所用的沥青乳液，和其他任何乳液一样，它的成功与否直接取决于表面活性剂的适宜配方。表面活性剂分子的化学结构决定了其在乳液中的电荷性质，在界面上的定向吸附能力，以及在油相和水相中的可溶性。这些特性就决定了乳液的化学性质。所以，乳化剂的性能好坏在乳化沥青中起着决定性的作用。近几年来，国内许多科研部门、施工单位对稀浆封层技术所用的沥青乳化剂也进行了深入研究，取得许多科研成果，并已经在稀浆封层作业中应用。其中，最重要的科研成果就是开发出了慢裂快凝型沥青乳化剂，并用其进行稀浆封层施工，因而这项技术也被称为慢裂快凝稀浆封层技术，有时也可称为快凝快开放交通型稀浆封层技术。

根据稀浆封层施工特点，稀浆封层所用的乳化剂，其理想状态应该是在拌和和摊铺过程中，保证乳化沥青不破乳，有一定的可拌和与摊铺时间，以便使稀浆混合料在这一过程中有较高的稳定性；而当稀浆混合料铺筑到路面上以后，应使其快速破乳、析水、蒸发、成型，当沥青已经裹覆粘结在集料表面后，即可开放交通。这就是所谓的“慢裂快凝”。

普通稀浆封层的成型，实际上是水分蒸发过程。只有当水分蒸发完毕，乳化沥青破乳后还原成沥青，才能对集料起到粘结作用。这种破乳是从稀浆混合料表面开始的，而稀浆混合料表面破乳形成沥青膜后，对下层稀浆混合料的水分蒸发又起到了阻碍作用,所以普通稀浆封层成型很慢。而慢裂快凝稀浆封层是在稀浆混合料拌和、摊铺过程中，乳液不能完全破乳，必须有部分乳液在起润滑作用，否则就会出现乳化沥青粘度增大，导致稀浆混合料拌和阻力增加，或者出现离析现象，这时的沥青乳液实际上是一种假“慢裂”型的；而稀浆混合料摊铺到路面后，由于慢裂快凝型乳化沥青与矿料表面有着强烈的化学吸附作用，可以定向地吸附于矿料表面，在吸附的同时将矿料紧紧粘结在一起，因而能使稀浆混合料极快地破乳，将乳液中的水分“挤出”，这就是慢裂快凝稀浆封层的形成机理。

就我国现有的沥青乳化剂品种而言，既要保证稀浆混合料有足够的拌和、摊铺时间而不破乳,又要使稀浆封层路面尽快成型,形成强度,开放交通,获得“慢裂快凝”效果，生产这样的慢裂快凝乳化剂无外乎有以下技术途径：

利用现有的慢裂型乳化剂添加快凝物质；利用现有的中裂型乳化剂添加缓凝物质；研制开发新型的慢裂快凝乳化剂。

就沥青乳化剂对沥青乳液的作用而言，乳化剂浓度决定了分散相微滴凝结速度，乳化剂的性质直接影响乳液颗粒大小、分布与固化速度、贮存稳定性，间接地影响乳液对集料的粘附能力。对于稀浆封层系统来说，加入任何一种化学添加剂时，都必须要谨慎。这时对稀浆封层系统的每一个工作装置都要单独进行评价和判断，确定添加物本身对乳液的影响，添加物的相容性和最佳浓度，添加量的准确度，添加物对沥青自身性质的影响等。要获得具有特定意义的沥青乳液，在现有沥青乳化剂的基础上选用添加物质，选用合适的快凝剂或缓破剂来弥补目前乳化剂的不足是很困难的。所以，应该采用第三种技术途径，研制开发新型的慢裂快凝沥青乳化剂，以满足稀浆封层技术的需要。

目前国内许多单位已研制出阳离子慢裂快凝型沥青乳化剂，是我国木质胺慢裂阳离子型沥青乳化剂的替代产品，可使稀浆封层施工后在 30 ~ 60min 内即可开放交通，并可用于改性乳化沥青稀浆封层，为稀浆封层用于高等级公路的养护提供了条件。国内目前开发的慢裂快凝型沥青乳化剂，绝大多数是将脂肪酸经过特殊处理后，再酰氨化后生成的具有很高活性的酰氨类乳化剂。这类沥青乳化剂易溶于水，并且乳化剂水溶液极性基团带有正电荷，使沥青乳液与矿料充分拌和后，水分子迅速脱离亲水基团，全部蒸发、迅速破乳，达到在很短时间内开放交通的目的。国内目前生产的一些慢裂快凝型沥青乳化剂的主要技术性能见表 2–3。

表 2–3　国内慢裂快凝型沥青乳化剂的技术性能

生产单位	型号	有效物含量（%）	用量（%）	pH 值	溶解度
江苏江阴七星助剂公司	I 型	≥ 50	0.7 ~ 0.12	2.0 ~ 2.5	1 : 100 酸性水全溶
	II 型	≥ 45	0.7 ~ 0.12	~	溶于 55 ~ 60℃水中
河南孟州公路段乳化剂厂	MK ~ 1	90% ~ 95%	0.3 ~ 1.5	2.0 ~ 2.5	溶于 60 ~ 70℃水中
抚顺市公路管理处	FMK ~ 1	>90%	0.4 ~ 1.0	2.0 ~ 2.5	溶于 50 ~ 60℃水中
山东章丘公路段乳化沥青厂	SF ~ MK	>98%	0.8 ~ 1.2	2.0 ~ 3.0	1 : 100 酸性水全溶
芜湖中联道路化学公司	QS ~ 2	>90%	0.5 ~ 1.0	0.5 ~ 1.0	溶于 60 ~ 70℃水中

需要指出的是，应用慢裂快凝稀浆封层技术，除了在生产乳化沥青时，必须要使用慢裂快凝型沥青乳化剂之外，对稀浆封层机的要求也比较严格。慢裂快凝稀浆混合料的可拌和时间只有 2 ~ 4min，普通拖式稀浆封层机的搅拌器为单轴螺旋式搅拌器，稀浆封层混合料在搅拌筒内的停留时间比较长，很容易破乳。所以，铺设慢裂快凝稀浆混合料，需要使用辅助功率比较大的自行式稀浆封层机，且该机器必须要装有推进速度高、出料快的双轴桨叶式搅拌器，摊铺箱要配有多排强制式螺旋分料器，以保证慢裂快凝稀浆混合料在破乳前，迅速摊铺在路面上，快速破乳成型，达到慢裂快凝的效果。

第三节　改性乳化沥青稀浆封层技术

一、改性乳化沥青稀浆封层技术的特点与用途

所谓改性乳化沥青，是指以乳化沥青为基料，以沥青改性剂为外加改性材料，在一定的工艺流程下，经过掺配、混溶，制备成具有某种特性的改性沥青混合乳液，该种混合乳液被称为改性乳化沥青。我们知道，乳化沥青和粘稠沥青相比，具有冷态施工、节约能源、施工方便、节约沥青、保护环境、保障健康等优点。但是，乳化沥青只是改变了粘稠沥青的外表形态，并未改变沥青的内在性质。要想进一步提

高乳化沥青的使用性能，唯一途径是对其进行改性，使其既具有乳化沥青自身独特的优点，破乳后又具有改性沥青路用性能优良的优点，形成一种乳化沥青新材料。由于此种材料将乳化沥青与改性沥青的优点合为一体，因而在公路工程与养护作业中，可广泛用于拌制常温混合料或稀浆封层，尤其适合于在高等级公路上应用。

在国外，改性乳化沥青稀浆封层也称为聚合物改性稀浆封层。国际稀浆封层协会在原来的稀浆封层实施细则 ISSAA 143—83 的基础上，修订成为改性乳化沥青稀浆封层的推荐实施细则 ISSAA 143-91，对改性稀浆封层的设计、试验、质量控制、测试等作了规定；美国沥青协会制定了稀浆封层施工手册，ASTM 制定了 D3910 稀浆封层混合料试验和检验标准；日本乳化沥青协会（JEAAS）也制定了橡胶沥青乳液标准。国外改性乳化沥青稀浆混合料的用途主要有两个方面，一是用其进行稀浆封层作业，称为聚合物改性稀浆精细表面处治，简称 PSM；二是用其填补车辙，简称 PSR。

PSM 厚度为 8 ~ 12mm，有迅速恢复交通的特点，可适用于不同的施工条件。对于交通量大的高速公路和城市干道，可以组织夜间施工，不妨碍白天交通。由于在乳化沥青中掺有高分子聚合物，在待修复的沥青路面上铺设 PSM，能产生一个新的、比较稳定的面层，能防止路面在夏季出现车辙和推移，在冬季出现开裂。PSM 能承受重载和大交通量，非常适合于高速公路和城市干道的预防性养护。有些国家甚至用多层 PSM 做 30mm 厚新建面层，以取代热拌沥青混合料面层。

在我国现已在用的高速公路沥青路面上，多多少少都存在一定深度的车辙。现在修补车辙一般都采用局部铣刨、重新罩面的方法，成本高、浪费大。而用改性乳化沥青稀浆封层即可解决这个问题。用改性乳化沥青稀浆混合料修补车辙，是用装在稀浆封层机上的专用 V 型车辙填补摊铺箱进行的。该摊铺箱是经过特别设计的，能将大部分混合料送到车辙的最深处，其边缘能自动变薄铺开，可填补深达 50mm 的车辙，而且十分稳定，不产生塑性变形。这是不用铣刨旧路面就能解决车辙问题的独特方法，既节约了资金，又提高了生产效率。改性乳化沥青稀浆封层技术，可以和慢裂快凝稀浆封层技术结合起来，将会取得更佳的使用效果。同时，应用此项技术，必须要使用先进的稀浆封层摊铺机。

二、乳化沥青改性材料的品种及性能

用于生产改性乳化沥青的改性剂品种很多，一般都采用高分子聚合物，并以用橡胶材料改性居多。橡胶材料按生产工艺可分为天然橡胶和合成橡胶两大类，用于沥青改性的一般都是合成橡胶。合成橡胶的品种主要有：异戊橡胶（IR）、丁二烯橡胶（BR）、丁苯橡胶（SBR）、氯丁橡胶（CR）、丁腈橡胶（NBR）、丁基橡胶

（IIR）、乙丙橡胶（EPDM）。

目前常用于乳化沥青的改性剂为SBR胶乳、CR胶乳，也可用热塑性橡胶SBS（苯乙烯－丁二烯－苯乙烯嵌段共聚物）。在实际工作中，可根据改性剂的技术性能、价格、来源等因素，选择适合本地使用的乳化沥青改性剂。

三、橡胶改性乳化沥青改性机理

目前，国内生产改性乳化沥青所用的改性剂多属于橡胶类。我们知道，橡胶改性乳化沥青的改性效果是体现在乳液破乳、凝结、成型之后，所以它的改性机理与热态改性沥青有所不同。

橡胶为高分子化合物，其分子量很大。例如，天然橡胶的平均分子量为30万，合成橡胶的平均分子量为55万。一个橡胶分子大约由4000 ~ 5000个单体分子构成，而沥青中最大的沥青质分子量仅为6000个左右。橡胶分子链、链段、链节的运动动能很高，所以，在橡胶沥青乳液破乳初期，橡胶分子可以冲破沥青分子的阻碍，从沥青分子中穿过，并相互交联，形成网状结构。

橡胶的交联是指橡胶分子链与分子链相互结合，以交联键的形式联结起来。交联键可分为化学键和物理键。化学键交联既是橡胶分子链碳原子之间的直接交联，又可通过硫类交联剂原子的交联，形成单硫键、双硫键或多硫键。物理交联是由于橡胶分子链、链节、链段的运动动能很高，大分子在不停的运动中相互缠绕而形成的。如果分子相互交错缠绕在一起不能分开，就成为死结点；如果分子相互交错缠绕在一起在外力的作用下很容易分开，就成为活结点。在橡胶沥青乳液破乳前，沥青、橡胶分子之间将会首先发生化学键交联，成为立体空间网状结构。此时，在这个网状结构中，以化学键交联为主，物理键交联为辅。

在橡胶沥青乳液破乳后，在已形成的网状结构中，沥青均匀分散在橡胶分子网络的空间里，沥青分子与网络骨架上的橡胶分子还会产生作用。首先是沥青质分子在材料制备及施工中受机械外力的作用及沥青、橡胶两种物质分子自身运动的结果，相互缠绕在一起，形成物理交联键。物理交联键因交联的形式不同而不同，死结点交联键因交联的能量较大，能量级和化学键几乎相同。活结点因为是分子间力的作用，仍具有一定能量。虽然分子间力的能量仅为化学键的十分之一左右，但多个活结点产生的分子间力叠加在一起，能量仍然是很大的。所以，在橡胶沥青乳液破乳后，沥青中的沥青质部分与网络骨架上的橡胶分子将发生以物理键交联为主的二次交联，增强了原有的空间结构。此时，沥青与橡胶分子的交联是以物理键交联为主，化学键交联为辅。

沥青与橡胶两种物质交联后，橡胶大分子牵拉着沥青小分子，由于沥青具有粘弹性，橡胶具有高弹性，若将橡胶分子表示为大弹簧，沥青分子表示为小弹簧，橡胶沥青材料就像是由许多大弹簧与许多小弹簧结合在一起构成的一个大的整体粘弹性体。这种整体粘弹性体在常温下具有较大的回弹性；受外力作用变形后，若除去外力，又可恢复到原来的状态，所以其抵抗外力破坏的能力比起单纯的橡胶分子网络或单纯的沥青胶体结构都要强得多。

比如，在高温下，橡胶由于其固有的技术特性，会保持原有的弹性。而沥青分子受热后虽有自由运动的趋势，但由于受到网络中橡胶分子的牵拉，沥青分子的运动受到一定的约束，它最终不能从网络结构中脱离出去，所以橡胶沥青材料仍能保持良好的弹性。此外，由于沥青中的油分被橡胶分子吸收，也使沥青分子自由运动的可能性减小。这样一来，就改变了原沥青的粘流状态，使沥青的软化点提高，从而减少沥青路面的车辙、拥包、推移等病害。又如，在低温条件下，橡胶分子的脆点较低，此时的橡胶仍然具有很高的回弹性。而沥青的脆点温度较高，一般路用沥青的脆点在 -30 ~ -15℃之间，在温度不是很低时就会产生低温收缩而发生脆裂。对于橡胶沥青材料来说，在低温下，橡胶网络骨架上的橡胶分子仍然保持着良好的回弹性。当沥青分子收缩时，受到橡胶分子的牵拉则不易回缩，材料的整体弹性仍然很好，而不致过早产生低温收缩开裂现象。

橡胶分子与沥青分子构成的立体空间网络结构，与原乳化沥青相比，在耐久性方面也得到了提高。这是因为交联的橡胶网络是比较牢固的，只要保持这种网络的完好，材料的整体性能就能保持，也就是保持着良好的耐久性，同时也会保持良好的高温稳定性和低温抗裂性。若受外力的作用破坏了这种网络结构，则材料的各项技术性能就会下降，所以，橡胶乳化沥青的贮存稳定性是非常重要的，橡胶乳化沥青在使用前及使用中绝不能分层、破乳。

四、橡胶改性乳化沥青生产工艺

根据沥青改性剂的外观形态，橡胶改性乳化沥青的生产工艺一般有以下种类：

1. 液态先掺法

此种方法只适合于用胶乳类改性剂做乳化沥青改性材料。具体方法有两种，一种是：先将胶乳掺入到水 + 乳化剂 + 外掺剂混合液中混匀，再将此混合溶液与热沥青同时输送到胶体磨中进行乳化，即可生产出橡胶乳化沥青。此种生产工艺比较简单，操作方便，橡胶材料通过胶体磨的研磨能与热沥青混合得十分均匀，改性效果很好。在使用中要特别注意，胶乳掺入水 + 乳化剂 + 外掺剂混合液的工艺十分关键，若工艺不当，由于外掺剂的存在，胶乳会破乳、聚团，无法乳化。另一种方法是将胶乳先加入到热沥青中，一边搅拌一边脱出胶乳中的水。待脱水结束，橡胶与沥青完全混匀后，再进行乳化。此种方法改性效果很好，不存在胶乳破乳问题，但操作比较复杂，费工费时。

2．液态后掺法

此种方法只适合于用胶乳做乳化沥青改性材料。具体方法是：先生产乳化沥青，然后再将胶乳掺入乳化沥青中，在强力机械搅拌下与乳化沥青混匀。此种方法比较简单，但若长时间贮存，胶乳容易分离、沉淀，贮存稳定性较差。

3．固态先掺法

此种方法适合于固体改性剂做乳化沥青改性材料。具体方法是：将固体改性剂先加入到热沥青中，用机械边熔化边搅拌并使改性剂与沥青完全混溶均匀，然后再进行乳化作业。此种方法也比较简单，操作方便，改性效果好，但需要配备专用的改性沥青加工设备。

长春市交通局曾采用 SBR 胶乳用液态先掺法生产改性乳化沥青。该方法表面上看比较简单，但对生产工艺要求很严。由于配制乳化剂水溶液时需要用盐酸调 pH 值，若投料顺序不当，胶乳即发生破乳，无法进行乳化作业。经过多次反复试验，摸索出用液态先掺法生产改性乳化沥青的最佳工艺路线，取得良好效果。现将具体生产工艺介绍如下：

（1）沥青乳化剂的选择

生产改性乳化沥青，可使用各类阳离子、阴离子慢裂、中裂、快裂型沥青乳化剂。长春市交通局使用的是江苏芜湖生产的 QS-2 型慢裂快凝型沥青乳化剂。

（2）含胶乳的乳化剂水溶液的配制

用液态先掺法生产 SBR 胶乳改性乳化沥青，其技术关键在于如何配制含胶乳的乳化剂水溶液。对此，试验单位做了大量的试验。

配制含胶乳的乳化剂水溶液，需要乳化剂、外掺剂（盐酸）、水、胶乳这 4 种材料。按照排列组合，这 4 种材料的添加顺序可有 24 种方案。经过反复试验，若使胶乳在配制乳化剂水溶液过程中不破乳，其最佳工艺如下：

取额定数量的乳化剂；将额定数量热水中的 20% 加入到乳化剂中，使其与乳化剂搅拌均匀；加入额定数量的胶乳，并搅拌均匀；缓慢加入盐酸，并搅拌均匀，当溶液的 pH 值达到乳化剂说明书要求的数值后，停止加入盐酸；加入剩余的 80% 的热水，搅拌均匀，并加热至生产乳化沥青所需的温度。

在实际生产时，若乳化剂水溶液配制罐中有机械搅拌装置，可将额定数量的热水一次加入到乳化剂中搅拌均匀。

以上工艺适用于阳离子型沥青乳化剂。对于阴离子沥青乳化剂，由于不需要酸化，所以不用考虑各种材料的添加顺序，将胶乳直接加入到乳化剂水溶液中即可。

此外，试验单位也对用后掺法生产 SBR 胶乳改性乳化沥青进行了试验。试验结果表明，将胶乳加入乳化沥青中搅拌均匀后，再通过胶体磨磨一遍，使胶乳在乳化沥青中分布得更加均匀，其改性效果比较好。

五、改性乳化沥青及混合料试验结果及分析

长春市交通局用 QS–2 型慢裂快凝沥青乳化剂，140 号道路石油沥青，SBR 胶乳掺量按总固物计算为沥青总重的 1%、2%、3%，用实验室胶体磨按照先掺法生产出 SBR 胶乳改性乳化沥青，并拌制乳化沥青混合料，进行了质量检验。

1．改性沥青乳液蒸发残留物的检验

改性乳化沥青的路用性能好坏，最终要取决于破乳后沥青的性能如何。掺加不同比例改性剂的 SBR 胶乳改性乳化沥青蒸发残留物三大指标检验结果见表 2–4。

表 2–4　SBR 胶乳改性乳化沥青蒸发残留物检验结果

项目		基质沥青乳液	1%SBR 改性沥青乳液	2%SBR 改性浙青乳液	3%SBR 改性沥青乳液
针入度（dmm）		111	89	72	65
软化点（℃）		44	45	46.5	47
延度（cm）	25℃	>100	60	52.1	49.5
	5℃	12	21	38	42

分析表 2–4 数据可以看出，基质乳化沥青改性后，针入度降低，软化点升高，低温延度大幅度增加，试验结果和 SBR 改性沥青的试验结果十分相近。具体分析有以下内容：

基质沥青乳液加入 SBR 胶乳改性后，针入度均有所下降，最多者是 3%SBR 改性沥青乳液，下降了 46dmm，说明其粘温性能得到改善；改性沥青乳液的软化点均较基质沥青乳液有所提高，最高者是 3%SBR 改性沥青乳液，提高了 3℃，说明其高温稳定性有所提高，使路面能在高温下减少车辙、推移、拥包和泛油等路面病害；改性沥青乳液的 25℃常温延度比基质沥青乳液有所降低，而 5℃时的延度却有大幅度提高，最高者提高 3 倍以上，显示出良好的低温抗裂性能，很适合于在寒冷地区使用。

2．改性乳化沥青混合料的检验

为了进一步检验 SBR 胶乳改性乳化沥青的路用性能，用 10%SBR 改性沥青乳液与矿料拌成混合料，进行马歇尔试验。

试验表明，1%SBR、2%SBR 改性乳化沥青混合料的稳定度高于基质乳化沥青混合料，说明其强度有所提高；流值略大于基质沥青混合料，说明其抵抗变形的能力和未改性前变化不大。综合 SBR 改性沥青乳液及混合料的试验结果，从技术、经济两方面考虑，胶乳掺量按总固物计算以 2% 为最佳。

以上试验结果表明，用 SBR 胶乳对普通乳化沥青改性后生产出的乳化沥青，其高温稳定性、低温抗裂性等技术性能比普通乳化沥青有明显改善，尤其适合于在高等级公路的施工与养护中应用，是一种很有推广前途的筑、养路新材料。从生产工艺看，用液态先掺法和后掺法生产 SBR 胶乳改性乳化沥青，能够适应不同种类的沥青乳化剂，生产工艺简单，操作方便，质量合格，贮存稳定性好，符合公路施工技术要求。

六、改性乳化沥青稀浆封层经济效益分析

在稀浆封层混合料中应用改性乳化沥青，从工程造价看，是要增加一部分费用的。根据长春市交通局的测算，按 SBR 总固物在沥青中的最佳掺量为 2%，胶乳中总固物含量为 43%，乳化沥青中含沥青量为 60% 计算，SBR 胶乳在乳化沥青中的掺量为 2.8%。每 1t 胶乳的价格为 5500 元，1t 乳化沥青需要加胶乳 28kg，增加成本 154 元，每 1000m^2 改性乳化沥青稀浆封层需要增加工程费用 231 元。按照目前材料价格，铺筑每 1000m^2 普通乳化沥青稀浆封层约需要资金 5000 元，而用 SBR 胶乳改性乳化沥青稀浆封层需要资金 5231 元，根据工程实践，普通乳化沥青稀浆封层竣工后可使用 3 年，则平均每年、每 1000m^2 的工程费用为 1667 元。若用 SBR 胶乳改性乳化沥青铺筑稀浆封层，只要延长使用寿命 2 个月，就可收回所增加的改性剂费用。若按延长使用寿命 1 年计算，SBR 胶乳改性乳化沥青稀浆封层平均每年、每 1000m^2 的工程费用为 1308 元，比普通乳化沥青稀浆封层节约 359 元，节约率为 21.5%。从国内铺筑改性乳化沥青稀浆封层实践经验看，延长 1 年寿命是完全可以做到的。所以，在稀浆封层作业中应用改性乳化沥青，所带来的经济效益是很大的，能够大大超过改性费用的投入。

七、纤维稳定剂在稀浆封层中的应用

近年来，SMA 混合料在我国公路工程与养护作业中得到了广泛应用。这种混合料之所以综合技术性能非常优良，主要原因是级配组成与普通沥青混合料有很大不同，沥青与矿粉用量比较大，而且填加了纤维稳定剂。受 SMA 混合料组成特点的启发，有些公路养护部门将纤维稳定剂也加入到稀浆封层混合料中，取得良好效果。

吉林市公路管理处对此项新技术进行了系统试验。试验中，木质素纤维的用

量为稀浆混合料总重（扣除水重）的0.3%，稀浆封层骨料的级配选用三种，见表2–5。

表2–5 稀浆封层骨料级配组成

级配类型	通过下列筛孔（mm）的质量百分率（%）							
	9.5	4.75	2.36	1.18	0.6	0.3	0.15	0.075
II 型	100	99.6	80.3	63.9	44.0	22.3	13.9	7.5
III 型	100	89.1	46.5	33.6	24.3	13.3	9.6	6.8
新级配	100	100	29	29	29	23	17	8

按照现行《公路工程沥青及沥青混合料试验规程》（JTG E20—2011），对稀浆混合料应进行湿轮磨耗试验。湿轮磨耗试验是按规定的成型方法，将稀浆混合料试件放在水中，用标准的磨耗头磨5min，测定磨耗损失的试验。该项试验主要用来检验稀浆混合料的耐磨耗性能，以确定稀浆混合料沥青用量的下限。同一骨料级配，不同沥青用量，掺与未掺木质素纤维稀浆混合料湿轮磨耗试验结果见表2–6；不同骨料级配，同一沥青用量，掺与未掺木质素纤维稀浆混合料湿轮磨耗试验结果见表2–7。

表2–6 同一骨料级配、不同沥青用量湿轮磨耗试验结果

混合料品种	不同沥青用量时湿轮磨耗值（g/m^2）					
	8.5%	9.0%	9.5%	10.0%	10.5%	11.0%
掺纤维	496	454	431	387	308	262
未掺纤维	660	601	553	486	425	364
降低比例(%)	33.1	32.4	28.3	25.6	38.0	38.9

表2–7 同一沥青用置、不同骨料级配湿轮磨耗试验结果

级配类型	沥青用量	湿轮磨耗值（g/m^2）		
		掺纤维	未掺纤维	降低比例（%）
II 型级配	10%	531	686	29.2
III 型级配	10%	115	231	100.9
新级配	10%	346	516	49.1

按照现行《公路工程沥青及沥青混合料试验规程》（JTG E20—2011），对稀浆混合料还应进行负荷轮碾压试验。负荷轮碾压试验是将稀浆混合料按规定成型后，模拟车辆行驶条件，在 56.7kg 负荷轮下碾压 1000 次，然后在试件上撒定量的热砂，再碾压 100 次，测定试件单位面积所粘附的砂量。该项试验主要用来测定稀浆混合料是否有过量的沥青，以确定稀浆混合料沥青用量的上限，与湿轮磨耗试验结果一起来确定稀浆混合料的最佳沥青用量。同一骨料级配，不同沥青用量，掺与未掺木质素纤维稀浆混合料负荷轮碾压试验结果见表 2–8；不同骨料级配，同一沥青用量，掺与未掺木质素纤维稀浆混合料负荷轮碾压试验结果见表 2–9。

表 2–8　同一骨料级配、不同沥青用量负荷轮碾压试验结果

混合料品种	不同沥青用量时粘附砂量（g/m^2）					
	8.5%	9.0%	9.5%	10.0%	10.5%	11.0%
掺纤维	214	246	287	316	349	385
未掺纤维	256	321	386	427	482	520
降低比例（%）	19.6	30.5	34.5	35.1	38.1	35.1

表 2–9　同一沥青用量、不同骨料级配负荷轮碾压试验结果

级配类型	沥青用量（%）	粘附砂量（g/m^2）		
		掺纤维	未掺纤维	降低比例（%）
II 型级配	10	334	463	38.6
III 型级配	10	326	492	50.9
新级配	10	298	441	45.0

从上述试验结果可看出，掺加木质素纤维后的稀浆混合料在同一骨料级配、各个沥青用量下，其湿轮磨耗值、粘附砂量均有较大下降。显然，掺加纤维稳定剂的稀浆混合料的技术性能明显得到提高，这和 SMA 混合料的技术性能改善效果是相符的。这说明由于稀浆混合料中有纤维稳定剂存在，能吸附大量的沥青，可使稀浆混合料既能增大油石比，又不会产生高温失稳问题；由于沥青用量的增加，加上纤维对稀浆混合料还有一种加筋作用，还会大大提高稀浆封层路面的低温抗裂性能与耐久性能。

在室内试验的基础上，吉林市公路管理处于 1998 年铺筑了 500m 掺加木质素纤维稀浆封层试验路。原有路面存在局部网裂和大片贫油段，急需用稀浆封层技术予以修复。试验路左半幅为普通稀浆封层，右半幅为掺加木质素纤维稀浆封层。纤维可以预先加入到乳化沥青贮罐中并搅拌均匀，然后再拌和稀浆混合料；也可预先将纤维装入稀浆封层机的填料箱里，直接加入到搅拌器中，拌和稀浆混合料。

经竣工 1 年后观测，在局部网裂处，普通稀浆封层路面出现轻微反射裂缝，而掺加木质素纤维后的稀浆封层路面未出现反射裂缝，在抗滑性能和耐磨性能上，也优于前者，显示出良好的使用性能。

掺加木质素纤维进行稀浆封层，要增加一部分工程费用。按照铺筑每 1000m^2 普通乳化沥青稀浆封层约需要资金 5000 元计算，稀浆混合料中掺加木质素纤维后，需要资金 5240 元，根据工程实践，普通乳化沥青稀浆封层竣工后能使用 3 年，则平均每年、每 1000m^2 的工程费用为 1667 元。若掺加木质素纤维进行稀浆封层，只要延长使用寿命 2 个月，就可收回所增加的木质素纤维费用。若按延长使用寿命 1 年计算，掺加木质素纤维进行稀浆封层，平均每年、每 1000m^2 的工程费用为 1310 元，比普通乳化沥青稀浆封层节约 357 元，节约率为 21.4%。从前述湿轮磨耗试验结果看，掺加木质素纤维后的稀浆封层混合料，增加 1 年的使用寿命还是完全可能的。可见，掺加木质素纤维进行稀浆封层，经济效益是很大的。

第四节　路面稀浆封层施工规程

1 总则

1.0.1 为统一路面稀浆封层施工方法，保证稀浆封层施工质量，制定本规程。

1.0.2 本规程适用于新建、改建和养护的城镇道路及广场、机场、桥面、隧道路面等的沥青、水泥及砂石面层的稀浆封层工程。

1.0.3 本规程所指稀浆封层的粘结料为乳化沥青，采用常温施工，施工时应保证各种材料配合比正确，成型期间，应加强初期养护。

1.0.4 稀浆封层施工除应符合本规程外，尚应符合国家现行有关标准、规范的规定。

2 术语

2.0.1 稀浆封层（slurry seal）

在常温条件下，将乳化沥青、级配良好的矿料、填料、水和添加剂等按一定的配合比拌和成稀浆混合料，及时均匀地摊铺在路面上，养护后形成的薄层。

2.0.2 原路面（original road surface）

稀浆封层下的原有路面的总称，包括旧有路面、新建路面的面层和基层等。

2.0.3 矿料（aggregate）

碎石、轧制砾石、石屑、砂等的总称。

2.0.4 填料（filled）

水泥、熟石灰、粉煤灰及矿粉等的总称。

2.0.5 砂当量（sand equivalent）

细矿料中絮凝的泥土体积与矿料体积的比。

2.0.6 稀浆混合料（slurry mixture）

乳化沥青、矿料、填料、水和添加剂等按一定配合比拌和成的混合物。

2.0.7 细封层（I 型）（type I slurry seal）

级配矿料最大标称粒径为 2.36mm，经养护成型后最大厚度为 3.2mm，干矿料摊铺量为 3.2 ~ 5.4kg/m^2 的稀浆封层。

2.0.8 中封层（II 型）（type II slurry seal）

级配矿料最大标称粒径为 4.75mm，经养护成型后最大厚度为 6.4 ~ 8.0mm，干矿料摊铺量为 5.4 ~ 8.1kg/m^2 的稀浆封层。

2.0.9 粗封层（III 型）（type III slurry seal）

级配矿料最大标称粒径为 9.5mm，经养护成型后最大厚度为 9.5 ~ 11.0mm，干矿料摊铺量为 8.1 ~ 13.6kg/m^2 的稀浆封层。

2.0.10 慢凝慢开放交通型稀浆封层（SS/ST 型）（slow set-slow traffic slurry seal）

稀浆混合料 30min 时的粘结力小于 120N · cm，60min 时的粘结力小于 200N · cm，开放交通时间为大于 4h 的稀浆封层。

2.0.11 快凝慢开放交通型稀浆封层（QS/ST 型）（quick set-slow traffic slurry seal）

稀浆混合料 30min 时的粘结力大于 120N · cm，60min 时的粘结力小于 200N · cm，开放交通时间为 1 ~ 4h 的稀浆封层。

2.0.12 快凝快开放交通型稀浆封层（QS/QT 型）（quick set-quick traffic slurry seal）

稀浆混合料 30min 时的粘结力大于 120N · cm，60min 时的粘结力大于 200N · cm，开放交通时间小于 60min 的稀浆封层。

2.0.13 可拌和时间（T_m）（mixing time）

按一定配合比进行室内拌和试验，从掺入乳化沥青开始搅拌至手感有力，明显感到搅拌困难时的时间。

2.0.14 初凝时间（Ts）（set time）

稀浆混合料从掺入乳化沥青开始拌和至混合料粘结力达到 120N · cm 时的时间，通过粘结力试验测定。

2.0.15 开放交通时间（T_t）（traffic time）

稀浆混合料从掺入乳化沥青开始拌和至混合料粘结力达到 200N · cm 时的时间，通过粘结力试验测定。

2.0.16 稠度值（CV）（consistency value）

表示稀浆混合料和易性与含水量的指标，通过稠度试验测定。

2.0.17 磨耗量（WTAT）（abrasion loss）

用湿轮磨耗仪，模拟车轮在稀浆封层上行驶，通过测定一定力和一定作用次数后，标准试件磨耗前后单位磨耗面积的质量差，用以确定稀浆混合料的最小沥青用量。

2.0.18 粘附砂量（LWT）（sand adhesion）

用负荷轮仪，模拟车轮在稀浆封层上行驶，通过测定一定力和一定作用次数后，标准试件单位负荷面积撒砂前后的质量差，用以确定稀浆混合料的最大沥青用量。

2.0.19 粘结力（CT）（cohesion torque）

用粘结力仪，模拟车辆行驶时产生的水平力对稀浆封层的影响，其施力手捶扭力表所指示的数值，用以确定稀浆封层的初凝和开放交通的时间。

2.0.20 固化成型（solidification）

稀浆混合料摊铺后，粘结力随时间逐渐增大，当粘结力达到足以承担车辆行驶的负荷时，称稀浆混合料已固化成型。

2.0.21 养生（cure）

稀浆混合料摊铺后，粘结力从 0 发展到 200N · cm 的过程。

3 材料的选择和技术要求

3.1 乳化沥青

3.1.1 乳化沥青应符合国家现行标准《乳化沥青路面施工及验收规程》的有关规定。

3.1.2 宜选用阳离子慢裂型乳化沥青。

3.1.3 乳化沥青的标准粘度 C_{25}^{3} 宜为 12 ~ 40s，恩氏粘度 E_{25} 宜为 3 ~ 15。

3.1.4 乳化沥青中的沥青含量不应小于 55%。

3.2 矿料

3.2.1 矿料应采用碎石、轧制砾石、石屑、砂等。矿料的质量应符合现行国家标准《沥青路面施工及验收规范》的有关规定。

3.2.2 矿料混合料在添加填料之前，其砂当量不得小于 45。

3.2.3 矿料的级配应符合表 2–10 的规定。

表 2–10　矿料的级配

筛孔（mm）		质量通过百分率（%）		
方孔筛	圆孔筛	细封层	中封层	粗纣层
9.5	10	100	100	100
4.75	5	10	90 ~ 10	7090
2.36	2.5	90 ~ 100	65 ~ 90	45 ~ 70
1.18	1.2	65 ~ 90	45 ~ 70	28 ~ 50
0.6		40 ~ 60	30 ~ 50	19 ~ 34
0.3		25 ~ 42	18 ~ 30	12 ~ 25
0.15		15 ~ 30	10 ~ 21	7 ~ 18
0.074		10 ~ 20	5 ~ 15	5 ~ 15

3.3 填料

3.3.1 水泥、熟石灰、硫酸铵、粉煤灰均不得含泥土杂质，并应干燥、疏松，没有聚团和结块，且小于 0.075mm 的颗粒含量不应小于 80%。矿粉的质量应符合现行国家标准《沥青路面施工及验收规范》的有关规定。

3.3.2 在选择水泥、熟石灰和硫酸铵等具有化学活性的填料时，应便于稀浆混合料的拌和、摊铺和成型，保证封层的整体强度。

3.4 水

3.4.1 稀浆封层用水可采用饮用水。

3.5 添加剂

3.5.1 添加剂可采用液体或固体的材料，并应与矿料等拌和均匀。

3.5.2 采用添加剂不得损失沥青和混合料的整体强度。

4 稀浆混合料的配合比设计

4.1 一般规定

4.1.1 稀浆封层的种类按矿料最大标称粒径的不同，可分为细封层（I 型）、中封层（II 型）和粗封层（III 型）。

稀浆封层按初凝和开放交通时间的不同，还可分为：慢凝慢开放交通型（SS/ST

型）、快凝慢开放交通型（QS/ST 型）和快凝快开放交通型（QS/QT 型）。

4.1.2 细封层，宜用于填封裂缝、填充空隙和轻交通量道路的表面封层；中封层，宜用于预防性的养护，以修补沥青面层的松散、开裂和老化，改善中等交通量道路和重交通量道路的抗滑能力，并可用于沥青路面或水泥混凝土路面的磨耗层或者稳定类基层的封层；粗封层，宜用于多层式封层的底层，并可用于面层，提高重交通量道路的抗滑能力。

4.1.3 细封层、中封层和粗封层，可进行单层铺筑和组合多层铺筑。

4.1.4 不同封层固化成型后最大厚度和材料用量可按表 2–11 选用。

表 2–11　最大厚度和材料用量

项目	细封层	中封层	粗封层
固化成型后封层最大厚度（mm）	3.2	6.4 ~ 8.0	9.5 ~ 11
干矿料用量（kg/m^2）	3.2 ~ 5.4	5.4 ~ 8.1	8.1 ~ 13.6
沥青用量（干矿料质量百分比）（%）	10 ~ 16	7.5 ~ 13.5	6.5 ~ 12
填料用量（干矿料质量百分比）（%）	0 ~ 3		
总含水量（干矿料质量百分比）（%）	12 ~ 20		
加水量（干矿料质量百分比）（%）	6 ~ 11		

4.2 配合比设计程序和要求

4.2.1 矿料配合比设计程序应按下列步骤和要求进行：

（1）根据选择的封层类型，确定矿料的级配曲线；

（2）选择符合规定质量要求的各种矿料；

（3）对各种矿料分别进行筛分试验；

（4）测定各种矿料的相对密度；

（5）根据各种矿料颗粒组成，确定符合级配曲线要求的各种矿料的配合比例。

4.2.2 混合料的稠度及加水量的确定应按下列步骤和要求进行：

（1）选取级配合格的矿料并测定其含水量；

（2）按一定比例称取级配矿料、乳化沥青、填料、水和添加剂，进行拌和。

4.2.3 混合料的破乳时间的确定应按下列步骤和要求进行：

（1）按符合稠度要求的混合料配比备料；

（2）进行混合料拌和；

（3）进行破乳时间测定，测定的破乳时间不得小于 15min，并不得大于 12h；

（4）破乳时间可通过添加水泥、熟石灰和硫酸铵等具有化学活性的填料或其他化学试剂进行调整。

4.2.4 混合料的初凝时间和开放交通时间的确定应按下列步骤和要求进行：

（1）按符合稠度和破乳时间要求的混合料配合比备料，进行拌和；

（2）进行粘结力测定；

（3）当粘结力达到 120N·cm 的时间应确定为混合料的初凝时间；

（4）当粘结力达到 200N·cm 的时间应确定为混合料的开放交通时间。

4.2.5 最佳沥青用量的确定应按下列步骤和要求进行：

（1）当选取稠度、破乳时间、初凝时间和开放交通时间均符合要求的混合料配合比时，应取不同的沥青用量进行拌和；

（2）进行湿轮磨耗试验，根据试验结果绘出沥青用量与磨耗量关系曲线，并根据规定的磨耗量的要求，确定沥青用量最小值；

（3）进行负荷轮碾压试验，根据试验结果绘出沥青用量与粘附砂量关系曲线，并根据规定的粘附砂量的要求，确定沥青用量最大值；

（4）根据（2）、（3）款的最小值和最大值，确定沥青用量范围，并以最大值为准，将三个百分点的范围定为容许范围。

5 施工及技术要求

5.1 一般规定

5.1.1 稀浆混合料应通过配合比设计，符合技术要求后方可施工。

5.1.2 稀浆封层严禁作为路面补强层使用。

5.1.3 稀浆封层可采用机械施工和人工施工。对于高等级路面，应采用机械施工。

5.1.4 当采用人工施工时，应选用慢凝慢开放交通型稀浆封层。

5.1.5 稀浆封层施工时，其施工、养生期内的气温应大于 7℃；并不得在雨天施工。

5.2 对原路面的技术要求

5.2.1 稀浆封层施工前，应对原路面进行质量检查。原路面应符合强度、刚度和整体稳定性的要求，并表面平整、密实、清洁。

5.3 施工准备

5.3.1 原路面的修补、清洁、洒水和喷洒乳化沥青应符合下列要求：

（1）当原路面不符合质量要求时，应对原路面进行修补，拥包应铲平，坑槽应填补，保持路面完整；

（2）清扫或清除原路面上的所有杂物、尘土及松散粒料，对大块油污，应采用去污剂清除干净；

（3）原路面为沥青路面时，稀浆混合料摊铺前，应对原路面预先洒水，洒水量以路面湿润为准，不得有积水现象，湿润后应立即施工；

（4）原路面为非沥青路面或严重少油的沥青路面时，稀浆混合料摊铺前，宜预先浇洒乳化沥青。浇洒的乳化沥青应采用与将使用的稀浆乳液同离子型的乳化沥青，其沥青用量为 0.15 ~ 0.30kg/m^2。稀浆混合料摊铺前，浇洒的乳化沥青应完全破乳，破乳后应立即施工。

5.3.2 材料的检查应符合下列要求：

（1）施工用的乳化沥青、矿料、水、填料等应进行质量检查，符合要求后方可采用；

（2）取矿料堆中间部分的矿料，进行含水量现场测定；

（3）所有材料应根据工程量一次备齐，并分批备料和堆放，且每批料不得混杂堆放。

5.3.3 施工机具应符合下列要求：

（1）各种施工机械和辅助工具，如稀浆封层摊铺机、装载机、乳化沥青罐车、水槽车、运料车以及拌盘、铁铲、刮耙、计量秤、盛料容器等，均应备齐，并保持良好工作状态；

（2）在下列几种情况下，应按照使用说明书对稀浆封层摊铺机进行计量标定：

a. 机器第一次使用前；

b. 机器每年的第一次使用前；

c. 原材料或配合比发生较大变化时。

5.4 施工

5.4.1 应按下列程序进行施工：

第一步：修补、清洁原路面；

第二步：放样划线；

第三步：湿润原路面或浇洒乳化沥青；

第四步：上料；

第五步：拌和、摊铺稀浆混合料；

第六步：初期养护；

第七步：开放交通。

5.4.2 机械拌和摊铺稀浆混合料应按下列程序和要求进行施工：

（1）根据封层路幅全宽，调整摊铺箱宽度，使摊铺次数为整数。按此宽度，划出走向控制线；

（2）将符合要求的各种材料分别装入摊铺机内，矿料的湿度应均匀一致；

（3）将装好料的摊铺机开至施工起点，对准走向控制线，并调整摊铺箱，使摊铺箱周边与原路面贴紧；

（4）开动发动机，使摊铺机上各部位进入正常工作状态；

（5）按现场矿料含水量测定的结果，调整室内设计配合比，依次按调整后的配合比输出矿料、填料、水、添加剂和乳化沥青，进行拌和；

（6）拌好的稀浆混合料流入摊铺箱，当混合料体积达到摊铺箱容积的 2/3 左右时，开动摊铺机以 1.5 ~ 3.0km/h 的速度前进。摊铺时应保持稀浆摊铺量与搅拌量基本一致，保持摊铺箱中稀浆混合料的体积为摊铺箱容积的 1/2 左右；

（7）稀浆混合料摊铺后，应立即使用橡胶耙进行人工找平。找平的重点是：横、纵向接缝，过厚、过薄或不平处，对超大粒径矿料产生的纵向刮痕，应尽快清除并填平路面；

（8）当摊铺机内任何一种材料用完时，应立即关闭所有材料输送的控制开关，让搅拌筒中的混合料搅拌完，并送入摊铺箱摊铺完后，摊铺机停止前进。提起摊铺箱，将摊铺机移出摊铺现场，查对剩余量并立即清洁搅拌筒和摊铺箱；

（9）接缝处理：对于纵向接缝，如铺好的混合料出现部分凝固状态时，应对其预湿后进行下一车程的施工。对于横向接缝，宜从上一车程封层终端，倒回 3 ~ 5m 的距离开始下一车程的施工。纵、横接缝都应进行人工找平。

5.4.3 人工拌和摊铺稀浆混合料应按下列程序和要求进行施工：

（1）每盘拌量以 100kg 矿料为宜；

（2）施工前应做小样的试拌试铺，在满足厚度要求的前提下，确定每公斤矿料铺筑的面积，并折算出每盘混合料的铺筑面积；

（3）放样划线。根据每盘混合料的铺筑面积，将施工路段划分为若干个方块，要求方块面积与每盘混合料的铺筑面积一致，方块之间的纵横连接线应顺直；

（4）拌制工序是：先将矿料和填料置于拌盘或路面上拌匀，加水或添加剂水溶液再拌匀，再加乳化沥青，迅速拌和，拌至无花白料为止。所有材料均应按设计试验要求准确称量；

（5）稀浆拌匀后应立即摊铺，并刮平；

（6）施工完毕，所有工具必须立即用清水冲洗干净。

5.4.4 初期养护应符合下列要求：

（1）严禁一切车辆和行人通行；

（2）对漏铺的部位，应及时用同种稀浆混合料修补；

（3）稀浆封层不用压实机械碾压，通车后交通车辆自然压实即可。特殊情况，可采用轮重 4.5t 以下胶轮压路机压实，压实应在混合料初凝后进行；

（4）混合料粘结力达到 200N · cm 时，初期养护结束。

5.5 施工质量控制

5.5.1 施工前必须提供材料的试验报告，在确认符合要求后，方可使用。

5.5.2 施工前必须提供混合料的试验报告，在确认材料没有发生变化和符合要求后，方可施工。当乳化沥青的蒸发残留物含量和矿料含水量发生变化时，应调整配合比使之符合要求，并按调整后的配合比施工。

5.5.3 施工中应对稀浆混合料性能进行抽样检测，并符合表 2–12 的要求。

表 2–12　稀浆混合料性能检测要求

序号	项目	要求或允许误差	检测频率		检测方法
			范围	点数	
1	矿料裹覆性	>2/3	每车料或 1000m^3	1	目测
2	稠度值	机械施工 2 ~ 3cm 人工施工 3 ~ 5cm	一天施工段	2	稠度试验
3	油石比	± 0.5%	一天施工段	1	抽提法
4	矿料级配	规定范围	一天施工段	1	抽提法

5.5.4 稀浆封层施工外观质量应符合下列要求：

（1）表面平整，密实，无松散，无轮迹；

（2）纵、横缝衔接平顺，外观色泽均匀一致；

（3）与其他构造物衔接平顺，无污染；

（4）摊铺范围以外无流出的稀浆混合料；

（5）表面粗糙，无光滑现象。

第三章　常温、低温混合料修补坑槽技术

第一节　乳化沥青技术特性及应用

所谓乳化沥青，是将沥青加热熔化后，经过机械研磨的作用，以细小的微滴状态分散于含有乳化剂的水溶液之中，形成水包油状的沥青乳液。

根据国内外公路工程实践，采用乳化沥青材料筑路、养路，有如下优点：

1. 节约能源

采用热拌沥青混合料修路时，首先要为沥青加热。若将1t沥青由18℃升温至180℃时，所需热能为：

$$(180-18)\times 2.094\times 10^{3}\times 1000/0.8=424.0\text{MJ}$$

式中：2.094×10^{3}——沥青的比热（J/kg·K）；

0.8——热效率。

此外，采用热沥青拌制混合料时，各种矿料需要烘干与加热，要消耗大量的热能。若矿料原有温度为18℃，含水量为4%，则烘干1t矿料水分所需热能为：

$$1000\times 0.04\times 2.26\times 10^{6}=90.4\text{MJ}$$

式中：2.26×10^{6}——lkg水完全蒸发时所需汽化热（J）。

1t矿料升温达170℃时所需热能为：

$$(170-18)\times 0.837\times 10^{3}\times 1000=127.2\text{MJ}$$

式中：0.837×10^{3}（J/kg·K）——矿料的比热。

1t矿料烘干与加热共需热能为：

$$(90.4+127.2)/0.8=272\text{MJ}$$

这样，生产1t热拌沥青混合料（沥青占5%）所需的热能为：

$$(424.0\times 0.05+272\times 0.95)=279.6\text{MJ}$$

而采用阳离子乳化沥青筑路时，沥青加热温度只需120 ~ 140℃，加热1t沥青所需热能为：

$$(130-18)\times 2.094\times 10^{3}\times 1000/0.8=293.2\text{MJ}$$

按沥青乳液中含 60% 纯沥青计算，1t 沥青可制成 1.7t 沥青乳液，则生产 1t 沥青乳液所需热能为：

$$293.2/1.7=172.5\text{MJ}$$

生产沥青乳液时，在其他方面还要消耗一部分能源：

（1）制备沥青乳液的乳化剂水溶液（占 40% ~ 50%）需要加热，将 18℃水升温至 70℃时，需要热能（按 1t 沥青乳液使用 400kg 水计算）为：

$$(70-18)\times 4.187\times 10^3\times 400/0.8=108.9\text{MJ}$$

（2）乳化机械消耗电能：泵送、乳化 1t 沥青消耗电能按 8kW · h 计算（lkW · h 电能换算成热能为 3.6MJ），则消耗电能为：

$$3.6\times 8=28.8\text{MJ}$$

1t 沥青可以制备 1.7t 乳液，1t 沥青乳液所消耗电能为：

$$28.8/1.7=16.9\text{MJ}$$

这样生产 1t 沥青乳液需要能量为：

$$172.5+108.9+16.9=298.3\text{MJ}$$

生产乳化沥青混合料时，矿料不需要加热。按 1t 乳化沥青混合料需要添加沥青乳液 12kg 计算，其所需能量为：

$$298.3\times 0.12=35.8\text{MJ}$$

从以上分析可以看出，生产 1t 乳化沥青混合料比生产 1t 热拌沥青混合料，可节约能量：

$$279.6-35.8=243.8\text{MJ}$$

当用乳化沥青混合料铺筑 7m 宽、3cm 厚的沥青路面时，lkm 路约需要乳化沥青混合料 515t。和热拌沥青混合料相比，可以节省的总能量为：

$$515\times 243.8=125557\text{MJ}$$

按 1kg 柴油产生 44.8MJ 热能，1lkg 普通煤产生 20.9MJ 热能计算，使用乳化沥青混合料铺筑上述 lkm 沥青路面，可节约 2.8t 柴油或 6t 普通煤。

2. 节省沥青

乳化沥青外表形态几乎和水一样，粘度非常低。和粘稠沥青相比，它非常容易均匀地裹覆在矿料表面，破乳后可以在矿料表面形成均匀的沥青膜，从而既能准确地保证矿料之间有足够的结构沥青，还可减少沥青混合料中的自由沥青。所以，使用乳化沥青筑路，可以节约很多沥青，具体沥青节约量随路面结构型式与施工方法而异，参见表 3–1。

表 3–1 各种路面结构节约沥青数量

路面结构	热沥青路面沥青用量		乳化沥青路面沥青用量			节约沥青量（%）
	沥青用量（kg/m²）	平均（kg/m²）	乳液用量（kg/m²）	折合沥青量（kg/m²）	平均（kg/m²）	
1cm 简易封层	1.0 ~ 1.2	1.1	1.0 ~ 1.4	0.6 ~ 0.84	0.72	35
2cm 拌和式表处	5.0 ~ 5.5	5.25	7.0 ~ 8.0	4.2 ~ 4.8	4.5	14
3cm 层铺法表处	4.0 ~ 4.6	4.3	6.2 ~ 6.4	3.72 ~ 3.84	3.78	13
4cm 贯入	4.4 ~ 5.0	4.7	6.5 ~ 7.0	3.9 ~ 4.2	4.05	14
沥青碎石	4.5 ~ 5.5	5.0	7.0 ~ 8.0	4.2 ~ 4.8	4.5	10
中粒式沥青混凝土	5.5 ~ 6.0	5.75	8.0 ~ 9.0	4.8 ~ 5.4	5.1	11
细粒式沥青混凝土	6.0 ~ 7.0	6.5	9.0 ~ 10.0	5.4 ~ 6.0	5.7	12
粘层油、透层油	0.8 ~ 1.2	1.0	0.8 ~ 1.2	0.48 ~ 0.72	0.6	40

从表 3–1 中可以看出，推广使用乳化沥青，一般可以节省沥青用量 10% ~ 20%。

由于乳化沥青混合料中的沥青用量适宜，从而提高了路面的高温稳定性、低温抗裂性与耐久性。观察许多乳化沥青混合料路面可见，在高温季节较少出现油包、推移、波浪，低温季节较少见到开裂。与相邻的热沥青路面相比，显示出其特有的优越性。这也是由于在筑路过程中，沥青的加热温度低，加热次数少，沥青的热老化损失小，因而增强了路面的稳定性与耐久性。

此外，阳离子沥青乳液与碱性和酸性矿料都有着良好的粘附效果，从而扩大了矿料的来源，更便于就地取材，减少材料的运输，降低工程造价。据调查，对于只产酸性矿料的地区，采用乳化沥青筑路，工程造价可降低 35% 左右。

3．延长施工季节

阴雨与低温季节，正是沥青路面发生病害较多的季节。我国多雨的南方与寒冷的北方，常因多雨和冰冻，造成沥青路面的路况急速下降。这时若出现病害，一般无法用热沥青混合料及时修补，在行车的不断碾压与冲击下，可使病害迅速蔓延与扩大（雨季较长的地区，待雨季过后，病害可以增大 7 ~ 8 倍），行车运输效率降低，车辆油耗与磨损增加，交通事故增多……采用乳化沥青混合料养路，几乎可以不受阴湿或低温季节影响，发现病害可以及时修补，做到“补早、补小、补彻底”，从而能及时改善路况，提高好路率和运输效率。此外，由于乳化沥青混合料可以在雨后立即施工，不需等待矿料与路面晒干，因而可以减少雨后的停工生活费和机械的停机台班费。仅此一项，在多雨地区 1 年就可以节省许多费用，并且可以提前完成养路计划。关于 1 年中延长施工的时间，随各地区气候条件而有差异。据有关资料介绍，应用乳化沥青养路，湖南省可延长施工时间 120d，河南省延长 55d，辽宁省、北京市延长 50d，黑龙江省延长 25d。

4．改善施工条件，减少环境污染

使用热沥青混合料筑路，在沥青混合料拌和场周围方圆约 500m 的农作物都会受到不同程度的威胁，以致由于空气污染而使农作物减产。尤其值得重视的是热沥青施工中的安全事故，如烧伤、烫伤、火灾等事故，每个公路施工部门每年都有不同程度的事故发生，造成的损失很难估算。在高温季节筑路时，施工操作条件比较差，劳动强度高，沥青散发的热气还会直接危害工人的健康。而用乳化沥青筑路，由于其可以在常温条件下使用，施工工人不受烟熏火烤，从而可以改善这些不利的施工条件，降低劳动强度，减少环境污染，因而深受筑、养路工人的欢迎。此外，由于乳化沥青的粘度低，喷洒与拌和容易，操作简便、省力、安全，一般可以提高工效 30%。

通过以上情况可以说明，使用乳化沥青筑、养路，虽因增加乳化工艺与乳化剂而增加部分费用，但由于具有上述的优点，因而总的社会效益、经济效益、环境效益优于用热沥青修筑路面。

由于乳化沥青具有优越的技术性能，因而引起了国内外筑路部门的高度重视。在公路十分发达的欧洲，许多国家面积不大，公路密度很大，铺装率很高，热沥青混合料拌和场十分普及，但这些国家在主干线道路和地方道路中，仍在大量地应用乳化沥青。我国公路交通部门自 1978 年起，就开展了乳化沥青及其路用性能的研究工作。经过多年来的实践经验证明，根据我国目前的公路交通状况，使用乳化沥青修筑路面是十分适宜的。目前在我国，乳化沥青在筑、养路工程中的应用范围主要如下：

拌制常温混合料，用于铺筑中等交通量的上拌下贯式或拌和式路面，修补沥青路面坑槽；各种类型基层的透层油、粘层油、保护层及表面封层；旧沥青路面材料的就地冷再生及砂土路的防尘处理；稀浆封层与改性乳化沥青稀浆封层。

可以预计，随着乳化沥青研究的不断深入，随着工程实践经验的不断积累，乳化沥青在公路养护工程中必将得到更广泛的应用。

第二节　沥青乳化剂分类及选择

一、沥青乳化原理

乳化沥青是由沥青与水组成的。在乳化沥青中，水是分散物质，沥青是分散相，两者只有在表面张力比较接近时，才能形成稳定的结构。实验表明，水在20℃时的表面张力为72.25×10^{-5}N/cm，80℃时为62.6×10^{-5}N/cm。而沥青是由沥青质、树脂和油质组成的胶体体系，在常温下大多是固态或半固态，熔化后，在180℃时表面张力为30×10^{-5}N/cm左右。所以，沥青与水两者间表面张力相差是比较悬殊的。假若我们将沥青与水一起注入一个容器内，经过搅拌和振荡，两种介质会暂时混合在一起，但很快就会分层，沥青浮在水的上面，在两者之间形成一层明显的接触面。但若在沥青与水的混合液中加入某种化学物质（表面活性剂），再对混合液进行搅拌，沥青就会变成微小的颗粒分散于水中，形成乳状液，静置很长时间也很难分层，这种现象就称为“乳化”。

从化学角度讲，沥青乳化的原理是：表面活性剂（乳化剂）的分子结构是由易溶于沥青的亲油基团和易溶于水的亲水基团所组成。这两个基团不仅具有防止油水两相互相排斥的功能，还具有把油水两相连接起来不使其分离的特殊功能。当向沥青与水的混合液中加入乳化剂后，乳化剂的两个基团定向排列于沥青与水两相界面之间，能够降低水的表面张力，牢固地吸附在沥青与水两相界面上，形成一个吸附层，从而把沥青与水连接起来，防止它们之间相互排斥。再经过机械搅拌，增大沥青与水的接触面积，沥青就可以细小的微粒稳定地分散在水中。当沥青液滴周围吸附的乳化剂水溶液分子达到饱和时，在沥青液滴表面就会形成有一定机械强度的坚固保护膜。当沥青液滴相互碰撞时，该保护膜能阻止液滴的聚凝，一旦保护膜受损，也能自动弥补“伤”处，因而这种乳液是比较稳定的。

二、沥青乳化剂的分类

要想生产乳化沥青，必须要使用沥青乳化剂。沥青乳化剂的种类很多，分类方法也各不相同。最常用的是按离子类型分类。当沥青乳化剂溶解于水溶液时，凡能电离生成离子或离子胶束的叫作离子型沥青乳化剂；凡不能电离生成离子或离子胶束的叫作非离子型沥青乳化剂。

离子型沥青乳化剂按其生成的离子电荷种类，又分为阴离子型、阳离子型、两性离子型沥青乳化剂。阴离子型沥青乳化剂在水中溶解时，电离成离子或离子胶束，与亲油基相连的亲水性基团带有阴电荷；阳离子型沥青乳化剂就其分子结构而言，正好与阴离子沥青乳化剂相反，当其在水中溶解时，电离成离子或离子胶束，与亲油基相连的亲水性基团带有阳电荷；两性离子型沥青乳化剂在水中溶解时，电离成离子或离子胶束，与亲油基相连的亲水性基团，既带有阴电荷又带有阳电荷。用离子型沥青乳化剂制成的沥青乳液，按其与矿料接触后分解破乳恢复沥青的速度快慢，又可分为快裂型、中裂型、慢裂型三种沥青乳化剂，能够适应不同的公路施工技术要求。

此外，还可按乳化剂亲水基与亲油基的平衡值 H.L.B 对沥青乳化剂进行分类。当 H.L.B 值在 4 ~ 6 时为油包水型沥青乳化剂，即亲油基的基数大，亲水基的基数小；当 H.L.B 值在 8 ~ 18 时为水包油型沥青乳化剂，即亲水基的基数大，亲油基的基数小。按上述不同的 H.L.B 值，乳化剂可分别制备水在油中乳液（也称油包水型乳液，代号 W/O）、油在水中乳液（也称水包油型乳液，代号 O/W）。在公路工程中所用的沥青乳液大部分为水包油型乳液。

在沥青路面施工中，由于施工方法和施工条件不同，对乳化沥青的要求常常是不一样的。如贯入式路面，要求沥青乳液的粘度要适宜，使其既能很容易地渗透到矿料底部，又能够均匀地裹覆在各层矿料表面；而对于拌和式路面，要求乳液与矿料在拌和期间，乳液不能破乳，要有一定的可拌和时间，而在沥青乳液混合料摊铺到路面后，要求乳液应尽快将水分蒸发掉，分解破乳，以使路面及早成型通车。在这些情况下，若采用一种乳化剂制备的沥青乳液，常常是无法满足施工要求的。为此，在乳化剂品种中，还有一种复合乳化剂。它是由两种以上的乳化剂按照一定比例掺配而成的，具备某种特殊的使用性能，以满足路面施工的不同要求。如在生产阴离子沥青乳化剂时，可用脂肪酸钠（肥皂）和植物皂素复配，既克服了肥皂硬化过快，又克服了植物皂素硬化过慢的不足，可满足稀浆封层的施工要求；用烷基三甲氯化铵与烷基三甲基溴化铵两种季胺盐复配，可降低乳化剂用量 30% ~ 40%，由中裂型乳液变成快裂型乳液；用伯胺与二胺复配，可得到符合贯入式路面要求的沥青乳液；用季胺盐和木质胺复配，可加快稀浆封层混合料的破乳成型等。

用单一乳化剂制备的沥青乳液，有时会发现其颗粒比较粗大又不均匀，乳液容易发生絮凝或沉降现象。如果在单一乳化剂中添加某种无机盐，就能得到颗粒均匀而微细的乳液。这类无机盐能够增加乳液颗粒之间的相互排斥力，减缓乳液颗粒之间的凝聚速度，增加乳液的粘度，使沥青液滴的运动阻力增大，运动速度减弱，不易聚凝，从而提高了沥青的乳化能力，改善沥青乳液的稳定性，增加乳液与矿料的粘结力。这类无机盐被称为无机稳定剂。用于无机稳定剂的无机盐类有金属氯化物和硫化氰酸盐化合物，如氯化铵、氯化钠、氯化镁、氯化铬以及锶、钡、铁、钴、镍、锌等氯化物。其中稳定效果最明显的无机盐类物质为氯化铵和氯化钙，可用于阳离子沥青乳液。阴离子沥青乳液常用氢氧化钠、水玻璃等作稳定剂，在调整pH值的同时，改善乳液的稳定性。

在制备乳化剂水溶液时，添加某种无机或有机酸，调整pH值，对沥青的乳化和乳液的性能常常产生一定的影响。沥青乳化剂品种不同，添加酸的目的和剂量也不同，一般可按乳化剂使用说明书进行。用于调整pH值的酸有盐酸、硝酸、磷酸等无机酸和甲酸、乙酸、丙烯酸、丁二酸、丙二酸、乙二酸、酒石酸、柠檬酸等有机酸，其中效果好、价格又低的酸类物质为盐酸和乙酸。

三、乳化沥青的分解破乳

乳化沥青的分解与破乳，是指乳液与矿料粘附到一起后，经过一段时间，受到气温的影响，乳液中的水分逐渐蒸发，沥青与乳液中的水相分离，加之受离子电荷吸附作用的影响，许多微小沥青颗粒相互聚结，在矿料表面形成连续的覆盖膜。只有当乳液完全分解破乳后，乳液中的沥青才恢复到乳化前的状态，才能在沥青混合料中起到结合料的作用。观察沥青乳液是否破乳，可以从其颜色、粘结性及稠度等方面进行鉴别。在沥青路面施工过程中，必须要了解影响乳液破乳速度的因素，以便于正确组织施工及选择沥青乳化剂。一般来说，影响沥青乳液破乳速度的因素主要见表3-2。

表3-2 影响沥青乳液破乳速度的因素

影响因素	主要内容
矿料的孔隙率、粗糙度与干湿度	这些因素直接影响着矿料吸收乳液水分的多少，因而也就影响乳液的破乳速度。若施工中所用的矿料为多孔质表面粗糙或疏松的矿料，乳液中的水分很快就被这种矿料所吸收，破坏乳液的平衡，加快乳液的破乳速度；若所用矿料表面致密光滑，吸水性很小，则将减缓乳液的破乳速度。此外，矿料本身的含水量，也影响乳液的破乳速度。如果矿料与乳液接触前为干燥、湿润或饱水的不同状态，则与乳液接触后，将根据其含水量的不同而产生不同的分解破乳速度。干燥的矿料将加快乳液破乳速度，湿润或饱水的矿料将减缓乳液的分解破乳速度
乳化剂的离子属性	在阳离子沥青乳液中，沥青微粒与矿料表面所带离子电荷有异性相吸作用，因而其分解破乳速度比较快；而在阴离子沥青乳液中，沥青微粒与矿料表面所带离子电荷是同性相斥的，其破乳主要靠水分蒸发，因而其分解破乳速度比较慢
机械的冲击及压力作用	受压路机、摊铺机及过往车辆的冲击、碾压影响，也可以加快乳液的破乳速度

续表

影响因素	主要内容
施工时的气候条件	路面施工时的气温、湿度、风速等因素都将影响乳液的破乳速度。气温高、湿度小、风速大将加速乳液破乳；与此相反，则减缓破乳速度
乳化剂的种类与用量	沥青乳化剂本身可分为快裂、中裂、慢裂型，因此所制备的沥青乳液也相应地分为快裂、中裂、慢裂型，这些分类本身就意味着与矿料接触时破乳速度的不同。此外，用同一种乳化剂制备沥青乳液，所用乳化剂的用量不同，也影响破乳速度。乳化剂用量大，将减缓破乳速度；乳化剂用量少，则加快破乳速度。而且，沥青乳液周围所带的电荷强度大，就将加速破乳速度，反之，则减缓破乳速度
矿料粒径与矿物成分	矿料粒径越小，其比表面积越大，乳液的破乳速度将加快；与此相反，则减缓破乳速度。矿物成分不同，也影响着乳液的破乳速度。所选用的矿料容易与乳液起化学反应，就将加速破乳速度

四、沥青乳化剂的选择

目前，国内生产的沥青乳化剂品种很多，在工程施工中怎样选择合适的沥青乳化剂呢？一般可根据下面的因素来选择。

1. 乳化剂的离子类型

对于阴离子型沥青乳液，其沥青微粒带有（-）电荷，湿润矿料表面也带有（-）电荷，由于同性电荷相斥的原因，二者之间在有水膜的情况下，难以互相结合，必须待乳液中的水分蒸发后，沥青微粒才能裹覆到矿料表面。所以，阴离子沥青乳液与矿料的裹覆只是靠单纯的粘附作用，乳液与矿料之间的粘结力比较低，若在施工中遇上阴湿季节，乳液中的水分蒸发缓慢，沥青裹覆矿料的时间延长，就会影响路面及早成型，延迟开放交通时间。但是，碱性矿料表面与沥青微粒的粘附性很强，当乳液中的水分蒸发后，乳液的技术性能是由沥青决定的，所以用阴离子沥青乳液拌制碱性矿料，沥青路面使用性能很好。而酸性矿料同阴离子沥青乳液接触时，由于乳液和矿料表面都带有（-）电荷，因而其与酸性矿料的粘附性很差，会直接影响沥青路面的使用性能。综合各种因素，目前国内已很少使用阴离子沥青乳化剂。

对于阳离子型沥青乳液，其沥青微粒带有（+）电荷，湿润矿料表面带有（-）电荷，由于异性电荷相吸的原因，尽管二者之间有水膜，仍会使沥青微粒很快地吸附在矿料表面。即使在阴湿季节或低温季节（5℃以上），阳离子沥青乳液仍可照常施工。从化学反应角度看，阳离子沥青乳液对于碱性矿料有着良好的粘附性。这是因为阳离子沥青乳液有一定的游离酸，pH 值小，游离酸与碱性骨料起作用后，生成氯化钙和带负电荷的碳酸离子，它恰好与裹在沥青周围的阳离子中和，所以沥青微粒能与矿料表面紧密相连，形成牢固的沥青膜，同时将乳液中的水分很快地分离出来，分解破乳。而对于酸性矿料，由于其表面带有（–）电荷，与阳离子沥青乳液自然就有着良好的粘附性。所以，应用阳离子沥青乳液筑路，可以增强乳液与矿料表面的粘结力，提高路面的早期强度，缩短封闭交通时间，是目前沥青乳化剂的首选品种。

但是，任何事物都有两重性。由于阴离子沥青乳化剂价格比较便宜，与碱性矿料有着良好的粘附性，为了降低乳化沥青生产成本，在盛产碱性矿料的地区，仍然可以选用阴离子型沥青乳化剂。

2. 路面结构

路面结构不同，所使用的沥青乳化剂也不一样。快裂型沥青乳化剂及乳液，主要用于喷洒法施工。该乳液与矿料接触后，能够很快地分解破乳，形成沥青薄膜，能防止沥青乳液及早地流淌到路面底部，充分发挥沥青的粘结作用，从而加快了路面施工进度，减少施工阻车时间，常用于透层油、粘层油及层铺法贯入式路面。中裂型沥青乳化剂及乳液，主要用于拌和法生产乳化沥青混合料。该乳液与矿料拌和后能使混合料既有充分的拌和与摊铺、碾压时间，使沥青乳液均匀全面地裹覆矿料，又能使混合料碾压完后很快破乳成型，缩短施工阻车时间。慢裂型沥青乳化剂及乳液，主要用于拌制稀浆封层混合料。该乳液有着较长的可拌和时间，可保证稀浆混合料在施工过程中有着良好的流动性，保证其拌和均匀，摊铺方便。

3. 生产成本与生产工艺

不同的沥青乳化剂，其生产乳化沥青的成本和工艺是不同的。有些乳化剂需要添加稳定剂，有些则不需要添加；有些乳化剂调整 pH 值所需要的酸用量很大，有些乳化剂酸用量却很少；为生产出合格的沥青乳液，有些乳化剂用量很大，有些乳化剂的用量却很少；有些乳化剂价格虽然低廉，但活性物含量较低，有些乳化剂价格虽高但活性物含量也很高。而这些因素都直接影响着乳化沥青的生产成本和生产工艺。所以，在选择沥青乳化剂时，一定要仔细分析其使用说明书，力求选择生产工艺简单、生产成本低廉的乳化剂。

第三节　乳化沥青生产工艺及设备

一、乳化沥青生产工艺

乳化沥青的生产工艺主要包括生产配方、温度控制、油水比例控制等内容。一般应根据乳液技术要求、乳化剂性能、沥青性能、水质、设备性能、生产规模、施工要求等技术条件，首先通过室内试验，初步确定乳化工艺，然后在生产设备上试生产，检验和修正室内试验所确定的工艺，补充实验室无法确定的其他工艺问题，最后得到正式用于生产的乳化沥青生产工艺。

乳化沥青生产过程一般分为沥青配制、乳化剂水溶液配制、沥青乳化和乳液贮存四个主要工序。用机械分散法生产乳化沥青的工艺流程是：将沥青加热到额定温度；将水、乳化剂、外掺剂（稳定剂、酸等）混合到一起并加热到额定温度；然后将热沥青与乳化剂水溶液一起送入沥青乳化机，即可生产出成品乳化沥青。成品乳化沥青可放入贮存罐内，随时供施工应用。乳化沥青生产各工序的技术要求如下：

1. 沥青配制

沥青配制工序的关键是沥青质量的检验和乳化前沥青温度的控制。沥青温度是较重要的工艺参数，如果温度过低，沥青粘度大，乳化效果将受到影响；如果温度过高，不仅消耗能源，增加成本，而且还会使水汽化，导致沥青同水的比例发生变化，同时会使乳化过程中产生大量的气泡，降低乳液的质量和产量。一般情况下，生产乳化沥青时，沥青加热的最佳温度为 120 ~ 140℃。

2. 乳化剂水溶液的配制

要根据所需的乳化沥青类型和乳化剂产品说明书，选择乳化剂、外掺剂的用量，来配制适宜的乳化剂水溶液。乳化剂、外掺剂的用量对乳液的性能起着决定性作用。用量少了，乳液中沥青微粒粗大不匀，而且乳液的贮存稳定性能很差；用量多了，乳液的生产成本提高，造成浪费。乳化剂的实际用量应当按下列公式计算：

$$\text{乳化剂实际用量}=\frac{\text{乳液总量}\times\text{乳化剂参配比例}(\%)}{\text{乳化剂活性物含量}(\%)}$$

配制乳化剂水溶液的配方很多，其生产工艺也有很多差别，具体应按乳化剂产品说明书和通过反复试验来确定。关于加热温度，乳化各阶段对水温的要求是不同的。溶解乳化剂时水温必须高一些，这是乳化剂和各种外掺剂所要求的，溶解温度应一般控制在 60 ~ 80℃；进入乳化机时的水温应稍低一些，一般应控制在 30 ~ 50℃。实际生产中，可把水温分成两次控制：先在水溶液掺配槽内放入所需水量的 1/4 ~ 1/3，加热到 70 ~ 80℃，投入乳化剂和各种外掺剂；当乳化剂和外掺剂完全溶解后，再加水至需要的量，并将水溶液的温度控制在 30 ~ 50℃，使乳化剂和外掺剂充分溶解，水溶液接近透明状态。这样做可保证在少消耗能源的前提下，既能有效地溶解乳化剂和外掺剂，又能有效地防止乳化过程中水的汽化。在这一过程中，要特别注意加酸仔细调整水溶液的 pH 值，使其符合乳化剂使用说明书的要求。

3. 沥青乳化

沥青乳化工序是生产合格乳化沥青的关键步骤。在这一工序，一是要严格控制沥青与乳化剂水溶液的比例，二是要调整好乳化机研磨间隙。一般来说，沥青乳液的温度控制在 70 ~ 80℃为好。

4．乳液贮存

乳化沥青的贮存也是不可忽视的生产工序。合格的沥青乳液，因贮存不当造成乳液破坏以致不能使用的现象，可以说是不乏其例。一般来说，在乳液存放时，将有正常的分层现象。为了延缓分层的速度，一是采用密封容器，减少水分蒸发；二是可在贮存容器上加装搅拌装置，定期进行搅拌。沥青乳液若长期大容量存放，要定期抽样检验其质量是否发生变化。

二、乳化沥青生产设备布置

乳化沥青生产设备的布置，根据沥青和乳化剂水溶液进入乳化机时的状态不同，分为开式系统和闭式系统两种类型。

开式系统的特点：用阀门控制沥青和乳化剂水溶液的流量，沥青和乳化剂水溶液靠自重流入乳化机的进料漏斗中。其优点是比较直观，设备组合简单，工作完毕后乳化机容易清洗；缺点是沥青与乳化剂水溶液的比例不易严格控制，在乳化机内容易混入空气，产生气泡，乳化沥青的产量比较低。

闭式系统的特点：用两个匹配完好的泵直接把沥青和乳化剂水溶液经管路泵入乳化机内，靠流量计指示其流量。其优点是计量精确，乳化机内不易混入空气，便于自动化控制，乳液质量和产量比较稳定，能实现文明生产；缺点是乳化机的清洗比较麻烦。目前国内大规模生产乳化沥青一般均采用闭式系统。

此外，根据设备的布局及机动性，乳化沥青生产设备还可分为移动式、组合式、固定式等结构型式。

移动式的乳化沥青生产设备将乳化剂水溶液掺配系统、乳化机、沥青输送泵、电控装置固定在一个专用的拖式底盘上，可以及时转移施工地点。这种设备一般是中、小生产能力的设备，多用于工程分散、用量较少、频繁移动的公路施工工程。组合式乳化沥青生产设备是将各主要装置分别安装在两个或两个以上的底盘架上，分别装车运输实现工地转移，依靠吊装机具将几个总成安装组合成工作状态。这种设备具有小、中、大的生产率，广泛应用于各种工程量的公路施工工程。固定式乳化沥青生产设备主要布置在沥青贮存库或沥青混合料拌和场内，一般不需要搬迁，形成一个有一定服务半径的乳化沥青生产基地。

三、乳化沥青生产设备主要结构及工作原理

根据乳化沥青生产工艺要求，一般乳化沥青生产设备主要由沥青供给系统、乳

化剂水溶液掺配系统、沥青乳化机、计量控制系统等组成，各系统的主要结构和工作原理如下：

1. 沥青供给采统

沥青供给系统的作用是为生产乳化沥青提供符合生产要求的沥青制品。因此，沥青供给系统应该具有对沥青升温、控温、保温的功能，并具有一定的容量。沥青供给系统主要由罐体、加热器、温控器、搅拌器、沥青泵等组成（见表 3–3）。

表 3–3 沥青供给系统的组成

组成部分	主要内容
加热器	加热器的功能是对沥青升温。加热方式目前有蒸汽加热、导热油加热、电加热 3 种形式。因加热介质不同，加热器的结构以及在罐体中的布置也不相同。蒸汽和导热油对沥青升温都是采用间接加热法，即水蒸气或导热油不与沥青接触，而是通过金属壁来传递热量。蒸汽加热通常采用蛇形或者排管加热器，导热油加热器通常采用蛇形管布置。电加热器一般设置在罐底部，多采用管状加热器，电流通过加热元件而发热，热量借辐射和对流的方法由加热元件传给被加热的沥青。无论采用何种加热装置，罐体中的沥青的最低液面都要能够淹没这些加热装置
罐体	罐体一般用钢板制作，外形有立式或卧式。罐体上部应设置入孔，便于维修人员进入内部维修或清污，底部应做成圆弧状或梯状，并设置排污孔，以利于杂质沉淀和排污。罐体外部必须加装保温材料，以减少沥青热量的散发
搅拌器	大容量的立式沥青加热罐，为了使上部和下部沥青温度不至于相差太大，或为了在沥青中添加改性材料，使其混合均匀，在罐内应设置搅拌器。搅拌器由电机、减速器、搅拌浆组成，搅拌桨叶应布置成两层或多层，桨叶常采用可使沥青在罐中上下往复运动的折叶桨式，以使沥青在罐内各部温度均匀
温控器	温控器的功能是准确显示和控制沥青温度。温控器由测温仪表和控制阀两部分组成，可以实现对沥青温度的自动调节与控制

2. 乳化剂水溶液掺配系统

乳化剂水溶液掺配系统主要由热水罐、乳化剂水溶液调配罐（或贮存罐）和输送泵等组成，用来溶解乳化剂及其他外掺剂，并具有升温、保温、计量等功能，以制备符合沥青乳化工艺要求的乳化剂水溶液。

（1）热水罐

热水罐的作用是为制取乳化剂水溶液、生产装置的预热和清洗等提供热水，罐体容量一般为乳化机单位小时用水量的 1 ~ 3 倍。热水罐的加热方式可以采用电热、蒸汽或导热油加热器。热水罐外表面应加保温层，以减少热量损失。热水罐还应设置控制液面高低的液位计和控制温度的温度控制器。

（2）乳化剂水溶液调配罐

乳化剂水溶液调配罐是制取合格乳化剂水溶液的关键设备，它的用途一是稀释乳化剂；二是制取乳化剂水溶液。热水、乳化剂和外掺剂按比例加入罐内后，经过搅拌器分散、混合形成乳化剂水溶液；三是贮存乳化剂水溶液。单一的乳化剂水溶液调配罐不能进行连续生产，可以再设置一个贮存罐，将乳化剂水溶液暂存在内，与调配罐交替供乳化机生产使用，实现连续生产。

乳化剂水溶液调配罐主要由罐体、加热器、搅拌器、液位计、温度计等组成。罐体常采用立式，底部为椭圆形封头或者90° 锥角无折边锥底。如果采用平底将不利于乳化剂水溶液排尽。加热器多采用蛇形盘管式（用导热油或蒸汽做加热介质）。搅拌器在保证乳化剂水溶液混合效果和混合速度方面起到关键作用，一般多采用低速折叶桨式。液位计是为了控制每次进入罐体中热水的总量，常采用浮球式液位计，可以实现液面上、下限的控制。乳化剂和添加剂每次进入罐中的量很少，多采用流量计测量控制。温度计是为了检测乳化剂水溶液的现场温度，当热水和乳化剂水溶液温度下降时可以自动启动加热器调温。

（3）输送泵

乳化剂水溶液掺配过程中需要用泵将热水、乳化剂、添加剂等液体输送到相关的容器中。输送液体的泵有多种形式，但比较常用的是离心泵。除了输送热水可用普通离心泵外，输送外掺剂（酸性）、乳化剂、乳化剂水溶液均需选用耐腐蚀泵。

3．沥青乳化机

沥青乳化机是整套乳化沥青生产设备的核心，它的作用是通过增压、冲压、剪切、研磨等机械作用，使沥青形成均细化颗粒，稳定而均匀地分散于乳化剂水溶液中，成为水包油型沥青乳液。力学作用原理不同，沥青乳化机的结构形式也不相同。一般常用的乳化机有均化器、胶体磨两种类型。

（1）均化器类乳化机

该乳化机主要由增压泵和均化头组成，适用于沥青乳化的均化器主要是柱塞式均化器。这种乳化机是利用齿轮泵将沥青和乳化剂水溶液加压，经混合器初混，然后通过阀杆和阀座间的缝隙高速喷出。由于弹性柱塞所形成的缝隙作用和湍流、振动作用，使沥青混合液受到挤压、膨胀、扩散而雾化，达到乳化的目的。这种沥青乳化机具有结构简单、制造容易、耗电量小、粒度均匀等优点。但存在齿轮泵不耐用、易磨损、产量较小等缺陷。目前在乳化沥青生产设备中已很少使用。

（2）胶体磨类乳化机

胶体磨类乳化机是沥青乳化设备中采用最多的机型，主要是通过定子、转子之间由于高速运转所产生的剪切力而起到研磨、分散作用。沥青乳化设备较多使用的是卧式胶体磨，转子和定子之间一般是锥形配合，在锥形的定子内表面和转子外表面做出许多方向不同的斜槽，使通过二锥面极小间隙的沥青与乳化剂水溶液受到反复的剪切、摩擦，因而被有效地分散、破碎、均化直至乳化。

乳化机是乳化沥青生产中最关键的设备，对乳液质量影响很大。从使用的角度看，除要求乳化机经久耐用、高效低耗、使用方便、安全可靠之外，主要看选用的乳化机是否满足对乳液质量的要求。衡量乳液质量的一项重要指标是沥青微粒的均细化程度。均细化程度越高，乳液的使用性能及贮存稳定性就越好。一般来说，胶体磨类乳化机在均细化方面是比较理想的。

4．油水比例计量控制装置

在乳化沥青生产过程中，按比例控制沥青和乳化剂水溶液的输送量，而后送入乳化机中，是生产出合格的乳化沥青的关键工序之一。国内早期的乳化沥青油水比例控制装置，多是靠手动控制阀门，需进行烦琐的配比计量和油水比检验，生产效率低，控制不准确，油水比波动大，产品质量不稳定。近几年，自动控制油水比的装置不断出现，并且自动化程度越来越高。

在乳化沥青生产过程中，沥青和乳化剂水溶液受温度、压力等因素的影响，其流量会发生波动，也就会引起油水比例的波动，使乳化沥青的生产质量受到直接影响。所以，要对沥青和乳化剂水溶液的流量进行自动控制。乳化沥青的油水比例一般为6：4，这是指在单位量的乳化沥青中，沥青含量为6份，乳化剂水溶液为4份。目前各种类型的沥青和乳化剂水溶液比例调节装置都属于定值调节系统，即在生产中要求调节系统的被调参数保持在一个生产技术指标上不变，这个技术指标就是给定值。

设沥青乳液流量为Q，沥青流量为Q_1，乳化剂水溶液流量为Q_2，则$Q=Q_1+Q_2$。若乳液中沥青含量为A，则$A=Q_1/Q$。Q_1、Q_2、A均可作为调节参数。不过，乳化沥青生产工艺不同，所确定的调节参数和调节方式也不一样。目前，油水比例控制中采用单回路调节系统较多，其调节方式有两种：

方式一如图3–1a）所示。此种方式的检测对象是乳化剂水溶液和乳化沥青，而调节的对象是乳化剂水溶液和沥青的流量。其主要设计思想是：沥青具有物理形态很不稳定的特点，在不同的温度阶段，沥青粘度会发生很大的变化，加上沥青产地不同，组分差别大，粘度各异，不同标号的沥青粘度也有较大差别，而目前国内尚无合适的检测沥青流量的仪表，因此，将沥青流量作为不可检测的对象。其替代方法是在乳化机后安装一个流量计，这样一来，$Q_1=Q-Q_2$。在计算机控制系统中，设定值为乳化剂水溶液流量和沥青乳液流量，而调节的对象是乳化剂水溶液泵与沥青泵的流量。

方式二如图 3–1b）所示，采用经过改进的椭圆齿轮流量计或靶式流量计测量沥青的流量。按上述方式，沥青和乳化剂水溶液各自作为检测和调节对象，在运行前，需要将两个回路流量各自设定，输入计算机中进行运算，而后调节执行机构（调速器、电动阀门等）。

上述的定值调节系统采用的是 P、I、D 调节方式（比例、积分、微分），它首先将产量设定值和油水比设定值送入计算机系统，输入沥青流量给定值和乳化剂水溶液流量的给定值，然后经过执行机构（调速器、电动阀门等）的控制作用，使输出的流量值与给定值相等。也就是说，设定多大油水比，输出就是多大油水比，达到油水比例的高精度控制。系统中的 D 调节是用于加快调节速度，P、I 调节是保证系统稳定运行，抗干扰能力强。

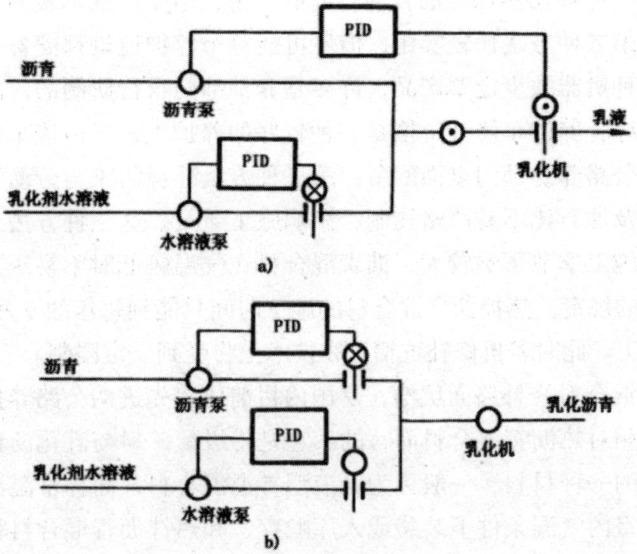

图 3–1　油水比控制方式

第四节　常温混合料与低温混合料

一、常温混合料

坑槽是沥青路面常见的病害之一。沥青路面出现坑槽的原因很多。一般来说，若在沥青路面施工中出现油石比偏小、水稳定性不良、空隙率过大、压实度不足、矿料含土量多、矿料潮湿、沥青老化、使用酸性矿料未加处理、路面基层强度不高等现象，在路面的局部就会先出现脱粒、麻面等病害，再经过行驶车辆的不断冲击、碾压，破损面会逐渐加大，最终导致出现大面积的坑槽。一旦路表面出现坑槽，就会直接影响行车速度和舒适性，若不及时修补，坑槽会越来越大、越来越深，养护起来会更困难。所以，修补坑槽是公路养护部门经常性的一项工作。

修补沥青路面出现的坑槽，自然就需要沥青混合料。目前生产修补坑槽用热拌沥青混合料的方法有三种，第一种方法是在沥青混合料拌和场用拌和机生产出成品混合料，再运到养护现场；第二种方法是在养护现场用小型可移动式拌和机或综合养护车生产出成品沥青混合料；第三种方法是在养护现场支锅加热拌和沥青混合料。

第一种方法能够切实保证沥青混合料的质量，但生产成本较高，且不适合远距离养护作业；第二种方法比较实用，但不可能每个养护道班都配备一台小型移动式拌和机，且这种机器缺少定型产品，许多是养护部门自行研制的，使用性能和可靠性很差。使用综合养护车修补坑槽是一种较好的养护工艺，但该车造价很高，很难在点多面广的公路养护部门全面配备；第三种方法环境污染与劳动强度较大，沥青混合料的级配及油石比不易严格控制，影响施工质量。这三种方法还有一个共同的缺点，就是受施工季节影响较大，沥青混合料在气温较低时不易压实。比如，按照吉林省交通厅的规定，热拌沥青混合料的施工时间只能到每年的 9 月 15 日，在此之后不准进行施工。此时若再修补坑槽，在技术上将受到一定限制。

使用常温混合料修补路面坑槽，是国内目前比较先进的公路养护方法。所谓常温混合料，是相对热沥青混合料而言的。它是将级配矿料与乳化沥青按照一定的配合比拌和而成的一种材料，一般称为乳液型常温混合料，简称常温混合料。由于常温混合料可在室内气温条件下装袋或入库贮存，和热拌沥青混合料相比，具有以下优点：便于贮存、便于运输、施工简便，在 5℃以上气温时均可使用，大大延长了沥青路面养护时间；沥青混合料油石比可降低 0.5 ～ 1 个百分点，节省沥青 10% ～ 15%；可减少加热沥青的能源损耗，不需用养护工人在施工现场加热沥青、现场拌和沥青混合料，减轻了养护工人的劳动强度；可使养护用沥青混合料的生产实现工厂化，是养护作业方式的根本改进。

1．常温混合料的生产

（1）常温混合料所用材料

常温混合料的组成和热拌沥青混合料一样，都是由级配矿料和结合料组成的。只不过热拌沥青混合料的结合料是热沥青，常温混合料的结合料是乳化沥青。在常温混合料生产前，首先要正确选择所用的各种材料。

1）矿料级配

拌制常温混合料，一定要严格保证矿料级配。根据实践经验，常温混合料矿料级配可选用 AC-131 型或 II 型级配。

2）沥青

生产常温混合料所用沥青，应选用道路石油沥青。一般可选用 A-100、A-140 号中、轻交通道路石油沥青，也可选用 AH-90、AH-110 号重交通道路石油沥青。

3）沥青乳化剂

生产常温混合料所用乳化沥青，应选用阳离子慢裂型沥青乳化剂。

（2）拌和机械的选择

生产常温混合料，必须要使用拌和机械。国内尚未生产专用的乳化沥青常温混合料拌和机，目前一般常用以下三种设备拌和乳化沥青常温混合料：

1）单卧轴或双卧轴强制式水泥混凝土拌和机

该设备的规格有 JD200、JD250、JD350 型等，即每一筒公称出料容量分别为 200L、250L、350L，水泥混凝土理论生产率分别为 $12m^3/h$、$15m^3/h$、$21m^3/h$，生产常温混合料的产量与水泥混凝土大致相当。该设备采用液压系统上料、卸料，带有自动供水系统，可用汽车拖带到施工现场。该设备的生产效率和自动化程度均比较高，适合于集中式、大规模生产乳化沥青常温混合料。在使用中要注意，该设备自备一套定量供水设备，而一般拌制常温混合料只需要少量的水，可将原供本设备改制成供应乳化沥青设备，并加装一套清洗乳液泵及管路循环系统。然后，视需要再另外配备一套水供给系统。

2）强制式单立轴水泥砂浆拌和机

该设备结构简单，造价低廉，每筒可拌和常温混合料 200kg。缺点是不能实现自动化操作，需要预先将各种矿料、水、乳化沥青称重备好，然后再用人工依次将各种矿料及水、乳液倒入搅拌筒内，搅拌均匀后放出。所以，该设备适合于在各养护道班分散式、小规模生产常温混合料。

3）二灰碎石混合料拌和机

国内也有将二灰碎石混合料拌和机改装后用来拌和常温混合料。其结构示意图见图 3-2。

该设备主要由沥青乳液供给系统、水供给系统、矿料供给系统、混合料拌和系统组成。其工作原理如下：沥青乳液供给系统是由二灰碎石混合料拌和机原有的供水装置改制而成的。原有的贮水罐改为沥青乳液贮罐，乳液流量的大小由调节阀 6 的开启程度控制。为防止由于乳液罐液面高低的变化引起乳液流量波动，在乳液罐 4 和乳液泵 7 中间，加一个中间贮罐 5，容积为 0.5 ～ 1.0L 左右，施工中可随时保持中间贮罐液面高度一致，以保证泵送乳液流量的稳定。为现场检测乳液流量，在乳液进入搅拌器处设一支管，以便于调整阀门 6，使乳液流量符合规定的油石比，也用于定期复查乳液的流量。计量好的乳液和拌和机同步工作，定时喷入搅拌器。每天拌制常温混合料后，应及时清洗乳液供给系统中残存的乳液，否则乳液破乳后，会影响下一班工作。为此，可在乳液泵进口处设一支管，通过一个水阀门与水罐相连。工作时将此阀门关闭，乳液泵泵送乳液；工作结束后，关闭乳液输入阀门，开启此水阀门，乳液泵将水泵到各个通路，从而起到清洗的作用。

矿料和乳液拌和前，应该喷水湿润。这是因为矿料中含有必要的水分后，可以改善常温混合料的拌和和易性，延缓破乳时间，有助于乳液与矿料拌和均匀。为此，在原有设备上，加装一套供水系统。水的流量大小靠阀门 2 调节，水喷头位于搅拌器进料溜槽处。分散的水滴对准主皮带输送机卸料滚筒下来的料帘，这样可使矿料在与乳液拌和前，先与水有一段拌和过程。

不同规格的矿料分别贮存在 3 个料斗中，按照实验室确定的配合比，经水平皮带输送机、主皮带输送机并加水喷淋后进入双卧轴强制式搅拌器。在搅拌器前端设有乳液喷管，矿料与乳液在搅拌桨叶的作用下，从搅拌器进料端运动到出料端被均匀混合，最后从出料端进入成品料仓。原有的搅拌器转速较低，混合料在搅拌器中停留的时间较短，不能保证乳液均匀分散在矿料之中。为此，可将搅拌器出料端倒数第二排和第三排的浆叶反装，这样可延长混合料在搅拌器中的停留时间，保证常温混合料拌和均匀。该设备也适用于集中式、大规模生产常温混合料。

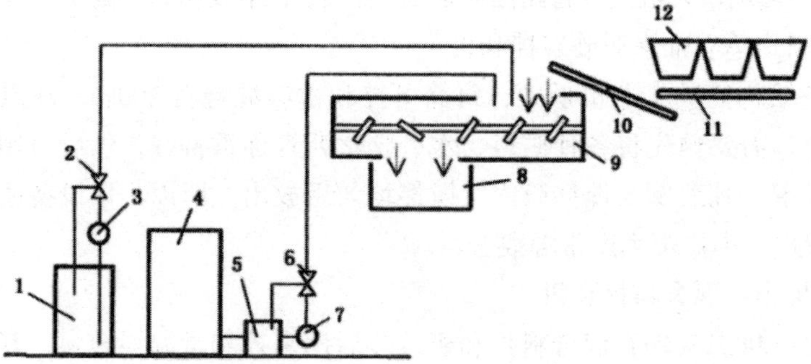

图 3–2　用二灰碎石混合料拌和机拌制常温混合料示意图

（3）包装袋的选择

为养护用乳化沥青常温混合料，一般都采用袋包装。根据实践经验，应选用双层包装袋：内包装用抗拉耐压性较好的、厚度不小于 0.15mm 的聚乙烯塑料袋，外部再套 1 层塑料编织袋，以利于搬运，并保证内包装袋不破损，利于回收再用，降低混合料生产成本。

（4）生产工艺

常温混合料的配合比设计方法国家尚未制定，目前只能通过常规马歇尔试验及试拌、试铺的方法来确定常温混合料的生产配合比。一般生产工艺如下：

将额定数量、符合设计级配的矿料、矿粉投入到拌和机中，干拌 1min 左右，使各种规格的矿料与矿粉混合均匀；视矿料的干湿程度，添加少量的水，将水与矿料拌匀；向拌和机中添加乳化沥青，乳化沥青用量一般为 8% ~ 12%，根据矿料级配选择具体数值；将矿料与乳化沥青搅拌 2min 左右，至矿料均匀裹覆乳液，颜色一致（深褐色），没有花白料时为止；将拌和好的混合料装入包装袋中，每袋装 20 ~ 25kg，用绳子先扎紧内包装袋，再扎紧外包装袋，即可运到养护现场使用。

应当指出，由于常温混合料生产设备不同，其生产工艺也不尽一样，具体生产工艺应结合生产设备的技术性能来制定。

（5）常温混合料的贮存

袋装乳化沥青常温混合料若密封良好，可以贮存一段时间。一般应尽量在不透光、不潮湿，且温度较低的环境下贮存。贮存时不宜堆放过高，以防挤压使混合料结块，造成破乳。根据实践经验，若达到上述要求，常温混合料可贮存 10d 左右。但最好是现拌现用，以免由于贮存不好造成混合料的浪费。在正式使用常温混合料前，应开袋检查其质量。若常温混合料的矿料由深褐色变为黑色，矿料结团，就说明乳化沥青已经破乳，这种常温混合料就该报废，不可用于施工。

2．常温混合料修补坑槽施工工艺

用常温混合料修补坑槽时，其施工工艺如下：

在坑槽处放样，确定作业面，用切缝机在坑槽周围切缝，刨出多余的混合料。如没有切缝机，可用人工刨出规整的作业面。作业面要与路面纵向平行，槽壁要垂直；彻底清扫坑槽，使槽内、槽壁无尘土、杂物；为使常温混合料与原路面结合良好，应在坑底槽壁上刷粘层油，粘层油量一般为（0.3 ~ 0.5）kg/m^2 乳液；将常温混合料在坑槽内均匀摊铺整平，松铺系数一般为 1.1 ~ 1.3。深度大于 4cm 的坑槽要分层铺筑压实；用振动夯板将混合料夯实。如没有振动夯板，可用 6 ~ 8t 压路机压实，至乳液均匀上浮为止；碾压后为防止初期松散，及早通车，可以在作业面上撒适量矿粉或石屑，以吸收水分，加快混合料成型。

常温混合料不同于热拌沥青混合料，需待乳化沥青破乳后，方能成型。为此，要加强初期养护工作。一般来说，在乳化沥青未破乳、混合料未成型时，不能让任何车辆在修补面上通行。不得已时要设专人指挥过往车辆均匀、慢速行驶，并及时处理发软、泛油等病害。使用常温混合料修补完坑槽后，应按热拌沥青混合料质量检验标准，对其施工质量进行严格检验。

3．常温混合料快速成型的技术措施

使用乳化沥青常温混合料修补坑槽有一个很大的缺点，即初期强度低、成型慢，不能迅速开放交通，因而很难在高等级公路上应用。所以国内许多公路养护部门都开展了常温混合料快速成型技术措施的研究。在这方面，可用慢裂快凝型沥青乳化剂生产常温混合料用乳化沥青。所谓慢裂快凝，是指该乳化剂是慢裂型的，但破乳时间非常短，若用其拌制常温混合料，铺到路面后，30 ~ 45min 即可通车。长春市交通局在研究常温混合料过程中，选用的是北京中国建筑技术研究院生产的 QS–2 型慢裂快凝沥青乳化剂，其主要技术指标见表 3–4。

表 3–4　慢裂快凝型沥青乳化剂技术指标

外观	化学名称	25℃密度（g/mL）	50℃粘度（Pa・s）	碱度（Na_20，%）	活性物含量（%）
深棕色粘稠状	酰氨基多胺	1.00 ~ 1.05	2.0 ~ 3.5	10 ~ 15	>90

生产乳化沥青的工艺条件为：乳化剂用量 0.6% ~ 1.5%，pH 值 2.0 ~ 2.5，沥青加热温度 120 ~ 140℃，乳化剂水溶液加热温度 50 ~ 60℃。

实践证明，用慢裂快凝型乳化沥青拌制的常温混合料，在气温 20℃时压实后，约 30min 即可破乳，所修补的坑槽完全成型，大大缩短了封闭交通的时间。所以，今后再生产常温混合料用乳化沥青时，应该用慢裂快凝型乳化剂取代目前通用的木质胺类慢裂型乳化剂。

二、低温混合料

在寒冷地区，每年 5 月至 10 月间，因气温较高，对于松散、坑槽等病害，公路养护部门可以随时采用热拌沥青混合料或乳化沥青常温混合料进行修补，恢复路况，防止病害进一步发展。每年 11 月至次年 4 月，因气温较低，常规修补措施无法实施，只有等到气温达到 10℃以上时才能修复。但是，沥青路面破损的发展速度是越来越快的。这期间产生的松散、坑槽，如不及时处理，积雪融化后化成的雪水将沿着路表面的裂缝不断渗入路基，会导致路基翻浆等更为严重的病害。此外，坑槽还会引起行车颠簸、振动，其产生的冲击荷载是正常荷载的 1.5 ~ 2.0 倍。在冲击荷载的作用下，松散、坑槽很快就将连成一片，致使局部路段大面积损坏，影响道路使用寿命及车辆行驶。

为解决冬季沥青路面养护这一难题，许多公路养护部门研制开发了低温混合料，取得了良好效果。所谓低温混合料，是由沥青、级配矿料、溶剂（有时还掺加某种添加剂）按照一定的配合比拌和而成的材料。

低温混合料和热拌沥青混合料相比，初期稳定度低，只有随着混合料中溶剂的逐渐挥发，稳定度才能提高。低温混合料具有贮藏性并能在低温下进行施工的原理是：在沥青中加入一定数量的溶剂后，沥青的粘度暂时降低，用其拌制的混合料短时间内不致硬化，保持着良好的施工性能，在施工后随着溶剂的挥发，混合料的强度逐渐增加。显然，生产低温混合料的技术关键是溶剂的选择。在该混合料中，对所使用的溶剂通常有下列基本要求：对石油沥青具有较大的溶解能力；具有适当的挥发性；对周围环境及人体无害；价格便宜。

溶剂种类的选择及用量的决定是较为复杂的问题。溶剂用量多时沥青粘度低，能获得良好的施工性及贮藏性，但又直接影响了混合料的稳定性。反之，当溶剂用量减少时，沥青粘度增大，混合料的稳定性提高，但因快速硬化，施工性及贮藏性不好。此外，使用不同种类的溶剂，施工后挥发速度不同，因而强度增长各异。所以，选择适当的溶剂和溶剂用量对低温混合料的质量影响很大，必须通过一系列的试验来确定。目前国内对低温混合料的各项技术指标和试验方法尚无统一规定，现根据有关试验研究资料建议采用如下指标：

1. 对沥青与溶剂混合液的技术要求

（1）粘度：60℃的运动粘度为（250×10^{-6} ~ 400×10^{-6}）m^2/s。

（2）混合温度：应控制在动力粘度为 0.1 ~ 0.4Pa·s 所相应的温度范围内进行混合，混合温度一般为 100 ~ 130℃。

（3）闪点：为保证安全，要求沥青与溶剂混合液的闪点在 130℃以上。

（4）粘附性能：应对沥青与溶剂混合液和矿料的粘附性能进行检验，该混合液在矿料表面的裹覆面积应达到 90% 以上。

2. 低温混合料的马歇尔试验

（1）作业稳定度：为保证低温混合料具有良好的施工性，故提出了作业稳定度要求。在 60℃时制成马歇尔试件，两面各击实 10 次，然后冷却至 20℃时的马歇尔稳定度应达到 0.8kN 以上。

（2）初期稳定度：由于低温混合料的初期稳定度低，为保证其在铺设路面及修补坑槽后具有可靠的稳定性，故提出了初期稳定度的最低要求。在 60℃时制成马歇尔试件，两面各击实 50 次，然后冷却至 20℃时的马歇尔稳定度应达到 2.5kN 以上。

（3）使用稳定度：即低温混合料在使用过程中的稳定度要求。在 20℃时制成马歇尔试件，两面各击实 50 次，放入温度为 110℃的干燥容器中养生 24h，然后两面各击实 25 次，冷却至室温脱模放入 60℃的恒温水槽，水浸 30min，马歇尔稳定度应达到 3kN 以上，空隙率控制在 5% ~ 7%，流值控制在 10 ~ 40（0.1mm）。

根据上述技术指标，在制备低温混合料时，首先应采用不同的溶剂及溶剂量制成沥青混合液，进行粘度、闪点及粘附性试验。对符合上述指标的沥青混合液，再与矿料拌和制成试件，进行马歇尔试验。最后，根据马歇尔试验结果，选择初期稳定度及使用稳定度最高且具有良好的施工性及贮藏性的沥青混合液，作为生产低温混合料的粘结材料。

第四章　改性沥青混合料罩面与封层技术

第一节　改性沥青生产设备及工艺

改性沥青的生产过程，实际上就是如何将改性剂与沥青十分均匀地混溶到一起的过程。目前国内外改性沥青的生产方法如下：

工厂生产法。即将改性剂在沥青生产厂或沥青贮运仓库就与沥青混合好，形成改性沥青定型产品，再运到拌和场生产改性沥青混合料。这种方法使改性沥青的生产实现了工厂化，但由于成品改性沥青有可能需要长时间运输与贮存，因此生产厂家在制作改性沥青时必须要加入一些稳定剂，以防止改性剂与沥青离析，影响改性效果。所以，成品改性沥青价格一般比较高。

现场生产法。即在沥青混合料拌和场采用专用的改性沥青生产设备现场生产改性沥青，然后送入拌和机生产改性沥青混合料。这种方法的好处是能够保证改性沥青的生产质量，基本不存在改性剂与沥青的离析问题，但每一台拌和机都需要配备一套与拌和机生产能力相配套的改性沥青生产设备，设备购置费用较高。

从目前情况看，国内主要用现场生产法生产改性沥青。

无论用哪一种方法生产改性沥青，都必须要使用改性沥青生产设备。国外对改性沥青的研究已有多年历史，改性沥青在公路工程上已得到广泛应用，所以改性沥青生产设备的发展也比较快。如奥地利喜来利公司（Heraklith）公司、美国海太克（Heatac）公司、安得（R&D）公司等均成批生产改性沥青设备，其生产工艺主要为胶体磨法。

进入 20 世纪 90 年代以来，随着我国公路交通事业的发展，对应用改性沥青提高沥青路面使用性能的研究，以前所未有的势头发展。全国各地相继研究了 PE、SBS、SBR 等各种类型的改性沥青，铺筑了不少试验路，但在大规模公路工程中一直未得到广泛的推广和应用。究其原因，主要是缺乏性能良好、加工方便、满足施工要求的改性沥青生产设备。为此，许多单位都开展了改性沥青生产设备的研究工作，有些设备已经批量生产。

沥青改性剂品种及技术性能不同，改性沥青生产工艺和设备也不相同。根据不同的沥青改性剂，我们介绍以下三种典型的改性沥青生产设备。

一、SBS、PE 类改性沥青生产设备

1993 年，在首都机场高速公路工程中，北京市公路局开始使用奥地利 Novophalt 改性沥青技术铺筑沥青面层，收到良好效果，使国内对改性沥青技术更为关注，对改性沥青也有了新的认识。之后，广佛、成渝高速公路及首都、桂林、厦门等机场也使用了此项技术。但是，应用此项技术必须依赖国外厂商，每制作 1t 改性沥青，除原材料外，仅加工费用就高达 110 美元，而且此技术主要适用于 PE 改性，还申报了专利，使人望而却步。

我国的研究和国外的大量经验表明，采用热塑性丁苯橡胶（SBS）对沥青进行改性，是国内外改性沥青的发展方向。由于 SBS 高分子链具有串联结构的不同的嵌段（塑性段和橡胶段），形成了类似合金的“金相组织”结构，有非常好的弹性和变形恢复性能，是一种对沥青高温、低温性能都有明显改善效果的沥青改性剂。所以，SBS 是目前世界上使用最多、效果最好的沥青改性剂。但与 PE 的熔点只有 120℃相比，SBS 的熔点高达 180℃，与沥青掺混比较困难。因而，研制开发适用于加工 SBS 改性沥青的国产设备成为当务之急。

从 1993 年开始，北京国创改性沥青有限公司借鉴奥地利改性沥青生产技术，着手研制 SBS、PE 改性沥青生产设备。1995 年制造出第 1 台样机，并利用它生产了改性沥青，在老京塘公路上铺筑了试验路。随后，又进行了多次改进，设计成 LG-8 型炼磨式改性沥青生产设备。1996 年使用该设备生产的改性沥青铺筑了通顺试验路，1997 年完成了北京长安街沥青面层整修工程的改性沥青生产。该设备已通过了交通部科技司和公路司联合组织的技术鉴定。

LG-8 型炼磨式改性沥青生产设备主要由沥青改性剂供给系统、炼磨搅拌系统、加热保温系统、控制系统、计量称重系统、液压站及成品贮存罐等组成。改性剂与沥青同时通过大功率、高温、高压、多回转胶伴磨的反复碾磨，受到高速剪切的炼磨作用，均匀分散混合成为一体。其主要技术指标如下：

1. 适用于粉状、粒状或片状的 SBS、PE、EVA 等改性沥青的生产需要（改性剂最大粒径 <5mm）。对于 PE、SBS 等改性剂，其粒度可分散到 <0.015mm 的比例达 95%。

2. 改性沥青生产能力：6 ~ 8t/h（沥青输入温度≥ 165℃，改性剂总掺量 <7%）。

3. 沥青流量计计量精度 ±0.5%（高温、高粘流量计），改性剂计量精度 ±1%（用传感器控制）。

4．生产工艺控制：可用程序自动控制，也可切换为手动控制。

该设备主要技术参数如下：

设备外形尺寸（底盘为拖挂式）：

长 × 宽 × 高：11560mm × 2480mm × 3950mm

设备自重：27.5t（不包括牵引车）

炼磨机功率：132kW

装机总功率：170kW

罐体结构：三罐同体，卧轴搅拌

自备导热油炉：热量为 20 万大卡 /h

该设备有 LG-8A 型及 LG-8B 型两个型号。A 型是框架结构集装箱式的，可装在大型拖板车上运到施工现场安装；B 型由两台半挂式的工作车组成，一台是改性沥青制造车，另一台是容积为 $30m^3$ 的改性沥青成品贮存罐，由牵引车拉到施工现场即可使用。两种型号都能与拌和场的沥青管道连接配套。

二、SBR 橡胶母体、SBS 母粒类改性沥青生产设备

长春顺达改性沥青有限公司经过多年研究，研制出 MB 系列改性沥青生产设备。该设备主要用于生产 SBR 橡胶母体改性沥青、SBS 母粒改性沥青，也可用于生产橡胶粉改性沥青。用该设备生产的改性沥青，高温稳定性好，低温抗裂性强，改性成本低。该设备结构简单、使用方便、价格低廉，自动化程度比较高，其性能价格比已达到国内领先水平，填补了国内此类设备的一项空白，是生产道路改性沥青的新型设备，已通过了长春市科委组织的技术鉴定。

MB 系列改性沥青生产设备主要由进料沥青泵、出料沥青泵、搅拌罐、搅拌器、改性剂上料机构、控制柜等组成。所有工作单元均固定在机架上，形成一个整体性结构。该设备采用国内先进的搅拌装置和搅拌工艺，以保证改性剂与沥青混合均匀；采用 PLC 可编程序控制器对改性沥青生产的全过程实行自动控制；采用超声波技术控制沥青与改性剂的比例；设有可与沥青混合料拌和场导热油（蒸气）管道相连的导热油（蒸气）接口，在搅拌罐内及各沥青泵、控制阀门处接通导热油（蒸气），在搅拌罐外部设有保温层，以保证生产改性沥青时所需的温度。此外，该设备还设有沥青排放阀，可在停电或沥青泵发生长时间故障等特殊情况下放出搅拌罐内的沥青。

三、SBR 胶乳改性沥青生产设备

长春市交通局等单位在进行改性沥青的科研过程中，曾研制出一种 SBR 胶乳改性沥青生产设备，现将其工作原理和生产工艺介绍如下：

SBR 胶乳是一种水与橡胶溶为一体的混合液，由于其含有 50% 多的水，不能用敞口容器直接与沥青加热、混合、脱水，否则会发生“跑锅”现象。国内现有的生产工艺是通过气压设备将胶乳直接喷入拌和机的搅拌器中，再与热沥青、矿料拌和。因此，有些专家认为这不算是改性沥青，只是一种沥青混合料外掺剂。据此，研制单位对现有 SBR 胶乳改性沥青生产设备进行了改进设计，将泡沫沥青技术引入此设备中。

所谓泡沫沥青，是将定量的沥青发泡剂与定量的热沥青输送到泡沫沥青发生器中混合，此时，热沥青迅速变成一种蜂窝状泡沫状态，粘度暂时降低，与矿料很容易拌和，在少用一部分沥青的情况下仍能保证很好的拌和质量。研制单位在设计 SBR 胶乳改性沥青生产设备时，将 SBR 胶乳作为沥青发泡剂，与热沥青一同输送到泡沫沥青发生器中，既保证了胶乳与热沥青预先充分混合，发挥改性效果，又形成了改性泡沫沥青，提高了拌和质量，一举两得。在间歇式拌和机上生产 SBR 胶乳改性沥青混合料的工艺过程如下：

1. SBR 胶乳技术要求

SBR 胶乳外观为白色不透明乳状液体，内部不应有结块、起皮现象，应用密闭容器运输和贮存。

2. 生产改性沥青前应对每批 SBR 胶乳抽样进行总固物含量、pH 值、粘度检测，检测规程为 T0664—2000。

3. SBR 胶乳掺入量

SBR 胶乳按总固物占沥青用量的 2% ~ 3% 掺入，具体掺入量按下列公式计算：

$$L=K\times H\times F/G$$

式中：L——每缸混合料中 SBR 胶乳的掺入量（kg）；

K——拌和机每缸拌制沥青混合料的质量（kg）；

H——混合料设计沥青用量（%）；

F——SBR 总固物掺入量；

G——SBR 胶乳中总固物含量（%）。

若拌和机每缸拌制沥青混合料质量 K=1000kg，混合料沥青用量设计要求 H=6%，胶乳中总固物含量 G=42%，SBR 总固物掺入量 F=2%，则每缸混合料中 SBR 胶乳的掺入量：

$$L=1000\times 6\%\times 2\%/42\%\approx 2.86\text{kg}$$

4. SBR 胶乳掺入量的标定

关闭胶乳出口控制阀门和胶乳流量标定器卸出阀门，启动气泵，使胶乳充满标定器；打开胶乳出口控制阀门，向拌和机搅拌器喷入胶乳（可不拌料），并记录喷完胶乳所用时间；关闭胶乳出口控制阀门，打开胶乳流量标定器阀门，对流出的剩余胶乳称重；根据称重结果，调整喷出胶乳时间、控制阀门行程及供气压力，使单位时间胶乳喷出量符合经计算确定的拌制每缸混合料所需的添加量。

5．SBR 胶乳改性沥青生产工艺

向两个胶乳贮存罐添加胶乳，密封锁紧贮存罐的胶乳加入口，关闭胶乳出口阀门；启动气泵，用调压阀将输出气压定为 0.3MPa，向 2 个贮存罐充气，并检查各部是否漏气；当贮存罐上的气压表显示 0.3MPa 时，打开一个贮存罐的出口阀门，输出胶乳；用时间继电器同时控制搅拌器的沥青供给阀门和胶乳出口阀门，使其二者联动。为保证胶乳与沥青充分混合，胶乳出口控制阀门可比沥青供给阀门滞后开启 0.3s 左右，具体时间通过试验确定；当一个贮存罐的胶乳将近用完后，关闭此罐的出口阀门，打开另一罐的出口阀门，以保持拌和机连续工作，同时再向空罐添加胶乳，以备后用。

6．SBR 胶乳改性沥青混合料生产工艺

用 SBR 胶乳改性沥青与用基质沥青拌制 AC、AM、AK 类常规混合料的生产工艺完全相同，矿料加热温度、沥青加热温度可按现行《公路沥青路面施工技术规范》（JTG F40—2017）执行，其目标配合比设计和最佳沥青用量可通过马歇尔试验确定。由于SBR胶乳改性沥青是一种改性泡沫沥青，与矿料拌和的和易性很好，实际施工时，最佳沥青用量可降低 0.1 ~ 0.2 个百分点，具体数值可通过试拌和质量检验确定。

7．质量检验

和未改性沥青相比，SBR 胶乳改性沥青的特点是针入度降低，软化点升高，25℃时的延度降低，低温延度增加。在施工中，SBR胶乳改性沥青的检验可按现行《公路改性沥青路面施工技术规范》（DB14 / T 160—2015）的要求，取样检验 SBR 胶乳改性沥青的质量。SBR 胶乳改性沥青混合料的检验，主要用马歇尔试验、抽提试验、筛分试验等结果检验，其混合料现场拌和质量应符合有关规范要求。

8．操作注意事项

如果胶乳表面有凝块，在添加 SBR 胶乳时，必须在贮存罐入口上加一过滤网将其滤掉；施工时要经常观察胶乳出口控制阀门能否完全闭合，若不能完全闭合，要拆下阀门进行清洗；长时间停工时，应对胶乳管道进行拆卸、清洗，干净后再重新安装，以备再用。

第二节　改性沥青混合料罩面

在发达国家，干线公路及高速公路网建成较早，已经进入维修养护的阶段，改性沥青的应用十分广泛。目前在国外，改性沥青主要用于：做排水或吸音磨耗层及其下面的防水层；在旧路面上做应力吸收中间层，以减少反射裂缝；在重载交通道路的旧路面上加铺薄或超薄沥青面层，以提高耐久性；在旧路面或新建一般公路上做表面处治，以恢复路面使用性能或减少养护工程量。

在我国，由于改性沥青混合料技术性能优良，近年来在沥青路面养护工程中也得到了广泛应用。一般常在交通量较大的道路或路面使用条件比较苛刻的地区，用改性沥青混合料进行中修罩面（国外称之为SAM），或用于大修、改善工程中的新铺沥青面层；也可以用改性沥青石屑封层在路面基层与面层之间，或面层的结构层之间铺设应力吸收膜（国外称之为SAMI），防止反射裂缝。

在沥青路面中修罩面工程及大修、改善工程中使用改性沥青混合料，由于是采用热拌热铺方法进行施工，和非改性沥青混合料的配合比设计、技术性能检验、施工工艺等并无本质上的区别，但也有不同之处，在实际施工过程中，应注意以下几点：

一、基质沥青的选择

选择用于改性的基质沥青时，要根据本地的气候条件、沥青面层结构类型、施工方法、施工季节、施工路段的交通条件、价格及来源等因素，来选择其具体标号。若从提高沥青路面使用性能的角度出发，在希望提高高温稳定性的施工路段，基质沥青的标号宜为本地同类公路使用的沥青标号；在希望提高低温抗裂性能的路段，基质沥青的标号宜为针入度大一个等级（软一些）的沥青。

二、沥青改性剂品种、牌号与掺量的确定

基质沥青选定后，再根据前述沥青改性剂的选择原则，确定沥青改性剂的具体品种与牌号。然后，要对改性沥青进行详细的室内试验，以确定沥青改性剂的品种、牌号和掺量。在进行改性沥青室内试验时，可在前述沥青改性剂合理掺量的范围内，选择数个改性剂掺量，进行平行试验，以便从中确定沥青改性剂的最佳掺量。具体试验方法与步骤如下：

1. 仿照施工现场改性沥青的生产工艺，在实验室将改性剂掺入基质沥青中，并

混合均匀，制成改性沥青小试样品。

2．按照改性沥青的各项技术要求，进行各项试验，对照规定的指标，评定其是否合格。

和重交通道路石油沥青的技术要求相比，改性沥青的技术要求有所不同，所增加的技术指标和检验方法如下：

（1）针入度指数 PI

针入度指数 PI 是表征改性沥青对环境温度是否敏感的一项评价指标。PI 值越大，改性沥青的温度敏感性就越低，表明其能承受从高温到低温的范围越宽，就越能承受夏季酷暑和冬季严寒，既不会高温软化发生永久性变形，又不会在冬季开裂。所以，PI 值是检验改性沥青（包括各种道路沥青）性能最关键的一项评价指标。按照 JTG052 T0604—2000 试验规程，PI 值是通过同时测量改性沥青 15℃、25℃、30℃三个温度的针入度值，并将测量值进行一元对数回归，求出回归系数后，按照特定公式计算出来的。非改性沥青的 PI 值一般均不大于 –1.0，而改性沥青则要求 PI 值大于 –1.0。下面，举例说明 PI 值的具体计算方法。

大量试验证明，若试验针入度时的温度为 x，针入度试验数值为 y，则针入度 y 与试验温度 x 有以下一元对数线性相关关系：

$\log y=a+bx$，设 $\log y=y$，则 $y=a+bx$

欲求出相关系数 a 与 b 数值，须先求出 x、y 的总和 Σx_i、Σy_i 再求出 Σx_i、Σy_i 的平均数 $\bar{x}$、$\bar{y}$。假设在某次改性沥青试验中，15℃针入度为 29.3，25℃针入度为 64.7，30℃针入度为 96.0，则 $\Sigma x_i=70$、$\Sigma y_i=5.2601$，Σx_i、Σy_i 的平均数 $\bar{x}$、$\bar{y}$ 分别为 23.3333、1.7534。然后再列表 4–1 计算其他数值。

表 4–1　PI 值计算表

i	x_i	y_i	$x_i \sim \bar{x}$	$(x_i \sim \bar{x})^2$	$y_i \sim \bar{y}$	$(y_i \sim \bar{y})^2$	$(x_i \sim \bar{x})(y_i \sim \bar{y})$
1	15	1.4669	~ 8.3333	69.4439	~ 0.2865	0.0821	2.3875
2	25	1.8109	1.6667	2.7779	0.0575	0.0033	0.0958
3	30	1.9823	6.6667	44.4449	0.2289	0.0524	1.5260
Σ	70	5.2601	~	116.6667	~	0.1378	4.0093

按照一元线性回归方程计算回归系数：

$$b=\frac{\Sigma\left(x_i-\overline{x}\right)\left(y_i-\overline{y}\right)}{\Sigma\left(x_i-\overline{x}\right)^2}$$

$$a=\overline{y}-b\overline{x}$$

根据表 4–1 数据，可计算出 b ≈ 0.0344，a ≈ 0.9507。

按照规范规定，PI 值的计算公式及计算结果如下：

$$PI=\frac{20-500b}{1+50b}\approx 1.03$$

PI 值计算出后，还要进行相关显著性检验。按照规范规定，当显著性水平取 0.05 时，要求线性相关系数 R 必须大于 0.997，否则需重新进行针入度试验，直至 R 合格为止。R 的计算公式及计算结果如下：

$$R=\frac{\Sigma\left(x_i-\overline{x}\right)\left(y_i-\overline{y}\right)}{\sqrt{\Sigma\left(x_i-\overline{x}\right)^2\times\Sigma\left(y_i-\overline{y}\right)^2}}\approx 0.99993$$

根据 T0604—2000 试验规程，按照下列公式，还可计算出改性沥青的当量软化点 T_{800}（℃）、当量脆点 $T_{1.2}$（℃）。

$$T_{800}=\frac{2.9031-a}{b}\approx 56.8 \quad T_{1.2}=\frac{0.0792-a}{b}\approx -25.3$$

当量软化点 T_{800} 和我们目前用环球法测量的软化点相比，能够更准确地反映改性沥青的高温稳定性，其值越大越好；当量脆点 $T_{1.2}$ 和我们目前用弗拉斯法测量的脆点相比，能够更准确地反映改性沥青的低温抗裂性，其值当然越低越好。规范同时规定，改性沥青的当量软化点 T_{800}、当量脆点 $T_{1.2}$ 不得低于由 PI 值和 25℃针入度确定的规定要求值。

（2）5℃延度值

改性沥青的延度要求，用 5℃延度值来表征。这主要是考虑改性沥青的低温抗裂性能要好。规范规定了 SBS 类、SBR 类改性沥青的 5℃延度值的最低要求。由于 EVA、PE 类改性沥青主要用于高温地区，故未要求其测量 5℃延度值。

（3）运动粘度

由于改性沥青的粘度较高，为保证在施工中能够正常用沥青泵输送，在规范中规定了要测量改性沥青 135℃的运动粘度。此项要求实际上是对改性沥青混合料工作性能的要求。若在不改变改性沥青物理力学性质并符合安全条件的温度下，改性沥青很容易泵送和拌和，或经试验证明适当提高泵送和拌和温度后，能够保证改性沥青的质量，很容易施工。规范规定，此项指标也可以不测。有条件时，应该用毛细管法测量改性沥青的60℃动力粘度，这是因为此项指标特别能说明改性沥青在高温稳定性方面的改善效果。

（4）离析试验

由于聚合物改性沥青在停止搅拌及冷却过程中，聚合物改性剂有可能会从基质沥青中离析，影响使用效果。所以，规范规定，改性沥青在生产后若需要冷却、贮存、运输、再加热后使用，应进行改性沥青的离析试验，以确定改性剂与基质沥青是否处于混匀状态；若改性沥青在施工现场制作后立即使用，或在贮存期间进行不间断的搅拌或泵送循环时，可以不进行离析试验。对于SBR类改性沥青，规范未规定进行此项试验。

（5）25℃弹性恢复试验

对于SBS类热塑性橡胶改性沥青，弹性恢复能力强是其特别显著的特点。用其铺筑沥青路面，路面在荷载作用下产生的变形，能在荷载通过后迅速恢复，留下的残余变形很小，有着良好的自愈性。所以，规范规定，对此类改性沥青，需要做25℃弹性恢复试验，以评价其抗永久变形能力。弹性恢复试验的规程为JTJ052 T0662—2000。对于SBR类、EVA、PE类改性沥青，规范未规定进行此项试验。

（6）粘韧性试验

若要提高沥青路面的抗永久变形能力，沥青结合料必须在高温条件下有较高的弹性。这个性质对于SBS和EVA类改性沥青是用环球法软化点来规定，对于SBS类改性沥青还要求进行弹性恢复试验。而对于SBR类改性沥青来说，国内外的研究表明，其高温稳定性应通过粘韧性试验结果来评价，这是评价橡胶类改性沥青抗永久变形能力的较好方法，试验规程为JTJ052 T0624—1993。

（7）旋转薄膜烘箱试验

无论哪一种沥青改性剂都有老化问题，所以，改性沥青的抗老化性是一个很重要的指标，必须进行检验。规范规定，对改性沥青必须做旋转薄膜烘箱（RTFOT）试验，用旋转薄膜烘箱试验后的质量损失、25℃针入度指数、5℃低温延度检验改性沥青的抗老化性（也即耐久性）。这是因为，旋转薄膜烘箱试验和薄膜烘箱试验（TFOT）相比，在试验过程中，能够使改性沥青试样始终保持旋转和搅拌的状态，更能模仿改性沥青的老化过程，因而其试验结果与改性沥青的生产过程比较接近。

3．按照上述试验结果，确定在技术上符合各项技术要求，又比较经济的改性剂最佳掺量。如各种改性剂掺量的改性沥青试验指标均未达到规定的技术要求，则需

粉碎法。

橡胶粉按废旧橡胶的来源可分为胎面胶粉、鞋底胶粉和杂品胶粉；按胶粉的粒度分可分为粗胶粉（500 ~ 1500μm）、细胶粉（300 ~ 500μm）、微细胶粉（75 ~ 300μm）、超微细胶粉（74μm以下）；按照生产工艺可分为常温粉碎胶粉和冷冻粉碎胶粉；按照胶粉的处理方法可分为普通胶粉、脱硫活化胶粉。

选择适合于沥青改性的橡胶粉，主要应考虑以下因素：

1. 橡胶粉的粒度

从橡胶粉的粒度分析，粗的橡胶颗粒容易在沥青中沉淀。橡胶粉颗粒愈细，则愈能增强其与沥青的和易性，达到均匀分散，增大与沥青的接触面，促使橡胶粉与沥青相互渗透，融成一体的目的，从而提高改性效果。但橡胶粉颗粒越细，价格越高。从技术、经济两方面考虑，适合于沥青改性的橡胶粉的粒度应在30目左右。

2. 橡胶粉的性质

胶粉是一种交联网络的硫化胶颗粒，存在着一定量的不饱和键。实践证明，非脱硫活化橡胶粉与沥青不易结合。若用其生产橡胶粉沥青，可以在生产过程中加入适量的脱硫活化剂（如多烷基苯酚二硫化物等），这样不但可以使胶粉脱硫活化，也能加快橡胶粉与沥青的混溶。橡胶粉若经过脱硫活化，能够明显改善材料的动态疲劳性，提高拉伸强度。所以，脱硫活化胶粉在开拓胶粉的应用方面相当重要，发达国家对废旧橡胶的回收利用，已从生产再生胶转向生产脱硫活化微细或超微细胶粉。对胶粉进行脱硫活化的方法很多，有水油法、油法、高速搅拌法等，一般常针对橡胶粉的用途而采用不同的脱硫活化方法。脱硫活化橡胶粉与沥青的结合比较紧密，改性效果要大大好于未脱硫活化橡胶粉。所以，在生产橡胶粉沥青材料时，应该首选在生产厂家就已脱硫活化好的橡胶粉。

3. 橡胶粉的品种

目前国内批量生产的橡胶粉主要有胎面胶粉、鞋底胶粉和杂品胶粉三大类。在选择其品种时，一是要看橡胶粉中橡胶的含量高低，含量越高越好；二是要看其橡胶的种类，一般来说，SBR、EPDM（乙丙橡胶）比较好；三是要做与沥青掺混后的技术性能对比试验，根据橡胶粉沥青材料的技术性能，来确定所用橡胶粉的品种。

二、橡胶粉沥青生产工艺和设备

1. 生产方式

橡胶粉沥青的生产方式可分为两大类：湿法和干法。

（1）湿法。湿法是先将橡胶粉按一定剂量与热沥青用专用设备拌和均匀，制成橡胶粉沥青，然后再输送到沥青混合料拌和机中，拌和橡胶粉沥青混合料。

（2）干法。干法是将橡胶粉直接喷入沥青混合料拌和机的搅拌器中，先与矿料拌和，然后再加入热沥青，拌和成橡胶粉沥青混合料。集料与橡胶粉干拌时间为15s左右，加入热沥青后，应再拌和25s左右。

湿法生产的橡胶粉沥青常用于添缝料、应力吸收层和热拌沥青混合料，干法仅用于热拌沥青混合料。

2. 生产工艺

将橡胶粉加入沥青中配制橡胶粉沥青材料，为使橡胶粉充分发挥改性作用，必须要求橡胶颗粒在沥青中分散均匀，不沉淀、不离析。要制备符合这种要求的橡胶粉沥青，在生产工艺控制上，要特别注意搅拌温度和时间。

配制非活化橡胶粉沥青时，应同时添加橡胶活化剂，且需要有适当的温度。若温度太低，硫化胶起不到脱硫活化作用；温度过高，将导致沥青和橡胶老化，使橡胶失去改性作用，沥青性质受到损坏。一般情况下，配制各类橡胶粉沥青的温度应在150 ~ 160℃为宜，这样既不会使沥青老化，又能保证非活化橡胶粉脱硫。

橡胶粉和沥青都是热塑性的弹性高分子物质，两者性质颇为相近，但硫化胶是通过硫桥将橡胶分子连结在一起而形成更加宽大的立体网状结构分子。因此，要使硫化胶在沥青中起到改性作用，必须使橡胶分子链得到分割，即把分子量大于（10 ~ 200）万的硫化胶分子链打断，才能使橡胶粉与沥青很好地交融，形成均匀的悬浮液。而分子分割的程度即脱硫再生的程度，决定了橡胶粉在沥青中所起的改性作用。为加速非活化橡胶粉的脱硫再生，提高橡胶颗粒在沥青中的分散度，除了基质沥青需要加热到一定温度外，还需要对基质沥青和橡胶粉进行强力搅拌。在搅拌过程中，橡胶粉吸收沥青中的油分而膨胀，橡胶粉颗粒粒度随着搅拌时间的增加而由粗变细。搅拌时间越长，改性效果越好。但搅拌时间过长，材料性能反而下降。我国南方地区在制备橡胶粉沥青材料时，是在沥青脱水加温至150 ~ 160℃后，将预先称好的橡胶粉和活化剂，倒入搅拌罐内的热沥青中，开动桨叶式搅拌机搅拌0.5 ~ 1.5h，即完成整个制备工作。

三、橡胶粉沥青混合料罩面

应用橡胶粉沥青混合料进行中修罩面，国外称之为SAM，其施工工艺和普通沥青混合料中修罩面基本相同。在施工中应注意以下内容：

1. 正确选择橡胶粉掺量

许多资料表明，橡胶粉掺量多，橡胶粉沥青材料的粘度势必增大，沥青泵输送比较困难；掺量若少，改性效果会不好。从技术、经济相结合的角度出发，橡胶粉的用量不宜超过沥青总量的20%。具体掺量数值应通过室内试验确定。

2. 正确确定橡胶粉沥青用量

用橡胶粉沥青拌制混合料，其沥青用量比普通沥青混合料要大一些，具体可按下列公式确定沥青用量：

$$Q=q(1+K)+(0.1\sim0.4)$$

式中：Q——每吨橡胶粉沥青混合料的沥青用量（kg）；

q——每吨基质沥青混合料的沥青用量（kg）；

K——橡胶粉掺量（%）；

（0.1 ~ 0.4）——额外增加的沥青用量（kg），视橡胶粉掺量及沥青的稠度而定。橡胶粉剂量大、沥青稠时取上限，反之取中限或下限。

3. 严格控制施工温度

在橡胶粉沥青混合料中修罩面工程中，要严格控制加热沥青、拌和、摊铺、碾压等的温度。橡胶粉沥青混合料施工中各项控制温度应比现行的《公路沥青路面施工技术规范》规定的温度高5 ~ 10℃。

四、橡胶粉沥青石屑封层

在旧沥青路面上进行中修罩面，加铺一层沥青混合料时，如在原有路面与新铺沥青混合料之间，加铺一层能承受很大应变而不破坏，能消除旧沥青路面裂缝尖端产生的应力集中，使由于车辆荷载产生的应力重新分布的应力吸收层，能够有效地防止旧沥青路面原有的裂缝反射到新建沥青路面上来。该应力吸收层国外称为SAMI。用作应力吸收层的材料除了玻璃纤维格栅、玻璃纤维布、土工布等材料外，橡胶粉沥青石屑封层也是一种应用很多、效果很好的应力吸收层。

五、技术经济分析

根据国内对橡胶粉沥青及橡胶粉沥青混合料的系统试验结果，可以得出如下结论：

橡胶粉沥青材料具有较好的高温稳定性、低温抗裂性和水稳定性，不但适合在高温、多雨地区使用，也适合于在寒冷、季节性冰冻地区使用。用橡胶粉沥青混合料铺筑沥青路面，可以大大提高沥青路面的使用性能，延长使用寿命；无论是沥青路面的新建、改建、大修工程，还是中修罩面工程，均可使用橡胶粉沥青混合料；当用其做应力吸收层时，可在很大程度上抑制半刚性基层或旧沥青路面的反射裂缝；在选择橡胶粉时，应首选脱硫活化后的橡胶粉。若从价格上考虑，选用未脱硫活化的橡胶粉时，应在搅拌沥青与橡胶粉时，加入适量的脱硫活化剂；采用高剪切式橡胶粉沥青生产设备，能够快速、高效地进行沥青与橡胶粉的混合，切实保证橡胶粉与沥青混匀，生产出技术性能优良的橡胶粉沥青，是橡胶粉沥青生产设备的发展方向；橡胶粉沥青混合料的生产、摊铺、碾压无特殊要求，只要严格控制各项施工温度，尽量快运、快铺、快压，保证压实度，就能够满足规范规定的技术指标要求；废旧橡胶是一种环境污染物，将其加工成橡胶粉掺入沥青中修建公路，虽然工程造价稍高一些，但有利于减少环境污染，具有很大的社会效益。

第五章　土工合成材料防治路面裂缝技术

第一节　沥青路面裂缝产生原因及修补裂缝技术

一、裂缝的分类、产生原因及防治措施

1. 裂缝的类型及产生原因

沥青路面开裂的原因和裂缝的形式是多种多样的。影响裂缝轻重程度的主要因素有：沥青和沥青混合料的性质、基层材料的性质、气候条件（特别是冬季气温及其变化量）、交通量和车辆类型以及施工因素等。按开裂的主要原因，沥青路面裂缝可以分为两大类，即荷载型裂缝和非荷载型裂缝。

（1）荷载型裂缝

荷载型裂缝，即主要由于行车荷载作用而产生的裂缝。在行车荷载作用下，半刚性基层的底部要产生拉应力，如此拉应力大于半刚性基层材料的抗拉强度，则半刚性基层的底部会先开裂。然后，随着行车荷载的反复作用，底部的裂缝会逐渐扩展到上部，并反射到沥青面层，使沥青面层也开裂破坏。

发生荷载型裂缝的原因很多，如：

1）路面结构设计不合理或厚度不足，路面强度明显不能满足行车要求。在行车荷载反复作用特别是在重车作用下，沥青路面很快开裂。

2）路面强度日趋不足，路面回弹弯沉值逐渐增大，满足不了交通量迅速增长的需要。若沥青质量不合格，加之行车荷载的反复作用，沥青路面将先产生网裂，随之产生纵向裂缝和形变轮迹，该部位沥青路面的回弹弯沉值明显大于其他部位，这种破坏一般属于荷载型疲劳破坏。我国沥青面层产生过早疲劳破坏的现象是很多的。由于疲劳破坏产生的龟裂，严重时也会扩及全幅沥青面层。

3）对于无机结合料稳定细粒土或稳定细粒土含量过多的粒料土（如悬浮型的石灰粒料土、石灰粉煤灰粒料）路面基层，基层表层 1 ~ 2cm 内若发生软化，在行车荷载作用下，沥青面层将产生龟裂，甚至推移破坏；由于施工质量不好，无机结合料稳定土类基层没有拌和到底，在底部留有素土夹层。该素土夹层就成为路面结构中的软

夹层，它会导致沥青面层产生边长为（20 ~ 40）cm×（30 ~ 60）cm 的块状裂缝。

（2）非荷载型裂缝

非荷载型裂缝，即不是由行车荷载作用引起的裂缝。沥青面层上的非荷载型裂缝主要是温度裂缝。温度裂缝主要是横向裂缝，也有大块状裂缝和纵向裂缝。温度裂缝在我国很多地区都相当普遍，特别在北方冰冻地区更为严重。

温度裂缝有两种，一种是低温收缩裂缝或简称低温裂缝。沥青材料在较高温度条件下，具有良好的应力松弛性能，温度升降产生的变形不至于产生过高的温度应力。但在冬季，随着温度下降，沥青混合料的应力松弛赶不上温度应力的增长，面层材料中产生的收缩拉应力或拉应变一旦超过沥青混合料的抗拉强度或极限拉应变，沥青面层就会开裂。由于一般道路沥青面层的厚度都不是很大，收缩所受的约束小，所以低温裂缝主要是横向裂缝。另一种是温度疲劳裂缝。由于环境气温反复升降，在沥青面层中产生的温度应力日复一日地反复作用在沥青面层中，沥青面层将产生疲劳开裂。由此产生的裂缝称为温度疲劳裂缝。所有这些温缩裂缝是横向裂缝的主要形式。

在实际沥青路面上，常发现另外一种非荷载型裂缝，它是由于路基不均匀沉陷引起的纵向裂缝（例如，老路加宽后，新老路基结合部上面的裂缝）和横向裂缝（例如，在桥梁、涵洞或通道两头由于填土固结沉陷或地基沉陷引起的裂缝）。当然，这类裂缝的发展与行车荷载也有一定的关系。在冰冻地区的沥青路面上，还可能发现由路基冻胀引起的裂缝。实际上沥青路面的裂缝，常常是由多种原因综合作用造成的，具体情况还应该具体分析。

2．防治裂缝的措施

就采用半刚性基层的沥青路面而言，减轻或防治裂缝的措施基本上可分为三类，第一类是针对基层的，第二类是设置隔离裂缝中间层或应力吸收膜（或称应变消减膜）中间层，第三类是针对沥青面层的。

（1）针对基层的措施

1）在进行半刚性路面设计时，首先应该选用抗冲刷性能好，干缩系数和温缩系数小，抗拉强度高的半刚性材料做基层。稳定粉粒土（小于 0.075mm）含量少的粒料的半刚性材料抗冲刷性最好，水泥稳定粒料和密实型石灰粉煤灰稳定粒料是所有半刚性材料中收缩系数最小的材料。

2）切实保证施工质量。一是要严格控制半刚性基层施工碾压时的含水量，混合料的含水量不能超过压实需要的最佳含水量或控制在施工规范容许的范围内；二是半刚性基层碾压完成后，要及时养生，保护混合料的含水量不受损失，决不能让基层曝晒变干开裂；三是半刚性基层碾压完成后或最迟在养生结束后，应立即喷洒透并将吹出的杂物清扫干净；然后将乳化沥青从缝的一端开始灌注，当缝中即将有乳化沥青溢出时再往前移动，如此徐徐前进，直至将整个裂缝充满乳化沥青为止；最后将筛好的石屑或细砂撒到裂缝中（视裂缝宽窄选料），即可开放交通。

（2）对于宽度为 6mm 以上的裂缝，先用 4 ~ 6MPa 的压缩空气对着裂缝从一端开始吹至另一端，如此反复吹 2 遍，然后用竹片或铁铲清除缝中的杂物，并反复吹气、清理，待缝中无杂物清出为止；再将筛好的石屑、细砂或 0.5cm 的细碎石与乳化沥青按比例拌和均匀。乳化沥青用量要比正常用量（9% ~ 12%）增加 5 ~ 10 个百分点。裂缝越宽乳化沥青增加的量越少，反之增加的量越大；将拌和均匀的乳化沥青混合料分层填入缝中，并用特制的工具夯实，直至高于路面 0.5cm 为止，并在其上补撒干净的石屑，随后即可开放交通。

（3）对于较严重的网状和不规则裂缝，可采用修补处理。具体补缝工艺为：将裂缝处清扫干净；将乳化沥青均匀涂抹在裂缝处；待乳化沥青破乳后，铺设土工布或玻璃纤维布，布与布相接处要重叠 10 ~ 20cm；在布上均匀涂抹一层乳化沥青；将筛分过的石屑或 0.5cm 碎石均匀撒在乳化沥青上；用轻型压路机碾压 2 ~ 3 遍；待乳化沥青破乳后开放交通。

第二节　土工合成材料分类与功能

一、土工合成材料的分类

土工合成材料（geosynthetics）是用于岩土工程和土木工程等工程建设用聚合物材料或聚合物工程材料的总称，其原始含义是由合成材料制成的土工材料，实际上现在土工合成材料已成为这一大类材料的泛指词。各国对土工合成材料的分类方法不尽相同，虽然国际上尚未形成统一的分类，但从生产和使用角度来看，可按两种方法进行分类。一种是按产品结构和形成工艺来分，这种分类法与生产结合较紧密；另一种是按产品的功能来分，这主要是从应用角度来说的。

目前国外按产品结构和形成工艺一般有三种分类方法，一种是分为土工布（包括特种土工布）、土工复合材料、土工膜三大类；一种是分为土工布、特种土工布、土工复合材料和土工膜四大类；也有的只笼统地分为两大类，即土工膜为一类，其余作为一类，称为土工布及有关产品。国内一般分为土工布、特种土工材料、土工膜、土工复合材料四类。

各类土工合成材料的含义具体如下：

1. 土工布

土工布是指用于岩土工程和土木工程的、可渗透的聚合物材料，可以是机织的、针织的或非织造的。“土工布”是国家标准 GB/T 13759—2009 中正式定义的术语。习惯上也有称“土工织物”的，《土工合成材料应用技术规范》（GB/T 50290-2014）中即使用“土工织物”。在目前国内的生产和工程应用中，“土工布”已成为一个通用的广泛用语，在许多场合，土工布也泛指为土工合成材料。

严格意义上的土工布可分为以下三类：

（1）机织土工布

机织土工布是由两组或两组以上纱线、条带或其他成分，通常垂直相交织成的土工布。机织土工布按其中用纱的不同分类，见表 5-2。

表 5-2　机织土工布按其中用纱的不同分类

类别	内容
短纤维机织土工布	合成纤维、短纤维、纯纺或混纺的单纱或股线织制而成，常用的纤维为涤纶、丙纶、维纶等
长丝机织土工布	通常使用合成纤维复合长丝，多为涤纶丝、高强丙纶丝、锦纶丝等
单丝机织土工布	聚丙烯或聚乙烯直接拉丝，形成较粗的单丝（一般在 100tex 以上），再织制成机织土工布，这种产品孔隙较大，为高渗透土工布，国外有时称其为机织网（web）
交织物	经纬向使用不同类型的纱线，较多见的是长丝与短纤纱交织，裂膜丝与聚合物单丝交织，国外也有长丝与裂膜丝交织的
裂膜丝机织土工布	根据用丝形成工艺不同，又有切膜丝、裂膜丝、裂膜纱之分。原料多采用聚丙烯、聚乙烯，国内使用聚乙烯较少，而国外使用聚乙烯则很多

（2）针织土工布

针织土工布是由一根或多根纱线或其他成分弯曲成圈，并互相穿套成的土工布。按用纱原料又分为：

1）长丝针织土工布：与长丝机织土工布用原料相同；

2）短纤维针织土工布：与短纤维机织土工布用原料相同；

3）裂膜纱针织土工布：与机织土工布不同的是切膜丝不能用来针织，只能用纤维化了的裂膜纱。

（3）非织造土工布

非织造土工布是由定向的或随机取向的纤维通过摩擦和（或）抱和和（或）粘和形成的薄片状、纤网状或絮垫状土工布。按其使用的纤维和加工工艺分为短纤非织造土工布和长丝纺粘非织造土工布。

覆层的复合排水板材。

2）复合管。结构类似于排水带的管状材料。

3）土工膨润土垫。土工布或土工膜间包有膨润土或其他低透水材料，以针刺、缝接或化学粘结而成的防水材料。

5. 其他土工合成材料

除以上类型的土工合成材料外，近些年来，又出现了以其他材料制成的土工材料。由于这些材料也是用于岩土工程和土木工程，与土工合成材料起着相同或互补的作用，在国际上也将此类产品归入土工合成材料，这类材料如：

（1）玻璃纤维网格

玻璃纤维网格是以玻璃纤维为原料，通过纺织加工，并经表面处理后而成的网状制品，属于无机材料，特点是高强低伸，在公路路面施工中应用较多。

（2）天然植被

天然植被是以天然纤维或草茎为原料织制的土工布，用于堤坝、草坪等植被。

为了表述土工合成材料在工程中所起的作用，在应用上有时也按其使用功能分为加强用土工合成材料、防护用土工合成材料、隔离用土工合成材料、过滤用土工合成材料、排水用土工合成材料、防渗用土工合成材料六大类。

二、土工合成材料的功能和应用

土工合成材料在公路工程上的应用，主要有以下功能（见表5-4）。

表5-4 土工合成材料的功能

功能	主要内容
防护功能	防护功能主要是指使用土工合成材料限制或防止土体受外界环境作用而破坏。利用土工合成材料的防护功能，可将其用于道路边坡、泥石流和悬崖侧建筑物障墙防冲、涵洞工程护底、沙漠地区滞砂和固砂、防止土基冻害、防止道路盐渍化措施、边坡加固、防止沥青路面开裂
加强功能	土工合成材料的加强功能，主要表现在利用其抗拉性能改善路面结构层的力学性能。由于土工合成材料具有较高的抗拉强度和抗变形能力，将其用在路面结构层中后，可将荷载或应力均匀地扩散在较大的面积范围内。利用土工合成材料这种加强功能，在公路工程与养护作业中，常用于软基处理、修筑加筋土挡墙及桥台、加固高填方土基或坡度很陡的边坡、滑坡处理、加固柔性路面、修补沥青路面、防止反射裂缝和车辙等
排水功能	土工合成材料能够在地下收集降水、地下水和（或）其他液体，并沿其平面进行传输，达到排水目的。因此，在公路工程中可利用土工合成材料的排水功能，用其修建公路路面的排水设施、挡土墙及隧洞衬砌后排水系统

续表

功能	主要内容
防渗功能	土工合成材料在公路工程中可以有限地阻止水或其他液体从一侧渗透到另一侧，以保护公路工程设施不受损害。所以，可在土石坝、堆石坝、砌石坝、碾压混凝土坝、施工围堰、隧道防渗衬砌、膨胀土和湿陷性黄土的防水层等单项工程中利用土工合成材料这种防渗功能
过滤功能	在路面土基中若铺设土工合成材料，则使土基中的液体在流动时，能够保持受渗透压力作用的土或其他颗粒不流失。通常在公路工程中主要利用土工合成材料的反过滤作用来保护土基稳定
隔离功能	土工合成材料能防止相邻的土和（或）其他填料等介质混合。土工合成材料置于两种不同粒径的土之间，可避免不同土质相互混杂，失去各种材料和结构的完整而产生不良的后果。利用土工合成材料的隔离功能，在公路工程中，可将其铺设在路面基层与土基之间，以中断土壤间的毛细作用，防止路面翻浆

三、土工合成材料的技术性能及选择

土工合成材料的技术性能是产品在应用或使用时表现出来的客观存在的特性，与原材料种类、制造工艺、产品规格等均有着密切的关系。在公路工程应用土工合成材料时，不同的环境地质条件、不同的工程结构设计，对土工合成材料的品种及技术指标的选择有着不同的要求。由于土工合成材料的质量和性能直接影响工程建设质量，因此，公路建设者应该了解土工合成材料的技术性能指标，以便在工程实践中合理选择和应用土工合成材料产品。土工合成材料的技术性能及测试指标一般分为四大类，即鉴别特性、物理及机械性能、水力学性能和耐久性能。

（1）鉴别特性

鉴别特性表明土工合成材料的产品规格，直接反映了产品的基本结构特性，是控制产品质量、设计和生产产品时首先要考虑的内容，是土工合成材料最基本的技术性能指标。如土工合成材料的单位面积质量反映了原料用量，是土工合成材料鉴别特性最基本的指标，其值的变化直接影响了产品的性能和用途。一般来说，土工合成材料的单位面积质量越大，其强力越高，成本也会增加；土工合成材料厚度的均匀性则保证了产品强力、伸长、渗水等的一致性；土工合成材料适当的幅宽和卷长使得在一定宽度内会减少接缝和拼接，因此也就尽可能地避免了因接缝造成的产品强力降低，使工程质量和工程进度得以保证，并大大降低了施工的工作量和工程造价；而对土工膜而言，若将其应用在隧道工程，则由于受到空间的限制，幅宽过大，反而会给施工带来不便。聚乙烯、聚氯乙烯土工膜的强度不很高，从十几兆帕到二十几兆帕，为了使土工膜有足够的耐负荷性能，就需要有足够的厚度。因此，土工膜的厚度是一项很重要的技术指标。

（2）物理及机械性能

土工合成材料的物理性能，如低温冲击脆化温度、尺寸变化率等性能反映了原材料选用是否正确，加工工艺是否合理，是土工合成材料产品质量的重要指标。土工合成材料在使用中会受到各种力的作用，如拉伸、顶压、冲击、摩擦等。由于外力的作用，材料产生应力和应变，当应力和应变达到一定程度时，材料本身就将发生破坏。土工合成材料抵抗这些外力作用的能力就是其机械性能，亦称为力学性能。土工合成材料的力学性能直接影响着其产品的使用效果及寿命。如起加强功能的土工合成材料，应具有一定的拉伸断裂强力和伸长率，具有较好的抗蠕变能力；土工布则应具有抵抗施工过程中抛石掉落到表面而受损坏的能力；若土工合成材料埋在土内，由于其与周围土体构成复合体系，在外力作用下将会沿其界面发生相互摩擦，因此这种土工合成材料抵抗石块顶破以及与砂土之间的摩擦特性等均是工程应用中的重要性能。

（3）水力学性能

水力学性能是土工合成材料应用中的一个重要特性，其性能直接影响着土工合成材料在工程结构中功能的发挥。如作为过滤材料的土工布，既要防止被保护土粒随水流流失，又要保证渗流水通畅排走，还应防止材料被细土粒堵塞失效，此外，用于排水系统的土工布还要具有一定的平面导水能力；而作为防渗材料而言，则要求土工膜的渗透能力越小越好，以防止水或其他液体渗漏。因此土工合成材料的渗透系数、孔径等技术指标与其排水、过滤或防渗效果有着密切的关系。

（4）耐久性能

土工合成材料的工作环境恶劣，在工程中暴露在自然环境中，特别是受到紫外线的作用，在工程结构中要长时间经受不同浓度的酸、碱、盐等化学液体的腐蚀和不同温度的反复作用。例如，土工模袋布要经受水泥硬化时pH值为13的碱度的冲击；而防护堤所使用的土工布则要长时期受到水的冲刷；土工合成材料在高温地区使用，存在热老化问题，在寒冷地区使用，存在冻裂问题。所有这些都将导致土工合成材料技术性能的变化而降低其使用寿命。因此土工合成材料应具有良好的耐化学性能、良好的耐气候性、良好的耐生物性等。土工合成材料这种抵抗光、热、化学、生化的作用，可以长期使用的能力，称为土工合成材料的耐久性。这是土工合成材料的一项重要的技术性能。

第三节 玻璃纤维格栅的应用

一、玻璃纤维格栅的技术特性与参数

玻璃纤维格栅是由高模量的玻璃纤维绞线组成的，正面涂有改性沥青聚合物，背面有粘胶，其技术特性如下：

（1）高抗拉强度。玻璃纤维格栅具有很高的弹性模量，其强度 / 质量比比钢材还要大，在 20℃时其弹性模量与沥青混凝土弹性模量比高达 20∶1，抗拉强度也相当高。

（2）低延伸性。自粘型玻璃纤维格栅的应力应变图实际上近似于垂直直线，这表明该材料具有很高的抗应变能力，断裂时其延伸率小于 4%。

（3）无长期蠕变性。许多加筋材料初期加载时很稳定，但在长时间的荷载作用下会发生蠕变。但玻璃纤维格栅经长时间使用后不会发生蠕变，这就保证了其技术性能的长期稳定性。

（4）与沥青混合料有较好的相容性。玻璃纤维格栅上的每根纤维，都完全涂裹着特殊设计的聚合物涂层，和沥青间有着很高的相容性，可以保证玻璃纤维格栅在沥青混合料中不会滑动。

（5）高温稳定。玻璃纤维格栅的使用温度为 -100 ~ 280℃，这就足以保证其在高温摊铺时的热稳定性。

（6）耐化学侵蚀。由于玻璃纤维格栅有着特殊设计的聚合物涂层，因而能够防止各种化学侵蚀。

（7）耐物理侵蚀。经特殊设计的聚合物涂层能够防止各种物理侵蚀，另外涂层后的玻璃纤维还能抵抗生物侵蚀、紫外线照射。

（8）附着力强。特殊设计的聚合物涂层能使玻璃纤维格栅与沥青混合料有着足够的附着力，可起到骨架作用。

（9）对沥青混合料有嵌锁和限制作用。沥青混合料若通过压实获得强度，混合料中的集料必须经特殊选择，以保证在结构中起嵌锁和限制作用，而粘稠沥青在混合料中只起胶结集料的作用。当沥青混合料摊铺到玻璃纤维格栅上后，由于集料穿过玻璃纤维格栅，形成了一个复合的力学嵌锁体系，这种限制区域就阻碍了集料的运动，沥青混合料就可以得到更好的压实、更大的承载能力，并能提高传荷能力，减少变形。

（10）铺设方便。玻璃纤维格栅具有独特的粘结胶，所以铺设比较方便，简化了施工工艺。

二、玻璃纤维格栅加固沥青混凝土的技术性能

吉林省公路管理局和哈尔滨建筑大学道路实验室合作，对玻璃纤维格栅加固沥青混凝土进行了系统试验研究。试验用沥青为辽河 90 号沥青，沥青混凝土试件有 3 种，分别为普通 AC-131 型沥青混凝土、自粘型玻璃纤维格栅（南京强土纤维工程材料有限公司生产的 G1011 型格栅）加在 AC-131 型沥青混凝土试件中部（编号 W）、玻璃纤维格栅加在 AC-131 型沥青混凝土小梁弯曲试件底部（编号 W#）。

AC-131 型沥青混凝土级配如表 5-5 所示。

表 5-5　AC-131 型沥青混凝土级配

筛孔（mm）	16.0	13.2	9.5	4.75	2.36	1.18	0.6	0.3	0.15	0.075
级配范围	100	95 ~ 100	70 ~ 88	48 ~ 68	36 ~ 53	24 ~ 41	18 ~ 30	12 ~ 22	8 ~ 16	4 ~ 8
试验级配	100	97.5	79	58	44.5	32.5	24	17	12	6

通过马歇尔试验，最佳油石比为 5.65%，试验结果见表 5-6。

表 5-6　AC-131 型沥青混凝土马歇尔试验结果

油石比（%）	4.5	5.0	5.5	6.0
密度均值（g/cm^3）	2.552	2.554	2.558	2.549
稳定度均值（kN）	10.71	11.98	11.86	12.22
流值均值(0.1mm)	36.3	38.7	40.9	41.1

普通 AC-131 型沥青混凝土用自粘型玻璃纤维格栅加固后，试验结果如下：

1. 劈裂试验

劈裂试验是一种间接拉伸试验，在规定温度和加载速率时，通过测定混合料劈裂破坏或处于弹性阶段时的力学性质，可供路面设计时确定设计参数及评价混合料的低温抗裂性能。劈裂试验的力学模式是沿半径为 R、厚度为 h 的圆柱体试件的轴向，通过具有一定宽度 a 的圆弧形压条对试件施加荷载 P，则断面上任何一点的应力都可按弹性理论求解。若采用马歇尔试件作劈裂试验，压条宽度为 25.4mm 时，则可求得：

$$劈裂强度\sigma = 0.05866\frac{P}{h}$$

$$进度模量E = \frac{P}{hx}(0.2596 + \mu)$$

$$破坏应变\varepsilon = x_{T}\frac{0.0290+0.0922\mu}{0.1298+0.5\mu}$$

式中：P——破坏时最大荷载（kN）；

h——试件高度（cm）；

x_T——横向总变形（cm）；

x——横向变形（mm）；

μ——材料泊松比，取 0.25。

此次试验条件为：温度 15℃时，加载速率 50mm/min；温度 -10℃时，加载速率 1mm/min。分析劈裂试验结果，可以看出以下内容：

（1）加格栅沥青混合料的 -10℃劈裂强度和普通沥青混合料相比，提高了 15%。这说明加格栅后，沥青混合料的抗弯拉能力有了较大的改善，尤其对抵抗低温缩裂的作用比较明显。

（2）加格栅沥青混合料的 15℃劈裂强度和普通沥青混合料相比，提高了 11%。而 15℃劈裂强度值是在路面结构设计时，进行拉应力验算所需的一项指标。这说明加格栅后，除了沥青混合料的抗弯拉能力有较大改善外，还有一定的厚度效应。从强度模量比看，加格栅沥青混合料比普通沥青混合料提高了 30%。若厚度效应与此相同，也就是说路面厚度可减薄 30%，若原设计 7cm 厚路面即可减为 5cm。

（3）破坏应变反映了沥青混合料的抗变形能力，从这方面看，15℃加格栅沥青混合料与普通沥青混合料相比有所提高，-10℃时二者基本接近；沥青混合料的劈裂劲度模量反映了其抵抗变形的能力，当混合料劈裂强度相等时，劲度模量越低越好。从强度与模量之比看，-10℃时加格栅混合料与普通混合料相比没有变化，但在 15℃时，加格栅混合料与普通混合料相比，提高了 30%。

2. 小梁弯曲试验

弯曲试验是一种间接拉伸试验，它是通过测定规定温度和加载速率时弯曲破坏时的力学参数，来评价沥青混合料的抗拉能力与低温抗裂性能。小梁弯曲破坏时的弯拉强度 R_B、梁底最大拉应变 ε_B 及弯曲劲度模量 S_B 按下列公式计算，模型如图 5-1 所示。

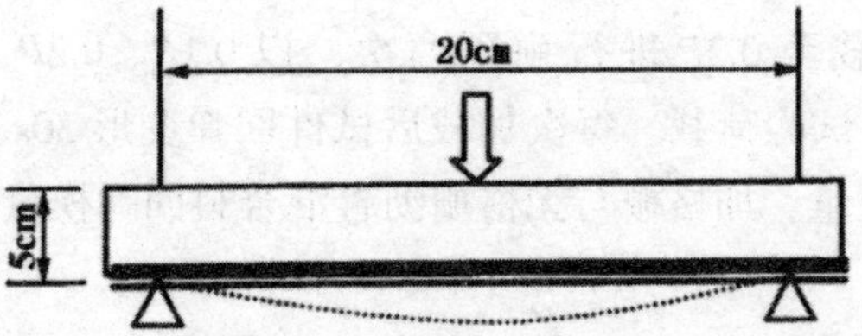

图 5-1　弯曲试验示意图

$$R_B = \frac{3LF_B}{2bh^3}$$

$$\varepsilon_B = \frac{6hd}{L^2}$$

$$S_B = R_B / \varepsilon_B$$

式中：L——小梁跨径（cm）；

h——小梁高度（cm）；

b——小梁宽度（cm）；

d——小梁跨中挠度；

F_B——破坏时最大荷载。

分析弯曲试验结果，可以看出以下内容：

（1）当格栅加在沥青混合料试件的 3/5 高度时，-10℃时弯曲破坏强度与普通沥青混合料强度相比，变化不大。也就是说，越接近混合料中性轴，格栅对抵抗弯曲变形的能力越小。但在实际路面上情况有所不同。室内进行试验时，试件一旦出现裂缝，由于没有其他支承而立即断裂。而路面是由基层和路基支承的，当面层底面出现裂缝后，在裂缝向上扩展到表面的过程中，还能经受相当荷载。这组数据只能说明格栅设置的层位对沥青混合料的抗弯拉能力有较大的影响，最好根据实际使用目的来设置格栅。

（2）弯曲破坏应变反映了混合料的弯曲变形能力，从这方面看，-10℃在底部加格栅的沥青混合料的破坏应变与普通沥青混合料相比有所提高。按 -10℃弯曲破坏应变大小的排序为：梁底设格栅 > 无格栅 > 梁 3/5 高度处设格栅；沥青混合料的弯曲破坏劲度模量反映了其抵抗变形的能力，当混合料弯曲破坏强度相等时，劲度模量越低越好。从强度与模量之比看，-10℃在底部加格栅的沥青混合料与普通沥青混合料相比有所提高，对抵抗低温开裂有一定的作用。

3．抗压回弹模量的单轴压缩试验

试验采用静压法成型的直径为 100mm ± 2.0mm 的沥青混合料圆柱体试件。用于验算弯沉的抗压回弹模量的标准试验温度为 20℃，用于验算弯拉应力的抗压回弹模量的标准试验温度为 15℃，加载速率为 2mm/min。试验时首先测定抗压强度 P，以 2mm/min 速度加载至 $0.2P$ 进行预压两次，以 $0.1P$、$0.2P$、$0.3P$、$0.4P$、$0.5P$、$0.6P$、$0.7P$ 七级作为试验荷载。每次加载后试件回弹变形 30s 后，测定回弹变形，由此计算抗压回弹模量。加格栅与无格栅沥青混合料回弹模量和抗压强度试验结果见表 5-7。

表 5-7　回弹模量和抗压强度结果

试验条件	混合料类型	回弹模量（MPa）	抗压强度（MPa）	强度模量比（%）
20℃ lkN/s	加格栅	751	4.130	0.55
	无格栅	815	3.982	0.49
15℃ lkN/s	加格栅	981	5.718	0.58
	无格栅	930	5.241	0.56

从表 5-7 试验结果看，加格栅的沥青混合料与未加格栅的相比，抗压强度不论试验温度在 20℃或在 15℃时，均有所提高，但作用并不显著。这与格栅在试验中约束侧向变形的能力有关，主要是由于在 ϕ100mm 的试件中仅设置一层格栅，其尺度效应非常有限而造成的。而对于回弹模量，加格栅的影响更是有限。如果考虑到试验数据的离散性和误差影响，可以认为，加格栅后对沥青混合料回弹模量的影响是可以忽略不计的。但加格栅后，在 20℃时强度模量比提高了 12.2%，15℃时提高了 3.6%。这说明加格栅后，沥青混合料的力学性能还是有较大提高的，有一定的厚度效应。这一点和前述的劈裂试验结果相吻合。

4．车辙试验

沥青路面的车辙主要发生在沥青面层，特别是采用半刚性基层的沥青路面，车辙几乎全部发生在面层。由于车辙危及行车安全，近年来越来越受到公路建设者的重视。为评价格栅加固沥青混合料后对抵抗车辙的作用，进行了 60℃、0.7MPa 轮压的车辙试验，格栅置于混合料表面 3cm 处，其动稳定度 DS 值（次 /mm）试验结果见表 5-8。

表 5-8　车辙试验结果

混合料类型	第一组	第二组	第三组	均值
AC-131（无格栅）	430	387	406	408
AC-131（加格栅）	620	725	651	665

从试验结果看，加格栅沥青混合料动稳定度与无格栅的相比，约提高了 62%，这说明用格栅加固沥青混合料后，对抵抗车辙是非常有效的。

综合分析上述试验结果，可以得出以下结论：

加格栅后沥青混合料的劈裂强度有所提高，抵抗拉应力与变形的能力增强，这对防止反射裂缝有较大的作用，对防止龟裂等较小开裂宽度的裂缝反射效果更好；

加格栅后，沥青混合料的高温抗车辙性能明显提高，能够提高沥青路面的高温稳定性能。此外，还有一定的厚度效应，为减薄沥青面层厚度提供了基础条件；加格栅后调整了路面结构的应力状态，能够阻碍疲劳裂缝的进一步发展，从而提高了沥青混合料的抗疲劳性能，延长了路面的使用寿命。

因室内试验无法做到足尺寸研究，格栅大多时候无法和沥青混合料同步地承担荷载和变形，因而在静压和小梁弯曲试验方面的结果和不加格栅的普通混合料的试验结果没有特别的不同。在弯曲试验中可以看出，荷载在达到某一极值时，试件并没有完全断裂，只是变形有较大的增加。试件经过充分变形后，格栅的作用开始体现出来，在承受相当大的荷载后才彻底地断裂。在实际路面中，由于基层的支承作用，格栅与沥青混合料可同步变形，其加筋的作用可充分地显示出来。

三、防治反射裂缝与车辙的机理

东南大学在进行格栅加固沥青混凝土性能的研究过程中，对玻璃纤维格栅加固沥青混合料防治反射裂缝与车辙的机理进行了分析。

他们认为，根据复合材料的强度形成原理，格栅的加入并不能达到显著提高沥青混凝土整体强度的目的。从试件受力破坏的过程，可探讨格栅在抑制裂缝向上发展中的作用。未加格栅的沥青混凝土弯曲试件，在达到破坏荷载前，参与承载的试件高度是试件的原高度。达到破坏荷载时，试件底部出现裂缝。继续加载，裂缝由底部向顶部逐渐扩展，参与承载部分的试件高度逐渐减少，导致试件能承受的荷载逐渐减小，而裂缝逐渐延长，试件底部张开变形逐渐增大，直至断裂。此时试件底部张开变形与裂缝长度成比例发展。

由于格栅是一种网孔结构，所以格栅对网孔内的沥青混合料能起一种“箍固”作用。因此，当试件底部在弯曲破坏荷载作用下出现裂缝并延伸到格栅处时，格栅的存在改变了沥青混合料裂缝尖端的受力状况，改变了沥青混合料的弯曲破坏过程，使裂缝处试件的张开变形受到了约束，从而抑制了裂缝的向上发展。此时格栅的横向筋受到混合料向外的推挤力，而纵向筋受拉。当混合料向外的推挤力使格栅形状变形较大时，即格栅网孔结构的稳定性遭到破坏时，纵向筋的强度即成为抑制张开变形发展的关键。如果格栅的网孔尺寸较稳定，格栅本身的拉伸强度较大，则可使此阶段持续较长时期，从而起到抑制裂缝发展的作用。

格栅的网孔结构是比较稳定的，并由于与沥青混合料相互填充而得到增强，因此格栅本身的抗拉强度大小是抑制裂缝发展的主要因素。强度高的格栅在相同变形条件下承受的荷载则高，所以，采用抗拉强度高的格栅，可更好地抑制裂缝的发展。此外，对于同一种格栅采用不同的加筋方式，沥青混合料的破坏过程也是不同的，铺设在弯曲试件靠近底部的格栅，可相对早地加入到抑制裂缝发展的工作中，从而收到较好的止裂效果。因此，在路面结构中，为防止已有裂缝的向上发展，格栅的最佳铺设位置是将格栅铺设在裂缝上面且接近裂缝的位置。

车辙是沥青路面结构在行车荷载反复作用下产生竖向永久变形的结果，这种变形主要发生在高温季节，是沥青混合料高温稳定性不足在重交通道路上的反映。通过车辙试验的车辙形成过程可观察到，当荷载开始作用后，首先出现变形和流动的是沥青和沥青胶浆，由于局部材料支撑能力的丧失，矿料骨架在粘结力比较微弱的情况下维持稳定；随着沥青及胶浆的流动，再加上沥青的润滑作用，矿料骨架逐渐被破坏，在体积不变的情况下，矿料骨架失稳，车辙加速形成。由此可见，车辙形成的最初导因是高温下沥青的流动，最后导致矿料骨架的失稳。因此，欲提高沥青混合料高温抗变形能力，从沥青混合料车辙形成过程来看，保持矿料骨架的稳定性，可减少车辙的发生。格栅加入沥青混合料后，可使沥青混合料的整体结构更加稳定，格栅除承担荷载应力的作用外，还可通过其网孔性结构的肋条将荷载应力传递给周围沥青混合料及肋条，这样局部承受的荷载得到扩散，从而减少了局部支撑能力的丧失。由于格栅网孔的存在，格栅与沥青混合料之间不只是表面摩擦，而是相互嵌锁的。这种嵌锁限制了集料的移动，保持了矿料骨架的稳定。这就是格栅加筋沥青混合料高温车辙小，抵抗高温变形能力强的原因。

四、施工工艺

在公路上行驶的车辆对路面使用性能的要求，可分为结构使用性能与功能性使用性能。当采用玻璃纤维格栅加固沥青混合料铺筑路面时，首先要根据路面结构使用性能要求和使用格栅的目的，选择合适的结构层位设置格栅。玻璃纤维格栅的用途及设置原则见表 5–9。

表 5–9　玻璃纤维格栅的用途及设置原则

项目	内容
用格栅加强面层	当把格栅放在面层起加强作用时，可以减少路表弯沉，减小面层底部拉应力。所以此时格栅应铺设在面层底部，并可适当减薄面层厚度
用格栅抵抗车辙	从抵抗车辙的角度出发，格栅在沥青混合料中的位置离加载面愈近，抵抗车辙的效果愈佳。为减小车辙，在路面结构的沥青层中应将格栅放置在沥青层靠近顶部的位置。所以，当铺设格栅用于抵抗沥青路面车辙时，格栅应铺设在沥青上面层的底部

续表

项目	内容
设置格栅防治反射裂缝	许多科研成果表明，在旧沥青路面表面或半刚性基层顶面设置格栅时，可有效地防治反射裂缝。所以，在沥青路面中修罩面工程中，应先在旧沥青路面表面铺设格栅，然后再铺筑上覆层；在大修、改善及补强工程中，若在基层上重新铺筑沥青面层时，可将格栅铺设在基层与沥青下面层之间
用格栅加强基层	当把格栅放在基层时，对路面结构各层底处的拉应力影响不大，但可减小表面弯沉。因此当基层强度不足时，可用格栅加强路面基层。此时格栅应铺设在基层底部

在公路养护工程中，玻璃纤维格栅沥青混合料的施工工艺一般为：

（1）确定施工路段。使用玻璃纤维格栅前，必须对施工路段精心挑选。为了最大程度地发挥玻璃纤维格栅的功能，原路面的结构必须稳定，必须没有唧泥、过大的变形及强度不足等现象。如果路面结构不稳定，就必须先解决结构问题，然后再解决防治反射裂缝问题。

（2）进行路况评价。应对施工路段进行现场路况评价，包括测量弯沉等。这些数据用来确定原路面的回弹模量值，并得出路面状况指数（PCI 值）。最后根据路况评价结果和养护技术规范，确定旧路维修方案。

（3）确定最小罩面厚度。使用玻璃纤维格栅加固沥青混合料进行中修罩面，罩面层最小厚度一般为 3 ~ 4cm，可根据混合料的级配类型确定。

（4）选择玻璃纤维格栅。目前国内可用于公路工程的玻璃纤维格栅品种很多。在选择时，必须要注意产品的技术性能。根据现行的《公路土工合成材料应用技术规范》的规定，用于防治路面裂缝的玻璃纤维格栅，其网孔尺寸宜为其上铺筑的沥青面层材料最大粒径的 0.5 ~ 1 倍，其技术性能指标应符合表 5-10 的要求。

表 5-10　玻璃纤维格栅技术要求

指标内容	指标要求	测试温度（℃）
抗拉强度（kN/m）	≥ 50	20 ± 2
最大负荷延伸率（%）	≤ 3	20 ± 2
网孔尺寸（mmxmm）	12 × 12 ~ 20 × 20	20 ± 2
网孔形状	矩形	20 ± 2

（5）处理病害、调平找拱。若对旧沥青路面进行中修罩面，在铺设格栅前，必须要对旧沥青路面上所有的坑槽、裂缝等病害预先处理完毕。实践证明，玻璃纤维

格栅铺设在光滑、平整的路表面上，使用性能最好。若旧沥青路面拱度不合适，修补裂缝与坑槽区域不平整，就必须先调平找拱，为铺设玻璃纤维格栅提供一个良好的平面，使旧路面的平整度满足要求。同时应清洁旧路面，以保证加铺层与旧路面连接状态良好。

（6）铺设、预紧与固定格栅。铺设格栅时，应先将一端用固定器固定。根据国内施工经验，固定器可采用固定钉与固定铁皮。固定钉可用水泥钉、射钉或膨胀螺钉。水泥钉或射钉的钉长应为 8 ~ 10cm，膨胀螺钉直径宜为 6mm，固定铁皮可用厚 1mm、宽 3cm 的铁皮条。固定钉穿过铁皮，即可将格栅固定在原路面上。格栅一端固定后，应选用合适的方法将格栅预先拉紧，张拉伸长率宜为 1% ~ 1.5%。张紧后再将另一端也进行固定。纵向及横向铺设的格栅都应相互搭接，横向搭接宽度一般为 8 ~ 10cm，并根据沥青混合料摊铺方向，将后一端压在前一端的下面。横向搭接处都应采用固定器固定。纵向搭接宽度一般为 5 ~ 8cm，可采用尼龙绳或铅丝绑扎固定，固定间距不应超过 1.5m。

（7）喷洒粘层油。铺设玻璃纤维格栅前，不需要喷洒粘层油。在铺设后，应喷洒热沥青作为粘层油，以利于新铺上覆层与旧沥青路面的层间连接。热沥青粘层油的喷洒量以保证格栅与旧路面的连接良好为准，一般为 0.4 ~ 0.6kg/m^2。

（8）摊铺与碾压沥青混合料。沥青混合料的摊铺与碾压按照现行的《公路沥青路面施工技术规范》（JTG F40—2017）的要求执行即可。但应注意施工车辆不得在格栅上转弯。在摊铺时如出现沥青混合料摊铺机机轮打滑现象，应在粘层油表面撒一部分石屑，石屑用量为 3 ~ 5m^3/1000m^2。

许多工程实践证明，将格栅预紧张拉后再铺筑沥青混合料，可充分发挥格栅在沥青混合料中的效能。许多未张拉格栅就铺筑沥青混合料的路面，实际使用效果并不十分理想。所以，必须高度重视格栅的预紧张拉问题。根据国内施工经验，对格栅的预紧张拉可按照以下三种方法进行。

（1）张拉机法。

张拉机由钢管、角铁、拉力表、电机等制成。具体张拉方法是：将格栅的一端按前述方法固定在原路面上，另一端用一个夹具夹紧并连接到张拉绳上，然后启动张拉机电机，带动卷筒转动，通过张拉绳即可拉紧格栅。拉力通过测力传感机构传到拉力表上，可测定具体拉力数值。该幅格栅张拉结束后，再将格栅的另一端固定在原路面上，即可在其上面喷洒粘层油，铺筑沥青混合料，然后再进行下一幅格栅的张拉。该方法工作原理简单，对施工人员技术要求较高，施工质量较好。施工中要注意将格栅放置平顺，否则会出现受力不均的情况。但该方法投资费用较大，需要现场配备发电机来带动电机。此外，由于张拉机需要安置在枕木上，每当张拉完一幅格栅时，需要停下来，人工移动张拉机再次就位。所以这种张拉方法机动性能较差，效率较低，适用于工程量较小的格栅加固沥青混合料路面施工。

（2）挖掘机法。

用该方法张拉格栅示意图见图 5–2。

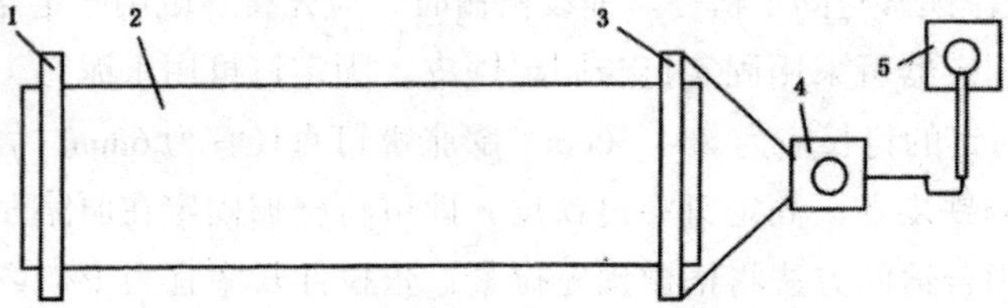

图 5–2　挖掘机法张拉格栅示意图

1- 固定铁皮；2- 格栅；3- 钢管夹具；4- 测力计；5- 挖掘机

如图 5–2 所示，测力计用百分表、测力环（或弹簧秤）及槽钢等自制而成。格栅的一端用固定铁皮和固定钉固定在原路面上，另一端用钢管夹具夹紧。钢管夹具通过钢丝绳与测力计相连，测力计再通过一牵引绳（钩）挂在挖掘机的挖斗上。当挖掘机转动挖斗时拉动测力计，即可张拉格栅，同时在测力计上可直接读出拉力数值。用该方法张拉格栅，所需的投资费用少，施工极为简单，对工人的技术要求也不高，施工效率高、质量好。由于采用挖掘机张拉，大大增强了机动性，当张拉完一幅格栅后，可立即进行下一幅格栅的施工。因此该方法适用于大规模格栅加固沥青混合料路面施工。

（3）手动葫芦法。

用该方法张拉格栅示意图见图 5–3。

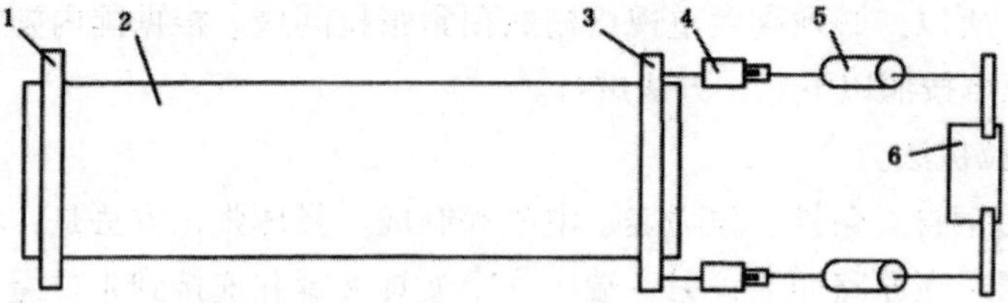

图 5–3　手动葫芦法张拉格栅示意图

1- 固定铁皮；2- 格栅；3- 钢管夹具；4- 测力计；5- 手动葫芦；6- 压路机

如图 5–3 所示，格栅两端的固定与夹紧方法与挖掘机法相同，测力计可以自制，也可选用标准的钢管弹簧秤。将测力计一端通过钢丝绳挂在钢管夹具上，另一端通过钢丝绳与手动葫芦（斤不落）相连，手动葫芦的另一端再通过钢丝绳挂在压路机（或推土机等其他筑路机械）上。当人工拉动葫芦时，带动测力计即可张拉格栅，同时可直接测出拉力数值。该施工方法简单，所需的投资费用更少，对工人的技术要求也不高，机动性能强，施工质量较好。但该施工方法由于是人工操作，工作效率较低，适用于中、小规模格栅加固沥青混合料路面施工。

第四节　玻璃纤维布与土工布的应用

网裂是沥青路面常见的一种病害。出现网裂的原因很多，一般有以下几点（见表 5–11）。

表 5–11　出现网裂的原因

原因	主要内容
路面基层强度不足	路面基层是整个路面结构中的承重层。若由于长时间使用或施工质量差，导致基层强度不足，也会引发沥青面层网裂
沥青路面超期服役	沥青混合料受长时间行车荷载作用，承载能力降低，混合料之间的粘结力下降，加上雨、雪水的侵蚀，使沥青路面逐渐发生网裂
沥青面层施工质量差	若拌制沥青混合料时沥青加热温度过高、油石比过小、矿粉过少、混合料级配不合理、碾压密实度不足、沥青与矿料之间的粘结力下降，会直接造成沥青路面发生网裂

沥青路面出现网裂，必须及时进行养护，否则会使路面发生更多的病害，加速缩短路面的使用寿命。目前处治沥青路面网裂一般常用平油罩面、乳化沥青稀浆封层、沥青混合料中修罩面等几种方法。在这几种处治方法中，平油罩面价格最便宜，但使用寿命较低，路面的抗滑性能较差；乳化沥青稀浆封层施工工艺较为复杂，对施工技术、设备要求较高；沥青混合料中修罩面可彻底根治网裂，但工程费用较高。

用玻璃纤维布处治沥青路面网裂是近年来国内发展很快的一项新技术。该技术施工工艺简单，养护费用低廉，材料来源广泛，防治网裂效果明显。用其进行沥青路面养护，可以延长路面使用年限，提高养护质量，降低养护费用。该技术不但适用于处治沥青路面网裂，同时对路面老化严重路段或因施工管理不善而产生的路面脱粒有一定的补救作用，对于石灰土基层的反射裂缝也有一定的防治作用。该技术不仅适用于低等级公路，在一、二级公路也可应用，所以目前此项技术在国内沥青路面养护作业中得到了广泛应用。

一、玻璃纤维布技术性能及选择

玻璃是一种在凝固时基本不结晶的无机熔融物，玻璃纤维则是由无机氧化物组成的单丝直径为几个微米到几十个微米的纤维状玻璃。在国外，玻璃纤维绝大部分是E玻璃。E玻璃在我国称为无碱玻璃，它是CaO、Al_2O_3、SiO_2系统玻璃，特点是碱金属质量百分率小于1%，有着优良的电绝缘性能，常用于电气方面。对于高碱玻璃纤维，也称为A玻璃纤维。虽然其成本低、耐酸，但不耐水，在潮湿的条件下会产生析碱，受碱侵蚀而失去强度，因此不耐贮存。由于A玻璃纤维几乎全部是以碎玻璃为原料，以陶土坩埚拉制的，生产工艺落后，产品质量十分低劣，国家已明令禁止生产。目前国内产量最大的玻璃纤维为中碱玻璃纤维，也称为C玻璃纤维，它克服了A玻璃纤维的缺点，又有着良好的耐化学侵蚀性能，其化学成分见表5–12。

表5–12　中碱玻璃纤维化学成分（%）

型号	SiO_2	Al_2O_3	CaO	MgO	Na_2O+K_2O	Fe_2O_3
中碱5号	67.0 ± 0.5	6.2 ± 0.4	9.5 ± 0.3	4.2 ± 0.3	12.0 ± 0.4	≤ 0.4
中碱6号	66.7 ± 0.5	6.2 ± 0.4	10.8 ± 0.3	3.0 ± 0.3	11.7 ～ 12.4Na_2O ≥ 10.5	≤ 0.42

各种玻璃纤维制品的生产都是以玻璃纤维原丝为原料的。玻璃纤维原丝的生产工艺流程是：将叶蜡石、硅砂、石灰石、白云石、萤石、硼酸（或硼钙石、硅镁石，无碱玻璃纤维用）、纯碱（或长石，中碱玻璃纤维用）等矿物原料称量混合，在池窑中高温熔化后，用铂铑合金漏板法、池窑直接法或二次熔化法进行拉丝，在拉丝作业中玻璃纤维单丝要涂覆含硅烷偶联剂的浸润剂，然后再高速拉丝成型。用玻璃纤维原丝即可生产出各种玻璃纤维制品：玻璃纤维纱、玻璃纤维布、玻璃纤维毡、玻璃纤维短切原丝。

玻璃纤维布是以玻璃纤维原丝为原料，由剑杆织机或有梭织机织造而成的。我国生产的玻璃纤维布主要分为中碱、无碱玻璃纤维布两大类，品种范围从单位面积质量175g/m^2、厚度0.20mm的细布到800g/m^2、厚度0.8mm的粗布，其经纱和纬纱的组合有各种形式，以平纹布为主，也有缎纹、斜纹和单向布。玻璃纤维布一般常用于生产玻璃钢制品，也常用于增强工程塑料。

用于处治沥青路面网裂的玻璃纤维布，应选用经纬密度较疏、支数较多、透油性能好、耐高温、耐腐蚀、强度高的无碱或中碱玻璃纤维布。布的经向、纬向的断裂强度应分别达到200N、100N以上，同时应具有出厂检验合格证明及高温、拉力试验报告。以辽宁省朝阳市云鹭织布厂生产的道路专用玻璃纤维布为例，其技术指标见表5–13。

表5–13　玻璃纤维布技术指标

厚度（mm）	宽度（cm）	单位面积质量（g/m^2）	密度（根/10cm）		断裂强度（25mm × 25mm）		断裂伸长率（%）	耐高温（300℃/h）
			经向	纬向	经向（N）	纬向（N）		
0.1	90.4	68.8	96.4	59.0	236.0	152.8	3	无变化

二、玻璃纤维布、网格加固沥青混凝土技术性能

哈尔滨建筑大学用辽宁省朝阳市云鹭织布厂生产的道路专用玻璃纤维布、大连新东方玻璃纤维制品有限公司生产的玻璃纤维网格加固沥青混凝土，进行了室内试验。

试验中采用4种沥青混凝土进行技术性能评价：AC–131型玻璃纤维布（厚度0.1mm）沥青混凝土（编号A）、AC–131型玻璃纤维网格（厚度0.3mm、120C型）沥青混凝土（编号B）、AC–131型玻璃纤维网格（厚度0.3mm、160C型）沥青混凝土（编号C）、普通AC–131型沥青混凝土（编号D）。从试验结果可以看出，用玻璃纤维布或网格加固沥青混合料后，和普通沥青混合料相比，劈裂强度、弯曲强度、弯曲破坏应变等均有所提高，增强了抵抗拉应力与变形的能力，抗低温开裂能力、抗车辙能力有所改善。这对防止反射裂缝有一定作用，对防止网裂类较小开裂宽度的裂缝反射效果更好一些。

为综合评价四种沥青混合料的技术性能，可采用多指标加权评价法（权 = 某类混合料某性能的评价参数 / 某类混合料某性能评价参数的最低值）。在本次试验中，劈裂与弯曲试验以强度模量比为评价参数，车辙试验以动稳定度为评价参数，评价结果见表5–14。

表5–14　混合料技术性能加权评价结果

混合料编号	A	B	C	D
劈裂性能	1.14	1.29	1.00	1.00
弯曲性能	1.24	1.42	1.58	1.00
车辙性能	1.34	1.41	1.72	1.00
累计值	3.72	4.12	4.30	3.00
综合排序	3	2	1	4

从表 5-14 中可以看出，编号为 C 的玻璃纤维网格加固沥青混凝土的综合技术性能最好；两种玻璃纤维网格加固沥青混凝土的综合技术性能均好于玻璃纤维布加固沥青混凝土；普通沥青混凝土的综合技术性能低于玻璃纤维网格加固沥青混凝土或玻璃纤维布加固沥青混凝土。

三、施工工艺及质量控制

一般来说，玻璃纤维布主要适用于处治基层强度较高、平整度较好、不是由于基层强度不足引起的沥青路面网裂，也适用于处治油石比过小、抗滑性能较差的路面。施工前要对路面出现的其他病害如坑槽、啃边等进行彻底处治，所用沥青应选用 140 号道路石油沥青，所用矿料应选用粒径 3 ~ 6mm，质地坚硬耐磨，无风化的石屑，质量不低于三级。常用的单层玻璃纤维布处治沥青路面网裂方法为“二油一布”，第一层沥青起封闭裂缝、粘结玻璃纤维布的作用，玻璃纤维布起抗拉、抗裂作用；第二层沥青起粘结石屑，使两层沥青与玻璃纤维布、石屑合为一体的作用，同时也增强了路面的密水性、抗滑性。其具体施工工艺如下：

（1）清扫路面和裂缝中的灰尘、杂物。清扫干净后按布幅宽度放样，决定喷洒沥青、铺布的边缘线，拉好边线，进行定位；

（2）喷洒第一层沥青，沥青用量为（0.8 ~ 1.2）kg/m^2；

（3）顺路纵向粘玻璃纤维布，两幅玻璃纤维布接缝处应搭接 5 ~ 10cm。有条件时应采用专用设备将玻璃纤维布进行预先拉紧；

喷洒第二层沥青，其方法同上，沥青用量为（0.8 ~ 1.0）kg/m^2；均匀铺撒一层石屑，石屑用量一般为（13 ~ 17）m^3/1000m^2；用 6 ~ 8t 压路机碾压 3 ~ 4 遍；做好初期养护，及时将由于行车而带到路两边的石屑扫回路面。

施工中的注意事项如下：

施工中可半幅施工，边施工边通车。施工时，前半幅撒面层料时要在路中线接缝处留出 20cm 宽度不撒料（最好用挡板隔开），在后半幅施工时处理接缝；若全幅施工，应先铺两边，后铺中间，在施工过程中禁止车辆碾压，最好封闭交通，以保证路面的顺适及平整；施工中的沥青用量、石屑用量可根据原路面的具体情况确定，原路面松散、麻面、裂缝多者用高限，否则用低限；如原路面贫油现象不严重，也可采用“一油一布”。即先铺玻璃纤维布，然后再喷洒沥青、撒布石屑，进行碾压；在铺玻璃纤维布时，最好将布预先张紧。这样可使玻璃纤维布在纵向受有一预应力，对防止旧沥青路面的原有裂缝向上反射有极大帮助。

用玻璃纤维布处治沥青路面网裂，其施工质量控制要点如下：

1. 施工前质量控制

工程工期应安排在上半年施工，一般应在雨季前竣工，最佳施工期在5月上旬至6月中旬，气温不低于10℃，有利于返油成型，效果最佳；原路面病害如坑槽、搓板、大裂缝等应按规范要求先处治完毕；严格把住材料关，材料选择非常重要，直接关系到工程质量的优劣，故应严格要求；组织好施工队伍，明确人员分工，对施工人员应先进行培训，并就设计和施工要求、施工工期、质量标准、安全操作等规程向施工人员详细交底；对喷洒沥青机械、碾压机械及其他操作工具应先检修完好，配备齐全。

2. 施工中质量控制

用玻璃纤维布处治沥青路面网裂工程，应做到精心施工，严格按施工程序进行，各工序间要紧密衔接，有条不紊。施工中应对以下几个环节进行质量控制（见表5–15）。

表 5–15　施工中质量控制的环节

控制环节	主要内容
路幅及边线控制	按路面宽度、布幅宽度和搭接尺寸，应先用铁钉、线绳拴线定位，控制洒油、铺布的边缘线，达到线直弯顺，并设专人随时校对挂线位置，以防差错
严格控制沥青温度与沥青用量	沥青出厂温度应不低于170℃，洒布温度应不低于140℃，沥青温度及用量要设专人随机检验抽测
喷洒沥青	一定要均匀适度、边缘到位、边线顺直，做到无空白、无堆积。在玻璃纤维布上如用喷枪人工喷洒沥青，一定要遵循由路中心向两侧成椭圆形进行，以便舒展压平纤维布接缝，减少皱褶
贴布控制	玻璃纤维布贴布应在喷洒沥青后立即进行，布面一定要摆正、展平。贴布应从路面边缘线向中心贴近，做到布不翘曲、不打褶。对贴布不实之处随时用推耙推实压平
撒料压实	在玻璃纤维布上喷洒沥青后应立即铺撒石屑。撒料应顺路纵向进行，力争薄匀，做到无空白、无堆积，厚度控制在10mm之内，并随时用人跟机处理纤维布翘起和皱褶之处
初期养护	用玻璃纤维布处治沥青路面网裂后，其初期养护必不可少，它是保证工程质量的关键环节。这期间一是要对过往车辆进行控制，在开放交通初期1 ~ 2周内，不能让车辆全速行驶，应采取有效措施进行控制。具体可在施工路段两端起讫点外设限速标志，设专人掌握指挥行车，车速控制在15 ~ 25km/h，在路面每隔100m设一临时标志，按先边后中的原则控制行车碾压，达到均匀压实。二是要在7 ~ 10d内，加强收料、撒料工作。待路面成型稳定后，将浮料扫出回收，转入正常养护

3. 竣工质量检验

（1）基本质量要求

对原路面存在的病害按规范要求事先进行了处治；原路面的泥土及杂物清扫干净、彻底，干燥后再行施工；沥青、石屑及玻璃纤维布的性能、强度等化验单齐全有效，符合技术要求；沥青用量准确，喷洒均匀，无露白，无堆积；纤维布、石屑压实平整；施工原始记录齐全准确。

（2）实测项目表

实测时采用打分制，满分 100 分，具体见表 5-16。

表 5-16 中外观鉴定扣分标准如下：

表面均匀平整，石屑无松散、脱落、粘连，不符合要求减 5 分；用 6 ~ 8t 压路机碾压无明显轮迹，不符合要求减 5 分；路面与其他构造物衔接平顺，不符合要求减 5 分。

表 5-16 玻璃纤维布处治沥青路面网裂工程质量检验表

项次	检查项目	允许偏差	检查方法	规定分
1	病害处理	符合规范要求	外观鉴定	25
2	表面平整度	10mm	每 100m 检查 2 处，每处用 3m 直尺连量 3 尺，每尺检查 1 点	25
3	铺布	均匀无露白，布间搭接不小于 3cm	每 100m 检查 2 处	10
		无皱褶、卷曲，高差在 5mm 以内	每 100m 检查 2 处	10
4	宽度	有路缘石，± 20mm；无路缘石，不小于原路面宽度	每 100m 检查 2 处	10
5	横坡度	± 0.5%	每 100m 检查 2 个断面	20

用玻璃纤维网格处治沥青路面网裂的施工工艺及质量控制要点与前述基本相同。

四、此项技术的新发展

近年来，玻璃纤维布在沥青路面养护中的应用日益广泛。从国内的应用情况看，目前又出现以下两种新的技术：

1．将玻璃纤维布应用到中修罩面工程中

此项技术的施工工艺是：在原路面上，先处治完各种病害，清扫干净；然后铺玻璃纤维布，再洒一层沥青（用量为 0.5kg/m^2 左右），一层少量的石屑，再用 6 ~ 8t 压路机压实；最后再铺筑沥青混合料中修罩面层。这样做虽然工程造价高一些，但增加了新铺沥青混合料面层底部的抗弯拉能力，可更有效地防止原路面的裂缝反射到新铺面层上来。长春市交通局 1998 年以来应用此项新工艺进行沥青路面中修近 300km，取得了良好效果。

2．将用玻璃纤维布罩面与稀浆封层结合起来

此项技术的施工工艺是：清理原路面，处治坑槽等病害；按路面宽度在路边缘挂线放样；按放样宽度喷洒沥青，沥青用量为 0.8kg/m^2 左右；在喷过沥青的路面上迅速贴玻璃纤维布；待沥青温度降至常温后，进行稀浆封层；进行初期养护。

此项技术的基本原理是：以“加筋”的形式通过粘层油和稀浆封层，将玻璃纤维布紧紧地与原路面结合在一起，形成新的路面结构层。这样，利用玻璃纤维布的抗拉强度，来补充稀浆封层混合料的整体强度，从而解决了单一稀浆封层和单一玻璃纤维布罩面自身所存在的技术局限性。这项新技术将用玻璃纤维布罩面与稀浆封层两项技术结合起来，从技术上看是十分可行的，从经济上看，比玻璃纤维布加中修罩面要节约大量资金，虽然路面的使用寿命可能比后者要低一些，但仍不失为一项先进技术。吉林省公路管理部门应用此项新技术已养护沥青路面近 100km，效果良好。

五、土工布应用

作为土工织物的一种，土工布在公路工程中的应用比较广泛。一般常用于软基处理、翻浆处理、地下排水、挡墙加筋、边坡防护等。当用在沥青路面养护工程时，其作用机理和玻璃纤维格栅、玻璃纤维布、玻璃纤维网格等一样，由于土工布具有较大的延伸性，可以缓解旧路面裂缝处的应力集中，吸收部分拉伸能量，使应力扩展至更宽的范围，同样可起到防止反射裂缝的作用。此外，土工布浸透沥青后，还可形成密封防水层，能够阻止地表水渗入基层，使路面基层材料不致由于受到水的侵蚀而早期损坏。因此，土工布也是一种防治旧沥青路面反射裂缝及网裂的良好材料。

土工布的选用及技术性能：用于防治旧沥青路面反射裂缝及网裂的土工布应具有以下技术性能（见表 5–17）。

表 5–17　土工布的技术性能

技术性能	主要内容
良好的沥青吸附性	用土工布防治旧沥青路面反射裂缝及网裂，正常的施工步骤是先在开裂路面上均匀喷洒热沥青，然后再铺设土工布。为使土工布浸透沥青后形成密封防水层，土工布应能充分吸收在旧路面上喷洒的热沥青，并达到饱和
良好的柔性	柔性包含韧性与表面硬度两重含义。韧性反映土工布吸收冲击能量的能力，它可近似地以材料的抗拉强度与延伸率之积量度，可以以 CBR 试验顶破强度 *R* 来表示土工布表面硬度，其值应大于 2kN
良好的耐温性	沥青混合料摊铺时的温度很高，土工布在高温下不能发生收缩变形，更不能软化或熔化，应能保持正常外表形态。按照交通部颁发的《公路土工合成材料应用技术规范》的规定，各类土工布应能耐 170℃以上的高温
较高的抗拉强度	当土工布铺设在旧沥青路面后，一般常需要将其预先拉紧，以充分发挥其扩散应力的作用。所以，土工布应具有较高的抗拉强度，按照《公路土工合成材料应用技术规范》的规定，其抗拉强度一般应不小于 8kN/m（测试温度 20 ± 2℃），同时具有抗刺破和抗胀破等能力
良好的均匀性	土工布为各向异性材料。为保证强度均匀，编织土工布经纬两向的强度比应不大于 1.5；无纺土工布应不大于 1.2
厚度要求	为了防止加铺土工布后造成沥青罩面层的不良负效应（罩面层剥离破坏），应对土工布的厚度进行严格限制。根据试验分析，土工布的厚度以小于 2.0mm 较为适宜，单位面积质量按照《公路土工合成材料应用技术规范》的规定，应不大于 200g/m^2（测试温度 20 ± 2℃）

此外，和玻璃纤维格栅、玻璃纤维布、玻璃纤维网格一样，为使土工布在路面使用年限内始终保持正常的工作状态，应耐酸、碱，具有很强的抗老化性能。

目前，国内外生产的土工布种类很多，现将德国赫斯特特雷维拉公司（TREVIRA）生产的 T010/140 型道路用土工布介绍如下：

该土工布是一种聚酯长丝无纺针刺土工合成材料，其主要特点是耐高温、抗拉强度高、吸附沥青性能好、表面均匀、渗透性强，其独特的单面挠毛工艺使土工布铺放后不致被车辆轮胎带起。使用时可铺设在旧沥青路面与上覆层之间，防止反射裂缝；铺设在路面基层与沥青（或乳化沥青）贯入式路面面层之间，可增加路面结构的稳定性，防止基层粒料位移到沥青面层中；铺设在新建道路路面上基层与沥青下面层之间，可用于密封防水。该土工布的技术参数如下：

单位面积质量：140g/m^2。

厚度：1.95mm。

抗拉强度纵向：400N/5cm；横向：280N/5cm。

延伸率纵向：60%；横向：65%。

熔点：230 ~ 240℃。

每卷标准宽度：3.8m。

每卷标准长度：200m。

第六章　SMA 混合料罩面技术

第一节　SMA 混合料技术性能及应用

一、SMA 混合料的发展及应用

SMA 是一种以沥青、矿粉及纤维稳定剂组成的沥青玛蹄脂结合料，填充于间断级配的矿料骨架中所形成的沥青混合料。

SMA 混合料是近年来在国际上出现的一种非常引人注目的新型沥青混合料，以其优良的抗车辙性能和抗滑性能而闻名于世。第一条 SMA 路面始建于 20 世纪 60 年代中期的德国，至今仍然在良好地使用着。它最初被称为 Stonefilled Mastic Asphalt，或 Grit Mastic Asphalt 等，欧洲的英国、瑞典、丹麦等许多国家的英文称为 Stone Mastic Asphalt。1990 年刚进入美国时也称为 Stone Mastic Asphalt，但后来越来越多地被称为 Stone Matrix Asphalt，但均缩写为 SMA。在我国，通过专家讨论，根据其构成原理，在现行的《公路沥青路面设计规范》（JTG F40—2017）中正式命名为“沥青玛蹄脂碎石混合料”，意即用沥青玛蹄脂填充碎石骨架而形成的混合料，或理解为在沥青碎石混合料的空隙中用玛蹄脂进行了填充。

SMA 混合料最基本的组成是碎石骨架和沥青玛蹄脂结合料两大部分。在 20 世纪 60 年代，德国在研究能抵抗新型埋钉轮胎磨损的新铺公路罩面层时，发现在普通沥青混合料中添加木质素纤维或矿物纤维稳定剂，增加矿粉用量，使用改性沥青后，可以减轻钉子对路面的磨损，同时使沥青温度敏感性变小。由沥青玛蹄脂结合料来填充基本上是由单一粒径碎石组成的集料骨架的大孔隙后，使沥青混合料既有表面服务功能好的优点，又克服了耐久性差的缺点，尤其是使沥青混合料的高温抗车辙能力、低温抗裂性、耐疲劳性、水稳定性等各种路用性能大幅度提高。这种新型的沥青混合料就是后来命名的沥青玛蹄脂碎石混合料（SMA）。70 年代初，欧洲经历了两个罕见的炎热的夏季，发现许多密级配沥青混凝土路面出现了严重的车辙变形，唯有铺筑 SMA 的路面几乎没有车辙变形。从此在欧洲很多国家，开始将 SMA 用于承受重交通荷载及高轮胎压力的公路和机场跑道。

1990年9月，美国派出了一个21人的大型代表团到欧洲考察了瑞典、丹麦、德国、意大利、法国、英国等国，代表团对改性沥青和SMA技术印象尤为深刻。1991年美国国家研究委员会（NRC）的运输研究局（TRB）决定学习欧洲的SMA技术，当年便有23个州采用这种结构铺筑了高速公路表层试验段，该技术很快风靡美国，许多高速公路的罩面层都选择了SMA混合料。在大量应用的基础上，美国成立了SMA的技术工作组（TWG），随即由TRB实施了国家公路研究协作计划（NCHRP）合同9–8"SMA混合料设计"研究项目。1994年提出SMA设计施工指南，逐年修改后，又委托国家沥青技术中心（NCAT）对105个SMA工程进行了总结分析，1997年陆续提出了《SMA设计》（分文献回顾、研究结果、设计方法三卷）、《美国SMA路用性能评估》等报告。1998年6月，首次提出了关于SMA混合料的配合比设计等一系列规范的建议稿。

我国是在1991年开始接触SMA混合料技术的。1992年，在建设首都机场高速公路过程中，决定引进奥地利RF集团的Novophalt改性沥青技术。北京市公路局为此组织专家对欧洲的奥地利、意大利等国家进行了技术考察，当时考察的主要目标是改性沥青，同时附带了解到一些SMA的情况和资料，考察后在首都机场高速公路率先应用了改性沥青与SMA技术。之后，德国生产木质素纤维的JRS公司从商业角度出发，组织我国国内几批SMA考察团到德国进行了技术考察，并先后提供了一些木质素纤维。吉林省公路管理局1993年9月在吉林省梅河口首次使用德国木质素纤维铺筑了SMA试验路，之后，江苏省连云港市、南通市，河北省，辽宁省也相继铺筑了SMA试验段。目前，交通部已在全国范围内组织推广SMA混合料，并将SMA混合料正式列入现行的《公路沥青路面设计规范》中。国内正在修建的许多高速公路都采用了SMA结构，有些SMA路面工程已开始考虑采用聚合物改性沥青。可以预计，随着时间的推移，SMA混合料将在我国公路工程与养护作业中得到更广泛的应用。

二、SMA 混合料的组成特点

和普通沥青混合料相比，SMA混合料的组成有以下突出特点：

1. 间断级配

众所周知，目前通用的沥青混合料按照各种成分的比例和排列的不同，可以有两种类型：一种是根据连续级配的原理组成的密级配沥青混合料，矿料级配基本上是按照富勒（Fuller Equation）曲线的指数原理构成的，即0.45次方的规律：

$$P=100\,(d/D)^{0.45}$$

式中：P——相当于矿料总量的某一筛孔的通过百分率（%）；

d——该筛孔的尺寸（mm）；

D——最大粒径（mm）。

我国现行的《公路沥青路面施工技术规范》规定的 AC 类 I 型密级配沥青混凝土基本上符合此规律，II 型也属于密级配沥青混凝土的范畴，只是对通过率稍稍作了调整。这种级配的混合料属于悬浮式密实结构。从理论上讲，粗集料的间隙被小一级的集料填充，小一级的集料又被更小一级的集料填充，直至最细的矿粉为止。但实际上，为了填充上一级集料的空隙，小一级的集料必然较多，已经把上一级集料的间隙挤开了，最终形成粗集料之间接触较少，几乎悬浮在沥青胶砂混合料中的状态。这种混合料的强度形成来源于粗细集料之间的嵌挤力（内摩擦力）和沥青矿粉结合料的粘结力。

另一种是基本上依靠集料嵌挤作用的混合料，我国以前常用的贯入式沥青碎石、沥青表面处治以及拌和式沥青碎石混合料均属于此类型。这种混合料实际上是一种骨架空隙结构，其强度的形成来源于集料之间的嵌挤力，沥青结合料的粘结力至多只起到对集料的稳定作用。所以国外将沥青碎石混合料称为沥青稳定碎石，而且一般都作为基层使用。

SMA 则是一种间断级配的沥青混合料，以 SMA-16 为例，5mm 以上的粗集料，主要是 4.75mm 以上粗集料颗粒的比例高达 70% ~ 80%，其中 9.5mm 以上的占一半，很少使用细集料，矿粉的用量达 8% ~ 13%，0.075mm 筛的通过率一般高达 10%，粉胶比远超出通常的 1.2 的限制值，由此形成间断级配。

2．沥青用量多

SMA 混合料的沥青用量比普通混合料要高 1 个百分点以上，与集料的粘附性要求较高，希望选用针入度小、软化点高、温度敏感性低的沥青。最好采用改性沥青，以改善抵抗高、低温变形性能及与矿料的粘附性能。

3．粗集料含量高

SMA 混合料中 5mm 以上的粗集料占 70% 以上，且要求其特别坚硬，表面粗糙，针片状颗粒少，以便其互相嵌挤良好。细集料用量比较少，一般不用天然砂，要求采用坚硬的人工机制砂。

4．矿粉用量多

SMA 混合料中的矿粉用量一般为 8% ~ 13%，且必须使用磨细石灰石粉，不应使用回收粉尘。

5．空隙率小

SMA 混合料的空隙率比较小，一般控制在 2% 以内。

6. 添加纤维稳定剂

由于 SMA 混合料中含有较多的沥青和矿粉，为防止沥青离析、路面泛油，必须在混合料中添加纤维作为沥青的稳定剂。通常采用木质素纤维，用量为沥青混合料总质量的 0.3%，也可采用矿物纤维，用量为混合料总质量的 0.4%。

7. 配合比设计要求严格

SMA 混合料的配合比设计不能完全依靠马歇尔试验确定，主要由体积指标确定。在马歇尔试验的基础上，应再进行车辙、水稳定性、高温析漏等专项试验，合格后才能确定混合料的目标配合比。

综合 SMA 混合料的组成特点，可以归纳为三多一少：沥青多、粗集料多、矿粉多、细集料少，掺加纤维稳定剂。和普通沥青混合料相比，SMA 混合料所用各种材料的技术要求比较高，配合比设计要求比较严。

三、SMA 混合料的技术性能

SMA 混合料的构成见图 6-1，密级配沥青混凝土、SMA 混合料、排水式开级配沥青混凝土的结构示意图见图 6-2。

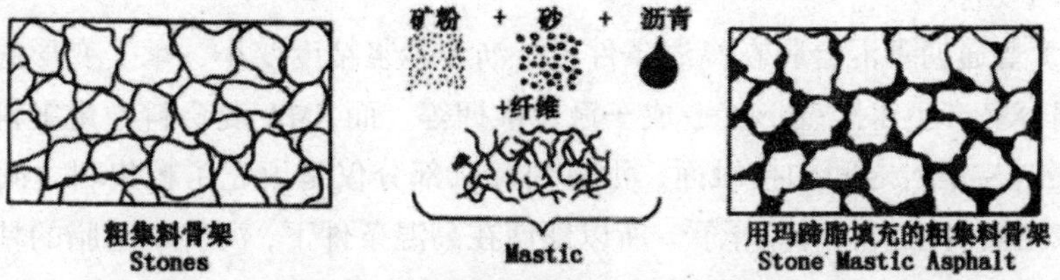

图 6-1 SMA 混合料的构造示意图

图 6-2 各种沥青混合料结构示意图

从图 6-1 和图 6-2 可以看出，SMA 混合料是由互相嵌挤的粗集料骨架和沥青玛蹄脂两部分组成的。在 SMA 混合料的组成中，粗集料骨架占到 70% 以上，混合料中粗集料相互之间的接触面（或支撑点）很多，而细集料很少，玛蹄脂部分仅仅填充了粗集料之间的空隙。而在普通的 AC 类密级配沥青混凝土的组成中，细集料以下的部分大体上占到一半，从该类混合料钻芯试件上，可以清楚地看到沥青砂浆已经把粗集料撑开，粗集料实际上是悬浮在沥青砂浆中的，彼此互相接触但并不紧密。由于粗集料之间有相当大的空隙，故而交通荷载主要是由沥青砂浆承受着，其抵抗荷载变形的能力很大程度上受到矿料级配、矿料间隙率（VMA）、空隙率以及沥青砂浆的比例的影响。

和SMA混合料相比，以前我国常用的AM类沥青碎石混合料也同样有相当多的粗集料，也有着良好的矿料嵌挤作用。但该混合料沥青用量太少（因为矿粉很少，沥青想加也加不进去），空隙率太大，沥青与集料的粘结力不足，因而其低温抗裂性能很差。此外，由于该混合料的空隙率大，集料之间会充满水分。由于水分对混合料的逐渐浸蚀，会促使沥青与集料脱开，造成剥落，很容易造成雨季及春融季节的大面积水损害破坏，因而其水稳定性能也不好。由于AM类沥青碎石混合料的耐久性很差，已逐渐为国外淘汰。我国现行的《公路沥青路面施工技术规范》中也已不允许在高速公路中使用AM类沥青碎石。我国规范提出的AK类抗滑表层级配实际上也存在同样的缺点，抗滑与耐久性的矛盾不好解决。

从SMA混合料的组成特点和形成机理可以看出，该混合料的技术性能非常好，主要有以下几点：

（1）普通沥青混合料在高温条件下，沥青砂浆粘度变小，承受变形的能力急剧降低，很容易产生永久变形，造成车辙、推拥等。而SMA混合料中粗集料含量高，增加了集料与集料之间的接触面，沥青玛蹄脂部分仅是填充了粗集料之间的空隙，交通荷载主要由粗集料骨架承受。所以即使在高温条件下，沥青玛蹄脂的粘度下降，对这种抵抗能力的影响也会减小，因而SMA混合料有着较强的高温抗车辙能力。

（2）在低温条件下，沥青混合料的抗裂性能主要由结合料的拉伸性能决定。由于SMA混合料中的粗集料之间填充了足够量的沥青玛蹄脂，它包裹在粗集料表面，即使在低温条件下，随着温度的下降，由于混合料收缩变形使集料被拉开时，沥青玛蹄脂仍有较好的粘结作用，它的韧性和柔性使沥青混合料有着较好的抵抗低温收缩变形能力。如果在SMA混合料中再同时使用改性沥青，则混合料的低温抗裂性能更可大幅度提高，抗低温开裂能力会更强。

（3）我们知道，提高沥青混合料水稳定性的主要措施就是尽量防止水进入混合料中，或者提高沥青与集料之间的粘结力。SMA混合料的空隙率很小，几乎不透水，混合料受水的影响很小，能够大幅度减少路表水对混合料的浸入，再加上沥青玛蹄脂与集料之间的粘结强，SMA混合料的水稳定性也是很好的。

（4）延长路面使用寿命需要沥青混合料有着良好的耐久性。由于SMA混合料沥青含量高、沥青膜厚、变形率小，沥青与矿料之间的粘结力很强，混合料的空隙率很小，沥青与空气的接触少，所以该混合料不易发生松散、变形、脱粒等病害，抵抗温度变化的能力和交通荷载型裂缝的性能均比较好。此外，由于 SMA 混合料基本上是不透水的，对下面的沥青层和基层有较强的保护作用和隔水作用，使路面能够保持较高的整体强度和稳定性。所以，使用 SMA 混合料，能够提高沥青路面的抗老化性能、耐疲劳性能，使用寿命大大高于密级配沥青混凝土。

（5）沥青路面的表面服务功能主要包括路面的抗滑能力、平整度、噪声等。由于 SMA 的矿料是间断级配，粗集料含量高，对于 SMA–16 这种级配混合料，构造深度可达 1.5 ~ 2.0mm，可以满足高速交通和低速交通的需要。由于路面压实后表面的构造深度较大，必然使路面的抗滑性能有所提高。从平整度看，沥青路面的平整度分横向和纵向，纵向平整度与基层强度有关，横向平整度主要受车辙影响。由于 SMA 混合料的高温稳定性比较好，可使路面长期保持稳定而不变形，因而具有较好的平整度和行车舒适性。此外，由于 SMA 混合料压实后表面构造深度大，在雨天行车不会产生大的水雾和溅水，夜间行车会减小行车灯光反射，路面噪声可降低 3 ~ 5dB。所以，使用 SAM 混合料铺筑沥青路面，能够全面提高路面的表面服务功能。

欧洲沥青路面协会（EAPA）归纳 SMA 混合料的优点是：抗滑、车辙小、平整度高、噪声小、能见度好，表面服务功能良好；增加了路面的抗变形能力，不透水，使用寿命长，维修养护工作量少、费用低；可以减薄沥青路面表面层厚度，易于施工和重建，维修重建对交通的影响小；能全面提高沥青混合料和沥青路面的使用性能，以抗车辙性能及耐久性的改善效果最为显著，这也是目前推广 SMA 混合料的最大目的和吸引力所在。澳大利亚认为，SMA 混合料可以延长路面使用寿命 50%，欧洲一般认为可延长 30% ~ 40% 以上，美国佐治亚州使用了 SMA 混合料后，车辙问题减轻了 40% 左右。如果在 SMA 混合料中再同时使用改性沥青，沥青玛蹄脂的性能会进一步大幅度改善，再使用优质集料，使集料的嵌挤作用、抗磨能力增强，如虎添翼，可使 SMA 混合料的各种技术性能更加优良。

SMA 混合料也有其缺点，主要是配合比设计要求较严，设计技术指标不易达到；对沥青与矿料的质量要求较高；施工难度较大，大量的矿粉不易加到混合料中去，添加纤维稳定剂比较麻烦，摊铺、压实工艺比较讲究；初期投资比较大，成本比较高。总的来说，要想铺筑一条质量上乘、真正的 SMA 路面，并不是一件简单的工作。所以，在交通部颁发的《公路沥青路面设计规范》中规定，SMA 混合料适用于高速公路、一级公路做抗滑表层使用，厚度宜为 3.5 ~ 4.0cm。在公路养护工程中，可在等级高、交通量大、重载车辆多、使用条件恶劣的公路用 SMA 混合料进行中修罩面，或在大修、改善工程中铺筑上面层。

第二节　纤维稳定剂及添加设备

一、纤维稳定剂在 SMA 混合料中的作用

由于SMA混合料中有着较多的矿粉与沥青结合料，所以在生产SMA混合料时，必须要添加纤维稳定剂。具体分析，纤维稳定剂在SMA混合料中主要有以下作用（见表6-1）。

表 6-1　纤维稳定剂在 SMA 混合料中的作用

作用	主要内容
分散作用	如果没有纤维稳定剂，SMA 混合料中用量较大的沥青、矿粉很可能成为胶团，铺筑在路面上将清楚地看见“油斑”存在。而纤维稳定剂可以使这种胶团均匀分散在集料之间，裹覆在集料表面
稳定作用	由于纤维在 SMA 混合料中的存在，使集料表面的沥青膜处于比较稳定的状态，尤其是在夏季高温下，沥青受热膨胀时，纤维内部的空隙将成为一种缓冲的余地，不致由于混合料中自由沥青的存在而导致路面泛油，从而提高了沥青混合料的高温稳定性能
加筋作用	在SMA混合料中掺加纤维稳定剂后，纤维在沥青混合料中以一种三维的分散相存在，这就好比农民盖土坯房时向抹墙的灰泥中掺加草筋一样，也像在水泥混凝土中加钢纤维，在沥青混合料中加土工合成材料一样，起到一种加筋作用
增粘作用	由于纤维在 SMA 混合料中的存在，将增加沥青与矿料之间的粘附性，通过沥青油膜的粘结作用，提高了集料之间的粘结力，进而提高了沥青混合料的水稳定性能
吸附沥青作用	在 SMA 混合料中加入纤维稳定剂的主要作用，就在于利用它充分吸附混合料中的沥青，使 SMA 混合料增加沥青用量成为可能，集料表面的沥青油膜变厚，从而提高了沥青混合料的耐久性能

所以，纤维稳定剂是SMA混合料中的必需成分。在缺乏纤维的情况下，也可使用改性沥青代替，但改性沥青不能完全起到纤维的作用。

二、纤维稳定剂的分类及选择

目前国内外纤维的种类很多，在沥青混合料中使用的纤维主要有木质素纤维、矿物纤维、聚合物有机纤维三类。

木质素纤维是天然木材经过化学处理得到的有机纤维。由于处理温度高达250℃以上，在化学处理过程中，木材中的木质素和大部分纤维被分解，惰性最大的

纤维素留了下来，形成了一种化学性能非常稳定的中性物质，不能被一般的溶剂、酸、碱类所腐蚀，对人体无害，不影响环境，不造成公害。

我国目前铺筑 SMA 路面常用德国 JRS 公司生产的木质素纤维。该公司的木质素纤维有两种型号。一种是 ARBOCELZZ8/1 型。该产品是一种经过技术处理的天然木质素纤维，外表呈灰色松散絮状，纤维素含量约 80%，pH 值 7.5 ± 1，松散密度为（25 ~ 30）g/L，密实密度约 1.3g/cm^3，纤维最大长度 5000μm，平均长度 1100μm，平均厚度（直径）45μm；另一种是 VIATOP66 型，它是将木质素纤维与沥青按 2 : 1 质量比拌制成的颗粒状产品，含纤维素量 66%。现在 JRS 公司也生产 VIATOP80，是将木质素纤维与沥青按 4 : 1 质量比拌制成的颗粒状产品，含 ARBOCELZZ8/1 木质素纤维量为 80% ± 5%，其余 20% 为德国产优质道路沥青，25℃针入度 35 ~ 50dmm，软化点 54 ~ 59℃。该产品为灰色固体圆柱形颗粒，平均颗粒长度 2 ~ 8mm，平均颗粒厚度 5mm ± 1mm，松散密度 450 ± 50g/L。国内一些单位如吉林省宝恒科技发展有限责任公司也研制成功了松散絮状的木质素纤维，通过了技术鉴定，并已经在吉林、山东等省的一些公路工程中应用。该产品的技术指标见表 6–2。

表 6–2　木质素纤维技术指标

纤维素含量	pH 值	松散密度	最大纤维长度	平均纤维长度	平均纤维厚度	吸附沥青量
75% ~ 80%	7.5 ± 1	28 ~ 29 g/L	约 5000μm	约 1100μm	45μm	5.8 ~ 7.0g

矿物纤维是用各种矿物质制成的纤维。在矿物纤维中，最早使用的是石棉纤维。北京市公路局在修建首都机场高速公路、八达岭高速公路和东西长安街时，由于缺乏合适的纤维，一直使用国产的石棉纤维。石棉纤维的质量取决于纤维的纯度、纤维的尺寸。和其他类矿物纤维相比，石棉纤维价格较为便宜。据了解，国外一开始在 SMA 混合料中也曾使用过石棉纤维，现在已经较少使用了。一些工业发达国家已经禁止使用石棉纤维，主要原因是石棉纤维粉尘对人体有害，极易污染环境。我国目前对石棉纤维尚没有明确规定不准使用，石棉纤维制品如石棉瓦、石棉板、石棉手套等都还在使用中，但对空气中石棉粉尘的含量要求较严。为了环保及保护人体健康，纤维生产工厂必须将石棉纤维包装成 1kg 的小塑料包，以解决工人的卫生及劳动保护问题。可以预计，在不久的将来，石棉纤维终将为其他矿物纤维所代替。现在我国已经有不少单位开始与有关纤维生产企业合作开发矿物纤维。相对于木质素纤维，矿物纤维的开发可能会更快。如生产岩棉纤维以及玻璃纤维的工厂只要搞

清楚 SMA 混合料用纤维的技术指标，生产这种纤维在技术上并不困难。

在 SMA 混合料中也可以添加聚合物有机纤维。在有机纤维中，聚脂纤维（涤纶）和丙烯酸纤维（腈纶）是最通用的纤维品种。美国 Petroflex 聚脂纤维就被用在沥青混合料中作为稳定剂，用量为 0.15% ~ 0.3%，1t 混合料用 1.36 ~ 2.72kg。由于纤维的作用，沥青用量要增加 0.2% ~ 0.3%。据美国宾夕法尼亚州立大学的研究和在公路中的应用实践，聚脂纤维使混合料的性能得到了普遍提高，疲劳寿命提高了 25% ~ 45%，车辙减小了 45% ~ 53%。

我国目前尚没有关于 SMA 混合料所用纤维的质量标准或技术要求。如何在施工中选择合适的纤维呢？一是要考虑纤维吸附沥青的性能。纤维稳定剂能否充分地吸附沥青，对阻止 SMA 混合料中的自由沥青析出导致路面泛油，影响极大。所以在选择纤维稳定剂时，一定要着重考虑其吸附沥青的性能。一般来说，木质素纤维表面粗糙，比表面积大，具有超过本身质量 5 ~ 8 倍的吸油能力，吸附沥青性能要好于其他纤维。

同济大学曾用 5 种纤维稳定剂做了沥青吸附量试验。试验方法是：取 10g 纤维与 100g70 ~ 80℃的热沥青拌匀，使其呈半流动粘稠状。试验前称取 40g 纤维沥青混合物，均匀放置在一个圆筒形网筛内，再将网筛放入一个烧杯内。试验时将网筛与烧杯一同放入恒温烘箱内，分别加温至 140℃、160℃、170℃。在第一级测量温度下烘放 15min 后，迅速将烧杯与网筛取出，待网筛下不再滴落沥青时，称量滴落沥青量 G_1（精确至 0.1g），同时调整烘箱温度至第二级温度，再烘放 15min，同样操作称量出对应的滴落沥青量 G_2、G_3。

纤维稳定剂对沥青的吸附量 S_t：

$$S_t=（沥青重\ P-\ 滴落沥青量\ C_t）/\ 纤维量\ F$$

试验结果见表 6–3。

表 6–3　各种纤维材料对沥青的吸附量

被测材料	纤维对沥青的吸附量			
	试验前	140℃	160℃	170℃
纯沥青	10.0000			
沥青 + 矿粉	10.0000			
沥青 + 矿物纤维	10.0	7.94	6.66	5.58
沥青 + 絮状木质素纤维	10.0	10.0	9.35	9.05
沥青 + 粒状木质素纤维	10.0	10.0	7.46	6.96
沥青 + 工程腈纶纤维	10.0	8.93	5.83	5.50
沥青 + 预拌沥青粒状纤维	10.0	7.44	6.09	5.70

从试验结果可以看出：

沥青加入矿粉后，在常温下矿粉可以粘附沥青，但当沥青处于热流淌状态时，尽管采用石灰石矿粉，也不能完全吸附沥青。在 140℃温度下，沥青矿粉胶浆会全部滴落；各种纤维的吸附沥青效果与温度有关。温度高时，沥青膜薄，粘度降低，纤维材料的吸附沥青效果明显降低。若以 140℃时纤维对沥青的吸附量为 100% 计，160℃时降至 75%，170℃时仅 70%；各种纤维吸附沥青的能力比较，总的来说，均表现出良好的效果。其中以絮状木质素纤维为最佳。在 140℃时，1g 木质素纤维可以吸附 10g 沥青，在温度升高至 170℃时，仍可吸附 9.05g 沥青；其次是挤压成球状的纯木质素纤维，由于其易于分散，木质素纤维发挥作用充分，也有着较好的吸附沥青作用。其他纤维吸附沥青效果基本相当。但同样是木质素纤维，预拌沥青成粒状后，可能是受到预拌沥青粘连以及分散程度的影响，吸附沥青效果稍有下降。

二是要考虑价格。木质素纤维的单价比矿物纤维要高，但矿物纤维相对密度大，所以用量较多。聚合物纤维的单价最高，但密度小，单位质量的纤维根数最多，用量最少。一般情况下，木质素纤维的用量为沥青混合料总质量的 0.3%，矿物纤维为 0.4%，聚合物纤维只需 0.1%。

三是要考虑添加纤维的方便性。按外观形态分，纤维有松散絮状纤维和颗粒状纤维两大类。从施工角度看，能否将纤维均匀地分散在沥青混合料中，是纤维能否发挥作用的关键。例如同样是木质素纤维，有颗粒状的和絮状的，各有各的优点和缺点。对木质素纤维究竟是使用絮状的好，还是使用颗粒状的好，目前有不同的看法。絮状纤维的优点是拌和均匀性好于颗粒状纤维，吸油能力强，缺点是在运输、贮存过程中容易成团、结块、受潮，如果施工单位不注意这个问题，絮状纤维就不容易均匀分散在沥青混合料中。而颗粒状纤维是为了解决絮状纤维的这个缺点而开发的新产品，它的最大优点是添加方便，便于机械化施工，但能否在很短的拌和时间内均匀分散在沥青混合料内，也是个悬念。德国 JRS 公司称，颗粒状 VIATOP 型纤维与絮状 ARBOCELZZ8/1 型纤维相比，更易在短时间内与沥青混合料拌和均匀（节省拌和时间 6s）。可是在欧洲和美国使用颗粒状纤维的甚少；日本使用纤维数量很多，但一般不使用颗粒状纤维。

德国 JSR 公司规定的在实验室用颗粒状纤维拌制沥青混合料的方法是：将干燥的集料筛分、称重；称重 VIATOP 颗粒纤维（其用量要扣除纤维中所含沥青数量）；将 VIATOP 颗粒纤维与砂混合均匀；将所有试验用料放在容器中，放置顺序为：粗集料放在底部，然后放入稍小型号的集料，再放 VIATOP 颗粒纤维与砂的混合物，最上层为填料；将含有 VIATOP 颗粒纤维的所有集料放入烘箱加热至 150℃；称重、加热沥青（其用量要加上纤维中所含沥青数量）；将加热后的、含有 VIATOP 颗粒纤维的所有集料倒入实验室搅拌器中；倒入已计量好的热沥青，与集料一起拌和3min，直至拌和均匀。但在实际施工时，用沥青混合料拌和机搅拌器干拌颗粒状纤维时能否打散，湿拌情况下是否分散开，凭肉眼观察是分辨不清的。所以，在目前情况下，如何检验颗粒状纤维的分散性，在试验方法上还不完善。此外，如果有专用的絮状纤维添加设备，絮状纤维更能发挥作用；在没有机械而靠人工添加的情况下，颗粒状纤维的添加则要方便得多。总之，必须根据工程单位的具体条件和施工工艺分析，不能笼统地肯定一个或否定一个。目前许多国家包括我国在内，仍然致力于在SMA混合料中添加絮状纤维。还要引起注意的是，颗粒状纤维中含有33%（或20%）的沥青，也当纤维卖了高价，在价格上是不合算的。

三、纤维稳定剂添加设备

近年来，在我国许多地区铺筑的SMA路面上，出现大块的油斑，不仅使路面的表观十分难看，而且由于油斑表面非常光滑，使雨天轮胎与路面附着力大为降低，以致失去了SMA路面抗滑性好的优点。究其原因，固然有SMA混合料设计上的问题，但纤维投放方式也是一个重要原因。

在拌制SMA混合料时，许多施工单位都用人工向沥青混合料拌和机的搅拌器中投放纤维包，约60 ~ 70s就要投放一次。这种方法的优点是不需要配备专用的纤维添加设备，生产成本较低；缺点是需要将大量的纤维稳定剂搬运到离地面较高的拌和机操作平台上，工人劳动频率高、强度大。负责投放纤维的工人必须思想集中，因而精神颇为紧张。此外，SMA路面施工多在高温季节，操作工人长时间在高温、噪声、灰尘的环境下工作，很难始终保证按时投放纤维包，以致漏投的现象时有发生。纤维一旦漏投，就完全改变了SMA混合料的配合比，多余的沥青由于没有纤维吸收，混合料就会发生析漏，铺到路面上就会形成油斑。

此外，纤维稳定剂投放进搅拌器中后，应先与集料混合，并在干拌过程中均匀地分布在集料中。若采用人工投放纤维，由于人的动作都需要一个反应时间，因而常发生纤维投放不及时的现象，减少了纤维与集料干拌的有效时间，纤维在集料中分布不均匀，从而影响纤维吸收沥青的效果，同样会使路面上出现油斑。

由上述可见，要保证纤维稳定剂及时、足量而不漏地投放进搅拌器中，应该使用专用的纤维添加设备，并与沥青混合料拌和机同步工作。这种方法的优点是添加纤维的自动化程度高，实现机械化操作，容易保证SMA混合料生产质量；缺点是需要为每一台沥青混合料拌和机都配备一套纤维添加设备，设备购置费用和混合料生产成本较高。

第三节　改性沥青 SMA 混合料的应用

国内对改性沥青 SMA 路面的研究成果很多，现将长春市交通局、长春市绕城高速公路建设办公室等单位对 SBR 改性沥青 SMA 混合料的研究、试验结果及经济效益分析介绍如下。

一、试验路的基本情况与施工要点

1998 年，长春市交通局、长春市绕城高速公路建设办公室在长春市绕城高速公路南环段匝道（简称南环匝道）新建工程、国道图乌线长春市出口一级路（简称出口路）中修罩面工程中，铺筑了 4 种沥青、2 种级配、7 种混合料试验路。4 种沥青是：基质沥青（简称基质）、4.65%SBR 胶乳改性沥青（简称胶乳）、6%SBR 橡胶母体改性沥青（简称母体）、4%SBR 橡胶母体与 1% 日本产 APAO 复合改性沥青（简称复合）；7 种混合料是：基质沥青 AK-16A 混合料（简称基质 AK）、4.65%SBR 胶乳改性沥青 AK-16A 混合料（简称胶乳 AK）、4%SBR 橡胶母体与 1%APAO 复合改性沥青 AK-16A 混合料（简称复合 AK）、基质沥青 SMA-16 混合料（简称基质 SMA）、4.65%SBR 胶乳改性沥青 SMA-16 混合料（简称胶乳 SMA）、6%SBR 橡胶母体改性沥青 SMA-16 混合料（简称母体 SMA）、4%SBR 橡胶母体与 1%APAO 复合改性沥青 SMA-16 混合料（简称复合 SMA）。

试验采用的 SBR 橡胶母体和胶乳是吉林化学工业有限公司生产的。APAO 是日本生产的一种沥青改性剂，它是一种烯烃类聚合物，中文全称是非晶态 α-聚烯烃，是单独用丙烯或丙烯、乙烯、1-丁烯通过特殊的催化剂聚合而成的低分子量非晶态聚合物。它既不同于 PE、APP 等塑性体产品，也不同于 SBS 等弹性体产品，而是同时具有上述两类产品特性的一类热塑性弹性体。

南环匝道路面宽 7m，昼夜交通量为 3000 辆，路面基层为 18cm 二灰碎石，下面层为 6cmAC-251 型沥青混凝土，上面层为试验路，厚 4cm；出口路左、右半幅快车道各 8m 宽，昼夜交通量为 6000 辆，路面基层为 25cm 厚二灰碎石，下面层为 6cmAM-20 型沥青碎石，上面层为 4cmAC-161 型沥青混凝土。在原路基础上进行中修罩面，厚度 4cm。

根据铺筑试验段的实践，SBR 改性沥青 SMA 混合料的施工要点是：

（1）确保温度：生产改性沥青 SMA 混合料要严格控制各种温度。SBR 胶乳改性沥青的生产由于采用了泡沫沥青技术，沥青粘度降低，沥青与矿料的加热温度可以与未改性前相同；SBR 橡胶母体及与 APAO 复合改性沥青的加热温度、矿料加热温度应比未改性前略高一些。

（2）快铺快压：由于改性沥青 SMA 混合料粘度较大，应该尽快摊铺、碾压。

（3）避免停机：由于改性沥青 SMA 混合料强度高，粘度大，接缝较为困难，所以，施工时要合理组织运料车辆，尽量避免摊铺机停机，以保证路面的平整度与压实度。

（4）控制通车：改性沥青混合料 SMA 路面碾压完成后，必须待混合料表面温度低于 50℃后，方可开放交通。若过早让车辆通行，由于车辆轮胎的碾压作用，会使沥青玛蹄脂上浮，路面呈泛油现象。

试验段施工结束后，对压实度、抗滑性能进行了检测。改性沥青及 SMA 混合料的压实度均达到 96% ~ 98%，用铺砂法测量的构造深度均在 0.7 ~ 0.9mm 之间，抗滑性能良好。2000 年 4 月底，对两段试验路进行了全面的路况检查。检查结果见表 6–4。从检查结果看，凡是使用改性沥青的路面，无论是 AK 类混合料，还是 SMA 混合料，使用性能都很好，路面破损率均低于基质沥青混合料路面。在各试验段中，用 SBR 橡胶母体与 APAO 复合改性沥青铺筑的 SMA 路面，破损率最小。

表 6–4　图乌线出口试验路路面破损情况调查表（m^2）

混合料品种	裂缝				松散		变形			泛油	综合破损率（%）	路面状况	
	龟裂	不规则裂缝	纵裂	横裂	坑槽	松散	沉陷	车辙	波浪拥包			PCI指标	等级
基质AK	12	32	134	165.6	2		20				0.87	97.9	优
胶乳AK		2	23	26.4							0.50	98.3	优
复合AK		3	30	24.8							0.31	98.6	优
基质SMA		12	26	51.2							0.77	98.0	优
胶乳SMA		7	28	56.8	5						0.56	98.2	优
母体SMA			46	55.2							0.69	98.1	优
复合SMA			24	40							0.47	98.4	优

二、改性沥青的性能检测及分析

试验单位将施工现场取出的改性沥青，送到哈尔滨建筑大学道路实验室，进行了严格的性能检验。

SBR 胶乳改性沥青虽然延度不如基质沥青，但其软化点、针入度指数、当量软化点均高于基质沥青，25℃针入度降低 16dmm，改性效果仍很明显；SBR 橡胶母体改性沥青和基质沥青相比，25℃针入度升高，软化点降低，但各个温度的延度均大大提高，针入度指数、当量软化点、当量脆点均高于基质沥青，其改性效果还是很好的；复合改性沥青和基质沥青相比，25℃针入度降低 35.3dmm，软化点提高 11.7℃，延度、针入度指数、当量软化点、当量脆点均大幅度增加，其感温性和低温抗裂性有很大改善，是改性沥青首选品种；三种改性沥青与中性、碱性矿料的粘附性等级均符合施工技术要求。

三、改性沥青及 SMA 混合料的性能检测及分析

哈尔滨建筑大学道路实验室对施工现场取出的 7 种沥青混合料技术性能的检测结果如下：

（1）高温稳定性

经对 7 种混合料进行 60℃、0.7MPa 轮压的车辙试验，其动稳定度 DS 值见表 6–5。

表 6–5　车辙试验结果（次 /mm）

基质 AK	胶乳 AK	复合 AK	基质 SMA	胶乳 SMA	母体 SMA	复合 SMA
1959	2609	2465	2108	2079	5371	3200

从表 6–5 中可以看出，同一种级配混合料，对基质沥青进行单一改性或复合改性后，除胶乳 SMA 和基质 SMA 混合料的 DS 值接近外，其余改性沥青混合料的 DS 值均大于基质沥青混合料，说明其高温稳定性有较大提高。

根据试验结果，此 7 种混合料的 DS 值均大于现行的《公路沥青路面施工技术规范》规定的 800 次 /mm 的要求，所以，此 7 种混合料均可用于修筑一级公路、高速公路的上面层。SBR 橡胶母体、SBR 橡胶母体与 APAO 复合改性沥青可用于修筑 SMA 路面。

（2）低温抗裂性

本次试验采用了两种方法：一种是低温劈裂抗拉试验方法，试验温度 –10℃，加载速率 1mm/min；另一种是低温劈裂蠕变试验方法，试验温度 0℃，所施加的应

力水平分别为破坏强度的 50%、70%、90%。前者试验结果见表 6-6，后者试验结果见表 6-7。

表 6-6　低温劈裂抗拉试验结果

混合料品种	劈裂强度（MPa）	破坏变形（mm）	破坏应变（$\times 10^{-3}$）	切线模量（MPa）
基质 AK	3.36	2.22	8.48	712
胶乳 AK	2.89	1.48	5.68	906
复合 AK	2.61	1.56	5.97	798
基质 SMA	2.84	1.67	6.37	830
胶乳 SMA	3.54	1.27	4.86	1112
母体 SMA	2.83	2.03	7.75	751
复合 SMA	3.08	1.58	6.05	919

表 6-7　1MPa 下的蠕变速率试验结果（10^{-6}）

混合料品种	基质 AK	胶乳 AK	复合 AK	基质 SMA	胶乳 SMA	母体 SMA	复合 SMA
蠕变速率	0.4484	2.411	3.852	2.313	0.5985	2.600	2.165

一般认为，用低温劈裂试验评价沥青混合料的低温抗裂性时，混合料的劈裂强度要适中；破坏应变越大，低温抗裂性能越好；用破坏劲度可综合评价沥青混合料的低温性能，其值越小，低温性能越好。蠕变速率是一种表征试件在试验温度条件和设定的荷载水平情况下的流变参数，它反映的是当应力一定时，应变随时间而增长的速率，其值越大，单位时间内沥青混合料抵抗变形的能力越大，低温松弛性能越好，也就是低温抗裂性能越好。

综合两项试验结果，复合 AK、母体 SMA 混合料低温性能最好，胶乳 AK、基质 SMA、复合 SMA 混合料低温性能接近，基质 AK、胶乳 SMA 混合料由于蠕变速率较低，相对较差。

（3）水稳定性

本次试验采用两种试验方法，一种是浸水马歇尔试验方法，试验结果见表 6-8；另一种是冻融劈裂试验方法，试验结果见表 6-9。

表 6-8　浸水马歇尔试验结果

混合料品种		基质 AK	胶乳 AK	复合 AK	基质 SMA	胶乳 SMA	母体 SMA	复合 SMA
60℃ 0.5h	稳定度（kN）	5.46	5.12	8.16	7.77	9.65	8.32	11.98
	流值（0.1mm）	35.2	38.8	40.3	40.2	45.3	43.1	45.5
60℃ 48h	稳定度（kN）	4.81	4.56	7.36	6.85	9.20	7.66	11.92
	流值（0.1mm）	36.9	44.9	42.5	49.8	48.8	54.4	48.1
残留稳定度（%）		88.1	89.1	90.2	88.2	95.3	92.1	99.5

表 6-9　冻融劈裂强度试验结果

混合料品种	基质 AK	胶乳 AK	复合 AK	基质 SMA	胶乳 SMA	母体 SMA	复合 SMA
冻融前（MPa）	0.554	0.650	0.714	1.027	1.312	1.113	1.007
冻融后（MPa）	0.441	0.532	0.602	0.887	1.132	1.008	0.866
残留强度比（%）	79.6	81.8	84.3	86.4	86.3	90.6	86.0

根据现行的《公路沥青路面设计规范》规定，沥青混合料浸水马歇尔试验残留稳定度、冻融劈裂试验残留强度比均要大于 70%。从表 6-8、表 6-9 中可以看出，此次所试验的 7 种混合料均达到此要求，说明其水稳定性很好。

对照现行的《公路改性沥青路面施工技术规范》，根据之前所述改性沥青技术要求，此次试验的三种改性沥青中，复合改性沥青及混合料的技术指标符合 SBRII-C 类改性沥青及混合料的技术要求，但改性沥青的闪点、溶解度、粘韧性、韧性指标和改性沥青混合料的弯曲试验没有做。为此，哈尔滨建筑大学对复合改性沥青及混合料做了补充试验，试验结果见表 6-10。

表 6-10　复合改性沥青及混合料补充试验结果

混合料品种	改性沥青				改性沥青混合料弯曲试验破坏应变（-10℃，50mm/min）
	闪点（℃）	溶解度（%）	粘韧性（N·m）	韧性（N·m）	
复合 AK	246	99.3	7.6	4.4	2110
复合 SMA					2250

根据以上数据可以看出，复合改性沥青及混合料的技术性能指标完全符合现行的《公路改性沥青路面施工技术规范》要求。

通过对 SBR 改性沥青及 SMA 混合料的系统试验和铺筑试验路的实践，对其技术性能综合分析如下：

用 SBR 橡胶母体与日本产 APAO 复合改性沥青进行复合改性后，沥青混合料的高温稳定性和水稳定性均比较好，低温抗裂性有较大改善，大大提高了沥青及混合料的路用性能；SBR 系列沥青改性剂来源广泛，价格低廉，改性成本低，比较适合于在气候寒冷地区沥青路面的改善、改建、新建工程使用，也可用于中修罩面工程；用 SBR 改性沥青拌制 SMA 混合料，经过室内试验和实际应用效果证明，能够大大提高 SMA 混合料的技术性能，在今后的工程实践中，应该将二者结合起来一起推广应用；SBR 改性沥青 SMA 混合料的生产、摊铺、碾压无特殊要求，只要严格控制各种施工温度，尽量快运、快铺、快压，能够达到施工规范规定的技术指标要求。

第四节　纤维沥青混凝土

使用 SMA 混合料铺筑沥青路面，虽然可以提高路面的使用性能，延长路面的使用寿命，可取得重大的经济效益和社会效益。但是，和普通沥青混合料相比，SMA 混合料的缺点也很多，例如设计技术指标要求较高，施工难度较大，生产效率较低，生产成本约增加 30% 左右，初期投资比较大，等等。为此，国内许多单位开始了纤维沥青混凝土的研究。

所谓纤维沥青混凝土，就是借鉴 SMA 混合料的形成机理，在普通级配沥青混凝土的基础上，加大矿粉用量，适当增加沥青用量，然后再添加适量的纤维稳定剂，形成一种新型的、掺加纤维的沥青混凝土。该沥青混凝土由于沥青与矿粉用量大，可大大提高其低温抗裂性能、水稳定性能、耐久性能；由于纤维稳定剂的存在，能将沥青与矿粉稳定住，不致于在高温季节泛油，从而提高了其高温稳定性能。这种沥青混合料的设计技术指标可按照现行的《公路沥青路面施工技术规范》执行，施工难度不大，工程造价提高不多，但技术性能却有较大提高，比较适合于在新、改建工程中使用，更适合在干线公路的中修罩面工程中使用。

国内外许多科研单位和工程部门进行了在普通沥青混凝土中掺加纤维稳定剂的试验，取得了很多有意义的试验数据。如日本对普通密级配沥青混凝土、SMA 混合料、排水性大孔隙沥青混合料进行了掺加木质素纤维的试验，试验结果见表 6-11 和

表 6–12。

表 6–11　沥青混合料的级配

沥青混合料种类	通过下列筛孔的百分率（%）							
	20	13	5	2.5	0.6	0.3	0.15	0.075
密级配沥青混凝土	100	99.1	68.0	42.5	26.3	15.1	8.4	4.5
SMA 混合料	100	98.3	34.9	24.8	9.3	14.6	11.9	10.3
排水性大孔隙沥青混合料	100	97.9	21.8	18.3	9.2	8.5	5.4	4.5

表 6–12　提高车辙试验动稳定度 DS 值（次 /mm）的效果

沥青混合料种类	最佳沥青用量（%）		未掺纤维 DS	掺纤维 DS	掺纤维后 DS 提高倍数
	不掺纤维	掺纤维 0.5%			
密级配沥青混凝土	5.80	6.50	716	2625	3.7
SMA 混合料	6.35	6.80	389	3316	8.5
排水性大孔隙沥青混合料	4.55	6.80	292	1575	5.4

从表 6–11 和表 6–12 可以看出，密级配沥青混凝土掺加 0.5% 纤维后，最佳沥青用量提高 0.7 个百分点，车辙试验动稳定度 DS 值提高 3.7 倍，技术性能得到了很大改善。和同样掺加 0.5% 纤维的 SMA 混合料相比，矿粉用量要少得多，最佳沥青用量小 0.3 个百分点，DS 值只小 691 次 /mm，高温稳定性能相差不多。

吉林省交通厅 1999 年在修筑吉林至江密峰高速公路抗滑表层过程中，曾用按照 SMA 混合料配合比设计原则与方法进行设计的标准 SMA 级配、北京八达岭高速公路 SMA 级配、普通 AK–16A 级配掺加 0.2% 木质素纤染等三种沥青混合料进行了室内试验，其级配组成见表 6–13，设计级配见表 6–14，室内马歇尔及车辙试验结果见表 6–15。

表 6–13　三种沥青混合料级配范围

混合料	通过下列方孔筛（mm）的质量百分率（%）										
	19	16	13.2	9.5	4.75	2.36	1.18	0.6	0.3	0.15	0.075
标准 SMA	100	90 ~ 100	65 ~ 85	45 ~ 65	20 ~ 30	15 ~ 24	14 ~ 22	12 ~ 18	10 ~ 15	7 ~ 14	7 ~ 12

续表

混合料	通过下列方孔筛（mm）的质量百分率（%）										
	19	16	13.2	9.5	4.75	2.36	1.18	0.6	0.3	0.15	0.075
八达岭SMA	100	95 ~ 100	72 ~ 92	54 ~ 72	25 ~ 40	17 ~ 31	14 ~ 26	10 ~ 22	8 ~ 17	7 ~ 15	7 ~ 11
AK–16A	100	90 ~ 100	70 ~ 90	50 ~ 70	30 ~ 50	22 ~ 37	16 ~ 28	12 ~ 23	8 ~ 18	6 ~ 13	4 ~ 9

表 6–14　三种沥青混合料设计级配

混合料	通过下列方孔筛（mm）的质量百分率（%）										
	19	16	13.2	9.5	4.75	2.36	1.18	0.6	0.3	0.15	0.075
标准SMA	100	97.4	82.4	55.2	28.0	20.1	16.6	15.3	12.4	10.7	9.3
八达岭SMA	100	98.1	86.9	66.2	37.8	27.6	22.4	19.8	13.5	10.7	9.3
AK–16A	100	97.5	83.2	57.8	40.8	30.1	23.2	20.2	13.4	9.7	8.0

表 6–15　马歇尔试验与车辙试验结果

混合料	最佳沥青用量（%）	表干密度（g/cm^3）	空隙率（%）	饱和度（%）	稳定度（kN）	流值（0.1mm）	动稳定度 DS（次 /mm）
标准SMA	6.0	2.310	4.3	75.2	6.1	37.8	560
八达岭SMA	5.0	2.388	6.6	63.3	7.84	39.4	807
AK–16A	4.67	2.410	4.4	72.2	5.46	40.0	1010

从试验结果可以看出，采用普通 AK–16A 型沥青混合料掺加 0.2% 木质素纤维后，虽然马歇尔稳定度有所降低，流值稍有增加，但车辙试验动稳定度 DS 值却大为提高。和标准 SMA 沥青混合料相比，提高了 80.4%；和八达岭 SMA 沥青混合料相比，提高了 25.2%。而 DS 值是表示沥青混合料抗车辙性能的最直接的指标，这说明该沥青混合料的高温稳定性能很好，丝毫不逊色于 SMA 混合料。由于此种沥青混合料的沥青用量较低，和标准 SMA 混合料相比，还大大降低了生产成本。

根据试验结果，在实际工程中，施工单位采用 AK-16A 型级配，掺加 0.2% 木质素纤维，沥青用量 5%，修筑了 18km 高速公路抗滑表层。在进行摊铺作业时，摊铺速度控制在 4 ~ 6m/min 范围内，摊铺宽度控制在 6m 左右，以减少混合料的离析；采用双驱双振光轮压路机进行初压，初压温度为 135℃；采用胶轮压路机进行终压，终压温度为 90℃。经工程竣工后检测，路面的摩擦系数测定值为 60 ~ 70，构造深度测定值为 0.6 ~ 1.0mm，渗水试验结果为 20 ~ 50mL/min，均符合现行的《公路沥青路面施工技术规范》要求，这说明该沥青路面的抗滑性能与抗渗水性能均很好，提高了路面的抗水损害能力和耐久性。通过对该高速公路使用一年后路面裂缝情况的调查，裂缝间距在 50 ~ 80m 之间，裂缝宽度为 3 ~ 7mm。和未掺加木质素纤维的沥青路面相比，裂缝间距有所增大，缝宽较窄，显示了良好的使用性能。

通过以上事例可以看出，纤维沥青混凝土是一种技术性能较为优良，生产成本较低的沥青混合料，公路养护部门应该对此种混合料进一步加以研究，在沥青路面中修及大修、改善工程中逐渐推广应用。

第五节　SMA 路面设计施工

交通部目前尚未正式发布 SMA 路面施工技术规范。我们参考国内许多单位自行制定的此类规范，推荐《SMA 路面设计施工指南》如下，供各设计、施工单位参考。

1 总则

1.1 为保证沥青玛蹄脂碎石混合料（以下简称 SMA）路面的施工质量，特制定本指南。

1.2 本指南规定了 SMA 路面的材料选择、配合比设计方法、施工工艺、施工定额及质量要求。

1.3 SMA 混合料适合于铺筑高速公路及一级公路的抗滑表层或在旧路面上加铺磨耗层。

1.4 SMA 路面的施工，除本指南已有规定者外，其余未规定事项均应遵照《公路沥青路面设计规范》《公路沥青路面施工技术规范》的规定执行；当使用改性沥青时，还应遵照《公路改性沥青路面施工技术规范》的规定执行。

2 术语及符号

2.1 术语

2.1.1 沥青玛蹄脂碎石混合料

用沥青、纤维稳定剂、细集料、填料（矿粉）组成的沥青玛蹄脂结合料，填充间断级配的粗骨料骨架的间隙，组成一体后形成的沥青混合料。英文缩写为 SMA。

2.1.2 沥青玛蹄脂

由沥青与少量的纤维稳定剂、细集料及较多量的填料（矿粉）所组成的混合料。主要用来填充 SMA 混合料中粗骨料骨架的间隙，起粘结作用。.

2.1.3 纤维稳定剂

在 SMA 混合料中起吸附沥青，增强结合料粘结力作用的木质素纤维或矿物纤维、有机纤维的总称。

2.2 符号及代号

2.2.1 本指南中所用符号及其代表意义见表 6–16。

表 6–16　符号及代表意义

符号	代表意义
SMA	沥青玛蹄脂碎石混合料的英文缩写
VMA	沥青混合料试件的矿料间隙率。即在压实混合料试件内，全部矿料部分以外的体积占试件总体积的百分率，也即试件空隙率与沥青体积百分率之和
VCA	沥青混合料试件的粗骨料骨架间隙率。即在压实混合料试件内，粗骨料骨架部分以外的体积占试件总体积的百分率
VFA	沥青混合料试件的沥青饱和度。即在压实混合料试件内，沥青部分的体积占矿料骨架以外的空隙部分体积的百分率
VV	沥青混合料试件的空隙率。即在压实混合料试件内，矿料及沥青以外的空隙（不包括矿料自身内部的孔隙）的体积占试件总体积的百分率
VA	沥青混合料试件的沥青体积百分率。即在压实混合料试件内，沥青部分的体积占试件总体积的百分率

3 材料

3.1 粗集料

3.1.1 粗集料应使用石质坚硬，具有棱角，表面粗糙，形状接近立方体，有良好嵌挤能力的破碎石料，其质量应符合我国沥青路面抗滑表层用石料的技术要求，并应具有更高的抗压碎能力。具体质量技术要求见表 6–17。

表 6–17　SMA 混合料用粗集料质量技术要求

指标	单位	技术要求	
		高速公路一级公路	二级公路
石料压碎值不大于	%	25	28
洛杉矶磨耗损失不大于	%	30	40
视密度不小于	t/m³	2.60	2.60
吸水率不大于	%	2.0	3.0
与沥青的粘附性不小于	级	5	4
坚固性不大于	%	12	–
针片状颗粒含量不大于	%	15	20
水洗法 <0.075mm 颗粒含量不大于	%	1	1
软石含量不大于	%	1	1
石料磨光值不小于	BPN	42	实测
具有一定破碎面颗粒的含量 1 个破碎面不小于 2 个或 2 个以上破碎面不小于	% %	100 90	100 90

3.1.2 在生产用于 SMA 的粗集料时，必须采用锤击式或锥式碎石机破碎，严禁使用颚板式破碎机。

3.1.3 当采用酸性石料作粗集料时，应按照《公路沥青路面设计规范》的规定，对沥青与石料的粘附性和沥青混合料的水稳定性进行检验。如不符合要求时，可采用改性沥青或掺加消石灰粉、水泥代替部分矿粉等措施。

3.1.4 如使用抗剥落剂时，必须确认该产品能耐热、挥发性小并具有长期有效的抗水损害效果。当做沥青与酸性石料的粘附性试验时，掺加抗剥落剂的沥青必须先进行旋转薄膜烘箱老化试验，然后再做粘附性试验。

3.2 细集料

3.2.1 SMA 使用的细集料应洁净、干燥，无风化、无杂质，并有一定的棱角。

3.2.2 细集料宜采用机制砂，并采用专用的细料破碎机生产制造。当采用机制砂有困难时，可用石屑代替，但不得使用含有泥土、脏物的废石屑。与天然砂混用时，天然砂的用量不宜超过机制砂或石屑的比例，且天然砂中用水洗法测得小于 0.075mm 部分的含量不得大于 2%。

3.2.3 SMA 使用的细集料的质量应符合表 6–18 的要求。

表 6–18 SMA 混合料用细集料质量技术要求

指标	单位	技术要求
视密度不小于	t/m	2.50
坚固性不大于	%	12
砂当量不小于	%	60
塑性指数	%	无塑性
棱角性不小于	%	45

3.3 填料

3.3.1 填料必须采用由石灰石等碱性岩石磨细的矿粉。矿粉必须保持干燥，能从矿粉仓中自由流出，其质量应符合表 6–19 的技术要求。为改善沥青结合料与集料的粘附性，当使用消石灰粉和水泥时，其用量不宜超过填料总量的 40%。粉煤灰不得作为 SMA 的填料使用。

表 6–19 SMA 混合料用矿粉质量技术要求

<table>
<tr><th rowspan="2">指标</th><th rowspan="2">单位</th><th colspan="2">技术要求</th></tr>
<tr><th>高速公路</th><th>一般公路</th></tr>
<tr><td>视密度不小于</td><td>t/m^3</td><td colspan="2">2.50</td></tr>
<tr><td>含水量不大于</td><td>%</td><td colspan="2">1</td></tr>
<tr><td>粒度范围 <0.6mm
<0.15mm
<0.075mm</td><td>%</td><td>100
90 ~ 100
80 ~ 100</td><td>100
90 ~ 100
70 ~ 100</td></tr>
<tr><td>外观</td><td colspan="3">无团粒结块</td></tr>
<tr><td>亲水系数不小于</td><td></td><td colspan="2">1</td></tr>
<tr><td>塑性指数不大于</td><td>%</td><td colspan="2">4</td></tr>
</table>

3.3.2 高速公路与一级公路严禁使用除尘装置回收的粉尘；二级公路可使用回收粉尘，但其用量不得超过填料总量的 25%；掺有粉尘的填料的质量也应符合表 6–19 的规定。

3.4 沥青结合料

3.4.1 SMA 混合料应选用符合重交通道路石油沥青技术要求，且具有较高粘度和良好感温性能的沥青。

3.4.2 对于高速公路、飞机场跑道、城市主干道等承受繁重交通的重大工程，及夏季特别炎热或冬季特别寒冷的地区，宜采用聚合物改性沥青，且其各项技术指标应符合《公路改性沥青路面施工技术规范》的要求。

3.4.3 用于改性沥青的基质沥青，应符合重交通道路石油沥青技术要求。当采用不符合重交通道路石油沥青技术要求的沥青作基质沥青时，应经试验确认改性沥青 SMA 混合料的性能可以满足使用要求。

3.5 纤维稳定剂

3.5.1 用于 SMA 混合料的纤维稳定剂可以采用矿物纤维、木质素纤维、有机纤维（指聚合物）。当使用改性沥青作为稳定剂能保证混合料不析漏时，容许不使用纤维。

注：改性沥青与纤维的作用并不完全相同。纤维具有加筋、分散、吸附沥青、稳定、增粘等作用，对防止 SMA 混合料析漏的功效较好，但对防止飞散和提高路用性能的效果不如改性沥青。

3.5.2 矿物纤维可由玄武岩、石灰岩等岩石加工制成。矿物纤维的质量应符合表 6–20 的技术要求。

表 6–20　矿物纤维技术要求

试验项目	技术指标
筛分析：	
纤维长度	<6mm
纤维厚度	<0.005mm
球状颗粒含量：	
通过 0.25mm 筛	90% ± 5%
通过 0.063mm 筛	70% ± 10%

3.5.3 木质素纤维的质量应符合表 6–21 的技术要求。

表 6–21　木质素纤维技术要求

试验项目	技术指标
冲气筛分析：纤维长度	<6mm
通过 0.15mm 筛	70% ± 10%
普通筛分析：纤维长度	<6mm
通过 0.85mm 筛	85% ± 10%
通过 0.425mm 筛	65% ± 10%
通过 0.106mm 筛	30% ± 10%

续表

试验项目	技术指标
灰分含量	18% ± 5%，无挥发物
pH 值	7.5 ± 1.0
吸油率	纤维质量的 5.0 ± 1.0 倍
含水率	<5%（以质量计）

3.5.4 纤维应能承受 250℃的处理温度，化学性质稳定，对环境不造成公害。纤维在运输、存放过程中应防止吸潮，且保持不成团。

3.5.5 SMA 混合料宜采用松散的絮状纤维。当采用预先与沥青混合后制成的颗粒状纤维时，必须确认纤维颗粒在沥青混合料拌和过程中能均匀地分散开。

注：可在缺少与纤维颗粒相同粒径集料的情况下（只有 4.75mm 以上粗集料及矿粉）做拌和试验确认。

3.5.6 纤维稳定剂的掺加比例按沥青混合料总量的百分率计算。木质素纤维的掺加量宜为 0.30% ~ 0.4%，其他矿物纤维宜为 0.4%。掺加纤维总量的允许误差为 ±5%。

4 配合比设计

4.1 设计原则

4.1.1 SMA 混合料的配合比设计步骤，与现行规范中热拌沥青混合料相同，要通过目标配合比、生产配合比及试拌试铺验证三个阶段，确定矿料级配及最佳沥青用量。

4.1.2 按照集料公称最大粒径的大小，SMA 分为 SMA-16、SMA-13、SMA-10 这 3 种级配类型。新建路面的表面层宜选用 SMA-16 或 SMA-13；SMA-10 适用于旧路面的薄层罩面。SMA 铺筑层的厚度应大于集料公称最大粒径的 2.5 倍。

4.1.3 SMA 配合比设计采用马歇尔试件体积设计方法，配合比设计应遵循下列原则：

4.1.3.1 SMA 必须具有互相嵌挤紧密的粗集料骨架，形成石—石嵌挤结构。对于 SMA-16 和 SMA-13，SMA 的粗骨料骨架是 4.75mm 以上的粗集料形成的；对于 SMA-10，SMA 的粗骨料骨架是 2.36mm 以上的粗集料形成的。马歇尔试件的 VCAmix 必须小于粗集料骨架捣实状态下的粗集料松装间隙率 VCAdrc。

4.1.3.2 填充在 SMA 粗集料骨架间隙中的沥青玛蹄脂必须符合最小沥青用量的要求，马歇尔试件的空隙率必须在要求的范围内。

4.1.3.3 SMA 马歇尔试验的稳定度和流值，仅是提供一定意义的信息，不是通过或否决配合比设计的主要依据。

4.2 设计标准

4.2.1 SMA 的矿料级配采用间断级配，其级配范围应符合表 6–22 的要求。

表 6–22　SMA 混合料级配范围

筛孔（mm）	通过各筛孔的质量百分率（%）		
	SMA–16	SMA–13	SMA–10
19	100		
16	90 ~ 100	100	
13.2	60 ~ 80	90 ~ 100	100
9.5	40 ~ 60	50 ~ 75	90 ~ 100
4.75	22 ~ 34	23 ~ 35	24 ~ 38
2.36	16 ~ 26	17 ~ 27	18 ~ 28
1.18	14 ~ 22	14 ~ 24	14 ~ 26
0.6	12 ~ 18	12 ~ 20	12 ~ 22
0.3	10 ~ 15	10 ~ 16	10 ~ 18
0.15	9 ~ 14	9 ~ 15	9 ~ 16
0.075	9 ~ 12	9 ~ 12	9 ~ 12
适用的层厚（cm）	4.0 ~ 5.0	3.0 ~ 4.0	2.5 ~ 3.0

4.2.2 SMA 的配合比设计应符合表 6–23 的技术要求。

表 6–23　SMA 马歇尔试验配合比设计技术要求

试验项目	技术要求	
	高速公路、一级公路	二级公路
马歇尔试件击实次数	两面各击实 50 次	
空隙率 VV	3% ~ 4%	3% ~ 4.5%
粗集料骨架间隙率 VCAmix	不大于 VCA_{DRC}	
矿料间隙率 VMA	不小于 17%	不小于 16.5%
沥青饱和度 VFA	75% ~ 85%	73% ~ 85%
最小油石比 合成集料毛体积相对密度 2.9 2.8 2.7 2.6	不小于 5.5% 不小于 5.8% 不小于 6.1% 不小于 6.3%	
稳定度	不宜小于 5.0kN	不宜小于 4.5kN
流值（0.1mm）	20 ~ 50	

4.2.3 SMA 设计配合比检验应符合表 6–24 各项指标的要求。试验方法按《公路工程沥青及沥青混合料试验规程》《公路路基路面现场测试规程》执行。

表 6–24　SMA 配合比设计检验指标

检验项目	技术指标		试验方法
	普通沥青	改性沥青	
谢伦堡沥青析漏试验的结合料损失	不大于 0.2%	不大于 0.1%	T0732
肯塔堡飞散试验的混合料损失（20℃）	不大于 25%	不大于 20%	T0733
车辙试验动稳定度	1500 次 /ram	3000 次 /mm	T0719
水稳定性试验	75% 以上 70% 以上	80% 以上 80% 以上	T0709 T0729
残留马歇尔稳定度冻融劈裂试验劈裂强度比	不大于 30mL/min		T0730
渗水系数（用轮碾法成型的试件测量）	不小于 1.0mm		T0731

4.3 配合比设计检验

4.4.1 SMA 目标配合比设计完成后，应按照《公路工程沥青及沥青混合料试验规程》（JTJ052—2000）的要求，进行谢伦堡沥青析漏试验、肯塔堡飞散试验、车辙试验、浸水马歇尔试验和冻融劈裂试验，以检验混合料的各项技术性能。

4.4.2 对采用轮碾法成型的 SMA 混合料试件，还应进行表面渗水系数和构造深度检验。当在 SMA 试验段上检验符合要求时，可以替代室内试验。

4.5 生产配合比设计及验证

4.5.1 生产配合比设计及验证应根据目标配合比设计的结果，按照《公路沥青路面施工技术规范》（JTG F40—2017）的规定进行。

4.5.2 生产配合比应以沥青混合料拌和机二次筛分后的热料仓材料级配进行，设计方法与目标配合比设计方法相同。矿料级配与沥青用量应力应与目标配合比相近，以减少试验工作量。生产配合比及油石比也必须经过配合比设计检验及铺筑试验段的效果认定。由此确定的标准配合比必须得到监理工程师的批准。

4.5.3 生产过程中对标准配合比不得随意变更。当进场材料发生变化或生产出的 SMA 混合料的体积指标及马歇尔稳定度和流值不符合要求时，应及时上报监理工程师，共同分析情况，征得监理工程师的批准，适当调整级配，并做必要的检验，也可重新进行配合比设计。

4.5.4 生产过程中必须保证 SMA 混合料的矿料级配、油石比、体积指标以及马歇尔稳定度和流值等项技术指标的检验频率，确保配合比的准确性。在进行 SMA 混合料施工配合比检验时，应注明纤维的含量。

5 施工工艺

5.1 施工温度

5.1.1 SMA 的施工温度由沥青结合料的粘度—温度曲线确定。以粘度为 0.17Pa·s ± 0.02Pa·s（$170mm^2/s \pm 20mm^2/s$）的温度作为加热温度；以粘度为 0.28Pa·s ± 0.03Pa·s（$280mm^2/s \pm 30mm^2/s$）的温度作为拌和温度（当采用赛波特粘度计测定时，以粘度为 85 ± 10Pa·s 时的温度作为拌和温度）；以粘度为 140 ± 15Pa·s 时的温度作为碾压温度。

5.1.2 在缺乏粘温曲线数据时，在正常情况下，施工温度宜根据沥青标号、改性剂的品种及剂量、粘度、气候条件及铺装层的厚度，按表 6–25 规定的范围选择。较稠的沥青，改性剂剂量高时，选用高值；反之选低值。气温较低时，施工温度应适当提高。但经试验段或施工实践证明表中规定温度不符合实际情况时，容许作适当调整。

5.1.3 改性沥青 SMA 混合料的各项施工温度宜比表 6–25 所列温度高 10 ~ 20℃，特殊情况通过试验确定。

表 6–25　SMA 路面施工温度范围

沥青型号	重交通道路石油沥青 AH–90
沥青加热温度	150 ~ 160℃
矿料加热温度	180 ~ 190℃
混合料出厂温度	160 ~ 170℃
贮料仓贮存温度	降低不超过 10℃
运输到现场温度	不低于 155℃
摊铺温度	不低于 150℃
碾压温度	不低于 140℃
碾压终了温度	不低于 110℃
开放交通温度	不低于 50℃

5.2 拌和

5.2.1 生产 SMA 混合料应采用间歇式沥青混合料拌和机拌和。拌和机必须配有自动检测和记录材料配比及施工温度的设备。

5.2.2 生产 SMA 混合料宜采用专用的添加设备将纤维自动加入到拌和机的搅拌器中，添加时间应与间歇式拌和机的拌和周期同步进行。

5.2.3 当缺乏机械添加设备时，也可由人工量取一定质量（或换算成体积）的纤维直接投入到搅拌器中拌和。人工添加松散絮状纤维时必须预先制成塑料小包，小包的纤维数量要与每一盘混合料需要的添加量匹配。包装纤维用的塑料袋应能在拌和过程中预热熔化。

5.2.4 除采用专用设备自动供料的松散絮状纤维可在喷入沥青的同时喷入搅拌器外，其他各种方式投入的颗粒纤维和人工投入的松散纤维，应该在热料仓中的集料加入搅拌器的同时，将纤维投入搅拌器中，纤维与矿料经适当干拌后再投入矿粉。总的干拌时间应比普通沥青混合料增加 5s 左右，喷入沥青后的湿拌时间也应该增加 5s，以保证纤维能充分均匀地分散在混合料中，并与沥青结合料充分拌和。

5.2.5 使用于 SMA 的改性沥青可以采用成品改性沥青，也可以在现场制作。当为改性沥青成品时，应对其质量予以检验确认。当为现场制作时，加工工艺根据改性剂的品种和基质沥青确定。

5.2.6 在多雨潮湿地区，SMA 所需的细集料（尤其是石屑）宜在有棚盖的干燥条件下堆放。当细集料需要量少又受雨潮湿使冷料仓供料困难时，不得施工。

5.2.7 用于 SMA 的矿粉必须存放在室内，保持干燥，呈自由流动状态。拌和时，矿粉投入能力应符合配合比设计数量的需要。对不能足量提供 SMA 混合料矿粉需求量的设备，必须进行技术改造，以满足配合比设计要求。

5.2.8 拌和过程中，如发现回收粉尘的数量超过规定要求，应停止拌和，调整粉尘数量，或将粉尘排空废弃。

5.2.9 拌和的 SMA 混合料若不立即使用，必须贮存在带有保温装置的贮料仓内，存放时间以不发生沥青析漏为止，一般不得贮存过夜。

5.3 运输

5.3.1 SMA 混合料宜采用较大吨位的自卸汽车运输。每次装料前，应在车厢底板及侧板上均匀涂刷一层油水隔离剂（柴油与水的比例为 3：1）。涂刷后再将隔离剂残液清除干净。

5.3.2 运料车在运输过程中必须加盖苫布，以防混合料表面温度降低。当气温较低时，应采用保温苫布。

5.3.3 施工便道要保持畅通、平整，以保证SMA混合料的到场温度，减少混合料粗、细集料离析。

5.3.4 运料车在运输途中，不得随意停歇。每次卸料必须倒净，如有剩余混合料，必须及时清除。

5.4 摊铺

5.4.1 在铺筑 SMA 之前应对路表面作以下处理：

a. 扫清一切杂物及松散损坏的材料；

b. 喷洒粘层油。粘层油用量由试验确定；

c. 如果路表面损坏严重、不平整，应用热拌沥青混合料予以整平。

5.4.2 SMA 宜采用具备自动找平装置、熨平板具备振动夯实功能的履带式摊铺机摊铺。

5.4.3 SMA 混合料的摊铺速度应与供料、压实速度平衡，保持均匀、连续、不间断地摊铺。摊铺过程中不得随意变换速度或中途停顿。摊铺机的摊铺速度通常控制在 3 ~ 4m/min 为宜，最大不超过 5m/min。若供料不足，宜采用运料车集中等候、集中摊铺的方式，尽量减少摊铺机的停顿次数。如因待料时间过长，混合料温度降低，表面结成硬壳影响继续摊铺时，必须将这些混合料去除。

5.4.4 摊铺温度测量应在卸下混合料前进行，并做好记录备查。

5.4.5 SMA 混合料的松铺系数应通过试铺确定，一般为 1.05 ~ 1.10。

5.4.6 SMA 混合料在运输等候及铺筑过程中，如发现沥青析漏，应分析原因，立即采取适当降低施工温度、减少沥青用量或增加纤维数量等措施。

5.4.7 当遇雨或下层潮湿时，不得摊铺 SMA 混合料。对未经压实即遭雨淋的混合料，应全部清除，换成新料。

5.5 碾压

5.5.1 SMA 混合料必须在摊铺后立即进行碾压，不得等候，不得在低温状态下反复碾压，以防止磨掉石料棱角，压碎石料，破坏集料嵌挤。碾压温度应符合表 6–25 的要求。

5.5.2 每次碾压段长度应基本相同，每次碾压折返应与摊铺机保持不大于 5m 的距离。

5.5.3 SMA 混合料初压的压实机械，宜用 10 ~ 12t 刚性碾压实，初压 1 ~ 2 遍。经试验证明使用振动压路机初碾不造成推挤拥包时，可直接用振动压路机碾压。振动压路机碾压 SMA，应遵循“紧跟、慢压、高频、低幅”的方针。即压路机必须紧跟在摊铺机后面碾压，碾压速度适当放慢，并采取高频率、低振幅的方式碾压。如发现初压有明显推拥，应检查混合料的矿料级配及油石比是否合适。

注：能否在高温状态下用振动压路机碾压而不产生推拥是鉴别是不是真正 SMA 的重要标志。

5.5.4 SMA 混合料复压宜采用 10 ~ 15t 双驱双振压路机，在高频低幅状态下，以 4 ~ 5km/h 的速度碾压 2 ~ 4 遍，折返时要关闭振动。终压应紧接复压在静压状态下进行，终压 1 ~ 2 遍，消除全部轮迹。

5.5.5 SMA 混合料不得采用轮胎压路机碾压，以防搓揉过度造成沥青玛蹄脂挤到表面而达不到压实效果。

5.5.6 SMA 混合料的压实度由试验段确定的碾压遍数及核子密度仪联合控制，要避免压实度不足或过度碾压。一般应使压实度不小于 98%，现场取样的混合料空隙率不大于 6%。

5.5.7 为防止混合料粘在碾压轮上，应采用雾状喷水装置，使碾压轮始终保持湿润。水中可掺加少量的清洗剂或其他适当的材料。碾压前应检查喷水装置是否有效，若工作不正常，不得进行碾压作业。

5.5.8 碾压过程中若发现有沥青玛蹄脂部分上浮、构造深度减小或石料棱角明显磨损等过度碾压现象，碾压即应停止，查明原因并采取有效措施后再恢复碾压。

5.6 接缝

5.6.1 SMA 混合料的铺筑应严禁产生纵向冷接缝。横向施工缝应采用平接缝。对无法避免而产生的纵向冷接缝及横向施工缝，应在混合料尚未冷却结硬前用切缝机立即进行切缝。切缝后应用水将接缝处冲洗干净，干燥后涂刷粘层沥青，再铺筑新混合料。

5.6.2 接缝处的摊铺、碾压工艺应严格按照《公路沥青路面施工技术规范》执行，所有接缝处都要用 3m 直尺测量、控制其平整度。

5.7 开放交通及其他

5.7.1 SMA 路面施工结束后，应在路表面温度下降到 50℃后，方可开放交通。如急需开放交通时，宜洒水冷却。当发现 SMA 沥青面层在开放交通后，有发软现象或运料车转弯时出现掉粒、轮印等情况时，要暂时封闭交通。

6 施工质量管理和验收

6.1 试验段铺筑

6.1.1 初次铺筑 SMA 面层的工程，必须先铺筑试验段。试验段宜选择在具有工程代表性的位置，长度 200 ~ 500m，重点考察沥青结合料的标号和用量、纤维稳定剂添加方式、施工温度、机械配备等情况。还应检查拌和混合料是否符合技术要求，验证和修正矿料级配及油石比，检验摊铺与压实工艺，检查 SMA 表面的构造深度和透水情况，标定核子密度仪。

6.1.2 试验段混合料的松铺系数应经试铺、试压方式确定，最终确定应经监理工程师签字认可。试铺过程中应随时检查摊铺层的厚度和路拱、横坡，并按下列公式，由使用的混合料总量与面积，校验路面平均厚度，不符合要求时应根据铺筑情况及时进行调整。

$$T=100M/(D\cdot L\cdot W)$$

式中：T——摊铺层压实成型后平均厚度（cm）；

M——摊铺层的沥青混合料总质量（t）；

D——压实成型后沥青混合料密度（t/m^3）；

L——摊铺段长度（m）；

W——摊铺宽度（m）。

6.1.3 试验段铺筑后，应当提出试验段铺筑总结报告，针对出现的问题，提出具体的处理措施和方案，经有关部门批准并下达开工令后方可正式进行大面积 SMA 路面施工。

6.2 施工质量管理

6.2.1 除按规范及本指南检查各种材料质量外，对 SMA 路面的材料质量应重点检查下列项目：

a. 集料品种及规格、压碎值、洛杉机磨耗值、磨光值、针片状含量；

b. 沥青技术指标及纤维质量。

各项指标均应符合规定的质量技术要求并经监理工程师签字认可。

6.2.2 各种设备特别是拌和设备、摊铺设备、碾压设备、运输设备等，均应满足 SMA 路面施工的要求。主要设备进场应经监理工程师验收。

6.2.3 沥青混合料拌和场的质量管理和检查按下列规定进行：

a. 随时检查沥青、集料的加热温度，逐车检查并记录 SMA 混合料的出厂温度。

b. 按规定检查工地混合料的矿料级配和油石比。

c. 高速公路施工时必须采用具有自动打印装置的拌和机，并逐盘检查各个料仓的材料数量及拌和温度；一般公路施工时如拌和设备不具备自动打印装置，应认真做好记录，随时检查各种材料称量是否合乎要求。所有打印及记录结果应完整保存备查。

d. 按要求制作马歇尔试件，测定密度和空隙率；进行马歇尔试验，各项技术指标应达到配合比设计要求。

6.2.4 为提高 SMA 路面的平整度，应遵照以下规定：

a. 保证基层及中下面层的平整度达到要求；

b. 表面层应采用有效方式控制摊铺厚度；

c. 采用全幅摊铺方式，保证连续摊铺，不中途停顿。拌和能力要与摊铺、碾压能力配套，运料车数量适当增大；

d. 碾压速度要保持均衡，折返时要关闭振动，行驶方向要逐渐改变，不许急转、急停；

e. 在桥涵、通道等构造物的接头处，要进行特殊处理；对软土路段，要采取超载预压等防止不均匀沉降的措施；对匝道及港湾式紧急停车带等摊铺机和压路机难以按正常施工工艺操作的部位，要辅以小型机械或人工仔细操作，以保证这些部位的平整度，避免由于各种原因造成的跳车；

f. 除极特殊情况外，所有工序都必须由机械连续稳定地操作，避免人工修正；

g. 所有机械不能在未冷却成型的路面上停留。

6.2.5 SMA 路面如出现“油斑”，应分析原因，仔细检查纤维添加的方式、数量、时间，是否漏放及拌和是否均匀等，严重的“油斑”部位应予铲除。

6.2.6 铺筑 SMA 混合料应特别注重压实，使混合料形成充分嵌挤并达到稳定的状态，切忌片面追求平整度而降低压实度。

6.2.7 施工现场质量管理和检查按下列规定进行：

a. 随时检查沥青混合料的施工温度；

b. 进行路面钻孔取样，检查压实度和空隙率；

为弥补钻孔实测压实度的困难，必须配备专职技术人员严格控制碾压遍数，观察碾压情况，使压实度既达到要求，又不发生过碾，同时需适量增加核子密度仪的检测次数；

c. 检测路面渗水情况。应随时直接往碾压成型的路面上倒少量水，观察水的渗透情况。合格标准为基本不透水或透水很慢；

d. 用铺砂法检测路表面构造深度；

注：良好的 SMA 路面在碾压成型后应该是基本上不透水或透水很慢的，且表面具有足够的构造深度，这是鉴别是不是真正 SMA 的重要标志。

e. 各项施工质量检验技术指标应达到表 6-26 的要求。

表 6-26　SMA 路面施工质量检验要求

项目	检查频度	质量要求或允许误差	检验方法
外观	随时	无油斑、离析、轮迹	目测
接缝	随时	紧密、平整、顺直、无跳车	目测、3m 直尺
施工温度	1 次 / 车	符合表 6-25 要求	数显式温度计
矿料级配	每台拌和机 1 ~ 2 次 / 日	下列筛孔与设计标准配合比的容许差： 0.075mm ± 2%4.75mm ± 4% ≥ 9.5mm ± 5%	抽提筛分
油石比	同上	± 0.3%	抽提
马歇尔试验：稳定度、流值、密度、空隙率	同上	符合设计要求	拌和场取样成型试验

续表

项目	检查频度	质量要求或允许误差	检验方法
车辙试验	必要时	不小于设计要求	拌和场或现场取样成型试验
透水试验	随时	基本不透水	向路面倒水观察
竣工时构造深度	1 次 /1500m^2	0.7 ~ 1.3mm	铺砂法
压实度	每 2000m^2 检查 1 处	不小于马歇尔密度的 98%（单点检验）	钻孔法或核子密度仪
空隙率	同上	不大于 6%	钻孔法
平整度	每日铺筑路段测定 1 ~ 2 次	不大于设计要求	连续式平整度仪

第七章　沥青路面再生及除雪技术

第一节　沥青路面再生技术

沥青路面若产生破损，除了采用前述的罩面、封层、灌缝、修补坑槽等技术措施外，还可以采用路面再生技术进行修复。

路面再生技术按再生地点的不同可分为厂拌再生和就地再生；按加热方式的不同可分为热拌再生和冷拌再生。在工程中采用何种工艺，主要应考虑旧路面基层损坏情况和沥青路面面层的厚度。推荐应用工艺如表 7–1 所列。

表 7–1　沥青路面再生工艺的选择

基层情况	面层厚度（mm）	再生工艺
损坏		厂拌再生
完好	≤ 40	厂拌再生
	40 ~ 60	厂拌再生或就地再生
	≥ 60	就地再生

沥青路面再生技术很早就在国外工业发达国家应用。在 20 世纪 80 年代之前，沥青路面的再生基本采用厂拌再生工艺。80 年代后，随着路面加热设备和就地材料试验检测技术的逐步完善，路面就地再生技术开始受到各国的重视。这种工艺是将旧路面的加热、铣削，新材料的定量掺配、拌和、铺筑和碾压等作业就地完成。目前，许多工业发达国家已逐步采用这种工艺方法。应当指出，就地再生工艺虽具有施工速度较快的特点，但较厂拌再生工艺而言，其再生混合料的拌制质量控制难度较大，再生设备价格也比较昂贵，因而厂拌再生仍是目前路面再生的主要方法，厂拌再生和就地再生并存。总之，国外沥青路面再生技术日趋成熟，不同的再生工艺形成了不同的再生机械设备，实现了全套机械化作业。今后的发展方向是机械的大功率、

高教率、低成本和综合功能,并通过机械设备的不断创新而提高再生路面的使用性能。

我国的沥青路面再生起步于80年代初期，随着国民经济的迅速发展，道路路面再生机械也逐步发展起来。长期以来，我国沥青路面的设计和施工标准较低，路面养护工程和翻修工作量倍增，工程材料的需求量大大提高，而且价格提高很快，尤其是沥青的价格成倍提高。同时，大量废弃路面也给自然环境造成越来越大的影响。经过多年努力，我国的沥青路面再生技术已逐步形成了自己特有的再生工艺，发展了一批适用的再生机械。我国沥青路面的特点是沥青含蜡量较高,路面面层厚度较薄,质量等级较低。在这种情况下，其再生工艺以厂拌再生为宜。这些机械在我国已能够生产，有些机型已逐步形成系列。随着我国公路交通事业的发展，公路通车里程尤其是高等级公路的通车里程已迅速提高，公路的维修量将迅速增加，采用就地再生技术进行大面积公路维修是必然发展趋势。

一、厂拌再生

所谓厂拌再生，是将旧的沥青路面混合料切削回收，集中到再生拌和厂，再根据旧混合料技术性能的变化，掺入不同的添加材料，然后拌和成符合路面技术性能要求的再生混合料，运入施工现场，摊铺并碾压成为新的沥青路面。厂拌再生技术在国内外应用非常普遍，其施工机械为多台功能单一的再生设备如路面铣削机（或冲击镐）、破碎筛分机、再生拌和机、运输厂拌设备、路面摊铺机及压路机等共同配合，完成全部再生作业。厂拌再生通常均采用热拌再生技术，再生混合料的级配、新旧料的掺配比例、温度及拌和均匀程度等均由再生拌和设备进行控制。因此，沥青路面厂拌再生混合料的质量主要由再生拌和设备来实现和控制。

厂拌再生拌和机械主要分为间歇强制式和连续滚筒式两种类型。用间歇强制式拌和机生产再生沥青混合料是沥青路面再生技术早期采用的方法。这种机械通常采用固定机架安装，由常规间歇强制式沥青混合料拌和设备加装旧料上料装置而成。

采用这种再生工艺，旧的路面材料没有经过烘干筒的加热，就在搅拌器内按一定的新旧料的配比直接参与搅拌并发生热交换,使旧料升温,然后加入沥青或再生剂,继续拌和至均匀出料。由于旧料是通过新集料的热传导而得到热量，因而也可将这种方法称为热传导加热法。同时，由于旧料是通过吸收新集料的热量而升温，故再生混合料的出料温度与旧料的掺配数量、新集料经烘干筒加热后的温度、旧料本身具有的温度等因素有关。为保证再生混合料能达到足够高的温度，必须首先提高新集料的加热温度。通常是采取使新集料过热，如将新集料加热至220 ~ 250℃，因此，该方法又称为“过热集料法”。

这种再生工艺必须限制旧料的掺入量，否则可能使再生混合料的温度下降过多，不但影响拌和质量，而且影响再生混合料的摊铺和压实。所以，采用这种再生工艺，旧料的掺配比例一般应控制在 20% ~ 30% 为宜。另外，为了使旧料能够充分吸收新集料的热量而升温，必须延长再生混合料在搅拌器内的拌和时间。在拌和时，应先放入旧料，再加入新集料，拌和时间应随旧料的掺配比例而定。

掌握拌和时间是十分必要的，它可使新、旧集料实现相对热平衡，然后加入沥青，有时还应根据需要加入某些添加剂，再继续拌和至均匀后出料。该工艺的生产效率和旧料掺配率均较低，其主要原因是旧料进入搅拌器时未经过加热，温度为环境温度。为此，设法将旧料加热，是克服该工艺缺陷的有效办法。近年来，有些生产厂家采用双烘干筒法分别对新料和旧料进行加热。也有些设备采用内外筒套装的烘干筒，即采用在集料烘干筒外部套装一个同心圆筒，外筒与原烘干筒之间有 300mm 间隙。为驱使旧料在这个间隙内流动，在原烘干筒外壁上安有导料板。当烘干筒运转时，一方面烘干筒内的新集料被加热，另一方面送入套筒间隙中的旧料边移动边吸收烘干筒外部的热量而得到预热。同时在出料口至搅拌器之间的输送装置中增加保温措施。采用这种方法可使旧料的预热温度达到 80℃以上。但旧料温度也不宜过高，以免软粘而影响旧料的正常输送。旧料经过预热后，既充分利用了热能，又避免了烘干筒强烈的热辐射，达到了提高旧料掺配比例、缩短拌和时间、提高生产效率的目的。但这种技术改造也带来了烘干筒结构复杂、机体变大和驱动功率提高的结果。

国内外生产的厂拌间歇式再生设备很多。如意大利玛连尼（MARINI）公司在标准的间歇强制式沥青混合料拌和设备的基础上，开发研制出以下四种型式的厂拌再生设备：

第一种型式是将冷旧再生混合料装入一专用的配料装置中，计量称重后送入热集料提升机，再与热集料一起进入到不再经过筛分的专用旁通热料仓内，经计量称重后再进入拌和机的搅拌器内，拌制出热再生混合料。

第二种型式是热集料仍经过筛分、计量称重后进入搅拌器，而冷旧再生料经上述配料装置计量称重后也送入搅拌器，再与热集料一起拌和，拌制出热再生混合料。

以上两种型式结构简单，投入成本低，拌和机易于改制。但由于均依靠热集料来使冷旧再生混合料升温并拌和均匀，故必须使热集料加热至 220℃左右，并且要增加拌和时间 10% 以上，故生产率有所降低，而且冷旧再生混合料的加入量一般不得超过 15%。由于这些条件所限，所生产出的再生混合料只适用于铺筑沥青路面的下面层。

第三种型式是在拌和机的烘干滚筒内增加一套进入冷旧再生混合料的再生环。经计量称重的冷旧再生混合料由再生环进入烘干滚筒内与热集料一起加热，再进入热集料提升机，不经筛分直接进入专用旁通热料仓内，计量称重后进入搅拌器，拌制出热再生混合料。这种型式投资成本较低，冷旧再生混合料的加入量可达 35%，但由于热集料未经过筛分工序，故再生混合料的级配难以控制。

第四种型式是新增一套独立的冷旧再生混合料顺流式烘干、加热滚筒和计量装置，冷旧再生混合料加热至 130℃，经计量称重后进入搅拌器内，与筛分后的热集料一起拌和，拌制出再生混合料。这种型式可确保再生混合料的质量，不会降低拌和机的生产率，冷旧再生混合料的加入量可达到 50%，是一种较为理想的再生混合料生产方式。但此种型式需要的设备改制量比较大，改制成本约比前三种型式增加 30% 左右。

连续滚筒式沥青混合料再生拌和机是将新集料的烘干拌和与旧沥青混合料的烘干拌和以及包括添加沥青及再生添加剂在内的数道工序同时在滚筒内完成的一种综合功能机械。与传统的间歇式强制拌和工艺比较，这种工艺省略了强制式搅拌器，具有结构简单、能耗低、自身除尘效果好、使用费用低和再生比例大等特点，因此发展很快。

滚筒式再生拌和机械根据其旧料的再生效率分为小型（<10t/h）、中型（10 ~ 20t/h）和大型（>20t/h），机架为整体式设计。中小型设备可采用拖式行走方式，以适应作业场地转移的需要；大型设备采用固定机架，用于在固定场地上进行较大规模的生产。

普通滚筒式拌和机也可生产再生沥青混合料，但由于旧料直接接触高热火焰会引起沥青蒸发，加剧了旧料中沥青的进一步老化。与此同时，蒸发的沥青在大气中会凝结成粒度为 0.1 ~ 0.5μm 的蓝烟，严重污染大气。另外，旧料常在烘干筒、热料提升机等部位堆积起来，造成堵塞，影响正常生产。因此，国内外生产厂家对普通滚筒式拌和机进行了多种多样的改装，使之适于拌制再生沥青混合料，其中主要有以下几种改装形式。

1. 分别送料两区域滚筒式拌和机

这种拌和机的基本特点是在滚筒中部设置热辐射挡板，将滚筒分隔为加热区和拌和区两部分。新集料由加热区进入，经烘干加热后进入拌和区。旧料在挡板后部加入拌和区，新沥青或再生添加剂也在拌和区加入，与新集料一起拌和后出料。拌和区的热气流温度较低，因而防止了旧料中沥青的进一步老化和沥青蓝烟的产生。目前，国内外生产的再生拌和设备以这种分别送料两区域滚筒式拌和机最为常见，其结构设计和技术性能更为成熟。尤其是当采用了较精密的电子自控技术后，其材料配比，如集料配送、添加剂和沥青的计量更为准确，从而使再生沥青混合料的生产质量明显提高。

2. 带热扩散器的滚筒式拌和机

这种拌和机是在燃烧喷嘴的前部附设一只锥形挡圈，使火焰扩散，再从风口将大量冷空气送入燃烧室，降低热气流的温度。旧料在进入滚筒之前，喷洒适量的水，以便进入滚筒之后可进一步降低温度，不致使旧料过热，同时也可防止尘土飞扬。这种拌和机可适当提高旧料掺配比例而一次完成送料，不用配备旧料与新集料进料结构，从而使拌和机结构较为简单。但由于对旧料洒水，又吸入了大量的冷空气，致使能耗较多。

3. 套筒式拌和机

套筒式拌和机是将一个直径较小的滚筒插入原有滚筒加料的一端而成的。当拌制再生混合料时，先将新集料送入内层小滚筒内，进行 150 ~ 260℃的过度加热。从另一进料口将旧料送入外层的大滚筒内。滚筒旋转时将旧料带起，落在内层小滚筒上，也得到一定的热量。旧料在内层小滚筒的出口处与新集料汇合。在进一步拌和过程中，新旧料发生热交换，此时再喷入沥青或再生添加剂，继续拌和至均匀出料。使用双层滚筒式拌和机，旧料的掺配比例可达 50% ~ 60%，具有热效率高、生产率高和污染较少的特点。

二、就地热再生

沥青路面就地热再生工艺是对旧沥青路面就地加热、翻松、拌和、摊铺、压实，一次性将旧沥青路面翻新成型的施工方法。一般是在路面的损坏程度还没有波及到基层时采用这种再生方法，其主要特点是：

旧沥青路面混合料就地再生利用，不需要搬运废料过程及废弃物堆放场地，可减少环境污染；旧沥青路面混合料 100% 得到再生利用，可以节省新混合料的用量，工程费用低，经济效益显著；与其他维修方法相比，施工进度快、施工周期短，可以快速开放交通；减少路面材料往返运输量，节约了运输费用，减少了工程配套车辆及其对正常道路运输的干扰；施工中产生的振动、噪声比其他施工法小，市区可以进行夜间作业；由于使用专用机组进行连续机械化施工，此方法不适用于小型维修工程及难以确保连续机械化施工的工程；这种再生方法是以沥青路面面层为施工对象，当路面损坏波及到基层以下时，原则上不适用；此方法是在现场加热旧沥青路面，施工容易受气候的影响，寒冷季节一般不宜施工。

进行就地热再生，需要使用路面就地热再生机组。该机组通常包括 1 台路面再生加热机和 1 台复拌机（或重铺机），它把沥青路面维修作业中的加热、翻松、添加新混合料、拌和、摊铺和初步压实成型等多种功能集于一体。该机组主要用于路基完好、路面破损深度小于 6cm 沥青路面的维修，还可以进行以提高原有路面等级为目的的旧路改造施工。在已破损的路面上一次作业，就可完成全部修复工作，最后经压路机压实后便可以通车。大型路面就地热再生机组的作业宽度可达到 4.5m，这样可一次修复高速公路的一个车道。

根据路面破损情况的不同和对修复后路面质量等级的不同要求，就地热再生的施工工艺主要有以下三种（见表 7–2）。

表 7–2　就地热再生的施工工艺

工艺种类	内容
重铺再生法	重铺再生法是用复拌机在整形再生法施工的基础上，把旧路面材料翻松、搅拌均匀并整平后作为路面下面层，同时在其上面再铺设一层新的沥青混合料作为磨耗层，形成全新材料的路面，最后用压路机碾压成型。这种方法适用于破损较严重路面（如出现大面积坑槽）的维修翻新和旧路升级改造施工，修复后形成与新建道路性能完全相同的全新路面
整形再生法	整形再生法是由加热机对旧沥青路面加热至一定温度后，用复拌机将路面翻松并在复拌机上的搅拌器中把翻松的材料拌和均匀(可同时加入适量的添加剂恢复沥青性能)，然后摊铺到路面上，用压路机碾压成型。也可以用人工将已加热软化的路面进行翻松作业。这种方法适合维修破损不严重、破损面积较小的路面，修复后可消除原路面的车辙、龟裂等病害，恢复路面的平整度，改善路面性能
复拌再生法	复拌再生法是由加热机将旧路面加热至一定温度后，用复拌机将旧路面翻松，并把翻松后的材料与新沥青混合料在复拌机的搅拌器中拌和均匀，形成新品质的沥青混合料，然后摊铺到路面上，用压路机碾压成型。这种方法适用于维修中等程度破损的路面，修复后可以恢复沥青路面的原有特性。复拌再生法可以改善矿料级配、沥青含量，达到改善路面结构综合性能指标的目的，并能够形成全断面均匀的再生面层；重铺再生法由于最上层使用的是新沥青混合料，即使有局部路段的旧混合料发生变化，也能确保上面层均一的外观质量。但再生层不能改变矿料级配及沥青含量

应当指出，无论采用哪种方法进行就地热再生，都必须事先对破损的路面进行取样检测分析，再选择相应的施工方法，制定具体的施工方案，并确定应添加材料的性质和比例，这样才能保证道路修复后的质量。以复拌再生法为例，其施工工艺流程如下：路面就地热再生机组依次驶过破损的路面，首先由路面加热机对路面进行加热，使路面温度达到 100 ~ 130℃，接着由复拌机再次加热路面，使路面温度上升到 140 ~ 160℃，同时翻松旧路面。新沥青混合料由自卸卡车卸入复拌机中部的料斗中，再经刮板输送机送至复拌机中部的搅拌器中，翻松切削下来的旧材料与新混合料在搅拌器中被拌和均匀，经螺旋布料器均匀铺开，由熨平板整平并预压，最后由压路机压实成型。这样，整个沥青路面修复工作在行进中一次完成。

就地热再生机组中的主要专用设备如下：

1. 路面再生加热机

路面再生加热机的作用是就地加热沥青路面，使旧路面的材料软化并达到理想的施工温度。该机主要由燃烧系统、加热装置、燃料罐、液压系统、动力及传动系统、基础车等组成，并且有完善的消防安全保护系统。它应具有较高的热效率，加热温度可调节，有足够的加热能力，路面的加热温度能满足施工要求，尽量不使沥青变质，有较高的经济性等功能。该机的工作速度一般为 1 ~ 9m/min，加热宽度为 2.5 ~ 4.5m，可以适用于不同宽度路面的施工。路面再生加热机的分类如下：

（1）按结构不同可分为集中燃烧式和分散燃烧式

热风循环式是典型的集中燃烧式加热机，它采用一个大容量的喷燃器并与加热装置分开，设有通风管道和箱罩。燃烧器燃烧产生的热量从通风管送到加热箱罩内均匀地加热路面。集中燃烧式加热温度控制方便，加热宽度可通过液压伸缩装置控制加热箱罩的不同位置来调节。

分散燃烧式加热装置由若干加热箱组成，每个加热箱内装有多个（10 ~ 100）小容量燃烧器，直接加热路面。它结构简单，热量损失小，但不便于实现自动控制，加热宽度的调节采用拆去部分加热箱或折叠式结构来实现。

（2）按燃料及加热方式不同可分为红外线辐射式、热风循环式和红外线热风并用式

红外线辐射式加热器通常以液化石油气（LPG）为燃料，每一个加热器箱体由许多个小的燃烧器组成，通过折叠或拆下燃烧器单元，可以改变加热器的加热宽度。加热时，液化石油气与空气混合后进入燃烧器中燃烧，再加热金属网，使其产生远红外线，对路面进行辐射加热。通过改变可燃气体的压力和调整加热器的离地高度，可以控制对路面的加热温度，达到理想的加热效果。这种加热器由于采用远红外线辐射方式加热路面，对路面材料有较强的热穿透能力，既能有效地加热沥青路面的较深层部位，又不会使路面表层过热，因而具有加热均匀、热效率高等优点，但要求有较完善的安全防火、防爆措施。

热风加热机采用集中燃烧方式，每个加热器由 1 个以煤油为燃料的燃烧装置提供热风，1 台加热机可设置 2 ~ 3 个加热器。工作时煤油燃烧产生的高温气体，通过加热箱体内的喷嘴射向路面，对路面进行加热，使路面材料的温度升高，同时循环风机将加热路面后的余气抽回到燃烧室再次加热，形成热风循环。由于热风可以重复循环使用，热效率较高，节能效果显著。该加热机还可以通过温度传感器，在热风发生装置的出口处检测热风的温度，实现微机自动控制燃烧量。实际施工时可以根据路面加热情况随时调整热风温度，操作比较简便。

红外线热风并用式加热器也以煤油为燃料，根据形状的不同又可分为圆筒形热反射板式和扁平框架式。它是将燃烧器燃烧的高温火焰吹到圆筒周围产生红外线，并通过顶部的反射板反射到路面上，对路面进行加热。加热能力可通过调节喷燃器

的压力及更换喷嘴进行调整，调整范围比热风循环式小。由于加热器箱罩内压力高，可防止冷空气的侵入，热风的排风量大。

扁平框架式加热器，燃烧的火焰散射在孔状的波纹板面上，应用热辐射和对流的原理对路面进行加热。此结构受热面积大，热辐射的效果好。加热能力可通过调节压力进行控制，调节范围比热风循环式大。内部热风压力高，可防止冷空气侵入，增大排气量。

2. 路面再生机

路面再生机按施工工艺的不同可分为复拌机和重铺机。

复拌机的外形像一台加长的沥青混合料摊铺机，主要包括料斗、刮板输送机、路面加热器、翻松切削器、搅拌器、螺旋布料器、熨平板、行走系统、自动控制系统等装置。该机除具有普通沥青混合料摊铺机的功能外，还有加热、翻松路面和新、旧沥青混合料的搅拌功能。行走系统一般为全液压驱动的轮式行走结构，工作速度为0 ~ 5m/min，可以无级调速。翻松切削器的作业宽度为2.5 ~ 4m，可无级调整作业宽度。翻松转子采用旋转向下铣削的作业方式，最大翻松深度为6cm。作业时复拌机与加热机保持一定的距离并紧跟其后，运料卡车把新混合料卸在接料斗中，复拌机在行进过程中一边把新混合料输送到搅拌器，一边在翻松旧路面的同时，将旧混合料收集到路中央，随后进入搅拌器与新混合料拌和成再生混合料，经熨平、压实后，新的路面面层即可成型。

复拌机的翻松装置有齿耙式和旋转滚筒式两种。齿耙式翻松装置，在平板上设置纵、横间距一定，若干数量的钢制耙齿，按人字形排列，齿高大于路面要求的翻松深度，由主机牵引进行翻松作业。特别是各耙齿的高低能独立调整，可以方便地回避路面上某些障碍物。旋转滚筒式翻松装置，在滚筒外周按螺旋线形状安装特制刀头，驱动滚筒旋转进行作业。根据滚筒旋转方向分正切与反切两种形式。

齿耙式、滚筒式翻松装置都是通过操纵液压油缸的升降来调整翻松深度的。目前复拌机大多数采用旋转滚筒式翻松装置，主要是由于旋转滚筒式比齿耙式的牵引阻力小；翻松的平整度高，能确保翻松到要求的宽度边缘；翻松器刀头按螺旋线布置，具有翻松路面及收集翻松材料两种功能。

复拌机的搅拌装置主要用于把翻松后的材料与新沥青混合料或再生添加剂拌和均匀。按搅拌方式的不同可分为连续式搅拌和间歇式搅拌两种，其结构与沥青混合料拌和机拌和滚筒或搅拌器基本相同。

重铺机的结构，主要由翻松装置、旧混合料摊铺装置、新混合料供给装置、新混合料摊铺装置、行走装置、动力及其传动装置等组成。

重铺机与复拌机在整体结构及施工工艺上差别不大，只是复拌机设置了搅拌装置，而重铺机设有翻松材料摊铺装置（亦称第一组熨平装置）和新沥青混合料摊铺装置（亦称第二组熨平装置）。翻松材料摊铺装置设在翻松装置后面，主要用于把翻松的材料摊铺整平。

根据旧沥青路面路况的不同，在进行就地热再生时，可通过增加添加剂将已老化的翻松材料恢复成接近新沥青混合料性质的再生混合料。

国外生产的沥青路面就地热再生机械很多，德国维特根（WIRTGEN）公司生产的系列沥青路面再生重铺机的技术参数见表 7–3，加热器的技术参数见表 7–4。

表 7–3　维特根（WIRTGEN）公司就地热再生机械技术参数

技术参数	300/6000 型再生重铺机	2500 型再生重铺机	4500 型再生重铺机
用途	适用于维修沥青面层的龟裂。龟裂部位被加热器加热松软后，通过添加新混合料与之拌和后，再摊铺到路面上	适用于改造旧沥青面层。通过翻松旧路、加入粘结料、与新沥青混合料拌和并摊铺到路面上，使沥青路面得以再生	适用于大面积沥青路面的改造。通过翻松旧路、加入粘结料、与新沥青混合料拌和并摊铺到路面上，使沥青路面得以再生
工作宽度（m）	0.3/0.6	1.5 ~ 2.5	3.0 ~ 4.5
工作深度（mm）	0 ~ 40	0 ~ 60	0 ~ 60
发动机功率（kW）	36.8	118	182
使用总重（kg）	4580	16130	48820
车轮数量	4	4	4
行走驱动	液压 / 全轮驱动	液压 / 全轮驱动	液压 / 全轮驱动

表 7–4　维特根（WIRTGEN）公司板式加热器技术参数

技术参数	HM2500 型板式加热器	HM4500 型板式加热器
用途	该设备主要用于加热松软旧沥青路面，以备 2500 型再生重铺机再生之用	该设备主要用于加热松软旧沥青路面，以备 4500 型再生重铺机再生之用
加热宽度（mm）	2600	4680
加热面积（m^2）	21.84	39.31
加热元件	红外线	红外线
最大加热能力（MJ/h）	5436	9743
燃料箱容量（L）	2550	6000
发动机功率（kW）	36	36
使用总重（kg）	9840	19960

该再生重铺机由加热器、耙松器、整平刀片、受料斗、螺旋摊铺器、振动压实平整器等组成。其施工工艺为：向受料斗内填入已拌和好的新沥青混合料；用加热器加热、软化出现坑槽、龟裂、贫油等病害的旧沥青路面表层；用翻松滚筒耙松已软化的旧沥青混合料；用整平刀片将翻松后的旧沥青混合料整平；视旧路面病害情况，铺设一定量的新沥青混合料并整平；振动压实修补部位的新、旧两层沥青混合料，形成新的再生沥青路面。

意大利玛连尼（MARINI）公司生产的ART220型自行式就地热再生设备是用复拌再生法进行沥青路面再生的专用设备。该设备主要由前部的牵引底盘和移动连续式滚筒拌和设备两大部分组成。由冷铣刨机铣刨出的冷旧沥青混合料经过装料机构、皮带输送机进入冷供料装置的料斗内。新加入的热沥青由热沥青贮存装置经沥青流量计计量后喷入滚筒，与通过计量称重后进入滚筒内加热的冷旧沥青混合料一起拌和，拌制出再生混合料，再送至沥青混合料摊铺机的料斗中。抽风清洁机构的作用是将铣刨后的路面清理干净，便于摊铺再生沥青混合料。乳化沥青喷洒管是用来喷洒作为粘层油的乳化沥青。

为确保滚筒拌和装置的稳定性，该设备装有滚筒倾斜角度自动调节装置。当由于道路坡度的变化改变了滚筒的初试安装倾角时，自动调节装置将自动变化滚筒的倾角，使滚筒初始安装倾角始终保持不变，确保生产正常进行。该设备主要技术性能参数如下：

再生沥青混合料生产率：100t/h

滚筒外形尺寸（L×D）：8000m×2200m

总外形尺寸（L×B×H）：32.6m×6.2m×4.3m

总质量：约64.5t

具体施工工艺过程为：将需要再生的旧沥青混合料取样检验，确定需要新添加的集料与沥青的数量；将需加入的集料通过一撒布车均匀而精确地撒布在待再生的旧路面上；用冷铣削机铣削旧路面，同时将新集料与铣削出的旧沥青混合料拌和均匀，并形成一个长条状的连续料堆；通过ART220型就地热再生设备，将该料堆的混合料与需加入的热沥青一起，拌制成热再生混合料；喷洒乳化沥青粘层油；将热再生混合料卸入紧跟在再生设备后面的沥青混合料摊铺机的接料斗内，摊铺成型再经压实机械压实后，即可形成新的再生沥青路面。

ART220型就地热再生设备的组装、拆卸、转移运输较为方便，再生施工可分幅实施，交通干扰少。根据旧沥青路面的不同路况，旧沥青混合料的加入量可达85%。该设备特别适用于高等级公路或机场跑道等大型再生工程施工。

与该设备配套使用的铣刨机、摊铺机、压路机，均为标准设备。其型号选择要根据再生设备的生产率不低于100t/h的要求来确定。

三、就地冷再生

沥青路面的就地冷再生是国外80年代后期迅速发展起来的一种新技术，目前已成为国际上道路维修改造的主要方法之一。其优点是可大大降低路面维修成本，提高公路维修质量，保持路面结构的完整性，缩短路面维修工期，简化施工工序。同时，由于旧料得到了再生利用，从而大大减少了新筑路材料的开采量，也不存在旧料的运输与存放问题，所以此项技术无疑是一项绿色环保技术。就地冷再生技术适用于所有路面标高不受限制的道路。由于高等级公路和大部分城市道路的路面标高在新路完成后已经基本确定，其可增加的幅度很小，所以在作为基层的再生层上摊铺新面层受到限制。因此，就地冷再生主要适用于一般公路、等外公路、部分城市道路及其他诸如料场、停车场等场地的维修改造。

对于土路，在土质合乎筑路要求的前提下，加入骨料和再生添加剂，可得到稳定的基层。此时的就地冷再生实际上为稳定土拌和施工。

就地冷再生的工艺过程是：把路面现有旧铺层的材料进行铣刨、破碎，必要时加入一定比例的新骨料与再生添加剂，再进行充分、均匀的拌和，使之成为一种全新的材料重新铺筑在路面上，经压实成型后，即变成具有所需承载力的新路面基层。

道路就地冷再生所需要的机械主要有冷再生主机、专用配套机械和通用配套机械三大类。冷再生主机主要有带熨平板的小型再生机、中型再生机、大型再生机和不带熨平板的再生机；专用配套机械主要为水泥稀浆搅拌输送车；通用配套机械主要为路面铣刨机、平地机、压路机、乳化沥青运输罐车、压路机、新骨料运输卡车、水罐车、液态沥青保温罐车卡车及水泥－乳化沥青－水联合运输罐车等。

就地冷再生施工主要由专用再生机械实现，其核心是一个装有若干个硬质合金刀具的切削转子，转子旋转时向上切削现有旧路铺层材料。

在转子切削材料的同时，来自再生机前面并由再生机推动前行的水罐车中的水，通过软管输送给再生机，并由机载系统喷洒进拌和罩壳内。喷水量由再生机的微机控制系统进行精确地计量，在拌和罩壳内与被切削下的材料进行充分均匀的混合，以便达到压实所需的最佳含水量。同时，也可以加入其他种类的再生添加剂。

在就地冷再生施工中，绝大多数情况下需要使用再生添加剂，以便提高被再生材料的强度，而水和新骨料则视情况而定。采用何种添加剂，添加量多少，是否加水和新骨料，加入量多大，均应根据试验确定。首先应将旧路材料取样化验，获得原始数据；然后根据原始数据加入再生添加剂，必要时加入水和新骨料制成新材料试件并进行承载力检测；将检测结果与现行的施工规范进行比较，即可确定出合适的添加剂、新骨料种类及添加量。就地冷再生添加剂主要有水泥、水泥稀浆、乳化沥青、泡沫沥青、石灰、粉煤灰等。目前常使用的添加剂以水泥和乳化沥青为主，可单独或二者结合使用。二者结合使用能在获得所需承载力的同时提高基层弹性，以防止产生裂缝。

在就地冷再生施工中采用水泥做稳定材料，有以下三种添加方式：

（1）将固态粉状水泥撒布在再生机前的被再生路面上。这样，当再生机经过时，可将其与被切削下的旧路铺层材料一同进行拌和。

（2）出于环保及精确施工考虑，用专用水泥稀浆搅拌输送车按比例连续地将水泥与水拌和成稀浆（悬浊液）。此时，水泥稀浆可通过计量控制系统直接喷洒进再生机的拌和罩壳内。这样不仅可以保证水泥用量的精确性，同时也可防止因刮风而引起的水泥材料损失。

（3）采用专用水泥撒布车布料，撒布车作为再生机组的一部分。

由于被再生道路的情况千差万别，因此所采用的再生添加剂的添加量也各不相同，甚至差别很大。不论采用粉状水泥方式或稀浆方式添加，水泥用量一般在2% ~ 4%(质量百分比)之间。已进行的施工实践情况大致如下：水泥按单位面积用量：10 ~ 27kg/m^2；按单位体积用量：50 ~ 142kg/m^3；按质量百分比；2.5% ~ 8%，常用3% ~ 5%。水按质量百分比为1% ~ 7%，常用2% ~ 5%。当采用乳化沥青作为再生添加剂时，添加量按质量百分比为0.5% ~ 7%，常用2% ~ 4.5%。

就地冷再生也常用泡沫沥青作为稳定材料。试验表明，向热沥青中加入精确计量的水时，将产生泡沫，并大大增加沥青的体积和表面张力。在发泡过程中，沥青粘度显著降低，可以很容易地分散在骨料中，与具有一定含水量的冷骨料进行充分混合，而不必对骨料进行加热。从这一点看，泡沫沥青的使用机理和乳化沥青比较相似。

泡沫沥青由再生机上的泡沫沥青输送及喷洒系统产生并直接喷洒进再生机的拌和罩壳内。在粒料中，其用量一般为3% ~ 5%（质量百分比）。当被再生材料本身含有较多沥青时，其用量可降低为2% ~ 3%。在采用泡沫沥青作为稳定材料时，同时加入少量（一般为1% ~ 2%）水泥是有好处的。它可以使再生层获得所需强度的同时，提高表层质量，防止裂缝发生。

乳化沥青和泡沫沥青均为液态，应该将运输罐车与再生机用输送管道相连，通过主机上的计量控制系统自动添加。

新骨料的种类主要有砂、石英砂、石灰石、卵石、砾石、碎石、再生粒料、砂砾混合料等。粒度范围大致为0 ~ 40mm。添加量视具体情况差别很大。

新骨料的添加方式按再生机的不同分为两种：一种是由自卸卡车间隔一定距离

在旧铺层上卸成料堆，位于再生机前的平地机进行预先摊铺；另一种是自卸卡车把新骨料直接卸入再生机的接料斗，由再生机进行连续自动计量添加。

再生层在采用振动压路机压实前，应先用平地机整型。最后再用轮胎压路机完成最终压实，从而可获得良好的表面特性。带熨平板的小型再生机结构如图 7–1 所示，其工作装置及工作原理如图 7–2 所示。

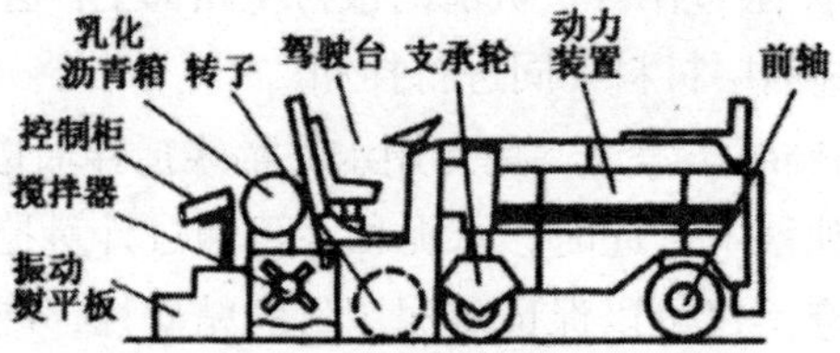

图 7–1　带熨平板的小型再生机结构

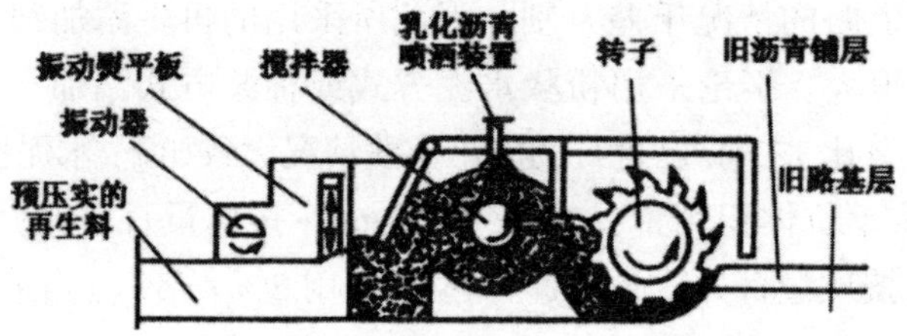

图 7–2　带熨平板的小型再生机的工作装置和工作原理

该机主要由以下五部分组成：

（1）转子：其作用是对旧铺层材料进行铣刨和破碎。

（2）搅拌器：对新旧材料进行均匀拌和。

（3）乳化沥青喷洒装置：对乳化沥青添加剂进行自动计量控制并保证添加均匀。

（4）振捣器：对再生材料进行预压实。

（5）振动熨平板：对再生层进行整平成型。

这种再生机适用于小型冷再生工程，多以乳化沥青作为再生添加剂，一般不加新骨料。当以水泥作为添加剂时，只能采取预先撒布的方式。

使用带熨平板的小型再生机进行就地冷再生的施工机械排列顺序图为：

压路机→带熨平板的小型再生机→乳化沥青运输罐车→行驶方向。

具体施工工艺为：乳化沥青运输罐车通过管道将乳化沥青输送给再生机；再生机完成旧铺层的铣刨、破碎，新旧材料的拌和、摊铺及预压实；压路机完成再生层的最终压实成型。

带熨平板的中型再生机结构如图 7–3 所示，其工作装置及工作原理如图 7–4 所示。

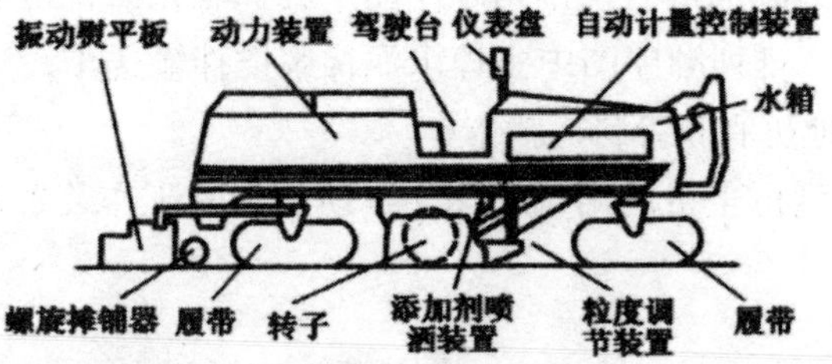

图 7–3　带熨平板的中型再生机结构

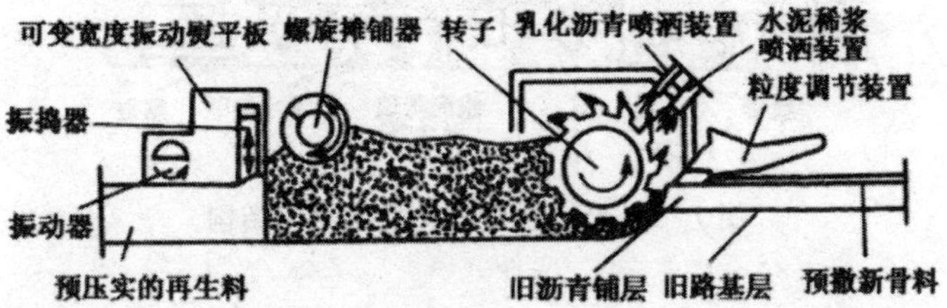

图 7–4　带熨平板的中型再生机的工作装置和工作原理

该机主要由以下 4 部分组成：

（1）转子：对旧铺层进行铣刨、破碎，对新旧材料进行均匀拌和。

（2）粒度调节装置：调节旧铺层材料的破碎粒度。

（3）水泥稀浆喷洒装置：对水泥稀浆稳定材料进行自动控制计量并保证添加均匀。

（4）螺旋摊铺器：进行再生材料的摊铺。

此外还有乳化沥青喷洒装置、振捣器和振动熨平板，其结构与作用同上。

这种再生机适用于中型冷再生工程，它既可用水泥，也可用乳化沥青或两者结合作为再生路面稳定材料。水泥的添加既可采用预先撒布，也可采用稀浆自动添加方式。

使用带熨平板的中型再生机进行就地冷再生的施工机械排列顺序图为：

压路机→带熨平板的中型再生机→水泥稀浆搅拌输送车→乳化沥青运输罐车→平地机→新骨料运输卡车→行驶方向。

具体施工工艺为：新骨料运输卡车根据新骨料添加量，在旧铺层上间隔一定距离卸成新骨料堆；由平地机按再生宽度进行新骨料的预摊铺，以便于新旧材料的均匀混合；水泥稀浆搅拌输送车和乳化沥青运输罐车通过管道分别把水泥稀浆和乳化沥青输送给再生机；再生机完成旧铺层材料的铣刨、破碎，新旧材料的拌和、摊铺及预压实；压路机完成再生层的最终压实成型。

当仅用水泥作为添加剂时，排列顺序图中去掉乳化沥青运输罐车；当仅用乳化沥青作为添加剂时，排列顺序图中去掉水泥稀浆搅拌输送车；当不加新骨料时，排列顺序图中去掉平地机和新骨料运输卡车。

带熨平板的大型再生机的结构如图 7–5 所示，其工作装置及工作原理如图 7–6 所示。

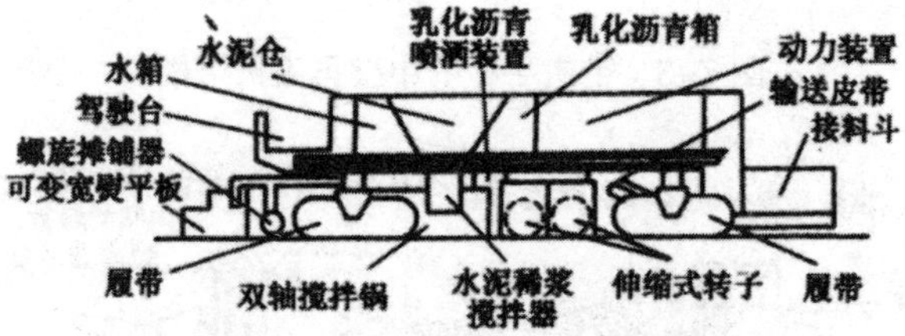

图 7–5 带熨平板的大型再生机结构

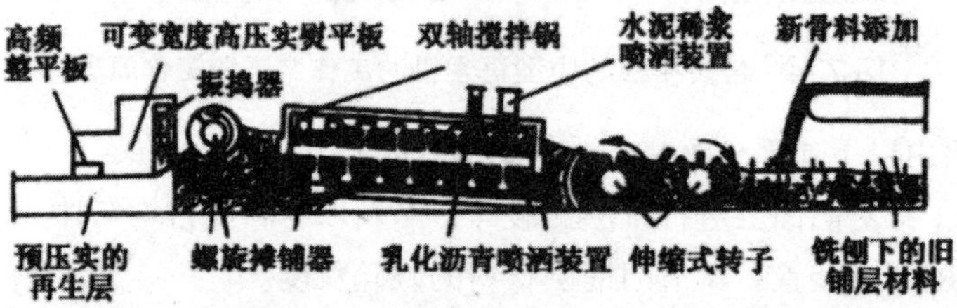

图 7–6 带熨平板的大型再生机的工作装置和工作原理

该机主要由以下 4 部分组成：

（1）接料斗：接受自卸卡车卸入的新骨料。

（2）输送皮带：将接料斗内的新骨料按比例连续输送到铣刨下的旧铺层材料上。

（3）伸缩式转子：其结构为三段液压伸缩式，类似于沥青混合料摊铺机的液压伸缩式熨平板。主要作用是收集路面铣刨机铣刨下的旧铺层材料并进一步进行破碎，对新旧材料进行预拌和，然后把预拌和料输送给搅拌器。

（4）搅拌器：为双轴卧式结构，其作用是将新旧材料拌和均匀。此外还有乳化沥青喷洒装置、水泥稀浆喷洒装置、螺旋摊铺器、振捣器和可变宽度高压实度熨平板，其结构与作用同上。

这种再生机适用于大型冷再生工程，既可用水泥，也可用乳化沥青或两者结合作为稳定材料。水泥的添加多采用稀浆自动添加方式。

使用带熨平板的大型再生机进行就地冷再生的施工机械排列顺序图为：

压路机→乳化沥青运输罐车→水泥稀浆搅拌输送车→带熨平板的大型再生机→新骨料运输卡车→平地机→路面铣刨机→行驶方向。

具体施工工艺为：先由路面铣刨机将旧铺层材料进行铣刨、破碎；平地机对铣刨下的旧材料实施预摊铺，以便于后续机械通行；新骨料运输卡车将新骨料直接卸入再生机前端的接料斗；水泥稀浆搅拌输送车和乳化沥青运输罐车通过管道分别把水泥稀浆和乳化沥青输送给再生机；再生机完成新旧材料的拌和、摊铺及预压实；压路机完成再生层的最终压实成型。

当仅用水泥作为添加剂时，排列顺序图中去掉乳化沥青运输罐车；当仅用乳化沥青作为添加剂时，排列顺序图中去掉水泥稀浆搅拌输送车；当不加新骨料时，排列顺序图中去掉新骨料运输卡车。

不带熨平板的再生机的结构如图 7–7 所示，其工作装置和工作原理如图 7–8 所示。

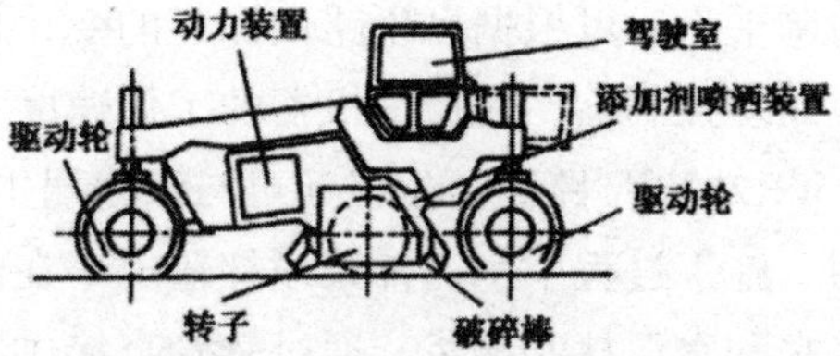

图 7–7　不带熨平板的再生机结构

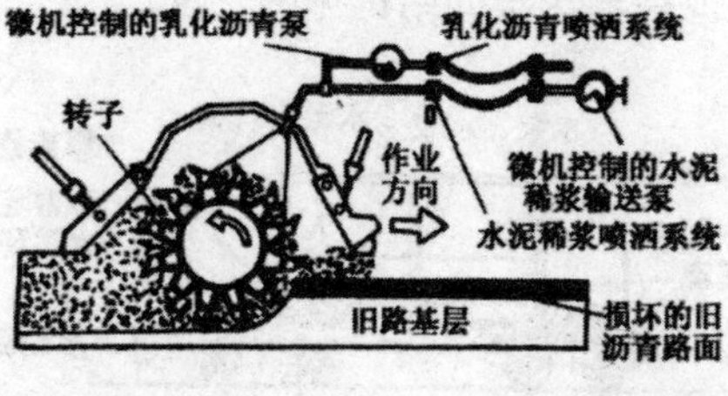

图 7–8　不带熨平板的再生机的工作装置和工作原理

该机主要由转子、乳化沥青喷洒装置、水泥稀浆喷洒装置、破碎棒等组成，其结构与作用同上。

这种再生机适用于中型冷再生工程，既可用水泥，也可用乳化沥青或两者结合作为再生稳定材料。水泥的添加既可采用预先撒布，也可采用稀浆自动添加方式。该机的一个重要特点是可以不调头施工。

使用不带熨平板的再生机进行就地冷再生的施工机械排列顺序图为：

压路机→平地机→不带熨平板的再生机→水泥稀浆搅拌输送车→乳化沥青运输罐车→平地机→新骨料运输卡车→行驶方向。

具体施工工艺为：新骨料运输卡车根据新骨料添加量在旧铺层上间隔一定距离卸成新骨料堆；平地机按再生宽度对新骨料进行预摊铺，以便于新旧材料均匀混合；水泥稀浆搅拌输送车和乳化沥青运输罐车通过管道分别把水泥稀浆和乳化沥青输送给再生机；再生机完成旧铺层材料的铣刨、破碎及新旧材料的拌和；平地机完成再生材料的摊铺；压路机完成再生层的压实成型。

当仅用水泥作为添加剂时，排列顺序图中去掉乳化沥青运输罐车；当仅用乳化沥青作为添加剂时，排列顺序图中去掉水泥稀浆搅拌输送车；当不加新骨料时，排列顺序图中去掉新骨料运输卡车及与其相临的平地机。

以上 4 种冷再生机主机的适用范围只是从施工效率考虑，若单从功能考虑，则不受此限制。

以 WR2500 型稳定土拌和再生机为例：该再生机能拌和稳定土、铣刨路面，就地再生有粘结料或无粘结料的路面。该机全轮驱动、全轮转向；可双向作业，作业深度可自动控制、自动调平，还可根据再生路面深度的变化，调节转子罩壳有效容积的大小。该机装有微处理控制器，能根据机器的工作速度和铣刨深度，精确控制再生添加剂的添加量。WR2500 型路面再生机还可与该公司生产的 WM400 型水泥稀浆搅拌输送车配套使用。施工过程中水泥稀浆搅拌输送车在前，路面再生机在后。水泥稀浆搅拌输送车将水和水泥拌和成浆，通过软管直接供给路面再生机，喷洒在转子罩壳内与再生材料均匀拌和。

WM400 型水泥稀浆搅拌输送车的结构见图 7–9。

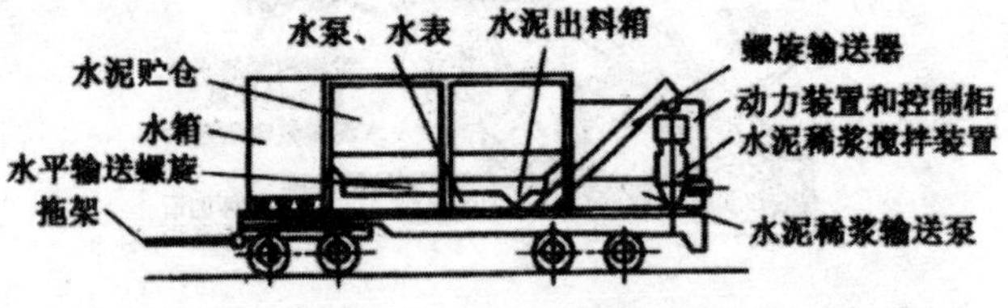

图 7–9　水泥稀浆搅拌输送车的结构示意图

该车主要由以下五部分组成：

（1）水泥贮仓：容积为 20m^3，仓内配有水泥料位计。贮仓底部有两个平行的、水平放置的螺旋输送机，用于将仓内的水泥输送给出料箱。

（2）水箱：容积为 8500L，配有水泵、水表及输水管。

（3）搅拌装置：能够连续地按比例将水和水泥搅拌成稀浆（悬浊液），在控制柜微处理器的控制下供给主机，最大搅拌能力为400kg/min。它主要由带称重器的叶轮给料机、稀浆搅拌器、稀浆输送泵等组成。

（4）螺旋输送器：在水泥出料箱与搅拌装置之间有一个倾斜的螺旋输送器用以输送水泥。

（5）动力装置和控制柜：动力装置通过液压传动驱动各工作装置，驾驶员通过控制柜控制整机工作。

该车本身工作动力为79kW的柴油机。水泥稀浆添加剂的自动计量添加可通过控制柜进行，也可在再生主机驾驶台上遥控。底盘前端装有拖架，后端可装推杆。工作中由再生机拖动或推动行走。就目前来说，就地冷再生层主要作为路面基层使用，视道路等级的不同，再生层需经后处理，即在再生层上铺设一层或数层上覆层。再生层的后处理虽然与冷再生密切相关，但它是由其他筑路机械完成的后续工序，严格地讲，并不属于就地冷再生的范畴。

第二节 除雪技术

一、道路冰雪分类及雪的性质

雪的种类很多，根据雪及冰的外观形态，其分类及特性见表7–5。

表7–5 道路冰雪分类

名称	状态	特征	雪粒状况	密度（g/cm^3）	抗压强度（MPa）
新雪	结晶状	刚下的雪		0.1左右	没有
粉雪	粉状	车辆带起来的由新雪雪片分裂而成的小颗粒雪粉积存物	雪粒粒径0.05 ~ 0.3mm，互相没有连接	0.27 ~ 0.41	没有
粒雪	粒状	不能飞扬起来，经过冷热变化，机械搅拌或经化学处理的积雪	粒径为0.3mm以上互不连接的圆粒	0.28 ~ 0.50	没有
压雪	板状	被碾压过的积雪	雪粒粒径0.05 ~ 0.3mrn，相互连接	0.45 ~ 0.75	1.96 ~ 16.7
冰雪	板状	压雪渗入水以后又冻结，厚度在1mm以下	雪粒直径为0.05 ~ 0.3mm的多结晶冰，含有粒径0.1 ~ 0.5mm气泡	0.75以上	8.83 ~ 29.4

续表

名称	状态	特征	雪粒状况	密度（g/cm^3）	抗压强度（MPa）
冰膜	薄膜状	冻结的冰膜附着在地面或积雪上，厚度在1mm以下	雪粒直径为0.1 ~ 0.4mm的多结晶冰，含有粒径0.01 ~ 0.1mm气泡		
冰水混合物	液状	由新雪、粉雪、粒雪及板接雪的融解物组成，含水多的液体过车时将飞溅	直径在1mm以上呈圆粒的小粒，含水率在30% ~ 50%	0.8 ~ 0.96	没有

在实际工作中，我们常常使用除雪机械进行除雪。除雪机械的车轮和工作装置是与路面上的雪直接接触的。要研究车轮和除雪工作装置与雪的相互作用关系，就要首先知道雪的物理性质。与除雪机械有直接关系的雪的主要性质指标是雪的密度和雪的抗压强度，分别见表7–6和表7–7。

表7–6　雪的密度

雪的状态	密度（g/cm^3）	雪的状态	密度（g/cm^3）
新下的雪	0.45 ~ 0.75	密实的雪	0.40 ~ 0.60
落下30天的雪	0.20 ~ 0.30	冻雪混合	0.60 ~ 0.75
大于30天的雪	0.34 ~ 0.42	冰	0.90

表7–7　雪的抗压强度

雪的状态	雪的密度（g/cm^3）	当温度由 −1 ~ −20℃时雪的抗压强度（kPa）	雪的状态	雪的密度（g/cm^3）	当温度由 −1 ~ −20℃时雪的抗压强度（kPa）
松软的 弱密实的	小于0.25 0.26 ~ 0.35	小于5060 ~ 100	密实的很 密实的	0.36 ~ 0.50 0.51 ~ 0.60	210 ~ 2000 380 ~ 3000

二、除雪方法和技术要求

降雪厚度不同及雪在公路上的形态不同，对行车的危害也不一样。一次降雪厚度在10cm以下的小雪，一般不会对行车构成威胁，但行驶速度要慢些；一次降雪厚度在10 ~ 20cm之间的中雪，车辆勉强可以行驶，但较困难，底盘较低的车辆将无法行驶；一次降雪厚度在20cm以上的大雪，将构成雪阻，一般车辆都不能行驶。所以当降雪厚度大于20cm时，要及时清除，保障畅通。在冬季降雪时，有时还夹杂着大风（一般在4级以上），形成暴风雪，还有的地区降雪之后刮大风。不论是暴风雪还是雪后刮大风，在路堑段和涡风路段，都会形成一些顺风堆积的雪丘，而且雪丘比自然降雪密度大，很厚、很长，一旦出现就会形成雪阻。这是除雪的重点路段，也是除雪工作的难点之一。此外，在初冬或残冬季节，由于昼夜气温变化较大，又是在正负温交替阶段，降雪时温度高，降雪后温度突然降低，会形成冰雪或积冰路面，出现这种情况，会使路面抗滑能力急剧下降，严重影响行车安全，极易造成交通事故。

综上所述，公路上的雪害基本可分为三类：一是积雪大于 20cm 厚的厚雪，二是局部路堑涡风段形成的雪阻，三是初冬和残冬容易形成的冰雪或结冰。

从雪在公路上形成的形态来看，可分为以下五种：一是新雪，即刚下的雪，这种雪为片状，密度为 0.1kg/cm^3 左右，没有硬度，除这样的雪是很容易的；二是尚未冻结的冰雪水混合物，这是由于降雪时气温较高，使部分降雪融化成水，与新雪混合而成，形成流体，也没有硬度，这时的冰雪水混合物清除也是比较容易的；三是压实雪，这是降雪后经过压实而形成的雪，有一定的硬度，除这种雪相对要难一些；四是冰板，这是在高温时降雪，雪融化后，气温降低又冻结成厚度大于 1mm 以上的冰，这种冰板硬度更大，除这样的雪较难；五是冰膜，这是在温度高时降较薄的雪，雪融化成水，然后气温突然降低，在路面上形成小于 1mm 厚的冰，这种冰更难清除。

目前，对于冬季降雪，世界各国普遍采用的除雪方法有两种，即融解法和机械法。

融解法是一种依靠热能作用或撒布化学药剂使冰雪融化的方法，可供利用的热源主要有电热、地热、天然气、蒸汽、发动机排气等。可以用来融解冰雪的化学药剂主要有部分的氯化物（如 NaCl）及尿素等。使用融解法除雪，除所需费用较高外，还容易对道路和周围环境造成污染，在气温过低时将失去作用，因此其使用范围受到一定的限制。

撒布化学药剂的时间，主要根据气象条件（降雪、风速、气温）来确定。一般可在一开始下雪时就撒布融雪剂，或估计在路面出现冻结之前 1 ~ 2h 撒布。如果是为了防止路面冻结成冰，通常撒布一次即可；若在除雪作业时撒布，撒布次数可与除雪作业频率一致。所撒布的化学药剂若是盐，其撒布量在一般降雪地点，在撒布前 4h、气温在 –7℃以上时可撒 5 ~ 15g/m^2；低于 –7℃时，撒布量为 15 ~ 30g/m^2；在严寒多雪地点，在撒布前 4h、气温在 –7℃以上时撒布量为 30g/m^2，低于 –7℃时撒布量为 30 ~ 50g/m^2。

机械法是通过机械对冰雪的直接作用，解除冰雪危害的一种方法，应用范围广，除雪速度快，是人类传统的也是迄今为止应用最为广泛的除雪方法。

使用除雪机械进行除雪作业，一般应注意以下问题。

（1）掌握除雪标准

除雪标准的鉴别是除雪后最大残留量的厚度 Hmax，它因道路级别有所差异，如表 7–8 所示。

表 7–8　除雪标准（mm）

道路级别	高速公路	一、二级公路	三级公路	四级公路
Hmax	6	10	13	15

（2）掌握除雪时机

雪的强度对机械除雪的难易程度有着很大的影响。积雪的抗切强度随温度和密度变化的关系见表 7–9。

表 7–9　人工板结雪的抗切强度系数

雪的类型	雪的密度（g/cm^3）	抗切强度系数（kPa）		
		雪温 −1℃ ~ −3℃	雪温 −4 ~ −22℃	雪温 −22℃以下
弱板结雪	0.30 ~ 0.40	4.9 ~ 11.8	7.8 ~ 24.5	14.7 ~ 34.3
密集雪	0.45 ~ 0.52	9.8 ~ 24.5	14.7 ~ 30.2	29.3 ~ 78.5
高密集雪	0.55 ~ 0.65	19.5 ~ 34.5	29.3 ~ 78.5	68.7 ~ 128

由表 7–9 可以看出，积雪的强度（压、切）随着密度的增大和温度的降低而明显增大，为除雪作业带来困难。因此在公路积雪未压实前，环境温度较高时是除雪的最佳时机，一般在 11 时至 15 时除雪，效果和效率最好。

（3）适时控制交通

对于高速公路来说，它实行的是全封闭式管理，这就为创造最有利的除雪工况提供了保障。每到冬季，受冰、雪天气影响，为保证行车安全，高速公路有时需要封闭交通。在这方面，应打破传统观念，不应只考虑路面状况是否影响到行车安全，而应以封闭交通影响行车的时间最短为依据。例如遇到大雪天气，在开始下雪时就可以封闭交通，其间只有各种除雪机械上路作业，始终保持路面不会形成厚积雪，雪停即可很快将路面清除干净，开放交通。而按常规管理要等形成坚硬的冰雪层后，影响到行车安全，才封闭交通，这样看来似乎是减少封闭时间，但实则相反。这是因为，一方面形成冰雪层后，在低温下已没有好的办法能将其及时清除，一般要经过阳光照射开始消融后才能较彻底地清除，这已影响了大好的行车时间；另一方面下雪期间路况差，视线又不好，行车速度低，通行时间延长，单从时间上考虑，实际还是使车辆在行驶期间的滞留时间延长。由此看来，适时控制交通，对保障高速公路的畅通和安全有着非常重要的意义。

在高速公路上除雪，有多种方法。辽宁省高速公路管理局桃仙管理处采用的除雪方法如下：

1）对于小雪或零星小雪的除雪

当降雪停止，可使用推雪铲上路推雪。推雪铲角度应控制在与路面横断面 30° 左右，一般分为连续三个作业轮次。

第一轮次：应先将超车道积雪推至中央分隔带上或安全线以外，露出黑色路面；

第二轮次：将行车道上的积雪推至硬路肩上（这种降雪在行车道上积雪较少）；

第三轮次：采用人工或专用除雪机械，将硬路肩上的雪堆抛出护栏外，完成除雪工作。

2）对于中雪、大雪、暴风雪的除雪

中雪以上的降雪在北方冬季比较普遍，难度较大，是冬季除雪的主要对象。当遇有中、大雪的天气预报时，应立即组织除雪人员和机械设备在指定地点待命。当降雪减小或停止时，可使用 4 台 PY-160 型平地机和 1 台 U1750 型综合清雪车在同一方向，呈前后梯次排列，进行流水性的除雪作业。

一般情况下，每台除雪机械间距保持在 150m 左右，作业时速控制在 1Okm/h 以下，推雪铲刀控制在与路面横断面 30° 左右（方向为硬路肩方向）。作业时，按照超车道、行车道、硬路肩的顺序，依次将积雪清除，并堆到硬路肩上，用专用除雪机械及人工将雪堆抛出护栏外，完成除雪工作。在路面积雪压实坚硬的情况下，可重复上述作业，直至露出沥青路面，完成除雪工作。

首都机场高速公路配备的除雪设备有：1 台兼有推雪和撒融雪材料功能的进口多功能车，1 台融雪材料撒布车尾机，1 台可变情报车，3 辆用于运送融雪材料的工程车，根据雪量调用 PY-160 或 PY-180 平地机 1 ~ 3 辆并进行简单改装的推雪机械。使用这些机械，可做到高速公路冬季“不封路除雪”。具体“不封路除雪”措施如下：

当雪厚为 1cm 左右时，如果白天的室外气温在 0℃左右，可以靠车轮滚动与地面摩擦产生的热量及尾气排放的热量自行融雪；如果在夜晚，室外气温低、车流量小，就需要撒融雪剂融雪防冻。在此基础上，如果雪还在不停地下，当雪量达到 5cm 左右时，靠撒融雪剂融雪在经济性和除雪效果上已不理想，即开始机械除雪。

除雪时，推雪机械按照超车道在前、行车道在后的顺序梯次排开，前后车距 100 ~ 150m，铲迹搭接 30 ~ 80cm，铲刀角度为 30° ~ 80°，行驶速度为中、高档。以 PY-160 平地机铲宽 3.66m 为标准，2 ~ 4 台机械同时作业。超车道、行车道推出的雪暂时堆在硬路肩上。机场高速公路单程18.635km，如果推雪机械按2 ~ 4台配置，双向推雪时间共需3 ~ 10h。

中雪时，由于雪量不大，可用3台机械联合作业。打开一条超车道，一条行车道，留下最外边的行车道和硬路肩，给急于通行的驾驶员行车或超车用。机械排列顺序为：将速度快的多功能车放在超车道上，其后是平地机，前后车距为150m，铲迹搭接30cm，铲刀角度为80°，行驶速度用高速档。当超车道和中间行车道打开后，推雪车再将剩下的行车道的积雪推到硬路肩内。

大雪时，所选参数与中雪时相反。由于雪量大，机场班机起降次数减少，路上的车辆也相对较少，交通量的压力相对较弱。为了达到较好的除雪效果，一次清雪宽度最好是1条半车道，即2台车同时作业。2台平地机要来回作业2个回合，最终将雪推到硬路肩内。与此同时，平地机后跟融雪剂撒布车。也可采用机械与人工配合撒融雪剂的方式，保证机械推雪后剩下的一层薄雪及时融化或防冻。

推到硬路肩上的雪要及时清到路肩外。此时，应双向同时清理。清理时，平地机要调整好铲刀角度，避免损伤反光道钉。拦水带根部的积雪应由人工及时清除。在有中间绿化带的部位，如降雪量达到可以用机械推雪的厚度，可将超车道的雪推进绿化带，存雪量以积雪融化后不流入路面为宜。

清雪质量受温度影响较大，抓住有利时机融雪非常重要。在降雪量较大的情况下，当雪天转晴后，如果室外温度在0℃以上，机械推除积雪后，只需撒非常少量的融雪剂，随着地表温度的增加和行驶车辆的轮胎与地面的摩擦，残留的薄雪将自行融化；当室外温度在0℃以下时，清雪时间应控制在10点至14点之间。机械清除积雪后，要及时撒融雪剂融雪、防冻。白天行车道的雪残留到夜晚没融化而室外温度又低时，由于路面有残存融雪剂不会形成冰面，但为了使雪尽快融化干净，要在清晨交通量增大之前，或者在一昼夜中温度最低的时刻来临之前，再撒一层融雪剂防冻，然后借助过往车辆的车轮压、带、磨，加快残雪的融化速度；对桥面、高填方等温度低的路段，要适当加大融雪剂撒布量。

三、除雪机械

除雪机械是清除道路积雪和结冰的专用设备，是寒冷积雪地区公路、城市道路、机场等养护部门必备的冬季养护机械。

国外发达国家除雪机械的品种规格较为齐全。近年来，由于社会对冬季公路养护提出了更高要求，各类除雪机械的保有量在发达国家迅速增长，在性能方面朝着自动化和一机多能方面发展。一些大型专用除雪机械也开始开发使用，现已能生产800马力（588kW）至1000马力（735kW）级的超大型旋转式除雪机，并不断提高机械的作业安全性和操作舒适性，其主要发展趋势一是开发高性能专用底盘，普遍采用液力变矩器、动力换档装置和全自动电液控制系统。可在除雪作业时实现自动变速换档功能,使作业速度自动适应除雪作业的负荷变化,不仅能减轻驾驶员的负担,还能保证高速除雪的要求。二是开发多功能的除雪车。如在除雪车上搭载抛雪装置、高雪堤清除装置、药剂撒布装置等多种作业装置，以提高作业效率和减少更换除雪装置的时间。

我国对除雪机械的开发生产起步较晚，20 世纪 70 年代前有些厂家和公路部门虽研制过一些样机，但未能推广。到 80 年代中期，转子式除雪机研制成功。80 年代后期，除雪机械发展速度有所提高，但规格品种较少，以拖挂顶推式、螺旋转子式为主。最近几年，一些厂家参照国外先进技术，虽研制出了适合我国除雪作业急需的犁式和转子式除雪机、拖式撒盐机等，但与世界先进国家除雪机械发展相比，作业速度低、成本高，避让功能不理想，对路面的保护功能差，产品数量及性能差距较大，而且远不能适应我国目前的公路除雪需求。为此，除雪设备今后应向小型化、高速化，向多功能、机 – 电 – 液 – 体自动化方向发展，同时进一步改进除雪机械的驾驶舒适性和对路面的保护功能。

除雪机械的种类很多，可按工作原理、使用范围、底盘形式和行走方式的不同进行分类：

按工作原理分类。根据除雪机械工作原理的不同可以把除雪机分为推移式、螺旋转子式（抛投式）、滚压式、铲剁式、锤击式 5 种。其中推移式又可分为铲刀（刮刀）式、前置侧铲式、V 型除雪犁、除雪卡车等。螺旋转子式又可分为铣刀转子式和叶轮转子式两种。

按使用范围分类。按照除雪机械的使用范围可把除雪机分为泛用除雪机、人行道除雪机、铁道除雪机和高速公路除雪机 4 种。

按底盘形式分类。根据除雪机械底盘形式的不同，可以把除雪机械分为专用底盘和兼用底盘两种。

按行走方式分类。根据除雪机械行走方式的不同，可以把除雪机分为轮胎式和履带式两种。

一般来说，按除雪工作装置的特性分类见表 7–10，按除雪主机的特性分类见表 7–11。

表 7–10 按工作装置分类的除雪机

名称	特点	适用范围
犁板式除雪机	以雪犁或刀板为主要除雪方式，可推雪、刮雪	可装在卡车、推土机、平地机、拖拉机、装载机等底盘上，适应各种条件下的除雪

续表

名称	特点	适用范围
螺旋式除雪机	由螺旋和刮刀为主要除雪方式，侧向推移雪或冰碴儿	新雪、冻结雪、冰辙
转子式除雪机	以高速风扇转子的抛雪为主要除雪方式，抛雪或装车	新雪，或同犁式机配合
组合式除雪机	多种除雪方式的组合	新雪、压实雪
清扫式除雪机	以旋转扫路刷为主要除雪方式	高速公路、机场进行无残雪式除薄雪
吹风式除雪机	以鼓风机高速气流为主要除雪方式	公路新降雪
化学消融剂式撒布机	以化学融剂消雪，防结冰为主要除雪方式	降雪前撒于路面，降雪后还可以撒灰渣
加热式融雪机	把雪收集，加热融化成水	特殊场合

表 7–11　按主机分类的除雪机

名称	特点	适用范围
旋转式除雪机	工作装置由集雪螺旋和风扇转子等转动件组成，一般为装载机底盘	除厚雪，或同犁板式除雪机配合作业
除雪卡车	在卡车底盘上装各种除雪犁板和作业装置	新雪、压实雪、公路、广场、街道
除雪平地机	刮雪刀片在平地机机体中部	主要清压实雪
除雪推土机	在推土机前装各种除雪犁板，有履带式和轮胎式	清除较厚雪
扫雪机	工作装置为扫刷或扫刷加吹气	新雪、薄雪、高速公路、机场
路面除冰机	工作装置有螺旋刃切削式和转子冲击式，底盘一般用装载机	压实雪、冻结雪、冰辙
手扶式除雪机	无驾驶室	人行道及狭小地方除雪
融雪车	在卡车上装有螺旋集雪装置，燃烧加热装置和融雪槽等	街道除雪
消融剂撒布机	在卡车底盘上装有料仓、输送口、撒布圆盘等装置	撒布防止结冰和融雪的药剂或防滑用的砂子
装雪机	有斗式、皮带式和螺旋式装雪机	必须把雪运走的地区
固定除雪装置	在特殊地段安装的永久性除雪装置	特殊地段

公路养护部门在选择与配置除雪机械时，应考虑如下问题：

（1）地区所处位置及降雪量

我国北方地区的降雪量随着本地区位置的不同差异较大。近年来由于全球厄尔尼诺现象的出现和影响，同纬度地区的同期降雪量也有差别。但不管降雪量多少，每年的降雪期是有限的，除雪作业的季节性比较强，都是在公路施工的淡季进行，除雪机械使用期短而备用期长。若各公路养护部门都配备专用除雪设备，仅在冬季除雪时使用，显得非常不经济。根据这个特点，除雪机械以采用非专用行走机构的悬挂式或拖行式工作装置为宜，即在通用底盘（主车）上装设除雪装置。这种装置应当装配方便，用后拆下库存备用，而不影响主车的运输功能。当然，在降雪期长、降雪量大的地区，为保证高等级公路的畅通，也可配备多用途、专用的除雪机械。目前国内常在没有专用除雪机械的情况下，将施工用平地机进行简单的改装，可基本代替专用除雪机械进行除雪作业。首都机场高速公路管理部门的改装方法是：先将平地机铲刀的刀头卸下，根据铲刀的宽度，在铲刀座与地面接触的部分，用厚2.5cm、宽13cm左右、长度与铲刀宽度相等的橡胶条与铲刀座用螺栓连接。为了确保橡胶条安装牢固，增加橡胶条的强度和尽量延长其使用寿命，在橡胶条的接地面安装比橡胶条窄一半、厚度与橡胶条接近的铁板条，使橡胶条被铲刀座和铁板条夹在中间。橡胶条、铁板条与铲刀座的连接方式为螺栓连接。橡胶条、铁板条在安装前要钻好安装孔。在使用过程中，当橡胶条磨损到刮雪铁板条与地面接触的程度时，应及时更换，防止铁板条刮伤路面，磨损铲刀座及降低除雪效果。

（2）作业时不损伤路面

采用机械除雪时，除雪装置与冰雪直接作用，冰雪下面即是路面。为了不致在除雪作业时损伤路面，除雪机械应设有自动规避机构，以便在遇到过大阻力时能够自动避让。此机构实际起到了对机械和路面的双重保护作用。

（3）适应不同工况

目前，从除雪的作业过程来看，除雪机理、技术方法已趋于成熟，但在具体工作过程中，往往受到路面状况、雪层薄厚、气温高低等条件的限制，使用一种除雪机械难以清除各种路面上的各类冰雪，从而使除雪机械的应用还存在着许多局限性。由于积雪受气象条件、环境温度变化的影响，其物理性质变化很大，特别是在行车作用下，其状况更是复杂多样，而各种除雪机械虽然都有广泛的适应性，但各自又有最佳的作业工况。各种除雪机所适应的除雪厚度见表7–12，所以除雪机械的选型，必须以其最佳工况为基础。如在昼夜温差很大而年降雪量又不大的地域，应以配备扫滚式除雪车为主，它能够彻底清除融雪，防止形成冰面，除雪铲则少量配备，以辅助扫滚式除雪车完成遇到大降雪量时的除雪任务；而在温差较小而降雪量不很大的地段，应以简单、价廉的犁式除雪车为主；山区道路则应适当配备旋转式除雪车以清除雪阻。

表 7-12　各种除雪机适应的除雪厚度（mm）

雪厚	≥ 300	100 ~ 300	≤ 100
机型	旋转式	犁式	犁式、扫滚式

各类除雪机械的主要结构及工作原理如下：

1. 犁式除雪车

犁式除雪车是把犁刀安装在拖拉机、卡车、装载机、推土机、平地机或专用底盘上的除雪机的总称。除雪犁一般安装在车辆前部、中部或侧面，靠主机推动前行，有单向犁、V 型犁、变向犁、刮雪刀及复合犁，工作装置的提升、降落靠液压控制。这种除雪车价格低廉、结构简单、工作可靠、换装容易、机动灵活、作业效率高，适宜于清除未经压实的积雪，特别是密度较小的新降积雪，是使用最广泛的除雪机械。大多数犁式除雪车都装有自动规避机构，还设有滑靴或支撑轮机构，以减少犁刃的磨损。此外，为了提高犁刃的使用寿命，一般采用合金钢经热处理后制造犁刃。

犁式除雪车的基本工作装置为除雪犁，除雪犁主要由犁刃与导板两部分组成，如图 7-10 所示。

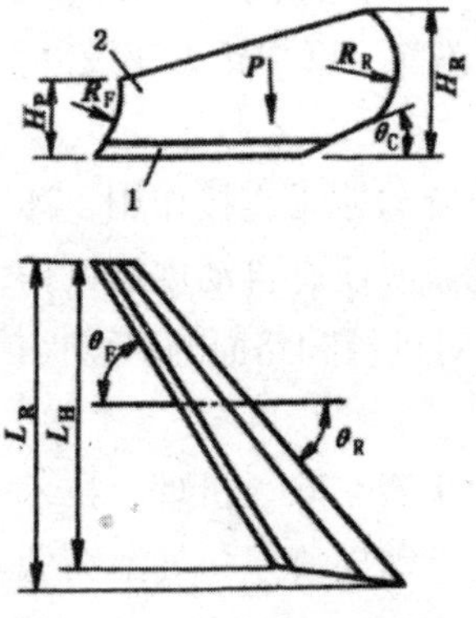

图 7-10　除雪犁示意图

切削角 θ_c 是在行进方向上犁刃与地面间的夹角。具有一定切削角 θ_c 的犁刃在垂直力 P 作用下，随着犁体的前进，将积雪剥离其附着面并沿着导板的特殊曲面向斜上方运动，最后以一定速度排出后端部。单向犁切削角 θc 一般取 40 ~ 50°。行进角 θ 指的是犁体长度方向与车辆行进方向所夹的锐角。除雪阻力的大小与行进角有很大关系，行进角若小，则除雪阻力较小，同时排雪性能较好，但必须有较长的犁体才能保证必需的除雪宽度；若行进角大，犁体可短些，但除雪阻力增大，排雪性能也变差。行进角 θ 一般取 50 ~ 55° 。

按照除雪犁的外形不同，主要有以下几种犁（见表 7–13）。

表 7–13 除雪犁的分类

类别	内容
单向犁	单向犁一般都以固定的行进角装在除雪车前部，其结构如图 7–10，导板的形状一般呈复杂的曲面。犁刃的结构形式较多，通常犁刃固定在导板底部，可更换
V 型犁	V 型犁的主要结构及工作原理与单向犁相同，它的结构成左右对称，如图 7–11。一般犁刃与导板固接，可更换。V 型犁作业速度较低，工作时向两边排雪，其切削角一般取 20 ~ 30° ，行进角一般取 36 ~ 45°
变角度犁	变角度犁是指犁的排雪方向及行进角可改变的雪犁。这种犁由悬架装在除雪车前端，其结构简图如图 7–12 所示
复合犁	复合式雪犁亦即铰接雪犁，采用两翼中折式结构。中间垂直铰接，可自由改变形状，形成单向犁、V 型犁、反 V 型犁等。这种犁扩大了除雪作业范围，提高了除雪精度，适用于干线公路、山区公路、街道等不同场所的除雪
刮雪器	刮雪器安装在犁式除雪车中部，刃口与地面间的夹角即切削角是不变的。刮雪器的升降用液压油缸来控制，行进角依靠安装在底盘上的回转盘的转动来调节。
侧翼板	侧翼板装在除雪车的侧面，主要进行加大除雪宽度或某些特殊作业。侧翼板可分为单向侧翼板和双向侧翼板。单向侧翼板主要装在轻型犁式除雪车上，侧翼板宽度一般为 2.8m，高度 0.7m。双向侧翼板多装在大吨位除雪车上，其长度一般可达 3.65m，小端高度为 0.7m，大端高度 1.0m，它的结构和操纵装置比较复杂，具有多种作业功能，除进行一般的加宽除雪和阶梯作业外，还可进行侧面推雪，从雪墙上扒雪作业等

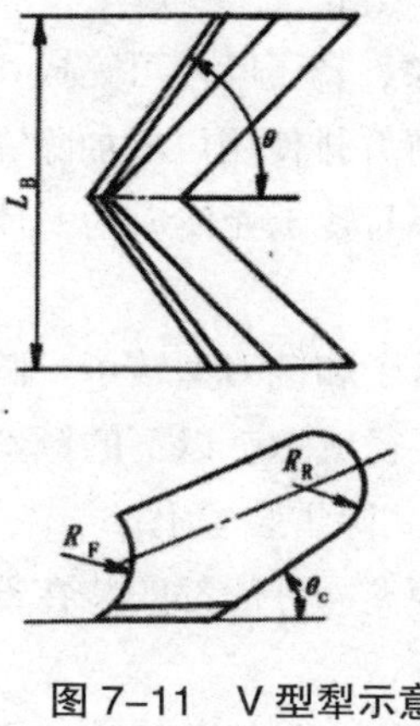

图 7–11 V 型犁示意图

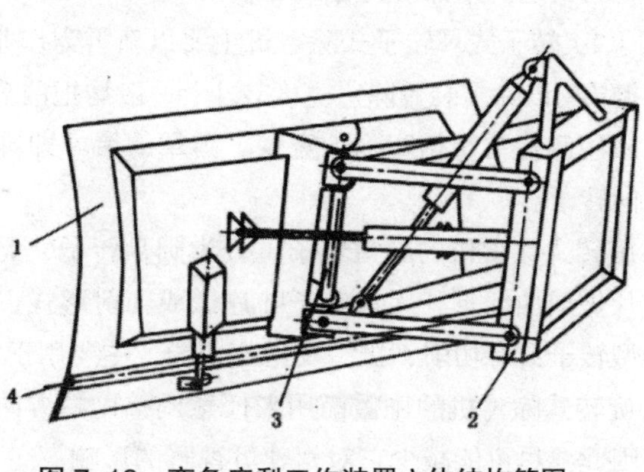

图 7–12 变角度犁工作装置立体结构简图

1- 犁体；2- 悬架；3- 垂直铰轴；4- 铰链

2. 旋转式除雪机

旋转式除雪机是把各种旋转除雪装置安装在汽车、拖拉机、装载机等工程车辆或专用底盘上的除雪机的总称。旋转式除雪机的结构比犁式除雪车复杂，具有切削、集中、推移和抛投等功能，对雪质适应性强，可将积雪抛出几十米外。当用于清除较厚积雪或将犁式除雪车推起的雪抛出路外及清除雪阻（山区道路）的作业场合，旋转式除雪机具有明显的优势。

旋转式除雪机主要由工作装置及底盘车辆组成。工作装置由集雪螺旋、抛雪风扇、抛雪筒及其连接装置组成。集雪螺旋主要完成积雪的切削、输送，其叶片一般布置为左右旋向，便于雪从两边向中间运动至抛雪风扇处。抛雪风扇叶片为辐射状，进入风扇的雪在高速旋转叶片离心力作用下，沿着叶片表面运动至风扇壳体顶部开口处抛出，由抛雪筒导向合适区域。目前的旋转式除雪机多采用底盘车辆自带的液压系统驱动各部分工作装置，这样做容易调整除雪速度，传动操作也容易实现。

旋转式除雪机可分为兼用型和专用型。兼用型是利用工程车辆进行改装设计，工作装置利用工程车辆现有的装置或利用连接架连接在主机前部，动力从工程车辆的前功率输出轴输出或利用工程车辆液压系统驱动。还有一种工作装置自带动力，仅利用连接架与牵引车辆相连。专用型旋转式除雪机的底盘为专门设计，动力分配合理，更能适应除雪负荷变化对除雪速度的调整要求。其操作性能优良，技术性能先进，这类产品在国外较为多见。

按旋转式除雪机工作装置分类，主要有以下两种形式：

（1）螺旋式。螺旋轴鼓上的叶片呈左右旋向，在轴线中部相结合形成 U 型抛雪槽。U 型抛雪槽底部微向后倾，内侧光滑，工作时轴鼓上的叶片刀刃切削、破碎积雪并将雪集送到中部 U 型槽内抛出。

（2）转子式。转子式除雪机主要以新雪为作业对象，转子叶片可完成切雪、扒雪和抛雪。该除雪装置除雪宽度较小，一般均把两套装置并排使用以增加除雪宽度，也可采用侧置雪犁拓宽除雪宽度。雪犁的后坪即排雪部与转子壳体成为一体，使雪流流向转子。

旋转式除雪机的除雪转子可分为圆盘转子、无盘转子和铣刀型转子。圆盘转子的叶片做成曲线形，无盘转子叶片做成辐射形式，与半径成 10° 以下的倾斜角度，铣刀型转子具有切削、扒雪及抛雪功能，主要用于转子式除雪装置上。

旋转式除雪机的抛雪筒用来任意调整抛雪方向和距离。一般都安装在驾驶室上方，因此要尽可能减少它对驾驶员视野的影响。

除了以上两大类除雪机械外，还有一种扫滚式除雪车。扫雪装置一般安装于主车的前部，最初的机型只是靠其特制的刷子进行扫雪作业，当积雪较薄且松散时，能够较彻底地清除积雪。随着不断改进，现代的扫滚式除雪车一般都配有高压空气帮助吹雪。这种除雪车最适合在机场跑道和高速公路上进行（无残雪）除雪作业，即使路面凹凸不平，也能将雪和水完全清除。目前，主要有自行式和牵引式两种。

3．药剂撒布车

药剂撒布车主要用于融解法除雪，一般有以下两种机械：

（1）干式药剂撒布车。干式药剂撒布车的作业对象是干砂或氯化物（盐），其底盘一般为卡车底盘。撒布机工作装置由贮料仓、输送装置、撒布装置和控制装置等部分组成。料仓仓壁斜度一般为 55 ~ 60°，设有药剂投入口及振动防料拱装置。料仓的后下方为带闸门的出料口，便于调整药剂撒布量。撒布装置包括导料斜槽和撒布旋转圆盘，用不锈钢制作，防冻剂靠圆盘的离心力沿圆盘的周边飞出。圆盘上有直形或 Y 形叶片，叶片的作用是给防冻剂施加离心力。

（2）湿式撒盐机。干式撒盐机撒的是纯固体防冻剂，在路面上溶解时间长，特别是在 0℃以下的干燥路面溶解显著迟缓，而且干防冻剂容易受自然及车风影响，使撒布不均匀或被风刮出路面，势必增加撒布量，并对环境造成污染。为此湿式撒布技术近几年得到发展，其主要特点是把固体防冻剂水溶液混合湿润后撒布到雪层上，由于水溶液的作用，使均匀性及环境问题有所改善。

用融解法除雪除了需要药剂撒布车外，还有一种融雪车。融雪车的作用原理是：用车辆前方的集雪装置把积雪集拢起来，通过传送装置送到车辆后部的融雪槽中，积雪在这里被加热融化，融解水通过管道排出。融雪车一般在某些特定的场所使用，作业效率较低，结构复杂，在除雪作业中较少使用。

4．除冰雪机械

除冰雪机械主要用于清除道路上压实的雪层及结冰，一般有以下三种机械：

（1）平切式除冰机

1）犁板式。将犁板以锐角强制压入压实雪层，进行破碎作业。这种装置的除冰机适宜于压实雪层，破冰层能力有限。由于这种机械切削阻力大，动力消耗当然也大，避让措施较为复杂，目前使用较少。

2）松土式。松土式装置一般为梳子状弯钩形工作装置，安装在平地机及工程车辆的前部或后部，靠机器自重向下压破冰雪。这种装置可以左右移动，其移动幅度为 30cm，作业比较灵活且质量分配有利于冰层破碎作业。

（2）立切式除冰机

1）立式铣削。立式铣削有单刀盘式端面铣削和多刀盘式端面铣削两种，目前较常见的有单刀盘、双刀盘及三刀盘工作装置，一般悬挂在车辆的前部或后部，也可装在旋切除雪机的后部，切除路面上的冰雪垄包或车辙。立式铣削除冰机适宜冰层处理，但破碎后的路面需要有清扫装置进行清理，常见的有后置滚刷式扫滚。

2）立式冲击破碎。这种工作装置是基于冰的高结晶体硬而脆的物理性质和冲击、振动效能的理论，工作时靠铲刀的上下垂直往复运动，冲击碎压实冰雪。

（3）旋切式除冰雪机

卧式旋切机是这类除冰雪机中使用较多的一种，工作时靠旋切转鼓上螺旋形布置的多个切削刀刃连续不断地旋转铣削来清除冰雪。还有一种卧铣锤击式结构，是在一根回转轴上，安装着许多方形锤头，当回转轴转动时，锤头也随之转动，锤头每公转一周，打击路面冰雪一次，依靠其转动惯性力将冰雪破碎。

第八章　沥青路面试验检测基础知识

第一节　试验检测数据处理

一、抽样检验

1．总体与个体

抽样检验又称抽样检查，是从一批产品中随机抽取少量产品（样本）进行检验，据以判断该批产品是否合格的统计方法和理论。它与全面检验的不同之处，在于后者需对整批产品逐个进行检验，把其中的不合格品拣出来，而抽样检验则根据样本中产品的检验结果来推断整批产品的质量。如果推断结果认为该批产品符合预先规定的合格标准，就予以接收；否则就拒收。但是，经过抽样检验认为合格的一批产品中，还可能含有一些不合格品。

在工程质量检验中，通过抽取总体中的一小部分个体加以检验，以了解和分析总体质量状况，这是工程质量检验的主要方法。除特殊项目外，大多数质量检验都采用抽样检验的方法，这就涉及总体、个体、样本和样品的概念。

总体又称母本，是统计分析中所研究对象的全体，而组成总体的每个单元称为个体。

从总体中抽取的一部分个体称为样本（又称字样），而组成样本的每一个个体即为样品。例如，在沥青混合料拌和工地上需要确定某公司运来的一批沥青质量是否合格，从每一桶沥青中取两个试样，若该批沥青有 100 桶，则一共抽查了 200 个试样做试验，则这 100 桶沥青就称为总体，200 个试样构成了样本，上述 200 个试样中的每一个试样都是该样本中的一个样品。

检验的基本意义在于：将用某种方法检验产品得出的结果与质量判定标准相比较，从而判断出各个产品是“优良品”还是“不良品”，或者与产品“批”的判定标准相比较，判断批是“合格批”还是“不合格批”。从此意义上讲，检验分为对“各个产品”的检验和对“批”的检验两种情况，其检验过程如图 8–1 所示。

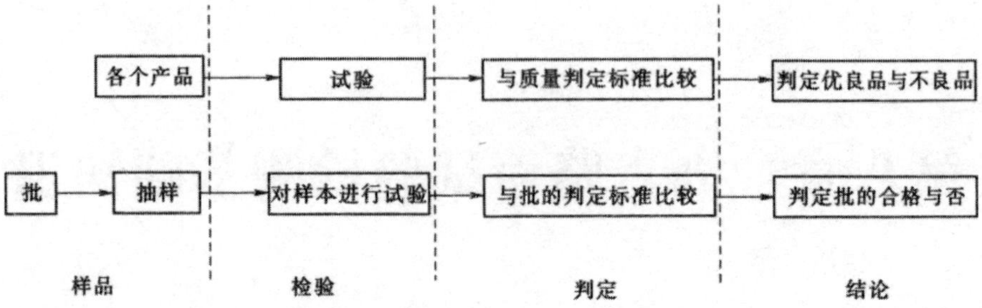

图 8-1　对各个产品和批的检验过程

工程质量的评价是以试验检验数据为依据的，试验检测采集到的原始数据具有类多量大等特点，有时杂乱无章，甚至还出现错误。因此，必须对原始数据进行分析处理才能得到可靠的试验检测结果。

2. 抽样检验中的基本概念

（1）单位产品

单位产品是为实施抽样检查的需要而划分的基本单位。有些产品可以自然划分，例如，1 只灯泡、1 台电视机可以作为一个单位产品。有些产品则不可能自然划分，只能根据抽样检查的需要划分，例如，连续生产的棉布，可以是 1 尺布、1 丈布甚至是 1 匹布作为单位。对于液体产品（如沥青）和散装产品（如水泥），则可按包装单位划分，例如，1 桶沥青等。

（2）检验批

检验批是指按同一生产条件或按规定的方式汇总起来供检验用的，由一定数量样本组成的检验体。一个检验批通常是由在基本稳定的生产条件下，在同一生产周期内生产出来的同形式、同等级、同尺寸以及同成分的单位产品构成的。该批包含的单位产品数量，称为批量。通常用符号 N 表示。检验批是工程质量验收的基本单元（最小单位）。

检验批通常按下列原则划分：

1）检验批内质量基本均匀一致，抽样应符合随机性和真实性的原则。

2）贯彻过程控制的原则，按施工次序、便于质量验收和控制关键工序的需要划分检验批。

3. 抽样检验的类型和评定方法

按检验特性值的属性，可以将抽样检验分为计数型抽样检验和计量型抽样检验两大类。

（1）计数型抽样检验

有些产品的质量特性，如焊点的不良数、测试坏品数以及合格与否，只能通过离散的尺度来衡量，把抽取样本后通过离散尺度衡量的方法称为计数型抽样检验。计数型抽样检验中对单位产品的质量采取计数的方法来衡量，对整批产品的质量一般采用平均质量来衡量。计数抽样检验包括计件（统计不合格品数）的抽样和计点（统计不合格数）的抽样。当以样本的不合格品数作为批合格的判定依据时，称为计件抽样检验；当以样本的不合格点数作为判定依据时，称为计点抽样检验。

（2）计量型抽样检验

有些产品的质量特性，如灯管寿命、棉纱拉力、炮弹的射程等，是连续变化的。用抽取样本的连续尺度定量地衡量一批产品质量的方法称为计量型抽样检验方法。它以样本单位的计量特征值为判定依据，只适合于单位产品的质量特征以计量的方式表示的场合，且对每个质量特征要分别检查。

4．抽样检验的方法

抽样检验是建立在随机原则的基础上，从总体中抽取部分单位进行调查，并根据概率估计原理，应用所得资料对总体的数量特征进行推断的一种调查方法。抽样方法的正确性是指抽样的代表性和随机性。代表性反映样本与检验批质量的接近程度，而随机性反映检验批中单位产品被抽入样本纯属偶然，即由随机因素决定。

由于抽样检验是以样本检验结果来推断检验批的好坏的，故样本的代表性极其重要。为使所抽取的样本能成为检验批的代表，通常采用表 8–1 中的几种方法。

表 8–1　抽样检验的方法

方法	内容
分层抽样	一般地，当总体由差异明显的几部分组成时，为了使样本更客观地反映总体情况，常将总体中的个体按不同的特点分成层次比较分明的几部分，然后按照各部分所占的比例实施抽样，这种抽样方法称为分层抽样，其中所分成的各个部分叫作层。例如，有两台拌和机同时拌制原材料相同的同强度等级混凝土，为了检验生产混凝土的质量特性，可采取分层抽样的方法，对两台拌和机分别取样，这样便于了解不同“层”的产品质量特性，研究各层造成不良品率的原因，也可将甲、乙样品混合进行试验，了解混合样品的质量特性
简单随机抽样	简单随机抽样是指一批产品共有 N 件，如其中任意 n 件产品都有同样的可能性被抽到（如抽奖时摇奖）的方法就是一种简单的随机抽样。简单随机抽样不同于随便抽样或随意抽样，必须注意不能有意识抽好的或差的，也不能为了方便只抽表面摆放的或容易抽到的，要保证总体中每个样品被抽到的概率相同。简单随机抽样可以利用随机表或者骰子等工具进行取样
系统抽样	系统抽样也称为等距抽样、机械抽样、SYS 抽样，它是首先将总体中各单位按一定顺序排列，根据样本容量要求确定抽选间隔，然后随机确定起点，每隔一定的间隔抽取一个单位的一种抽样方式，它是纯随机抽样的变种。在系统抽样中，先将总体从 1 ~ N 相继编号，并计算抽样距离 $K=N/n$。式中 N 为总体单位总数，n 为样本容量。然后在 1 ~ K 中抽一随机数 k_1，作为样本的第一个单位，接着取 k_1+K，k_1+2K，…，直至抽够 n 个单位为止

续表

方法	内容
两级或多级抽样	先从总体中抽取范围较大的单元，称为一级抽样单元，再从抽中的一级单元中抽取范围较小的二级单元，这就是两级抽样。还可依次再抽取范围更小的单元，即为多级抽样。例如，当物品堆积在一起构成批量时，由于许多货箱堆积在一起，按单纯随机取样相当麻烦。此时可先对若干箱进行第一级随机取样，挑出部分箱物品，然后从已挑出的箱中再对其中的物品进行第二级随机取样

二、数据的修约规则

1. 有效数字

在测量工作中，由于测量结果总会有误差，因此表示测量结果的位数不宜太多，也不宜太少，太多容易使人误认为测量精度很高，太少则会损失精度。测量过程中，由于受到一系列不可控制和不可避免的主观和客观因素的影响，所获得的测量值必定含有误差，即获得的测量值仅仅是被测量的近似值。另一方面，在数据处理过程中引入的诸如 n、e 等一些常量，在大多数情况下，是以无穷小数形式来表示，这就需要确定一项原则，将测得的或计算的数截取到所需的位数。认为在一个数值中小数点后面的位数越多，这个数值就越准确；或者在计算中，保留的位数越多，这个数值就越准确的想法都是错误的，第一种想法的错误在于没有弄清楚小数点的位置不是决定准确与否的标准，而仅与所用计量单位的大小有关。如长度为 21.3mm 与 0.0213m，其准确程度完全相同；第二种想法的错误在于不了解所有测量由于仪器和人们的感官只能做到一定的准确程度，这个准确程度一方面取决于所用仪器刻度的精细程度；另一方面也与所用方法有关。

因此在计算结果中，无论取多少位数都不可能把准确程度增加到超过测量误差所允许的范围；反之，表示一个数值时，如果书写的位数过少，即数值所取的有效位数少于实际所能达到的精度，不能把已经达到的精度表示出来，也是错误的。

例如，不考虑测量误差，单从有效数字来考虑，在数学上 23 与 23.00 两个数是相等的。而作为表示测量结果的数值，两者相差是很悬殊的。用 23 表示的测量结果，其误差可能为 ±0.5；而 23.00 表示的测量结果，其误差可能是 ±0.005。再如，1 和 0.1 在数值上相差 10 倍，单从数值上看两数是不等的，而作为测量结果可能因所用单位不同，所表示的测量结果和所达到的精度是相同的。

因此，在对测量数据的处理中，掌握有效数字的有关知识是十分重要的。

有效数字的概念可表述为：由数字组成的一个数，除最末一位数字是不确切值或可疑值外，其他数字皆为可靠值或确切值，则组成该数的所有数字包括末位数字称为有效数字，除有效数字外的其余数字为多余数字。

对于“0”这个数字，由于它在数中的位置不同，可能是有效数字，也可能是多余数字。整数前面的“0”无意义，是多余数字。对纯小数，在小数点后，数字前的“0”只起定位，决定数量级的作用（相当于所取的测量单位不同），所以，也是多余数字。

处于数中间位置的是有效数字。

处于数后面位置的“0”是否算有效数字可分三种情况：

（1）数后面的“0”，若把多余数字的“0”用10的乘幂来表示，使其与有效数字分开，这样在10的乘幂前面所有数字包括“0”皆为有效数字。

（2）作为测量结果并注明误差值的数值，其表示的数值等于或大于误差值的所有数字，包括“0”皆为有效数字。

（3）上面两种情况外的数后面的“0”则很难判断是有效数字还是多余数字，因此，应避免采用这种不确切的表示方法。

一个数，有效数字占有的位数，即有效数字的个数，为该数的有效位数。

例如，00713、0.0715、7.03、7.03×10^2这四个数的有效位数均为3，有效数字都是3个。

再如，测量某一试件面积，得其有效面积A=0.0501502m^2，测量的极限误差＝0.000005m^2。则测量结果应当表示为A=（0.050150 ± 0.000005）m^2。误差的有效数字为1位，即5；而有效面积的有效数字应为5个，即5、0、1、5、0；因最末位的2小于误差的数量级，故为多余数字。

若给出的数值为71300，为不确切的表示方法。它可能是713×10^2，也可能是7.130×10^4，也可能是7.1300×10^4。即有效数字可能是3个、4个或5个。若无其他说明，则很难判定其有效数字究竟是几个。

在测量或计量中应取多少位有效数字，可根据下述准则判定：

对不需要标明误差的数据，其有效位数应取到最末一位数字为可疑数字（也称不确切或参考数字）；对需要标明误差的数据，其有效位数应取到与误差同一数量级。

2. 数据的修约规则

（1）修约间隔

修约间隔是指确定修约保留位数的一种方式。修约间隔的数值一经确定，修约值即应为该数值的整数倍。

例如指定修约间隔为0.1，修约值即应在0.5的整数倍中选取，相当于将数值修约到一位小数。又如指定修约间隔为100，修约值即应在100的整数倍中选取，相当于将数值修约到“百”数位。

0.5单位修约（半个单位修约）是指修约间隔为指定数位的0.5单位，即修约到指定数位的 0.5 单位。一般将拟修约数值乘以 2，按指定数位依修约间隔为 1 的规则进行修约，所得数值再除以 2。

例如，将 60.25 修约到个数位的 0.5：

60.25 → 120.50 → 120 → 60.0

0.2 单位修约是指修约间隔为指定数位的 0.2 单位，即修约到指定数位的 0.2 单位。一般将拟修约数值乘以 5，按指定数位依修约间隔为 1 的规则进行修约，所得数值再除以 5。

例如，将 830 修约到“百”数位的 0.2：

830 → 4150 → 4200 → 840

最基本的修约间隔是 10*n*（*n* 为正整数、负整数或 0），它等同于确定修约到某数位。

（2）数值修约进舍规则

数据获得后，还涉及数据的定位问题，也就是出现了对规定精度范围之外的数字如何取舍的问题。在工程检测过程中，一般常用的数据修约规则(奇升偶舍法)如下:

拟舍弃的数字中，其最左面的第一位数字小于 5 时，则舍去，即保留的各位数字不变。

例如，将 29.1332 修约只保留一位小数时，其拟舍去的数字中最左面的第一位数字是 3，则舍去，保留的各位数字不变，即为 29.1。

拟舍弃的数字中，其最左面的第一位数字大于 5 时，则进 1，即所留下的末位数字加 1。

例如，将 27.8963 修约只保留一位小数时，其拟舍去的数字中最左面的第一位数字是 9，则进 1，即为 27.9。

拟舍弃的数字中，其最左面的第一位数字等于 5，而后面的数字并非全部为 0 时，则进 1，即所留下的末位数字加 1。

例如，将 56.1500008 修约只保留一位小数时，其拟舍去的数字中最左面的第一位数字是 5，5 后面的数字还有 0008，则进 1，即为 56.2。

拟舍弃的数字中，其最左面的第一位数字等于 5，而后面的数字全部为 0 时，所保留的数字末位数如为奇数（1、3、5、7、9）则进 1，如为偶数（0、2、4、6、8）则舍去。

例如，将下列各数字修约只保留一位小数时，其拟舍弃的数字中最左面的第一位数字是 5，后面无数字，根据所保留末位数的奇偶关系，结果为：

修约前　修约后

22.05　22.0（因为“0”是偶数）

22.15　22.2（因为“1”是奇数）

22.25　22.2（因为“2”是偶数）

22.35　22.4（因为“3”是奇数）

拟舍弃的数字并非单独一个数字时，不得对该数值连续进行修约，而是根据拟舍弃最左面的第一个数字的大小，依据上述各条规则一次修约完成。

例如，将 13.4648 修约成整数时，不应按照 13.4648 → 13.465 → 13.46 → 13.5 → 14 进行，而应按 13.4648 → 13 进行修约。

上述数值修约规则（“奇升偶舍法”）与常用的“四舍五入”的方法区别在于，用“四舍五人”法对数值进行修约，从很多修约后的数值中得到的均值偏大。而用上述的修约规则，进舍的状况具有平衡性，进舍误差也具有平衡性，若干数值经过这种修约后，修约值之和变大的可能性与变小的可能性是一样的。

为便于记忆，将上述规则归纳为以下几句口诀：四舍六入五考虑，五后非全零则进一，五后全零视奇偶，奇升偶舍要注意，修约一次要到位。

3．运算法则

（1）加减运算

应以各数中有效数字末位数的数位最高者为准（小数即以小数部分位数最少者为准），其余数均比该数向右多保留一位有效数字。

例如，有 4 个凑整后的数字相加 41.3+3.012+0.322，应写为 41.3+3.01+0.32=44.33。

由此可知：若干个直接测量值进行加法或减法计算时，选用精度相同的仪器最为合理。

（2）乘除运算

对于乘除类型的运算，由于运算结果的相对不确定度总是大于或等于有效数字位数最小的分量的相对不确定度，所以应以各数中有效数字位数最少者为准，其余数均多取一位有效数字，所得积或商也多取一位有效数字。

例如，在 0.0122 × 26.52 × 1.06892 中，因第一个数 0.0122 的有效数字位数最少（3 位），因此，第二、第三个数的有效数字位数取 4 位，所得积也取 4 位有效数字，由此得 0.0122 × 26.52 × 1.069=0.3459。

由此可知：测量的若干个量，若是进行乘法除法运算，应按照有效位数相同的原则来选择不同精度的仪器。

（3）乘方或开方运算

运算结果可比原数多保留一位有效数字。例如，$585^2=3.422\times10^5$。

（4）对数运算

所取对数位数应与真数有效数字位数相等。

在所有计算式中，常数 n，e 的数值以及因子等的有效数字位数，可认为无限制，需要几位就取几位。表示精度时，一般取参与运算的量中有效数字位数最少的位数相同或者多取一位。

三、数据的统计特征和分布特征

在公路工程施工过程中，不论是原材料还是施工中的质量控制检验，都会取得大量的数据。对这些数据进行科学的分析，可以更好地评价原材料和工程质量。在公路质量检验评定标准中，也分别提出了许多数理统计的特征值。因此，项目试验人员应具备数理统计的基本知识。在进行试验成果的分析整理时，必须坚持理论与实际统一的原则。以现场和工程具体条件为依据，以测试所得的实际数据为基础，以数理统计分析为手段，区别不同统计，针对不同要求，采取不同方法。下面简要介绍常用数理统计方法和数据处理方法。

1．数据的统计特征

（1）算术平均值

这是最常用的一种方法，用于了解一批数据的平均水平，度量这些数据的中间位置，其计算公式为

$$\overline{X} = (X_1 + X_2 + X_3 + \cdots + X_n) / n = \sum_{i=1}^{n} X / n$$

式中：$\overline{X}$——算术平均值；

X_1，X_2，…，X_n——各试验数据值；

$\sum_{i=1}^{n} X$——各试验数据值的总和；

n——试验数据个数。

（2）加权平均值

加权平均值是各试验数据和它的对应数的算术平均值。其计算公式为

$$m = \frac{X_1 g_1 + X_2 g_2 + \cdots + X_n g_n}{g_1 + g_2 + \cdots + g_n} = \frac{\sum_{i=1}^{n} X_i g_i}{\sum_{i=1}^{n} g_i}$$

式中：m——加权平均值；

X_1，X_2，…，X_n——各试验数据值；

g_1，g_2，…，g_n——和试验数据对应数；

ΣX_g——各试验数据值和它对应数乘积的总和；

Σ_g——各对应数的总和。

加权平均值也可以随机的试验数据值与其对应各值概率的乘积之和来计算，其公式为

$$m = X_1 g_2 + X_2 g_2 + \cdots + X_n g_n$$

式中：m——加权平均值；

X_1，X_2，…，X_n——各试验数据值；

g_1，g_2，…，g_n——和试验数据对应各值的概率。

（3）中位数

在一组数据 x_1，x_2，…，x_n 中，按其大小次序排序，以排在正中间的一个数表示总体的平均水平，称为中位数，或称中值，用 X 表示。n 为奇数时，正中间的数只有 1 个；n 为偶数时，正中间的数有 2 个，则取这两个数的平均值作为中位数，即

$$\tilde{X} = \begin{cases} x_{\frac{n+1}{2}} (n\text{为奇数}) \\ \dfrac{1}{2}(x_{\frac{n}{2}} + x_{\frac{n}{2}+1}) (n\text{为偶数}) \end{cases}$$

（4）极差

在一组数据中最大值与最小值之差，称为极差，记作 R：

$$R = x_{\max} - x_{\min}$$

极差没有充分利用数据的信息，但计算十分简单，仅适用于样本容量较小（$n<10$）的情况。

（5）标准偏差

标准偏差有时也称标准离差、标准差或称均方差，它是衡量样本数据波动性（离散程度）的指标。在质量检验中，总体的标准偏差 σ 一般不易求得。样本的标准偏差 S 按下式计算：

$$S = \sqrt{\frac{(x_1 - \bar{x})^2 + (x_2 - \bar{x})^2 + \cdots + (x_n - \bar{x})^2}{n-1}} = \sqrt{\frac{1}{n-1}\sum_{i=1}^{n}(x_i - \bar{x})^2}$$

标准差表示一组试验数据对于其平均值的离散程度，亦即数据的波动情况，具有与平均值相同的量纲。在相同平均值条件下，标准差大表示数据离散程度大，即

波动大；反之，亦然。

（6）变异系数

标准偏差是反映样本数据的绝对波动状况，当测量较大的量值时，绝对误差一般较大；而测量较小的量值时，绝对误差一般较小，因此，用相对波动的大小，即变异系数更能反映样本数据的波动性。

变异系数用 C_u 表示，是标准偏差 S 与算术平均值 $\overline{X}$ 的比值，即

$$C_u = \frac{S}{\overline{X}} \times 100\%$$

2. 统计数据的分布特征

（1）直方图

它是表示资料数据变化情况的一种主要工具。用直方图可以解析出资料数据的规则性，比较直观地看出产品质量特性的分布状态，对于资料数据分布状况一目了然，便于判断其总体质量分布情况。在制作直方图时，牵涉统计学的概念，首先要对资料数据进行分组，因此如何合理分组是其中的关键问题。按组距相等的原则进行的两个关键数位是分组数和组距，如图 8-2 所示。

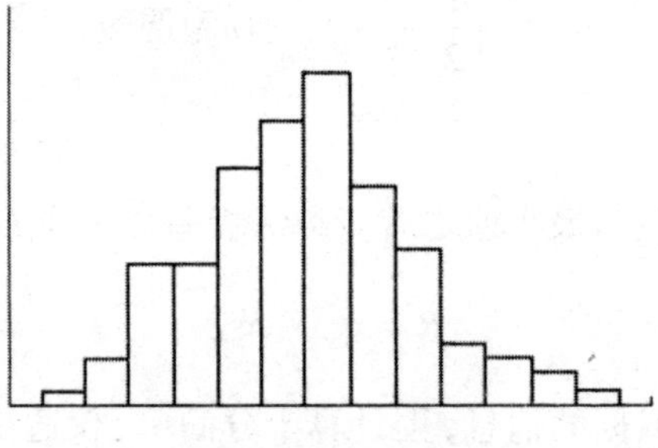

图 8-2 直方示意图

（2）正态分布

正态分布是应用最多、最广泛的一种概率分布曲线，而且，它是其他概率分布的基础。正态分布的概率密度函数 $f(x)$ 和概率分布函数 $F(x)$ 分别为

$$f(x) = \frac{1}{\sigma\sqrt{2\pi}} e^{-\frac{(x-\mu)^2}{2\sigma^2}}$$

$$F(x) = \frac{1}{\sigma\sqrt{2\pi}} \int_{-\infty}^{x} e^{-\frac{(x-\mu)^2}{2\sigma^2}} dx$$

以 X 的取值 x 为横坐标，以概率密度函数 $f(x)$ 为纵坐标，正态分布的图像如

图 8–3 所示。图中的曲线即为概率密度函数 $f(x)$，积分区间内的曲线与横轴之间所包含的面积就是概率分布函数 $F(x)$，亦即随机变量的概率。

正态分布具有以下特点：

1）正态分布曲线对称于 $x=\mu$，即以平均值为中心。

2）当 $x=\mu$ 时，曲线处于最高点；当 x 向左右偏离时，曲线逐渐降低，整个曲线呈中间高、两边低的形状。

3）曲线与横坐标轴所围成的面积等于 1。

由此我们可以计算出，正态分布中的三个重要概率值：

$$P(u-\sigma \langle X \leqslant u+\sigma)=0.6826$$
$$P(u-2\sigma \langle X \leqslant u+2\sigma)=0.9545$$
$$P(u-3\sigma \langle X \leqslant u+3\sigma)=0.9973$$

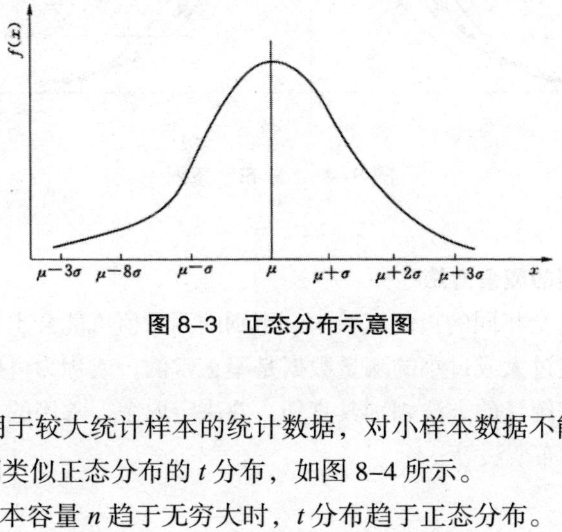

图 8–3　正态分布示意图

（3）t 分布

正态分布适用于较大统计样本的统计数据，对小样本数据不能用正态分布的理论来处理，一般用类似正态分布的 t 分布，如图 8–4 所示。

当 t 分布的样本容量 n 趋于无穷大时，t 分布趋于正态分布。

当 n 较小时，二者差距较大，且 t 分布的尾部比在标准正态分布的尾部有更大的概率。当总体标准偏差未知时，可用样本的 S 代替总体的标准偏差 σ，则有

$$T=\frac{\bar{x}-\mu}{S/\sqrt{n}} \sim t(n-1)$$

则平均值 μ 的双边置信区间为

$$\left(\bar{x}-t_{1-\frac{\beta}{2}(n-1)}\frac{S}{\sqrt{n}},\bar{x}+t_{1-\frac{\beta}{2}(n-1)}\frac{S}{\sqrt{n}}\right)$$

单边置信区间为

$$\mu > \bar{x} - t_1 - \beta(n-1)\frac{S}{\sqrt{n}}$$

$$\mu < \bar{x} + t_1 - \beta(n-1)\frac{S}{\sqrt{n}}$$

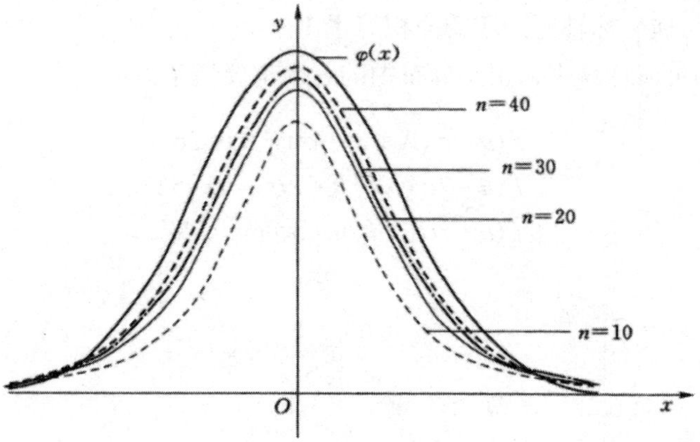

图 8–4　t 分布示意图

四、可疑数据的取舍方法

在一组条件完全相同的重复试验中，个别的测量值可能会出现异常。如测量值过大或过小，这些过大或过小的测量数据是不正常的，或称为可疑的。对于这些可疑数据应该用数理统计的方法判别其真伪，并决定取舍。常用的方法有拉依达法、肖维纳特法、格拉布斯法等。

1. 拉依达法

当试验次数较多时，可简单地用 3 倍标准偏差（3S）作为确定可疑数据取舍的标准。

当某一测量数据（x_i）与其测量结果的算术平均值 $\bar{x}$ 之差大于 3 倍标准偏差时，用公式表式为

$$|x_i - \bar{x}| > 3S$$

则该测量数据应舍弃。

这是美国混凝土标准中所采用的方法，由于该方法是以 3 倍标准偏差作为判别标准，所以亦称 3 倍标准偏差法，简称 3S 法。

取 3S 的理由是：根据随机变量的正态分布规律，在多次试验中，测量值落在 $\bar{x}-3S$ 与 $\bar{x}-3S$ 之间的概率为 99.73%，出现在此范围之外的概率仅为 0.27%，也就是在近 400 次试验中才能遇到一次，这种事件为小概率事件，出现的可能性很小，几乎是不可能的。因而在实际试验中，一旦出现，就认为该测量数据是不可靠的，应将其舍弃。

另外，当测量值与平均值之差大于 2 倍标准偏差（$|x_i-\bar{x}|>2S$时，则该测量值应保留，但需存疑。如发现生产（施工）、试验过程有可疑的变异时，该测量值则应予舍弃。

拉依达法简单方便，不需查表，但要求较宽，当试验检测次数较多或要求不高时可以应用，当试验检测次数较少时（如 $n<10$）在一组测量值中即使混有异常值，也无法舍弃。

2．肖维纳特法

进行 n 次试验，其测量值服从正态分布，以概率 $1/(2n)$ 设定一判别范围（$-K_nS$，K_nS），当偏差（测量值 x_i 与其算术平均值 $\bar{x}$ 之差）超出该范围时，就意味着该测量值 x_i 是可疑的，应予舍弃。肖维纳特法可疑数据舍弃的标准为

如果 $\frac{|x_i-\bar{x}|}{S}\geq K_n$，则将 x_i 剔除。其中，K_n 为肖维纳特系数，与试验次数 n 有关。

3．格拉布斯法

假定测量结果服从正态分布，根据顺序统计量来确定可疑数据的取舍。

进行 n 次重复试验，试验结果为 X_1，X_2，…，X_n，而且 x_i 服从正态分布。

为了检验 x_i（i=1，2，…，n）中是否有可疑值，可将 x_i 按其值由小到大顺序重新排列，得：$x_{(1)}\leq x_{(2)}\leq\ldots\leq x_{(n)}$

根据顺序统计原则，得出标准化顺序统计量 $g_{(i)}$：

$$g_{(i)}=\frac{|x_{(i)}-\bar{x}|}{S}$$

式中：$\bar{x}$——测量值的算术平均值；

S——测量值的标准偏差。

根据格拉布斯法统计量的分布，在指定的显著性水平 α（一般 α=0.05）下，求得临界值 g_o（α，n），格拉布斯法的判别标准为：取 $g_{(i)}$ 中最大值 max［$g_{(i)}$］与临界值 g_o（g，n）比较。

$$\max[g_{(i)}]\geqslant g_o(\alpha,n)$$

则测量值 $x(i)$ 是异常的，应予舍去。

利用上述三种方法每次只能舍弃一个可疑值，若有两个以上的可疑数据，应该一个一个数据地舍弃，舍弃第一个数据后，试验次数由 n 变为 $n-1$，均值和标准偏差要重新计算，以此为基础再判别第二个可疑数据是否应舍去。

五、数据的表达方法

通过试验检测获得一系列数据，如何对这些数据进行深入的分析，以便得到各参数之间的关系，甚至用数学解析的方法，导出各参数之间的函数关系，这是数据处理的任务之一。测量数据的表达方法通常有表格法、图示法和经验公式法这三种。

1．表格法

用表格来表示函数的方法，在自然科学和工程技术上用得特别多。在科学试验中一系列测量数据都是首先列成表格，然后再进行其他的处理。表格法简单方便，但要进行深入的分析，表格就不能胜任了。首先，尽管测量次数相当多，但它不能给出所有的函数关系；其次，从表格中不易看出自变量变化时函数的变化规律，而只能大致估计出函数是递增的、递减的或是周期性变化的等。列成表格是为了表示出测量结果，或是为了以后的计算方便，同时也是图示法和经验公式法的基础。

表格有两种：一种是试验检测数据记录表，另一种是试验检测结果表。

试验检测数据记录表是该项试验检测的原始记录表，它包括的内容应有试验检测目的、内容摘要、试验日期、环境条件、检测仪器设备、原始数据、测量数据、结果分析以及参加人员和负责人等。

试验检测结果表只反映试验检测结果的最后结论，一般只有几个变量之间的对应关系。试验检测结果表应力求简明扼要，能说明问题。

2．图示法

在自然科学和工程技术中用图形来表示测量数据是最普遍的一种方法。图示法的最大优点是一目了然，即从图形中可非常直观地看出函数的变化规律，如递增性或递减性，最大值或最小值，是否具有周期性变化规律等。但是，从图形上只能得到函数变化关系而不能进行数学分析。

图示法的基本要点如下：

（1）在直角坐标系中绘制测量数据的图形时，应以横坐标为自变量，以纵坐标为对应的函数量。

（2）坐标纸的大小与分度的选择应与测量数据的精度相适应。分度过粗时，影响原始数据的有效数字，绘图精度将低于试验中参数测量的精度；分度过细时会高于原始数据的精度。坐标分度值不一定自零起，可用低于试验数据的某一数值作起点和高于试验数据的某一数值作终点，曲线以基本占满全幅坐标纸为宜。

（3）坐标轴应注明分度值的有效数字和名称、单位，必要时还应标明试验条件，坐标的文字书写方向应与该坐标轴平行，在同一图上表示不同数据时应该用不同的符号加以区别。

（4）曲线平滑方法。测量数据往往是分散的，如果用短线连接各点得到的就不是光滑的曲线，而是折线。由于每一个测点总存在误差，按带有误差的各数据所描的点不一定是真实值的正确位置。根据足够多的测量数据，完全有可能做出一光滑曲线，决定曲线的走向应考虑曲线应尽可能通过或接近所有的点，但曲线不必强求通过所有的点，尤其是两端的点，当不可能时，则应移动曲线尺，顾及到所绘制的曲线与实测值之间的误差的平方和最小。此时曲线两边的点数接近于相等。

3．经验公式法

测量数据不仅可用图形表示出函数之间的关系，而且可用与图形对应的一个公式来表示所有的测量数据，当然这个公式不可能完全准确地表达全部数据。因此，常把与曲线对应的公式称为经验公式，在回归分析中则称为回归方程。

把全部测量数据用一个公式代替，不仅有紧凑扼要的优点，而且可以对公式进行必要的数学运算，以研究各自变量与函数之间的关系。根据一系列测量数据，如何建立公式，建立什么形式的公式，这是首先需要解决的问题。所建立的公式能正确表达测量数据的函数关系，往往不是一件容易的事情，在很大程度上取决于试验人员的经验和判断能力，而且建立公式的过程比较烦琐，有时还要多次反复才能得到与测量数据更接近的公式。

建立公式的步骤大致可归纳如下（见表 8-2）：

表 8-2　建立公式的步骤

步骤	主要内容
描绘曲线	以自变量为横坐标，函数量为纵坐标，将测量数据描绘在坐标纸上，并把数据点描绘成测量曲线（详见图示法）
对所描绘的曲线进行分析，确定公式的基本形式	如果数据点描绘的基本上是直线，则可用一元线性回归方法确定直线方程。如果数据点描绘的是曲线，则要根据曲线的特点判断曲线属于何种类型。判断时可参考现成的数学曲线形状加以选择，对选择的曲线则按一元非线性回归方法处理。如果测量曲线很难判断属何种类型，则可按多项式回归处理
曲线化直	如果测量数据描绘的曲线被确定为某种类型的曲线，则可先将该曲线方程变换为直线方程，然后按一元线性回归方法处理
确定公式中的常量	代表测量数据的直线方程或经曲线化直后的直线方程表达式为 $y=a+bx$，可根据一系列测量数据确定方程中的常量 a 和 b，其方法一般有图解法、端值法、平均法和最小二乘法等

续表

步骤	主要内容
检验所确定的公式的准确性	即用测量数据中自变量值代入公式计算出函数值，看它与实际测量值是否一致，如果差别很大，说明所确定的公式基本形式可能有错误，则应建立另外形式的公式

4．回归分析

若两个变量 x 和 y 之间存在一定的关系，并通过试验获得 x 和 y 的一系列数据，用数学处理的方法得出这两个变量之间的关系式，这就是回归分析，也就是工程上所说的拟合问题，所得关系式称为经验公式，或称回归方程、拟合方程。

如果两变量 x 和 y 之间的关系是线性关系，就称为一元线性回归或直线拟合。如果两变量之间的关系是非线性关系，则称为一元非线性回归或曲线拟合。对于非线性问题，可以通过坐标变换转化为线性回归问题进行处理。

（1）一元线性回归分析

若有一组数据（x_1，y_1）（x_2，y_2）…（x_n，y_n），理论上通过这 n 个点的直线有无数条，回归直线则是一切直线中最接近所有试验点的直线 $y=ax+b$，其中 a、b 为回归系数。

即以这条直线来代表 x 和 y 的关系与实际数据的误差比其他任何直线都要小。最小二乘法的原理就是使各观测点离该直线纵坐标的偏差平方和为小。利用微积分中的极值原理，经数学推导，可得回归系数 a、b 的计算公式：

$$a=\frac{\Sigma x_i y_i-\frac{1}{n}\Sigma x_i \Sigma y_i}{\Sigma x_i^2-\frac{1}{n}(\Sigma x_i)^2}$$

$$b=\overline{y}-a\overline{x}$$

由此所得回归直线必定通过点（$\overline{x},\overline{y}$）。

为简便计，令

$$l_{xx}=\Sigma(x_i-\overline{x})^2=\Sigma x_i^2-\frac{1}{n}(\Sigma x_i)^2$$

$$l_{yy}=\Sigma(y_i-\overline{y})^2=\Sigma y_i^2-\frac{1}{n}(\Sigma y_i)^2$$

$$l_{xy}=\Sigma(x_i-\overline{x})(y_i-\overline{y})=\Sigma x_i y_i-\frac{1}{n}\Sigma x_i \Sigma y_i$$

则回归系数 a 可写作

$$a=\frac{l_{xy}}{l_{xx}}$$

（2）相关系数

上述求回归方程的计算过程中，并不需要事先假定两个变量之间一定具有相关关系。也就是说，就方法本身而言，即使在平面图上一堆杂乱无章的散点，也能用最小二乘法求出一条直线。显然，这样的直线是毫无意义的。那么，究竟什么样的回归直线才有意义呢？在数理统计中，一般用相关系数来定量地描述两个变量之间线性相关的密切程度。

定义相关系数 r 为

$$r=\frac{l_{xy}}{\sqrt{l_{xx}l_{yy}}}=\frac{\Sigma(x_i-\overline{x})(y_i-\overline{y})}{\sqrt{\Sigma(x_i-\overline{x})^2\Sigma(y_i-\overline{y})^2}}$$

上例中，可计算出 r=0.99。

相关系数 r 表示了两个变量 x 和 y 之间线性相关程度。$|r|$ 越接近于 1，x 与 y 的相关性越好；反之，$|r|$ 越接近于 0，x 与 y 的相关性越差。注意，相关系数只表达了 x 与 y 的线性相关程度。当 $|r|$ 很小，甚至等于 0 时，并不一定表示 x 与 y 之间就不存在其他相关关系，只不过这种关系不是线性关系而已。

需要强调的是，回归方程的适用范围一般仅限于原来观测数据的变动范围，不能随便外推。当然，在某种必须进行外推估计的情况下，也可利用回归方程，但须十分小心，必须在实际应用中检验所得结果是否合理。

（3）一元非线性回归分析

如果两个变量 x 和 y 之间的关系是非线性关系，即某种曲线关系，则可先将曲线方程变换为直线方程，然后再按一元线性回归方法处理。

先做相关图以确定非线性函数的类型，即找到一条拟合曲线，然后看能否用变量置换使之线性化。

第二节　公路工程质量检验评定方法

一、一般规定

根据建设任务、施工管理和质量检验评定的需要，应在施工准备阶段按《公路工程质量检验评定标准》将建设项目划分为单位工程、分部工程和分项工程。施工单位、工程监理单位和建设单位应按相同的工程项目划分进行工程质量的监控和管理。

单位工程是指在建设项目中，根据签订的合同，具有独立施工条件的工程。

在单位工程中，应按结构部位、路段长度及施工特点或施工任务划分为若干个分部工程。

在分部工程中，应按不同的施工方法、材料、工序及路段长度等划分为若干个分项工程。

一般建设项目的工程划分见表 8-3。

表 8-3　一般建设项目的工程划分

单位工程	分部工程	分项工程
路基工程（每10km或每标段）	路基土石方工程（1 ~ 3km 路段）	土方路基，石方路基、软土地基土工合成材料处治层等
	排水工程（1 ~ 3km 路段）	管节预制，管道基础及管节安装，检查（雨水）井砌筑，土沟，浆砌排水沟盲沟，跌水，急流槽，水簸箕，排水泵站等
	小桥及符合小桥标准的通道，人行天桥，渡槽（每座）	基础及下部构造，上部构造预制、安装或浇筑，桥面，栏杆，人行道等
	涵洞、通道（1 ~ 3km 路段）	基础及下部构造，主要构件预制、安装或浇筑，填土，总体等
	砌筑防护工程（1 ~ 3km 路段）	挡土墙，墙背填土，抗滑桩，锚喷防护，锥、护坡，导流工程，石笼防护等
	大型挡土墙，组合式挡土墙（每处）	基础，墙身，墙背填土，构件预制，构件安装，筋带，锚杆、拉杆，总体等
路面工程（每10km或每标段）	路面工程（1 ~ 3km 路段）	底基层，基层，面层，垫层，连接层，路缘石，人行道，路肩，路面边缘排水系统等
桥梁工程（特大桥、大中桥）	基础及下部构造（每桥或每墩、台）	扩大基础，桩基，地下连续墙承台，沉井，桩的制作，钢筋加工及安装，墩台身（砌体）浇筑、墩台身安装，墩台帽，组合桥台，台背填土，支座垫石和挡块等
	上部构造预制和安装	主要构件预制，其他构件预制，钢筋加工及安装，预应力筋的加工和张拉，梁板安装，悬臂拼装，顶推施工梁，拱圈节段预制，拱的安装，转体施工拱，劲性骨架拱肋安装，钢管拱肋制作，钢管拱肋安装，吊杆制作和安装，钢梁制作，钢梁安装，钢梁防护桥等

续表

单位工程	分部工程	分项工程
桥梁工程（特大桥、大中桥）	上部构造现场浇筑	钢筋加工及安装，预应力筋的加工和张拉，主要构件浇筑，其他构件浇筑，悬臂浇筑，劲性骨架混凝土，钢管混凝土拱桥等
	总体、桥面系和附属工程	桥梁总体，桥面防水层施工，桥面铺装，钢桥面铺装，支座安装，搭板，伸缩缝安装，大型伸缩缝安装，栏杆安装，混凝土护栏，人行道铺设，灯柱安装等
	防护工程	护坡，护岸，导流工程，石笼防护，砌石工程等
	引道工程	路基，路面、挡土墙、小桥，涵洞，护栏等
互通立交工程	桥梁工程（每座）	桥梁总体，基础及下部构造，上部构造预制、安装或浇筑，支座安装，支座垫石，桥面铺装，护栏，人行道等
	主线路基路面工程（1 ~ 3km 路段）	见路基、路面等分项工程
	匝道工程（每条）	路基、路面、通道、护坡、挡土墙、护栏等
隧道工程	总体	隧道总体等
	明洞	明洞浇筑、明洞防水层、明洞回填等
	洞口工程	洞口开挖，洞口边仰坡防护，洞门和翼墙的浇（砌）筑，截水沟、洞口排水沟等
	洞身开挖	洞身开挖，（分段）等
	洞身衬砌	（钢纤维）喷射混凝土支护、锚杆支护、钢筋网支护、仰拱、混凝土衬砌、钢支撑、衬砌钢筋等
	防排水	防水层，止水带、排水沟等
	隧道路面	基层、面层等
	装饰	装饰工程
	辅助施工措施	超前锚杆，超前钢管等
环保工程	声屏障（每处）	声屏障
	绿化工程（1 ~ 3km 路段或每处）	中央分隔带绿化，路侧绿化，互通立交绿化，服务区绿化，取、弃土场绿化等
交通安全设施（每 20km 或每路段）	标志（5 ~ 10km 路段）	标志
	标线、突起路标（5 ~ 10km 路段）	标线、突起路标等
	护栏、轮廓标（5 ~ 10km 路段）	波形梁护栏、缆索护栏、混凝土护栏、轮廓标等

续表

单位工程	分部工程	分项工程
交通安全设施(每20km或每路段)	防眩设施(5 ~ 10km路段)	防眩板、网等
	隔离栅、防落网(5 ~ 10km路段)	隔离栅、防落网等
机电工程	监控设施	车辆检测器、气象检测器、闭路电视监视系统、可变标志、光电缆线路、监控(分)中心设备安装及软件调测、大屏幕投影系统、地图板、计算机监控软件与网络等
	通信设施	通信管道与光电缆线路、光纤数字传输系统、数字程控交换系统、紧急电话系统、无线移动通信系统、通信电源等
机电工程	收费设施	入口车道设备、出口车道设备、收费站设备及软件、收费中心设备及软件、IC卡及发卡编码系统、闭路电视监视系统、内部有线对讲及紧急报警系统、收费站内光、电缆及塑料管道、收费系统计算机网络等
	低压配电设施	中心(站)内低压配电设备、外场设备电力电缆线路等
	照明设施	照明设施
	隧道机电设施	车辆检测器、气象检测器、闭路电视监视系统、紧急电话系统、环境检测设备、报警与诱导设施、可变标志、通风设施、照明设施、消防设施、本地控制器、隧道监控中心计算机控制系统、隧道监控中心计算机网络、低压供配电等
房屋建筑工程		按其专业工程质量检验评定标准评定

施工单位应对各分项工程按《公路工程质量检验评定标准》所列基本要求、实测项目和外观鉴定进行自检，按标准中“分项工程质量检验评定表”及相关施工技术规范提交真实、完整的自检资料，对工程质量进行自我评定。

工程监理单位应按规定要求对工程质量进行独立抽检，对施工单位检评资料进行签认，对工程质量进行评定。

建设单位根据对工程质量的检查及平时掌握的情况，对工程监理单位所做的工程质量评分及等级进行审定。

质量监督部门、质量检测机构可依据本标准对公路工程质量进行检测评定。

二、公路工程质量评分方法

工程质量检验评分以分项工程为单元，采用100分制进行。在分项工程评分的基础上，逐级计算各相应分部工程、单位工程、合同段和建设项目评分值。

工程质量评定等级分为合格与不合格，应按分项、分部、单位工程、合同段和建设项目逐级评定。

1．分项工程质量评分

分项工程质量检验内容包括基本要求、实测项目、外观鉴定和质量保证资料四个部分。只有在其使用的原材料、半成品、成品及施工工艺符合基本要求的规定，且无严重外观缺陷和质量保证资料真实并基本齐全时，才能对分项工程质量进行检验评定。

涉及结构安全和使用功能的重要实测项目为关键项目，其合格率不得低于90%（属于工厂加工制造的交通工程安全设施及桥梁金属构件不低于95%，机电工程为100%），且检测值不得超过规定极值，否则必须进行返工处理。

实测项目的规定极值是指任一单个检测值都不能突破的极限值，不符合要求时，该实测项目为不合格。

采用数理统计分析方法进行评定的关键项目，不符合要求时，则该分项工程评为不合格。

分项工程的评分值满分为100分，按实测项目采用加权平均法计算。存在外观缺陷或资料不全时，须予减分。

$$\text{分项工程得分}=\frac{\Sigma(\text{检查项目得分}\times\text{权值})}{\Sigma\text{检查项目权值}}$$

权值是指对工程项目或检测指标根据其重要程度所赋予的数值。

分项工程评分值 = 分项工程得分 - 外观缺陷减分 - 资料不全减分

（1）基本要求检查

分项工程所列基本要求，对施工质量优劣具有关键作用，应按基本要求对工程进行认真检查。经检查不符合基本要求规定时，不得进行工程质量的检验和评定。

（2）实测项目计分

对规定检查项目采用现场抽样方法，按照规定频率和计分方法对分项工程的施工质量直接进行检测计分。

检查项目除按数理统计方法评定的项目以外，均应按单点（组）测定值是否符合标准要求进行评定，并按合格率计分。

$$检查项目合格率(\%)=\frac{检查合格的点(组)数}{该检查项目的全部检查点(组)数}$$

$$检查项目得分 = 检查项目合格率 \times 100\%$$

(3)外观缺陷减分

对工程外表状况应逐项进行全面检查，如发现外观缺陷，应进行减分。对于较严重的外观缺陷，施工单位须采取措施进行整修处理。

(4)资料不全减分

分项工程的施工资料和图表残缺，缺乏最基本的数据，或有伪造涂改者，不予检验和评定。资料不全者应予减分，减分幅度可按《公路工程质量检验评定标准》第 3.3.4 条所列各款逐款检查，视资料不全情况，每款减 1 ~ 3 分。

2. 分部工程和单位工程质量评分

分项工程和分部工程区分为一般工程和主要(主体)工程，分别给以 1 和 2 的权值。进行分部工程和单位工程评分时，采用加权平均值计算法确定相应的评分值。

$$分部(单位)工程评分=\frac{\Sigma\left[分项(分部)工程评分\times相应权值\right]}{\Sigma分项(分部)工程权值}$$

3. 合同段和建设项目工程质量评分

合同段和建设项目工程质量评分值按《公路工程竣(交)工验收办法》计算。

4. 质量保证资料

施工单位应有完整的施工原始记录、试验数据、分项工程自查数据等质量保证资料，并进行整理分析，负责提交齐全、真实和系统的施工资料和图表。工程监理单位负责提交齐全、真实和系统的监理资料。质量保证资料应包括以下的内容：

所用原材料、半成品和成品质量检验结果；材料配比、拌和加工控制检验和试验数据；地基处理、隐蔽工程施工记录和大桥、隧道施工监控资料；各项质量控制指标的试验记录和质量检验汇总图表；施工过程中遇到的非正常情况记录及其对工程质量影响分析；施工过程中如发生质量事故，经处理补救后，达到设计要求的认可证明文件等。

三、公路工程质量等级评定

1. 分项工程质量等级评定

分项工程评分值不小于 75 分者为合格；小于 75 分者为不合格；机电工程、属于工厂加工制造的桥梁金属构件不小于 90 分者为合格，小于 90 分者为不合格。

评定为不合格的分项工程，经加固、补强或返工、调测，满足设计要求后，可以重新评定其质量等级，但在计算分部工程评分值时按其复评分值的 90% 计算。

2．分部工程质量等级评定

所属各分项工程全部合格，则该分部工程评为合格；所属任一分项工程不合格，则该分部工程评为不合格。

3．单位工程质量等级评定

所属各分部工程全部合格，则该单位工程评为合格；所属任一分部工程不合格，则该单位工程评为不合格。

4．合同段和建设项目质量等级评定

合同段和建设项目所含单位工程全部合格，其工程质量等级为合格：所属任一单位工程不合格，则合同段和建设项目为不合格。

第九章　常用混合料强度检测

第一节　路面基层材料试验方法

一、概述

公路路面基层、底基层按材料力学行为可划分为半刚性类、柔性类和刚性类，按材料组成可划分为有机结合料稳定类和无黏结类。高等级公路路面基层、底基层目前采用较广泛的是无机结合料稳定类，即半刚性基层、底基层材料。本任务主要讨论无机结合料稳定类基层材料的试验检测方法。

无机结合料稳定材料常用作路面基层材料，是在粉碎或原状的土（或砂砾）中掺入一定量的无机胶结材料和适量的水，经拌和、压实与养生后，得到的具有较高后期强度，整体性和水稳定性均较好的材料。由于无机结合料稳定材料耐磨性差，具有较大的变形能力，刚度介于柔性路面材料和刚性路面材料之间，故常将这类材料称为半刚性材料，以此修筑的基层或底基层也称半刚性基层（或底基层）。

1. 无机结合稳定材料的分类

（1）根据无机结合稳定材料组成的集料分

1）稳定土类：在粉碎或原状松散的土中掺入一定量的无机结合材料形成的称为稳定土类，例如，水泥稳定土、石灰稳定土。

2）稳定粒料类：在松散的碎石或砂砾中掺入一定量的无机结合材料形成的称为稳定粒料类，例如，水泥稳定碎石、水泥稳定砂砾等。

（2）按无机胶结材料的种类分

1）用水泥稳定的混合料称为水泥稳定类，例如，水泥稳定土、水泥稳定砂砾等。

2）用石灰稳定的混合料称为石灰稳定类，例如，石灰稳定土（石灰土）、天然砂砾土（石灰砂砾土）、天然碎石土（石灰碎石土）以及石灰土稳定级配砂砾（砂砾中无土）、级配碎石和矿渣等。

3）同时用水泥和石灰稳定的混合料称为综合稳定类，如综合稳定土、综合稳定砂砾等。

4）用一定量的石灰和工业废渣稳定的混合料称为石灰工业废渣稳定类（主要是石灰粉煤灰）。使用较为广泛的工业废渣是粉煤灰，石灰粉煤灰通常被称为二灰，二灰稳定细粒土简称为二灰土，二灰稳定砂砾、碎石等简称为二灰稳定集料。

其中水泥稳定材料、石灰粉煤灰稳定材料适用于各级公路的基层、底基层，但水泥或石灰、粉煤灰稳定细粒土不能用作高等级路面的基层。石灰粉煤灰稳定材料宜用于高速公路、一级公路的下基层或底基层。石灰稳定材料宜用于各级公路的底基层以及三级、四级公路的基层。

2. 无机结合料稳定土的概念

在粉碎的或原来松散的土（包括各种粗粒、中粒、细粒土）中，掺入足量的水泥和水，经拌和压实得到的混合料在压实及养生后，当其抗压强度符合规定的要求时，称为水泥稳定土。如果用石灰代替水泥掺入土中，则称石灰稳定土。

同时用水泥和石灰稳定某种土得到的混合料，简称综合稳定土。

一定数量石灰和粉煤灰或石灰和煤渣与其他集料相配合，加入适量的水（通常为最佳含水量），经拌和、压实及养生后得到的混合料，当其抗压强度符合规定的要求时，称石灰工业废渣稳定土（简称石灰工业废渣）。

3. 无机结合料稳定土组成材料要求

（1）土

1）水泥稳定土。凡能被经济地粉碎的土都可用水泥稳定，其最大颗粒和颗粒组成应满足规范的要求。对细粒土而言，土的均匀系数应大于 5，液限不应超过 40，塑性指数不应大于 17。

集料的压碎值要求如下：

对于二级和二级以下公路基层不大于 35%；对于二级和二级以下公路底基层不大于 40%；对于高速公路和一级公路不大于 30%。

2）石灰稳定土。塑性指数 15 ~ 20 的黏性土以及含有一定数量黏性土的中粒土和粗粒土（如天然砂砾土和砾石土、旧级配砾石和泥结碎石路面等）均适宜用石灰稳定。

用石灰稳定不含黏性土或无塑性指数的级配砂砾、级配碎石和未筛分碎石时，应添加 15% 左右的黏性土。硫酸盐含量超过 0.8% 的土和有机质含量超过 10% 的土，不宜用石灰稳定。

石灰稳定土中集料压碎值要求如下：

一般公路的底基层不大于 40%；高速公路和一级公路的底基层、二级以下公路的基层不大于 35%；二级公路的基层不大于 30%。

3）石灰工业废渣稳定土。宜采用塑性指数 12 ~ 20 的黏性土（亚黏土），有机质含量超过 10% 的土不宜选用。最大颗粒和颗粒组成应满足规范的要求，集料压碎值要求同水泥稳定土。

（2）水泥

普通水泥、矿渣水泥、火山灰水泥等都可使用，但应选用终凝时间较长（宜在 6h 以上）的水泥，快硬水泥、早强水泥以及已受潮变质的水泥不应使用。宜采用强度等级较低（如标号为 32.5MPa）的水泥。

（3）石灰

石灰质量应符合规定的Ⅲ级以上的生石灰或消石灰的技术指标，要尽量缩短石灰的存放时间，石灰在野外堆放时间较长时，应覆盖防潮。

使用等外石灰、贝壳石灰、珊瑚石灰等，应通过试验，只要石灰稳定土混合料的强度符合标准，就可以使用。

对于高速公路和一级公路，宜采用磨细生石灰粉。

（4）粉煤灰

粉煤灰中 SiO_2、Al_2O_3 和 Fe_2O_3 的总含量应大于 70%，烧失量不应超过 20%；其比表面积宜大于 $2500cm^2/g$。

干粉煤灰和湿粉煤灰都可以应用。干粉煤灰如堆在空地上应加水，防止飞扬造成污染。湿粉煤灰的含水量不宜超过 35%。使用时应将凝固的粉煤灰块打碎或过筛，同时清除有害杂质。

（5）煤渣

煤渣是煤经锅炉燃烧后的残渣，它的主要成分是 SiO_2 和 Fe_2O_3，它的松干密度在 700 ~ $1100kg/m^3$ 之间。煤渣的最大粒径不应大于 30mm，颗粒组成宜有一定级配且不宜含杂质。

（6）强度标准

无机结合料稳定土强度标准应符合有关规范的要求。

4．组成设计步骤

无机结合料稳定类材料的组成设计步骤是：首先对原材料（各种土和稳定剂）的技术性质进行测定，对于粗粒土和中粒土，应做筛分或压碎值试验；对于稳定剂，主要测定石灰的有效氧化钙和氧化镁含量和水泥的胶砂强度及凝结时间；然后拟定混合料配合比。按规范建议的剂量（表 9-1 和表 9-2）制备同一种土样的混合料试件若干个（至少做三组不同石灰或水泥剂量，即最小剂量、中间剂量和最大剂量），通过击实试验确定混合料的最佳含水量和最大干密度。按最佳含水量和最大干密度与工地预定达到的压实度制备试件，进行 7d 无侧限抗压强度试验，然后根据规范中规定的强度标准选定合适的石灰或水泥剂量。

表 9-1　混合料的配制水泥剂量　　　　单位：%

层位	土类	水泥稳定土				
基层	中、粗粒土	3	4	5	6	7
	塑性指数小于 12 的细粒土	5	7	8	9	11
	其他细粒土	8	10	12	14	16
底基层	中、粗粒土	3	4	5	6	7
	塑性指数小于 12 的细粒土	4	5	6	7	9
	其他细粒土	6	8	9	10	12

表 9-2　混合料的配制石灰剂量　　　　单位：%

层位	土类	水泥稳定土				
基层	砂砾土和碎石土	3	4	5	6	7
	塑性指数小于 12 的细粒土	10	12	13	14	15
	塑性指数大于 12 的细粒土	5	7	9	11	12
底基层	塑性指数小于 12 的细粒土	8	10	11	12	14
	塑性指数大于 12 的细粒土	5	7	8	9	11

二、水泥或石灰剂量测定方法

1．EDTA 滴定法

（1）目的和适用范围

本方法适用于在工地快速测定水泥和石灰稳定材料中水泥和石灰的剂量，并可用于检查现场拌和及摊铺的均匀性；本方法适用于在水泥终凝之前的水泥含量测定，现场土样的石灰剂量应在路拌后尽快测试，否则需要用相应龄期的 EDTA 二钠标准溶液消耗量的标准曲线确定；本方法也可以用来测定水泥和石灰综合稳定材料中结合料的剂量。

（2）仪器设备

滴定管（酸式）：50mL，1 支。

滴定台：1 个。

滴定管夹：1 个。

大肚移液管：10mL，10 支。

锥形瓶（即三角瓶）：200mL，20 个。

烧杯：2000mL（或 1000mL），1 只；300mL，10 只。

容量瓶：1000mL，1 个。

搪瓷杯：容量大于 1200mL，10 只。

不锈钢棒（或粗玻璃棒）：10 根。

量筒：100mL 和 5mL 各 1 只；50mL，2 只。

棕色广口瓶：60mL，1 只（装钙红）。

电子天平：量程不小于 1500g，感量 0.01g。

秒表：1 只。

表面皿：ф9cm，10 个。

研钵：ф12 ~ 13cm，1 个。

土样筛：筛孔 2.0mm 成 2.5mm，1 个。

洗耳球（1 两或 2 两）：1 个。

精密试纸：pH 值为 12 ~ 14。

聚乙烯桶：20L，1 个（装蒸馏水）；10L，2 个（装氯化铵及 EDTA 二钠标准液）；5L，1 个（装氧氧化钠）。

（3）试剂

1）0.1mol/m^3 乙二胺四乙酸二钠（简称 EDTA 二钠）标准溶液（简称 EDTA 二钠标准溶液）：准确称取 EDTA 二钠（分析纯）37.23g，用 40 ~ 50℃的无二氧化碳蒸馏水溶解，待全部溶解并冷至室温后，定容至 1000mL。

2）10% 氯化铵（NH_4CI）溶液：将 500g 氯化铵（分析纯或化学纯）放在 10L 聚乙烯桶内，加蒸馏水 4500mL，充分振荡，使氯化铵完全溶解。也可以分批在 1000mL 的烧杯内配制，然后倒入塑料桶内摇匀。

3）1.8% 氢氧化钠（内含三乙醇胺）溶液：用电子天平称 18g 氢氧化钠（NaOH）（分析纯），放入洁净干燥的 1000mL 烧杯中，加入 1000mL 蒸馏水使其全部溶解，待溶解并冷至室温后，加入 2mL 三乙醇胺（分析纯），搅拌均匀后储于塑料桶中。

4）钙红指示剂：将 0.2g 钙试剂羟酸钠（分子式 $C_{21}H_{13}N_2NaO_7S$，分子量 460.39）与 20g 预先在 105℃烘箱中烘 1h 的硫酸钾混合，一起放入研钵中，研成极细粉末，储于棕色广口瓶中，以防吸潮。

（4）准备标准曲线

1）取样。取工地用石灰和土，风干后用烘干法测其含水量（如为水泥，可假定其含水量为 0）。

2）混合料组成的计算。

公式：干料质量 = 湿料质量 /（1+ 含水量）

计算步骤：

混合料质量 = 湿混合料质量 /（1+ 最佳含水量）。

干土质量 = 干混合料质量 /（1+ 石灰或水泥剂量）。

干石灰或水泥质量 = 干混合料质量 – 干土质量。

湿土质量 = 干土质量 ×（1+ 土的风干含水量）。

湿石灰质量 = 干石灰质量 ×（1+ 石灰的风干含水量）。

石灰土中应加入的水 = 湿混合料质量 – 湿土质量 – 湿石灰质量。

3）准备 5 种试样，每种两个样品（以水泥稳定材料为例），如为水泥稳定中、粗粒土，每个样品取 1000g 左右（如为细粒土，则可称取 300g 左右）准备试验。为了减少中、粗粒土的离散，宜按设计级配单份掺配的方法备料。

5 种混合料的水泥剂量应为：水泥剂量为 0%、最佳水泥剂量左右、最佳水泥剂量 ±2% 和 4%，每种剂量取两个（为湿质量）试样，共 10 个试样，并分别放在 10 个大口聚乙烯桶（如为稳定细粒土，可用搪瓷杯或 1000mL 具塞三角瓶；如为粗粒土，可用 5L 的大口聚乙烯桶）内。土的含水量应等于工地预期达到的最佳含水量，土中所加的水应与工地所用的水相同。

4）取一个盛有试样的盛样器，在盛样器内加入两倍试样质量（湿料质量）体积的 10% 氯化铵溶液（如湿料质量为 300g，则氯化铵溶液为 600mL；如湿料质量为 1000g，则氯化铵溶液为 2000mL）。料为 300g，则搅拌 3min（每分钟搅拌 110 ~ 120 次）；料为 1000g，则搅拌 5min。如用 1000mL 具塞三角瓶，则手握三角瓶（瓶口向上）用力振荡 3min【每分钟（120 ± 5）次，以代替搅拌棒搅拌】。放置沉淀，10min，然后将上部清液转移到 300mL 烧杯内，搅匀，加盖表面皿待测。

5）用移液管吸取上层（液面上 1 ~ 2cm）10.0mL 放入 200mL 的三角瓶内，用量管量取 1.8% 氢氧化钠（内含三乙醇胺）溶液 50ml 倒入三角瓶中，此时溶液 pH 值为 12.5 ~ 13.0（可用 pH 值为 12 ~ 14 精密试纸检验），然后加入钙红指示剂（质量约为 0.2g），摇匀，溶液呈玫瑰红色。记录滴定管中 EDTA 二钠标准溶液体积 V_1，然后用 EDTA 二钠标准溶液滴定，边滴定边摇匀，并仔细观察溶液的颜色，溶液颜色变为紫色时，放慢滴定速度，并摇匀，直到纯蓝色为终点，记录滴定管中 EDTA 二钠标准溶液体积 V_2（以 mL 计，读至 0.1mL）。计算，V_1–V_2，即为 EDTA 二钠标准溶液的消耗量。

6）对其他几个盛样器中的试样，用同样的方法进行试验，并记录 EDTA 二钠标准溶液的消耗量。

7）以同一水泥或石灰剂量稳定材料 EDTA 二钠标准溶液消耗量（mL）的平均值为纵坐标，以水泥或石灰剂量（%）为横坐标制图。两者的关系应是一条顺滑的曲线。

（5）试验步骤

1）选取有代表性的无机结合料稳定材料，对稳定中、粗粒土取试样约 3000g，对稳定细粒土取试样约 1000g。

2）对水泥或石灰稳定细粒土，称 300g 放在搪瓷杯中，用搅拌棒将结块搅散，加 10% 氯化铵溶液 600mL，然后如前述步骤那样进行试验。

3）利用所绘制的标准曲线，根据所消耗的 EDTA 二钠标准溶液，确定混合料中的水泥或石灰剂量。

（6）注意事项

每个样品搅拌的时间、速度和方式应力求相同，以增加试验的精度；做标准曲线时，如工地实际水泥剂量较大，素集料和低剂量水泥的试样可以不做，而直接用较高的剂量做试验，但应有两种剂量大于实用剂量，以及两种剂量小于实用剂量；配制的氯化铵溶液最好当天用完，不要放置过久，以免影响试验的精度。

（7）结果整理

本试验应进行两次平行测定，取算术平均值，精确至 0.1mL。允许重复性误差不得大于均值的 5%；否则，重新进行试验。

（8）报告

试验报告应包括以下内容：

1）无机结合料稳定材料名称。

2）试验方法名称。

3）试验数量 n。

4）试验结果极小值和极大值。

5）试验结果平均值 $\overline{X}$，标准差 S，变异系数 C_v 等。

2. 直读式测钙仪法

（1）目的和适用范围

本试验方法适用于测定新拌石灰土中石灰的剂量。

（2）仪器设备

钙离子选择性电极（PVC 薄膜）：1 支。

饱和甘汞电极：（232 或 330）型 1 支。

直读式测钙仪：1 台。

架盘天平：感量 0.1g 及 0.5g，各 1 台。

量筒：1000mL、200mL、50mL，各 1 只。

具塞三角瓶：1000mL，10 个（或搪瓷杯 10 个）；500mL，4 个。

烧杯：2000mL，1 个；300mL，10 个；50mL，15 个。

容量瓶：1000mL，1 个。

塑料瓶（桶）：10L，2 个；1000mL，3 个；250mL，2 个。

土壤筛：2mm 或 2.5mm 筛孔，1 个。

大肚移液管：100mL，1 支。

干燥器：1 个。

表面皿：90mm，10 个；50mm，15 个。

计时器：2 只。

搅拌子：20 只。

电炉、石棉网：各 1 个。

洗瓶：500mL，1 个。

其他：吸水管，洗耳球，粗、细玻璃棒，试剂勺。

（3）制备溶液

1）10% 氯化铵溶液。将 100mg 氯化铵放入大烧杯中，加水（饮用水即可）900mL，搅拌均匀后，存放于塑料桶内保存。

2）10^{-1}mol/m^3 氯化钙标准溶液。将分析纯碳酸钙（$CaC0_3$）在 180℃烘箱中烘 2h 后，取出放入干燥器内冷却 45min。用万分之一天平或千分之一天平准确称取已冷却的碳酸钙 10.009g 放入 300mL 烧杯中，盖上表面皿。用少许蒸馏水润湿后，从杯口用吸水管沿杯壁逐滴滴入 1 : 5 稀盐酸（18mL 盐酸加 90mL 蒸馏水）并轻摇杯子，使碳酸钙全部溶解。然后用洗瓶吹洗表面皿和杯壁，移至电炉上加热并保持微沸 5min，以驱除二氧化碳。冷却后转移至 1000mL 容量瓶中，用蒸馏水多次沿杯壁冲洗烧杯，将冲洗的水一并倒入容量瓶中。当蒸馏水加到约 950mL 左右时，再用 20% 氢氧化钠调至中性，使 pH 值为 7。最后用蒸馏水稀释至刻度，反复摇匀，静置后倒入 1000mL 塑料瓶中备用。

3）10^{-2}mol/m^3 氯化钙标准溶液。用大肚移液管吸取 100mL 10^{-1}mol/m^3 氯化钙标准溶液放入 1000mL 容量瓶中，加蒸馏水稀释到刻度后，充分摇匀；转入 1000mL 塑料瓶中备用。

4）10^{-3}mol/m^3 氯化钙标准溶液。用大肚移液管吸取 100mL 10^{-2}mol/m^3 氯化钙标准溶液放入 1000mL 容量瓶中，加蒸馏水稀释到刻度后，充分摇匀；转入 1000mL 塑料瓶中备用。

5）氯化钾饱和溶液。用感量为 0.1g 的架盘天平称分析纯氯化钾（KCl）70g，放入 300mL 烧杯中，用量筒取 200mL 蒸馏水倒入烧杯内，用玻璃棒充分搅动，溶液中应留有结晶（溶液呈过饱和状态），移入塑料瓶中备用。

6）20% 氢氧化钠溶液。用感量 0.1g 的架盘天平迅速称取 40g 分析纯氢氧化钠（NaOH）放入 300mL 烧杯中，加入 160mL 新煮沸并冷却的蒸馏水。用玻璃棒充分搅匀后，转入塑料瓶中备用（若用玻璃瓶装，瓶塞改用橡皮塞，避免因久放而瓶塞打不开）。

（4）准备仪器和电极

1）钙电极。在测定的前一天，应将内参比电极从套管中取出，向管中滴入 10^{-1}mol/m^3 氯化钙标准溶液 15 滴左右，再将内参比电极装回管内。在每天进行测定之前，将钙电极有薄膜的一端放在 10^{-2}mol/m^3 氯化钙标准溶液中浸泡 2h，使电极活化。使用前取出电极，用水冲洗并以软纸吸干电极上的水分。

2）甘汞电极。检查内液面是否与上部加液口平齐，若内液面低时，拔去加液口橡皮帽并用滴管添加氯化钾饱和溶液。测定时拔去上端加液口橡皮帽和下端橡皮帽，用水冲洗并以软纸吸干水分。

3）仪器。在测定前接通钙仪电源，使仪器预热 20min。

（5）准备石灰土标准剂量浸提液

1）土样。将现场土通过孔径 2mm 或 2.5mm 的筛。

2）石灰。将现场所用石灰通过孔径 2mm 或 2.5mm 的筛后，储入具塞的容器内备用。

3）测定土和石灰的风干含水量。

4）确定石灰土的最佳含水量。

5）计算 6%、14% 石灰土中石灰、土和水的质量。

6）石灰土标准剂量浸提液的制备。用准备好的土和石灰配制 6%、14% 的石灰土标准剂量浸提液供标定仪器用。用感量为 0.1g 和 0.5g 的架盘天平按第 5）条计算得到的量分别称取准备好的土样和石灰，制备以上两种剂量的石灰土混合料各 300g，分别放入 1000mL 具塞三角瓶（或搪瓷杯）中，混匀，用刻度吸管（或量筒）加入第 5）条计算得到的水量，再用量筒加入 10% 氯化铵溶液 600mL。盖紧塞子用手振荡（或用不锈钢棒搅拌）2min 保持每分钟（120 ± 5）次，静止 4min 后将上部清液倒入干燥、洁净的 500mL 具塞三角瓶中，摇匀，瓶外加贴标签，供以后标定仪器时用。当石灰品种、土质和水质相同时，制备的 6%、14% 石灰土标准剂量浸提液可供连续标定 10d 之用。

（6）标定仪器

将上述制备好的标准液分别倒出 25 ~ 30mL 并置于干燥、洁净的 50mL 烧杯中，各加入一只搅拌子。先将 6% 标准液放在直读式测钙仪上，待仪器开始搅拌后放入钙电极和甘汞电极，停止搅拌后，调整校正 I 旋钮，使之显示 6.0 采样读数结束。将电极提起，取下 6% 标准液，用水冲洗电极并用软纸吸干电极上的水。再将装有 14% 标准液的烧杯放在直读式测钙仪上，开始搅拌后，放入钙电极和甘汞电极。停止搅拌后，调整校正Ⅱ旋钮，使之显示 14.0。如此重复 2 ~ 3 次。每次用 6% 和 14% 标准液校正均能显示 6.0 和 14.0 时，仪器标定即完毕。

（7）试验步骤

1）从施工现场同一位置取约 1000g 具有代表性的石灰土试样。经进一步拌匀之后，使其全部通过 2mm 或 2.5mm 筛孔。

2）用感量 0.5g 的架盘天平称取两份石灰土试样各 300g，并分别放入两个 1000mL 具塞三角瓶中，每个三角瓶中加 10% 氯化铵溶液 600mL。盖紧塞子用手振荡（或用不锈钢棒搅拌）2min，保持每分钟（120 ± 5）次。静止 4min 后将 25 ~ 30mL 待测液倒入干燥、洁净的 50mL 烧杯中。加入一只搅拌子并放在直读式测钙仪上，仪器开始搅拌后，放入钙电极和甘汞电极，待停止搅拌后，仪器显示的数值即为该样品的石灰剂量。再重复测试一次，取两次测试结果的平均值。

（8）注意事项

在计算 6% 和 14% 混合料的组成时，应使混合料的最佳含水量与施工碾压时的最佳含水量相近；若土、石灰或水质有变化时，必须重新配制 6% 和 14%（或 16%、18%）石灰土标准剂量浸提液，并用它标定仪器；制备每个样品的浸提液时，搅拌的时间、速度和方式应力求相同，配制的氯化铵溶液当天用完，不宜放置过久；所用器具必须用水冲洗干净；每测完一个样品应用蒸馏水或自来水冲洗电极，并用软纸吸干后再测另一个样品；若进行全天测试，午间休息时可将钙电极薄膜端浸泡在 $10^{-3}mol/m^3$ 氯化钙标准溶液中，下午测定前不必进行活化。下午测定结束后应用水冲洗电极，并用软纸将水吸干，套上橡皮帽，然后挂起干放保存，次日用前再进行活化；在连续使用时，钙电极的内参比液应每周更换一次，以保证试验的稳定性。

三、无机结合料无侧限抗压强度试验方法

1. 无机结合料稳定材料取样方法

（1）适用范围

本方法适用于无机结合料稳定材料室内试验、配合比设计以及施工过程中的质量抽查等。本方法规范了无机结合料及稳定材料的现场取样操作。

（2）分料

可以用下列方法之一将整个样品缩小到每个试验所需材料的合适质量。

1）四分法。需要时应加清水使主样品变湿。充分拌和主样品：在一块清洁、平整、坚硬的表面上将试样堆成一个圆锥体，用铲翻动此锥体并形成一个新锥体，这样重复进行 3 次。在形成每一个锥体堆时，铲中的料要放在锥顶，使滑落到边的那部分料尽可能分布均匀，使锥体的中心不移动。

将平头铲反复交错垂直插入最后一个锥体的顶部，使锥体顶变平，每次插入后提起铲时不要带有试料。沿两个垂直的直径，将已变成平顶的锥体料堆分成四部分，尽可能使这四部分料的质量相同。

将对角的一对料（如一、三象限为一对，二、四象限为另一对）铲到一边，将剩余的一对料铲到一起。重复上述拌和以及缩小的过程，直到达到要求的试样质量。

2）分料器法。如果集料中含有粒径 2.36mm 以下的细料，材料应该是表面干燥的。将材料充分拌和后通过分料器，保留一部分，将另一部分再次通过分料器。这样重复进行，直到将原样品缩小到需要的质量。

（3）料堆取料

在料堆的上部、中部和下部各取一份试样，混合后按四分法分料取样。

（4）实验室分料

目标配合比阶段各种石料应逐级筛分，然后按设定级配进行配料。

生产配合比阶段可采用四分法分料，并且取料总质量应大于分料取样后每份质量的 4 ~ 8 倍。

（5）施工过程中混合料取样

在进行混合料验证时，宜在摊铺机后取料，且取料应分别来源于 3 ~ 4 台不同的料车，然后混合到一起进行四分法取样，进行无侧限抗压强度成型及试验。

在评价施工离散性时，宜在施工现场取料。应在施工现场的不同位置按随机性取样原则分别取样，对于结合料剂量还需要在同一位置的上层和下层分别取样，试验应单独成型。

2．无机结合料稳定材料击实试验方法

（1）适用范围

1）本方法适用于在规定的试筒内，对水泥稳定材料（在水泥水化前）、石灰稳定材料及石灰（或水泥）粉煤灰稳定材料进行击实试验，以绘制稳定材料的含水量 - 干密度关系曲线，从而确定其最佳含水量和最大干密度。

2）试验集料的公称最大粒径宜控制在 37.5mm 以内（方孔筛）。

3）试验方法类别。本试验方法分三类，各类击实方法的主要参数列于表 9-3 中。

表 9–3 试验方法类别

类别	锤的质量（kg）	锤击面直径（cm）	落高（cm）	试筒尺寸			锤击层数	每层锤击次数	平均单位击实功（J）	容许最大公称粒径（mm）
				内径（cm）	高（cm）	容积（cm^3）				
甲	4.5	5.0	45	10.0	12.7	997	5	27	2.687	19.0
乙	4.5	5.0	45	10.0	15.2	2177	5	59	2.687	19.0
丙	4.5	5.0	45	10.0	15.2	2177	5	98	2.687	37.5

（2）仪器设备

击实筒。小型，内径 100mm、高 127mm 的金属圆筒，套环高 50mm，底座；大型，内径 152mm、高 170mm 的金属圆筒，套环高 50mm，直径 151mm 和高 50mm 的筒内垫块，底座。

多功能自控电动击实仪。击锤的底面直径 50mm，总质量 4.5kg。击锤在导管内的总行程为 450mm。可设置击实次数，并保证击锤自由垂直落下，落高应为 450mm，锤迹均匀分布于试样面。

电子天平。量程 4000g，感量 0.01g。

电子天平。量程 15kg，感量 0.1g。

方孔筛。孔径 53mm、37.5mm、26.5mm、19mm、4.75mm、2.36mm 的筛各 1 个。

量筒。50mL、100mL 和 500mL 的量筒各 1 个。

直刮刀。长 200 ~ 250mm、宽 30mm 和厚 3mm，一侧开口的直刮刀，用以刮平和修饰粒料大试件的表面。

刮土刀。长 150 ~ 200mm、宽约 20mm 的刮刀，用以刮平和修饰小试件的表面。

工字型刮平尺。30mm × 50mm × 310mm，上下两面和侧面均刨平。

拌和工具。约 400mm × 600mm × 70mm 的长方形金属盒，拌和用平头小铲等。

脱模器。

测定含水量用的铝盒、烘箱等其他用具。

游标卡尺。

（3）试验准备

将具有代表性的风干试料（必要时，也可以在 50℃烘箱内烘干）用木槌捣碎或用木碾碾碎。土团均应破碎到能通过 4.75mm 的筛孔。但应注意不使粒料的单个颗粒破碎或不使其破碎程度超过施工中拌和机械的破碎率。

如试料是细粒土，将已破碎的具有代表性的土过 4.75mm 筛备用（用甲法或乙法做试验）。

如试料中含有大于4.75mm的颗粒，则先将试料过19mm筛，如存留在19mm筛上的颗粒含量不超过10%，则过26.5mm筛备用（用甲法或乙法做试验）。

如试料中粒径大于19mm的颗粒含量超过10%，则将试料过37.5mm筛；如果存留在37.5mm筛上的颗粒含量不超过10%，则过53mm筛备用（用丙法做试验）。

每次筛分后，均应记录超尺寸颗粒的百分率 P。

在预定做击实试验的前一天，取有代表性的试料测定其风干含水量。对于细粒土，试样应不少于100g；对于中粒土，试样应不少于1000g；对于粗粒土的各种集料，试样应不少于2000g。

在试验前用游标卡尺准确测量试模的内径、高和垫块的厚度，以计算试筒的容积。

（4）试验步骤

1）准备工作。在试验前应将试验所需要的各种仪器准备齐全，测量设备应满足精度要求；调试击实仪器，检查其运转是否正常。

2）甲法。

将已筛分的试样用四分法逐次分小，至最后取出约10 ~ 15kg试料。再用四分法将已取出的试料分成5 ~ 6份，每份试料的干质量为2.0kg（对于细粒土）或2.5kg（对于各种中粒土）。

预定5 ~ 6个不同含水量，依次相差0.5% ~ 1.5%，并且其中至少有两个大于和两个小于最佳含水量。

在此说明：对于中、粗粒土，在最佳含水量附近取0.5%，其余取1%，对于细粒土，取1%，但对于黏土，特别是重黏土，可能要取2%。

按预定含水量制备试样。将1份试样平铺于金属盘内，将事先计算好的该份试料中应加水量均匀地喷洒在试料上，用小铲将试料充分拌和到均匀状态（如为石灰稳定材料、石灰粉煤灰综合稳定材料、水泥粉煤灰综合稳定材料和水泥、石灰综合稳定材料，可将石灰、粉煤灰和试料一起拌匀），然后装入密闭容器或塑料口袋内浸润备用。

浸润时间要求：黏质土12 ~ 24h，粉质土6 ~ 8h，砂类土、砂砾土、红土砂砾、级配砂砾等可以缩短到4h左右，含土很少的未筛分碎石、砂砾和砂可缩短到2h。浸润时间一般不超过24h。

应加水量可按下式计算：

$$m_w=\left(\frac{m_n}{1+0.01w_n}+\frac{m_c}{1+0.01w_c}\right)\times 0.01w-\frac{m_n}{1+0.01w_n}\times 0.01w_n-\frac{m_c}{1+0.01w_c}\times 0.01w$$

式中：m_w——混合料中应加的水量，g；

m_n——混合料中素土（或集料）的质量，g；其原始含水量为 w_n，即风干含水量，%；

m_c——混合料中水泥或石灰的质量，g；其原始含水量为 w_c，%；

w——要求达到的混合料含水量，%。

将所需要的稳定剂水泥加到浸润后的试样中，并用小铲、泥刀或其他工具充分拌和到均匀状态。水泥应在土样击实前逐个加入。加有水泥的试样拌和后，应在 1h 内完成下述击实试验。拌和后超过 1h 的试样，应予作废（石灰稳定材料和石灰粉煤灰稳定材料除外）。

试筒套环与击实底板应紧密联结。将击实筒放在坚实地面上，用四分法取制备好的试样 400 ~ 500g（其质量应使击实后的试样等于或略高于筒高的 1/5）倒入筒内，整平其表层并稍加压紧，然后将其安装到多功能自控电动击实仪上，设定所需锤击次数，进行第 1 层试样的击实。第 1 层击实完后，检查该层高度是否合适，以便调整以后几次的试样用量。

用刮土刀或螺丝刀将已击实层的表面“拉毛”，然后重复上述做法，进行其余 4 层试样的击实。最后一层试样击实后，试样超出筒顶的高度不得大于 6mm，超出高度过大的试件应作废。

用刮土刀沿套环内壁削挖（使试样与套环脱离）后，扭动并取下套环。齐筒顶细心刮平试样，并拆除底板。如试样底面略突出筒外或有孔洞，则应细心刮平或修补。最后用工字型刮平尺齐筒顶和筒底将试样刮平。擦净试筒的外壁，称其质量 m_1。

用脱模器推出筒内试样。从试样内部从上至下取两个有代表性的样品（可将脱出试件用锤打碎后，用四分法采取），测定其含水量，计算至 0.1%。两个试样的含水量的差值不得大于 1%。所取样品的质量见表 9–4（如只取一个样品测定含水量，则样品的质量应为表列数值的两倍）所列。擦净试筒，称其质量 m_2。

表 9–4　检测稳定材料含水量的样品质置

公称最大粒径（mm）	样品质量（g）	公称最大粒径（mm）	样品质量（g）
2.36	约 50	37.5	约 1000
19	约 300		

烘箱的温度应事先调整到 110℃左右，以使放入的试样能立即在 105 ~ 110℃的温度下烘干。

3）乙法。在缺乏内径 10cm 的试筒时以及在需要与承载比试验结合起来进行时，采用乙法进行击实试验。本法更适宜公称最大粒径达 19mm 的集料。

将已过筛的试料用四分法逐次分小，至最后取出约 30kg 试料。再用四分法将所取的试料分成 5 ~ 6 份，每份试料的干质量约为 4.4kg（细粒土）或 5.5kg（中粒土）。

以下各步的做法与甲法相同，但应该先将垫块放入筒内底板上，然后加料击实。所不同的是，每层需取制备好的试样约 900g（对于水泥或石灰稳定细粒土）或 1100g（对于稳定中粒土），每层锤击次数为 59 次。

4）丙法。

将已过筛的试料用四分法逐次分小，至最后取约 33kg 试料，再用四分法将所取试料分成 6 份（至少 5 份），每份质量约 5.5kg（风干质量）。

预定 5 ~ 6 个不同含水量，依次相差 0.5% ~ 1.5%。在估计最佳含水量左右可只差 0.5% ~ 1%。

在此说明：对于水泥稳定类材料，在最佳含水量附近取 0.5%；对于石灰、二灰稳定类材料，根据具体情况在最佳含水量附近取 1%。

将试筒、套环与夯击底板紧密地联结在一起，并将垫块放在筒内底板上。击实筒应放在坚实地面上，取制备好的试样 1.8kg 左右［其量应使击实后的试样略高于（高出 1 ~ 2mm）筒高的 1/3］倒入筒内，整平其表面，并稍加压紧。然后将其安装到多功能自控电动击实仪上，设定所需锤击次数，进行第 1 层试样击实。第 1 层击实完后检查该层的高度是否合适，以便调整以后两层的试样用量。用刮土刀或螺丝刀将已击实的表面“拉毛”，然后重复上述做法，进行其余两试样的击实。最后一层试样击实后，试样超出试筒顶的高度不得大于 6mm。超出高度过大的试件应该作废。

用刮土刀沿套环内壁削挖（使试样与套环脱离）后，扭动并取下套环。齐筒顶细心刮平试样，并拆除底板，取走垫块。擦净试筒的外壁，称其质量 m_1。

用脱模器推出筒内试样。从试样内部从上至下取两个有代表性的样品（可将脱出试件用锤打碎后，用四分法采取），测定其含水量，计算至 0.1%。两个试样的含水量的差值不得大于 1%。所取样品的数量不应少于 700g，如只取一个样品测定含水量，则样品的质量应不少于 1400g。烘箱的温度应事先调整到 110℃左右，以使放入的试样能立即在 105 ~ 110℃的温度下烘干。擦净试筒，称其质量 m_2。

（5）计算

1）稳定材料湿密度计算。按下式计算每次击实后稳定材料的湿密度。

$$p_w = \frac{m_1 - m_2}{V}$$

式中：p_w——稳定材料的湿密度，g/cm^3；

m_1——试筒与湿试样的总质量，g；

m_2——试筒的质量，g；

V——试筒的容积，cm^3。

2）稳定材料干密度计算。按下式计算每次击实后稳定材料的干密度。

$$p_d = \frac{p_w}{1+0.01_w}$$

式中：P_d——试样的干密度，g/cm^3；

w——试样的含水量，%。

3）制图。

以干密度为纵坐标、含水量为横坐标，绘制含水量－干密度曲线。曲线必须为凸形的，如试验点不足以连成完整的凸形曲线，则应进行补充试验。

将试验各点采用二次曲线方法拟合曲线，曲线的峰值点对应的含水量和干密度即为最佳含水量和最大干密度。

（6）结果整理

1）应做两次平行试验，取两次试验的平均值作为最大干密度和最佳含水量。两次重复性试验最大干密度的差不应超过 $0.05g/cm^3$（稳定细粒土）和 $0.08g/cm^3$（稳定中和粗粒土），最佳含水量的差不应超过 0.5%（最佳含水量小于 10%）和 1.0%（最佳含水量大于 10%）。超过上述规定值，应重做试验，直到满足精度要求。

2）混合料密度计算应保留小数点后 3 位有效数字，含水量应保留小数点后 1 位有效数字。

（7）报告

试验报告应包括以下内容：

试样的最大粒径、超尺寸颗粒的百分率；无机结合料类型及剂量；所用试验方法类别；最大干密度（g/cm^3）；最佳含水量（%），并附击实曲线。

3. 无机结合料稳定材料养生试验方法

（1）适用范围

本方法适用于水泥稳定材料和石灰、二灰稳定材料类的养生；标准养生方法是指无机结合料稳定类材料在规定的标准温度和湿度环境下强度增长的过程。快速养生是为了提高试验效率，采用提高养生温度缩短养生时间的养生方法；本方法规定了无机结合料稳定类材料在规定的标准温度和湿度环境下强度增长的过程。

（2）仪器设备

1）标准养护室。标准养护室温度（200±2）℃，相对湿度在 95% 以上。

2）高温养护室。能保持试件养生温度（60±1）℃，相对湿度 95% 以上。容积能满足试验要求。

（3）试验步骤

1）标准养生方法。

试件从试模内脱出并量高、称质量后，中试件和大试件应装入塑料袋内。试件装入塑料袋后，将袋内的空气排除干净，扎紧袋口，将包好的试件放入养护室。

标准养生的温度为（20±2）℃，相对湿度不小于95%。试件宜放在铁架或木架上，间距至少10～20mm。试件表面应保持一层水膜，并避免用水直接冲淋。

对无侧限抗压强度试验，标准养生龄期是7d，最后一天浸水。对弯拉强度、间接抗拉强度试验，水泥稳定材料类的标准养生龄期是90d，石灰稳定类材料类的标准养生龄期是180d。

在养生期的最后一天，将试件取出，观察试件的边角有无磨损和缺块，并量高、称质量，然后将试件浸泡于（20±2）℃水中，应使水面在试件顶部约2.5cm。

2）快速养生方法。

快速养生龄期的确定。将一组无机结合料稳定材料，在标准养生条件［（20±2）℃，湿度不小于95%］下养生180d（石灰稳定类材料养生180d，水泥稳定材料类养生90d）测试抗压强度值。

将同一组无机结合料稳定材料，在高温养生条件［（60±1）℃，湿度不小于95%］下养生7d、14d、21d、28d等，进行不同龄期的抗压强度试验，建立高温养生条件下强度－龄期的相关关系。

在强度－龄期的关系曲线上，找出标准养生的长龄期强度对应的高温养生的短龄期，并以此作为快速养生的龄期。

快速养生试验步骤。将高温养护室的温度调至规定的温度（60±1）℃，湿度也保持在95%以上，并能自动控温、控湿。

将制备的试件量高、称质量后，小心装入塑料袋内，试件装入塑料袋后，将袋内的空气排除干净，并将袋口扎紧，将包好的试件放入养护箱中。

养生期的最后一天，将试件从高温养护室内取出，晾至室温（约2h），再打开塑料袋取出试件，观察试件有无缺损，量高、称质量后，浸入（20±2）℃恒温水槽中，水面高出试件顶2.5cm。浸水24h后，取出试件，用软布擦去可见自由水，称质量、量高后，立即进行相关试验。

（4）结果整理

如养生期间有明显的边角缺损，试件应该作废；对养生7d的试件，在养生期间，试件质量损失应符合下列规定：小试件不超过1g；中试件不超过4g；大试件不超过10g。质量损失超过此规定的试件，应予作废；对养生90d和180d的试件，在养生期间，试件质量损失应符合下列规定：小试件不超过 1g；中试件不超过 10g；大试件不超过 20g。质量损失超过此规定的试件，应予作废。

（5）报告

试验报告应包括以下内容：

材料的颗粒组成；水泥的种类和强度等级，或石灰的等级；重型击实的最佳含水量（%）和最大干密度（g/cm^3）；无机结合料类型及剂量；试件干密度（保留小数点后 3 位，g/cm^3）或压实度；该材料在高温下龄期与强度的对应关系；与标准长龄期强度所对应的快速养生的龄期。

（6）记录

本试验根据所养生的试件类型，采取相应的梁式试件和圆柱形试件的记录表格。在记录内容里增加养生的起始日期和终止日期，以及养生的温度、湿度和养生结束后的试验内容。

4．无机结合料稳定材料无侧限抗压强度试验方法

（1）适用范围

本试验方法适用于测定无机结合料稳定土（包括稳定细粒土、中粒土和粗粒土）试件的无侧限抗压强度。

（2）仪器设备

1）标准养护室。

2）水槽。深度应大于试件高度 50mm。

3）压力机或万能试验机（也可用路面强度试验仪和测力计）：压力机应符合现行《液压式压力试验机》及《试验机通用技术要求》中的要求，仪器测量精度为 ±1%，同时应具有加载速度指示装置或加载速率控制装置。上下压板平整并有足够刚度，可以均匀地连续加载卸载，可以保持固定荷载。开机停机均灵活自如，能够满足试件吨位要求且压力机加载速率可以有效控制在 1mm/min。

4）电子天平。量程 15kg，感量 0.1g；量程 4000g，感量 0.01g。

5）量筒、拌和工具、漏斗、大小铝盒、烘箱等。

6）球型支座。

7）机油。若干。

（3）试件制备和养护

1）细粒土，试模的直径 × 高 =50mm × 50mm；中粒土，试模的直径 × 高 =100mm × 100mm；粗粒土，试模的直径 × 高 =150mm × 150mm。

2）按照无机结合料稳定材料试件制作方法成型径高比为 1∶1 的圆柱体试件。

3）按照无机结合料稳定材料试件的标准养生方法进行 7d 的标准养生。

4）将试件两顶面用刮刀刮平，必要时可用快凝水泥砂浆抹平试件顶面。

5）为保证试验结果的可靠性和准确性，每组试件的数目要求为：小试件不少于6个；中试件不少于9个；大试件不少于13个。

（4）试验步骤

1）根据试验材料的类型和一般的工程经验，选择合适量程的测力环和压力机，试件破坏荷载应大于测力量程的20%且小于测力量程的80%。球型支座和上下顶板涂上机油，使球型支座能够灵活转动。

2）将已浸水一昼夜的试件从水中取出，用软布吸试件表面的可见自由水，并称试件的质量 m_4。

3）用游标卡尺量试件的高度 h，准确到0.1mm。

4）将试件放到路面材料强度试验仪或压力机上，并在升降台上先放一扁球座，进行抗压试验。试验过程中，应保持加载速率约为1mm/min。记录试件破坏时的最大压力 P（N）。

5）从试件内部取有代表性的样品（经过打破）测定其含水量 w。

（5）计算

试件的无侧限抗压强度按下式计算：

$$R_c = \frac{P}{A}$$

$$A = \frac{1}{4}\pi D^2$$

式中：R_c——试件的无侧限抗压强度，MPa；

P——试件破坏时的最大压力，N；

A——试件的截面积，mm^2；

D——试件的直径，mm。

（6）结果整理

1）抗压强度保留1位小数。

2）同一组试件试验中，采用3倍均方差方法剔除异常值，小试件可以允许有1个异常值，中试件1～2个异常值，大试件2～3个异常值。异常值数量超过上述规定的试验重做。

3）同一组试验的变异系数（%）符合下列规定，方为有效试验：小试件 C_u 不大于6%；中试件 C_u 不大于10%；大试件 C_u 不大于15%。如不能保证试验结果的变异系数小于规定的值，则应按允许误差10%和90%概率重新计算所需的试件数量，增加试件数量并另做新试验。新试验结果与老试验结果一并重新进行统计评定，直到变异系数满足上述规定。

（7）报告

试验报告应包括以下内容：

材料的颗粒组成；水泥的种类和强度等级，或石灰的等级；重型击实的最佳含水量（%）和最大干密度（g/cm³）；无机结合料类型及剂量；试件干密度（保留3位小数，g/cm³）或压实度；吸水量以及测抗压强度时的含水量（%）；抗压强度，保留1位小数。

若干个试验结果的最小值和最大值、平均值 $\overline{R}_c$、标准差 S、变异系数 C_u 和95%保证率的值 $R_{co.95}$（$R_{co.95}=\overline{R}_c-1.645S$）。

（8）强度评定

如为现场检测，需按下述方法对无侧限抗压强度进行评定。

1）评定路段试样的平均强度 $\overline{R}_c$。应满足规范要求：

$$\overline{R}_c \geqslant \frac{R_d}{(1-Z_\alpha C_u)}$$

式中：R_d——设计抗压强度，MPa；

C_u——试验结果的偏差系数（以小数计）；

Z_α——标准正态分布表中随保证率而变的系数，高速公路、一级公路：保证率95%，$Z_\alpha=1.645$；其他公路：保证率90%，$Z_\alpha=1.282$。

2）评定路段内无机结合料稳定材料强度评为合格时得满分，若强度评为不合格时相应分项工程为不合格，不合格时得零分。

第二节　结构混凝土强度试验方法

混凝土是指由胶凝材料将集料胶结成整体的工程复合材料的统称。通常讲的混凝土是指用水泥作胶凝材料，砂、石作集料，与水（可含外加剂和掺合料）按一定比例配合，经搅拌而得的水泥混凝土。水泥混凝土的分类方法比较多，可以按组成、特性和功能等从不同角度进行分类。

按胶结材料分类，可分为水泥混凝土和聚合物混凝土等。

按表观密度分类，可分为轻混凝土（干表观密度可轻达1900kg/cm³）、普通混凝土（干表观密度约为20000 ~ 2800kg/cm³）、重混凝土（干表观密度可达3200kg/

cm^3）。

按强度分类，可分为低强度混凝土（抗压强度小于20MPa）、中强度混凝土（抗压强度20～60MPa）、高强度混凝土（抗压强度大于60MPa）。

为便利工程需要，混凝土还可以按坍落度分为干硬性混凝土（坍落度小于10mm，且须用维勃稠度表示稠度）、塑性混凝土（坍落度为10～90mm）、流动性混凝土（坍落度为100～150mm）、大流动性混凝土（坍落度等于或大于160mm）。

此外，还可根据工程的特殊要求，配制各种特种混凝土，例如，加气混凝土、抗冻混凝土、抗渗混凝土、泵送混凝土、防水混凝土、道路混凝土、水工混凝土、纤维加筋混凝土、补偿收缩混凝土、高强混凝土、高性能混凝土、大体积混凝土等。

水泥混凝土是道路与桥梁工程建设中用量最大，应用最广泛的一种建筑材料。在现代公路建设中，水泥混凝土已发展成为高等级路面的主要建筑材料之一，钢筋混凝土则作为桥梁建筑的主导材料得以广泛应用。

为了加强对混凝土质量的监测和控制，作为结构工程质量检测，其中主要的内容之一就是检测混凝土的强度。混凝土强度等级的确定通常以立方体试件的抗压强度来反映，当对某一方面的检验内容产生怀疑时，如构件的强度离散大、强度不足、振捣不密实或存在其他缺陷时，还需采用测定强度的技术方法。

混凝土测定强度的技术按其对混凝土结构的影响程度分为部分破损法和非破损法。部分破损法以不影响结构或构件的承载能力为前提，在结构或构件上直接进行局部破坏性试验，或直接钻取芯样进行破坏性试验。主要方法有钻芯法、拔出法、射击法等。此类方法较直观可靠，测试结果易为人们接受，但对混凝土结构造成局部破坏，不宜大范围检测，且费用较高，因而受到种种限制。非破损（无损）法以混凝土强度与某些物理量之间的相关性为基础，检测时在不影响结构或构件混凝土任何性能的前提下测试这些物理量，然后根据相关关系推算被测混凝土的强度推定值。其主要方法有回弹法、超声法、超声回弹综合法、射线法、成熟度法等。此类方法所用仪器简单、操作方便、费用低廉，同时便于大范围检测，在有严格的测强曲线的条件下，其测试精度较高。

钻芯法、回弹法、超声法、超声回弹综合法和拔出法是结构混凝土质量的常见检测方法，在我国应用较普遍，各种测试方法的测定内容、适用范围及优缺点见表9-5。本节就其中主要的方法进行简单介绍。

表 9–5　混凝土强度检测方法的比较

种类	测定内容	使用范围	特点	缺点
回弹法	测定混凝土表面硬度	混凝土抗压强、均质性	测试简单、快速、被测物的形状、尺寸一般不受限制	测定部位仅限于混凝土表面，同一处不能再次使用
超声法	超声波传播速度、波幅和频率	混凝土抗压强度及内部缺陷	被测构件形状与尺寸不限，同一处可反复测试	探头频率较高时，声波衰减大，测定精度较差
超声回弹综合法	混凝土表面硬度值和超声波传播速度	混凝土抗压强度	测试比较简单，精度比单一法高	比单一法费事
钻芯法	从混凝土中钻取一定尺寸的芯样	混凝土抗压强度，抗劈强度、内部缺陷	对混凝土有一定损伤，检测后需进行修补	设备笨重，成本较高，对混凝土有损伤，需修补
拔出法	预埋或后装于混凝土中锚固件，测定拔出力	混凝土抗压强度	测强精度较高	对混凝土有一定损伤，检测后需进行修补

一、回弹法测定水泥混凝土强度的试验方法

回弹法是用一弹簧驱动的重锤，通过弹击杆，弹击混凝土表面，并测出重锤被反弹回来的距离，以回弹值作为与强度相关指标来推定混凝土强度的一种方法。

回弹法的基本原理是：用弹簧驱动重锤，重锤以恒定的动能撞击与混凝土表面垂直接触的弹击杆，使局部混凝土发生变形并吸收一部分能量，另一部分能量转化为重锤的反弹动能，当反弹动能全部转化成势能时，重锤反弹达到最大距离，仪器将重锤的最大反弹距离以回弹值（最大反弹距离与弹簧初始长度之比）的名义显示出来。水泥混凝土的回弹值是用回弹仪在混凝土表面测得，并经碳化深度修正后的回弹值，无量纲。

回弹法的优点在于操作简单，检测过程比较快而且成本也相对较低。缺点在于和其他检测手段比起来精准度要相对差一点儿，如果在混凝土表面硬度和强度质量存在一定差异性的情况下，例如，在受到了化学腐蚀、其他自然因素干扰等状况之下，则不应该优先选择这种方法进行检测。因为混凝土材料属于一种不均质材料，混凝土的硬度和水泥的种类、骨料粗细程度以及粒径有直接的关系，同时加上碳化作用的干扰，常常导致强度检测结果失准的情况。

1. 技术规定和一般要求

（1）有下列情况之一时，方可用回弹法评定混凝土强度。

缺乏同条件试块或标准试块数量不足；试块的质量缺乏代表性；试块的试压结果不符合现行标准、规范、规程所规定的要求，并对该结果持有怀疑。

（2）混凝土有下列情况之一时，方可按回弹法评定其强度。

测试前表层遭受短期湿润的混凝土，应经风干后测试；遭受冻结的混凝土，应待解冻后测试；蒸汽养护的混凝土，应在构件出池经自然养护14d后测试；体积小、刚度差或测试部位厚度小于100mm的构件，当测试中不能确保其无颤动时，均应设置支撑加以可靠的固定后测试。

2. 目的与适用范围

（1）本方法适用于在现场对水泥混凝土路面及其他构筑物的普通混凝土抗压强度的快速评定，所试验的水泥混凝土厚度不得小于100mm，温度不应低于10℃。

（2）回弹法试验可作为试块强度的参考，不得用于代替混凝土的强度评定，不适于作为仲裁试验或工程验收的最终依据。

3. 仪具与材料技术要求

本方法需要下列仪具和材料：

（1）混凝土回弹仪。指针直读式的混凝土回弹仪，也可采用数字显示式或自记录式的回弹仪。回弹仪应符合下列标准：

水平弹击时，在弹击锤脱钩的瞬间，回弹仪的标称动能应为2.207J；弹击锤与弹击杆碰撞的瞬间，弹击拉簧处于自由状态，此时弹击锤起点应位于刻度尺的零点处；在洛氏硬度为HRC60±2的钢砧上，回弹仪的率定值应为80±2。

（2）酚酞酒精溶液。浓度1%。

（3）手提式砂轮。

（4）钢砧。洛氏硬度HRC60±2。

（5）其他。卷尺、游标卡尺、凿子、锤、吸耳球等。

4. 回弹仪检定与保养

（1）回弹仪有下列情况之一时，应送检定单位校验。检验合格的回弹仪应具有检定合格证，其有效期为半年。

累计弹击次数超过6000次；弹击拉簧座、弹击杆、缓冲压簧、中心导杆、导向法兰、弹击锤、指针轴、指针片、指针块、挂钩及调零螺丝等主要零件之一经更换后；弹击拉簧前端不在拉簧原孔位或调零螺丝松动；遭受严重撞击或其他损害。

（2）回弹仪有下列情况之一时，应在钢砧上进行率定试验。

进行构件测试前后，如连续数天测试，可在每天测试完毕后率定一次；测定过程中对回弹值有怀疑时。

如率定试验结果不在规定的80±2范围内，应对回弹仪进行常规保养后再行率定；如再次率定仍不合格，应送检定单位检验。

（3）回弹仪率定步骤。回弹仪率定试验，宜在室温为（20±5）℃的条件下进行。率定时，钢砧应稳固地平放在刚度大的混凝土地坪上，回弹仪向下弹击时，弹击杆应分4次旋转，每次旋转约90°，弹击3～5次，取其中最后连续3次且读数稳定的回弹值的平均值作为率定值。

5．测试步骤

（1）测区和测点布置。

当为水泥混凝土路面时，将一块混凝土板作为一个试样，试样的选择按公路路基路面现场测试随机选点的方法进行。每个试样的测区数不宜少于10个，相邻两测区的间距不宜大于2m；测区宜在试样的可测表面上均匀分布，并宜避开板边板角；对其他混凝土构造物，测区应避开位于混凝土内保护层附近设置的钢筋，测区宜在试样的两相对表面上有两个基本对称的测试面，如不能满足这一要求时，一个测区允许只有一个测面；测区表面应清洁、干燥、平整，不应有接缝、饰面层、粉刷层、浮浆、油垢以及蜂窝、麻面等，必要时可用砂轮清除表面的杂物和不平整处，磨光的表面不应有残留粉尘或碎屑；一个测区的面积宜不小于200mm×200mm，每一测区宜测定16个测点，相邻两测点的间距宜不小于3cm，测点距路面边缘或接缝的距离应不小于5cm；对龄期超过3个月的硬化混凝土，应测定混凝土表层的碳化深度进行回弹值修正，也可用砂轮将碳化层打磨掉以后进行测定，但经打磨的与未经打磨的回弹值不得混在一起计算或与试块强度比较（未打磨）。

（2）回弹值测定。

在测试过程中，回弹仪的轴线应始终垂直于混凝土表面，具体操作应符合下列规定：

将回弹仪的弹击杆顶住混凝土表面，轻压仪器，使按钮松开，弹击杆徐徐伸出，并使挂钩挂上弹击锤；手持回弹仪对混凝土表面缓慢均匀施压，待弹击锤脱钩，冲击弹击杆后，弹击锤即带动指针向后移动到达一定位置，指针刻度线在刻度尺上的示值即为该点的回弹值；使用上述方法在混凝土表面依次读数并记录回弹值，如条件不利于读数，可按下按钮，锁住机芯，将回弹仪移至他处读数，准确至1个单位；使用完毕后应将弹击杆压入仪器内，经弹击后按下按钮锁锁住机芯，待下一次使用。

（3）碳化深度测定。

1）对龄期超过3个月的混凝土，回弹值测量完毕后，可在每个测区上选择一处测量混凝土的碳化深度值。当相邻测区的混凝土生产工艺条件相同，龄期基本相同时，则该测区测得的碳化深度值也可代表相邻测区的碳化深度值。

2）测量碳化深度值时，可用合适的工具在测区表面形成直径约为15mm的孔洞

（其深度略大于混凝土的碳化深度），然后用吸耳球吹去孔洞中的粉末和碎屑（不得用液体冲洗），并立即用浓度为 1% 的酚酞酒精溶液洒在孔洞内壁的边缘处，当已碳化与未碳化界限清楚时（未碳化部分变成紫红色），用游标卡尺测量已碳化与未碳化交界面至混凝土表面的垂直距离 1 ~ 2 次，该距离即为混凝土的碳化深度值，每次测读精确至 0.5mm。

6. 计算

（1）对一个测区的 16 个测点的回弹值，去掉 3 个最大值及 3 个最小值，将其余 10 个回弹值按下式计算测区平均回弹值：

式中：$\overline{N}_s$——测区平均回弹值，准确至 0.1；

N_i——第 i 个测点的回弹值。

（2）当回弹仪非水平方向测试混凝土浇筑侧面时，应根据回弹仪轴线与水平方向的角度将测得的数据按下式进行修正，计算非水平方向测定的回弹修正值。当测定水泥混凝土路面为向下垂直方向时，测试角度 −90° 。回弹值修正值 ΔN 见表 9–6：

$$\overline{N} = \overline{N}_S + \Delta N$$

式中：$\overline{N}$——经非水平测定修正的测区平均回弹值；

$\overline{N}_S$——回弹仪实测的测区平均回弹值；

ΔN——非水平方向测定的修正回弹值，由表 9–6 或内插法求得，准确至 0.1。

（3）平均碳化深度按下式计算：

$$\overline{L} = \frac{1}{n}\sum_{i=1}^{n} L_i$$

式中：$\overline{L}$——平均碳化深度，mm；

L_i——第 i 测点碳化深度，mm；

n——测点数。

表 9–6　非水平方向测定的修正回弹值

ΔN 与水平方向所成的角度（$\overline{N}_S$）	+90°	+60°	+45°	+30°	−30°	−45°	−60°	−90°
20	−6.0	−5.0	−4.0	−3.0	+2.5	+3.0	+3.5	+4.0
30	−5.0	−4.0	−3.5	−2.5	+2.0	+2.5	+3.0	+3.5

续表

ΔN与水平方向所成的角度($\overline{N}_s$)	+90°	+60°	+45°	+30°	−30°	−45°	−60°	−90°
40	−4.0	−3.5	−3.0	−2.0	+1.5	+2.0	+2.5	+3.0
50	−3.0	−3.0	−2.5	−1.5	+1.0	+1.5	+2.0	+2.5

如平均碳化深度值$\overline{L}$不大于0.4mm时，按无碳化处理（即平均碳化深度为0）；如等于或大于6.0mm时，取6.0mm。对新浇混凝土龄期不超过3个月者，可视为无碳化。

（4）混凝土强度推算。

1）当需要将回弹值换算为混凝土强度时，宜采用下列方法：

a. 有试验条件时，宜通过试验建立实际的测强曲线，但测强曲线仅适用于材料质量、成型、养护和龄期等条件基本相同的混凝土。混凝土标准试块尺寸为15cm×15cm×15cm，采用1.5、1.75、2.0、2.25、2.50五个灰水比，以便得到不少于30对数据。试件与被测对象有相同的养护条件，到达龄期后，将试块用压力机加压至30～50kN稳住，用回弹仪在两侧面分别测定8个测点，按上式计算平均回弹值，然后进行抗压强度试验，用最小二乘法建立二者相关关系的推定式。推定式可为直线式或其他适当的形式，相关数不得小于0.90。然后根据测区平均回弹值利用测强曲线推定混凝土抗压强度。

b. 当无足够的试验数据或相关关系的推定式不够满意时，可按下式推算混凝土抗压强度：

$$R = 0.025\overline{N^2}$$

式中：R——水泥混凝土的抗压强度，MPa；

$\overline{N}$——测区混凝土平均回弹值。

2）按检测路段数据整理方法计算测定对象全部测区的推定混凝土抗压强度的平均标准差、变异系数。

7. 报告

试验报告应包含以下内容：

测区混凝土平均回弹值；测强曲线、回弹值与抗压强度的相关关系式、相关系数；各测区的抗压强度推定结果；推定的混凝土抗压强度的平均值、标准差、变异系数。

二、超声回弹法测定路面水泥混凝土抗弯强度的试验方法

超声回弹法也称超声回弹综合法，是指采用超声仪和回弹仪，在结构混凝土同

一测区分别测量声时值及回弹值，推算该测区混凝土强度的一种方法。超声波检测的原理主要是当超声波在混凝土（介质）中传播的过程中，如果遇到有差别的界面就会产生一定的反射或者折射，从而导致传播速度、波形以及频率等参数产生变化。根据这些数据的变化规律，我们就可以通过计算得出混凝土内部强度。换句话说，超声波检测技术是以超声波在混凝土中的传播情况来进行最终结果评定的。相关的测试结果表明，混凝土结构强度越高，超声波在其中的传播速度就越快；而混凝土结构强度越低，其传播速度就越慢。因此，我们可以利用超声波检测技术更加科学地检测混凝土强度。

1. 目的与适用范围

水泥混凝土路面的混凝土抗弯强度是标准条件下的梁式试件龄期 28d 的抗弯强度。超声回弹法适用于采用回弹仪、低频超声仪在现场对水泥混凝土路面按综合法进行快速检测，并利用测强曲线方程推算混凝土的抗弯强度。适用于视密度为 1.9 ~ 2.5t/m^3，板厚大于 100mm，龄期大于 14d，强度已达到设计抗压强度 80% 以上的水泥混凝土。当水泥混凝土出现以下情况之一时则不适合采用该方法：

隐蔽或外漏局部缺陷区；裂缝或微裂区（包括路面伸缩缝和工作缝）；路面角隅钢筋和边缘钢筋处，特别是超声波与钢筋方向相同时；距路面边缘小于 10cm 的部位。

特别注意：现场用超声回弹法测定不能代替实验室标准条件下的抗弯强度测定，该试验不适于作为仲裁试验或工程验收的最终依据。

2. 仪具与材料

仪具与材料的主要内容见表 9–7。

表 9–7 仪具与材料的主要内容

名称	内容
超声波检测仪	有良好的稳定性，仪器具有示波屏显示及手动游标测读，声时可测量范围应为 0.5 ~ 9999μs，测试精度为 0.1μs。数字显示稳定，声时显示调节在 20 ~ 30μs 范围内时，2h 内声时显示漂移不得大于 ±0.2μs。超声波在空气中传播的计算声速值与实测声速值相比，误差不大于 ±0.5%
换能器	为厚度震动形式压电材料，频率在 50 ~ 100kHz 范围内，实测频率与标称频率相差不大于 ±10%
耦合剂	采用易于变形，有较大的声阻，有较好黏性且不流淌的材料，通常采用黄蜡油，也可使用凡士林、蜡泥型料等
回弹仪	可采用指针直读式的混凝土回弹仪，也可采用数字显示仪或自动记录式的回弹仪
其他	油污清洗剂、毛刷、抹布等

3. 方法与步骤

（1）回弹仪率定试验。在每次测定前，均应在钢砧上进行率定。率定时，钢砧应稳固地平放在刚度大的混凝土地坪上。回弹仪向下弹击时，弹击杆分 4 次旋转，每次旋转约 90°，弹击 3 ~ 5 次，取其中最后连续 3 次且读数稳定的回弹值进行平均作为率定值。如果率定结果在 80 ± 2 范围内，说明此回弹仪是合格的。如率定结果不在规定范围内，应对回弹仪有关零件用清洗剂清洗保养后再进行标定；如仍不合格，则应送检定单位检验后使用。

（2）测区和测点布置。

1）按规定随机选择的水泥混凝土板，将每一块水泥混凝土路面板作为一个试样，均匀布置 10 个测区，每个测区不宜小于 150mm × 550mm，测试面应清洁、干净、平整，不得有蜂窝、麻面，对浮浆和油垢以及粗糙处应清洗或用砂轮片磨平，并擦净残留粉尘。

2）每个测区的测点宜在测区范围内均匀分布，但不得布置在气孔或外露石子上，相邻两测点的距离不宜小于 30mm。

（3）回弹值的测定。按回弹法测定混凝土抗压强度的方法是用回弹仪对每个测区的 16 个测点进行回弹值测定。

（4）声时值的测量。

1）在进行回弹测试的同一测区内布置三条轴线，作为换能器布置区。

2）在换能器放置处涂抹耦合剂。测量超声声时值时，耦合剂应与建立测强曲线时所用的耦合剂相同。

3）将换能器分别放置轴线 I 的 1 点及 2 点处，换能器与路面混凝土应充分接触，耦合良好，发射和接收两换能器直径与测轴线重合，边缘与测距相切。超声波振幅应调到规定振幅。测读声时值，t_{11} 准确至 0.1 μs。

4）1 点处的换能器不动，将放置在 2 点处的换能器移至 3 点处，再测读声时值为 t_{12}，准确至 0.1 μs。

5）按上述方法测量轴线 Ⅱ、Ⅲ，分别得声时值为 t_{21}、t_{22}、t_{31}、t_{32}。

（5）碳化深度测定。对龄期超过 3 个月的水泥混凝土路面，在测区内或与测区内混凝土各种条件相同的测区附近路面上按前述方法进行混凝土表面碳化深度的测定。

4. 计算

（1）按下面式子计算测区的超声波声速，精确至 0.01km/s。

$$\upsilon_{i1} = \frac{350}{t_{i1}}$$

$$\upsilon_{i2} = \frac{450}{t_{i2}}$$

$$\upsilon_{i} = \frac{\upsilon_{i1} + \upsilon_{i2}}{2}$$

$$\upsilon = \frac{\upsilon_{1} + \upsilon_{2} + \upsilon_{3}}{3}$$

式中：ν_{i1}——第Ⅰ条测轴线 1 点与 2 点 350mm 测距声速，km/s，i=1，2，3；

ν_{i2}——第Ⅰ条测轴线 1 点与 3 点 450mm 测距声速，km/s，i=2，3；

ν_{i}——第 i 条测轴线平均声速，km/s，i=1，2，3；

ν ——测区平均声速，km/s；

t_{i1}——第 1 条测轴线 350mm 测距声时，μs；

t_{i2}——第 2 条测轴线 450mm 测距声时，μs。

在此说明：当三条测轴线平均声速 ν_i 中有两条测轴线平均声速与测区的平均声速 ν_i 之差都超过测区平均声速的 15% 时，该测区检测结果无效。

（2）测区回弹值按前面所述方法计算，并按下式对实测回弹值进行碳化深度修正计算。

$$N' = 0.8795\overline{N} - 1.4443L + 0.48$$

式中：N'——修正后的测区回弹值，当 L=0 时，$N' = \overline{N}$；

$\overline{N}$——实测的测区平均回弹值；

L——碳化深度，mm。

5. 混凝土抗弯强度推算

（1）测强曲线方程的确定。取用与路面混凝土相同的原材料，设计几种不同水灰比的混凝土配合比（一般设计 4 种配合比，其中包括路面施工时的配合比），对每种配合比成型 150mm × 150mm × 550mm 的梁式试件（不少于 6 个），在标准条件下养护 28d 后，按上述方法进行超声及回弹检测，并按水泥混凝土试验规程进行抗弯强度试验，再用二元非线性方程按下式回归，确定回归系数，得出测强曲线方程，相对标准误差 e_r 应不大于 12%。

$$R_f = a\upsilon^b e_r^c N$$

$$e_r = \sqrt{\frac{\Sigma(R'_{fi} / R_{fi} - 1)^2}{n-1}} \times 100$$

式中：R_f——混凝土抗弯强度，MPa；

u——超声声速，km/s；

N——修正后的回弹值；

a、b、c——回归系数；

e_r——相对标准误差，%，按上式计算；

R'_{fi}——第 i 块试件实测抗弯强度，MPa；

R_{fi}——第 i 块试件由超声、回弹推算的抗弯强度，MPa；

n——试件数（按单块计）。

（2）混凝土路面抗弯强度推定。

1）每一段（或子段）中每一幅为一个单位作为抗弯强度评定对象。

2）评定抗弯强度第一条件和第二条件值按下式计算：

$$R_{n1} = 1.18(\overline{R}_n - KS_n)$$
$$R_{n2} = 1.18(R_{fi})_{\min}$$

式中：R_{n1}——抗弯强度第一条件值，MPa，准确至 0.1MPa；

R_{n2}——抗弯强度第二条件值，MPa，准确至 0.1MPa；

S_n——抗弯强度标准差，MPa，按下式计算，准确至 0.1MPa。

$$S_n = \sqrt{\frac{\Sigma(R_{fi})^2 - n(\overline{R})^2}{n-1}}$$

式中：$\overline{R_n}$——抗弯强度平均值，MPa，按下式计算，准确至 0.1MPa。

$$\overline{R_n} = \frac{\Sigma R_{fi}}{2}$$

式中：R_{fi}——第 i 测区推算的抗弯强度，MPa；

（R_{fi}）$_{\min}$——所有推算的抗弯强度中的最小值，MPa；

n——测区数；

m——合格判定系数值，当 n=10 ~ 14 时，m=1.70；n=15 ~ 24 时，m=1.65；$n \geqslant 25$ 时，m=1.60。

（3）按下式以第一条件值及第二条件值中的小者作为混凝土抗弯强度评定值 R。

$$R_n = \min\{R_{n1}, R_{n2}\}$$

三、钻芯法测定水泥混凝土路面劈裂抗拉强度的试验方法

钻孔取芯法是利用钻机，从结构混凝土中钻取芯样进行一定的处理之后对其开始抗压测试，以检测混凝土强度或观察混凝土内部质量的方法。混凝土龄期不低于15d，强度高于10MPa的混凝土基本上都能够采用。由于它会对结构混凝土造成局部损伤，因此是一个半破损的现场检测手段。所以在进行这类检测的过程中必须要经过设计单位的同意。

钻芯法的优点是能够准确反映结构物的实际强度，适用于不同龄期混凝土的强度推定。这种方法的缺点就在于劳动强度相对较大，设备复杂，费用高，对于混凝土结构往往容易造成内部的损伤，有时在进行取样的过程中常常会碰到钢筋而导致取样工作无法顺利开展。

用钻芯法检测混凝土的强度、裂缝、接缝、分层、孔洞或离析等缺陷，具有直观、精度高等特点，但也有一定的局限性：

钻芯时结构造成局部损伤，因而钻芯位置的选择及钻芯数量等均受到一定限制，而且它所代表的区域也是有限的；钻芯机及芯样加工配套机具与非破损测试仪器相比，比较笨重，移动不方便，测试成本较高；钻芯后的孔洞要修补，尤其当钻断钢筋时，更增加了修补工作的难度。

1．目的与适用范围

（1）适用于从混凝土结构中钻取芯样，以测定强度不大于80MPa的普通混凝土的强度。

（2）钻芯法检测混凝土强度主要用于下列情况：

对试块抗压强度的测试结果有怀疑时，如试块强度很高而结构混凝土质量很差，或试块强度不足而结构质量较好等；因材料、施工或养护不良而发生混凝土质量问题；混凝土遭受冻害、火灾、化学侵蚀或其他损害以及表层与内部质量不一致的混凝土；需检测多年使用的建筑结构或构筑物中混凝土强度。

（3）对强度等级低于C10的混凝土结构，不宜采用钻芯法检测。

2．仪具与材料

（1）钻芯机。常见的钻芯机有：轻便型取芯机（钻芯直径12 ~ 75mm）、轻型钻机（钻芯直径12 ~ 200mm）、重型钻机（钻芯直径200 ~ 450mm）和超重型钻机（钻芯直径330 ~ 700mm）。

为了满足钻孔和取芯工作的需要，不论哪种钻芯机都应具备以下五个基本功能：

向钻芯头传递压力，推动钻头前进或后退；驱动钻头旋转，并应具有一定范围的转速，以便保证所需要的线速度；为了冷却钻头及冲洗钻孔过程中产生的磨削碎屑，应不断供给冷却水；钻机应具有足够的刚性和稳定性；钻机移动、安装和拆卸方便。

（2）芯样切割机。当检测混凝土强度时，应将芯样用切割机加工成具有一定尺寸的抗压试件。切割方式可分为两种类型：一种是圆锯片不移动，但工作台可以移动；另一种是锯片平行移动，工作台不动。

（3）人造金刚石空心薄壁钻头。空心薄壁钻头主要由钢体和胎环部分组成。钢体一般由无缝钢管车制而成。钻头的胎环是由钢系、青铜系、钨系等冶金粉末和适量的人造金刚石浇铸成型。在胎环上加工若干排水槽（一般称水口）。钻头与钻孔机的连接方式，主要由钻头的直径和钻机的构造决定。一般可分为柄式、螺纹连接式和卡连接式三种。

（4）压力试验机。压力试验机能够满足试件破坏吨位要求。

（5）劈裂夹具、木质三台板垫层。

3. 方法与步骤

（1）钻芯前的准备。

1）调查了解工程质量情况。

工程名称或代号，以及设计、施工、建设单位名称；结构或构件种类、外形尺寸及数量；混凝土强度等级、混凝土的成型日期、所用的水泥品种、粗集料粒径、砂石产地及配合比等；混凝土试块的抗压强度；结构或构件的现场质量状况以及施工或使用中存在的质量问题；有关的结构设计图和施工图。

2）钻芯机具准备及钻头直径的选择。一般根据被测构件的体积及钻取部位确定钻芯的深度，据此选择合适的钻机及钻头。

应根据检测的目的选择适宜尺寸的钻头。当钻取的芯样是为了进行抗压强度试验时，则芯样的直径与混凝土粗集料粒径之间应保持一定的比例关系。

在一般情况下，芯样直径为粗集料的 3 倍。在钢筋过密或因取芯位置不允许钻取较大芯样的特殊情况下，钻芯直径可为粗集料的 2 倍。在工程中的梁、柱、板、基础等现浇混凝土结构中，一般使用粗集料的最大粒径为 32mm 或 40mm，这样采用内径为 100mm 或 150mm 的钻头已可满足要求。

3）芯样数量的确定。取芯的数量，应视检测的要求而定。进行强度检测时，一般可分为以下两种情况：

a. 单个构件进行强度检测时，在构件上的取芯个数一般不少于 3 个；当构件的体积或截面积较小时，取芯过多会影响结构承载能力，这时可取 2 个。

b. 对构件某一指定局部区域的质量进行检测时，取芯数量应视这一区域的大小而定。如某一区域遭受冻害、火灾、化学腐蚀或质量可疑等情况，这时检测结果仅代表取芯位置的质量，而不能据此对整个构件或结构物强度做出整体评价。至于检查内部缺陷的取芯试验更应视具体情况而定。

4）取芯位置的选择。取芯时会对结构混凝土造成局部损伤，因此在选择芯样位置时要特别慎重。其原则是：应尽量选择在结构受力较小的部位。对于一些重要构件或者一些构件的重要区域，尽量不在这些部位取芯，以免对结构安全造成不利影响。

在一个混凝土构件中由于施工条件、养护情况及不同位置的影响，各部分的强度并不是均匀一致的。在选择钻芯位置时，应考虑这些因素，以使取芯位置混凝土的强度具有代表性。如果有条件，应首先对结构混凝土进行超声或超声回弹综合法测试，然后根据检测目的与要求来确定钻芯位置。

（2）芯样钻取与芯样加工。

1）芯样钻取。混凝土芯样的钻取是钻芯测强过程的首要环节，是技术性很强的一项工作。钻头和钻机的使用寿命以及工作效率，都与操作者的熟练程度和经验有关。因此，熟练的操作技术，合理调节各部位装置，将会获得较好的钻取效果。

先将钻机安放稳固（钻机的稳固方法有配重法、真空吸附法、顶杆支撑法和膨胀螺栓法等）并调至水平后，安装好钻头，接通水源，启动电动机，然后操作加压手柄，使钻头慢慢接触混凝土表面。当混凝土表面不平时，下钻更应特别小心，待钻头入槽稳定后，方可适当加压进钻。

在钻进过程中应保持冷却水的畅通，水流量宜为 3 ~ 5L/mim，出口水温不宜过高。冷却水的作用：一是防止金刚石温度升高烧毁钻头；二是及时排除钻孔中产生的大量混凝土碎屑，以利于钻头不断切削新的工作面和减少钻头的磨损。水流量的大小与钻进速度和直径成正比，以料屑能快速排出，又不致四处飞溅为宜。当钻头钻至芯样要求长度后，退钻至离混凝土表面 20 ~ 30mm 时停电停水，然后将钻头全部退出混凝土表面。如停电停水过早，则容易发生卡钻现象，尤其在深孔作业时更应特别注意。

移开钻机后，用带弧度的钢钎插入圆形槽并用锤敲击，此时由于弯矩的作用，芯样在底部与结构断离，然后将芯样提出。取出的芯样应及时编号，并检查外观质量情况，做好记录后，妥善保管，以备割成标准尺寸的芯样试件。

为了保证安全操作，取芯机操作人员必须穿戴绝缘鞋及其他防护用品。

2）芯样加工。

芯样尺寸要求及测量方法：

（a）平均直径。在钻芯过程中，由于受到钻机振动、钻头偏摆等因素的影响，沿芯样高度的任一直径各个方向芯样直径并不是均匀一致的，也就是说，同一芯样的直径有的部位大有的部位小。为了方便地计算芯样的截面积，故以平均直径为代表。测量平均直径时用游标卡尺测量芯样中部，在互相垂直的两个位置上取其两次测量的算术平均值作为平均直径，测量精度为 0.5mm。对于直径为 100mm 的芯样，当直径测量误差为0.5mm时，芯样的截面积误差只有0.89%，对抗压强度的计算影响不大。当沿芯样高度任一直径与平均直径相差达2mm以上时，由于对抗压强度的影响难以估计，故这样的芯样不能作为抗压试件使用。

（b）芯样高度。抗压芯样试件高度用钢卷尺或钢板尺进行测量，精确至1mm；芯样高径比宜为1.00，当芯样试件的实际高径比（h/d）小于要求高径比的95%或大于1.05时，相应的测试数据无效。

（c）端面平整度。芯样端面与立方体试块的侧面一样，是进行抗压强度试验时的承压面，其平整度对抗压强度影响很大。端面不平时，向上比向下引起的应力集中更为剧烈，如同劈裂抗拉强度破坏一样，强度下降更大。当中间凸出1mm时，其抗压强度只有平整试件的1/2左右，因此，国内外标准对芯样端面平整度有严格要求。测量端面平整度是用钢板尺紧靠在芯样端面上，一边转动钢板尺一边用塞尺测量与芯样之间的缝隙，在100mm长度范围内不超过0.05mm为合格。

（d）垂直度。芯样两个端面应互相平行且应垂直于轴线。芯样端面与轴线间垂直度偏差过大，抗压时会降低强度，其影响程度还与试验机的球座及试件的尺寸大小有关。大部分规定垂直度偏差不得超过 ±1°。垂直度测量方法是，用游标量角器分别测量两个端面与轴线间的夹角，在（90±2）°时为合格，测量精度为0.1°，承压线凹凸不应大于0.25mm。

芯样切割加工与端面的修整：

（a）芯样切割。采用切割机和人造金刚石圆锯片进行切割加工。芯样切割部位的选择和切割机操作正确与否，是保证芯样切割质量的重要环节。芯样加工时切除部分和保留部分应根据检测的目的确定。在一般情况下，应将影响强度试验的缺边、掉角、孔洞、疏松层、钢筋等部分切除。但是，在一些特殊情况下，如为了检测混凝土受冻或疏松层的强度时，在切割加工中要注意保留这一部分混凝土。为了抗压强度试验的方便，在满足试件尺寸要求的前提下，同一批试件应尽可能切割成同样的高度。

（b）芯样端面的修整。芯样在锯切过程中，由于受到振动、夹持不紧或圆锯片偏斜等因素的影响，芯样端面的平整度及垂直度很难完全满足试件尺寸的要求。此时，需采用专用机具进行磨平或补平处理。芯样端面修整基本可分为两种方法：磨平法和补平法。磨平法是在磨平机的磨盘上撒上金刚石砂粒（或直接用金刚石磨轮）对芯样两端进行磨平处理，或采用金刚石车刀在车床上对芯样端面进行车光处理，直到平整度及垂直度达到要求为止。补平法是用补平材料对芯样端面进行修整，根据所用材料可分为硫黄、硫黄胶泥、硫黄砂浆、水泥净浆、水泥砂浆补平等。

芯样直径两端侧面测定钻取后芯样的高度及端面加工或端面加工后的高度，其尺寸差应在0.25mm之内。

（3）抗压强度试验。芯样在进行抗压强度试验时，可分潮湿状态和干燥状态两种试验方法。在干燥状态下试验的试件，通常比经过浸湿的芯样强度高。为了使芯样试件与被测结构混凝土的湿度在基本一致的条件下进行试验，在钻芯法规程中，规定了芯样试件可在两种湿度状态下进行试验，如结构工作条件比较干燥，芯样试件应以自然干燥状态进行试验；结构工作条件比较潮湿，芯样试件应以潮湿状态进行试验。此外，统一了试验标准并规定了试验状态条件：对于干燥状态，即芯样试件在受压前应在室内自然干燥 3d；在潮湿状态进行试验时，芯样试件应在（20±2）℃的清水中浸泡 40 ~ 48h；抗压试验用的试件长度（端面加工后）不应小于直径的 0.95 倍，也不应大于直径 2.1 倍。芯样端面必须平整，必要时应磨平或用抹顶补平等方法处理。

1）抗压强度试验步骤。

a. 取出试件，清除表面污垢，擦去表面水分，仔细检查后，在其中部量出高度和宽度，精确至 1mm。在准备过程中，要求保持试件温度无变化。

b. 在压力机下压板上放好试件，几何对中，球座最好放在试件顶面并凸面朝上。

c. 加荷速度，强度等级不大于 C30 的混凝土时，取 0.3 ~ 0.5MPa/s；强度等级为 C30 ~ C60 时，则取 0.5 ~ 0.8MPa/s；强度等级不小于 C60 时，则取 0.8 ~ 1.0MPa/s。当试件接近而开始迅速变形时，应停止调整试验机油门，直至试件被破坏，记下最大荷载。

2）记录计算。混凝土芯样抗压强度 R_c 按下式计算：

$$R_c=\frac{P}{A}=\frac{4P}{\pi d_m^2}$$

式中：R_c——混凝土芯样抗压强度，MPa，精确至 0.1MPa；

P——极限荷载，N；

A——受压面积，mm；

d_m——芯样截面的平均直径，mm。

（4）钻孔取芯法测定水泥混凝土路面劈裂抗拉强度。用钻孔取芯法测定混凝土路面劈裂抗拉强度的仪器设备有压力机、钻孔取芯机、切割机、磨平机、劈裂夹具、木质三合板垫层。

1）芯样钻取及试件加工。

要求及方法同前所述，但芯样长度应与路面厚度相等。

2）检查。

a. 外观检查。每个芯样应详细描述有关裂缝、接缝、分层、麻面或离析等不均匀性，应记录以下事项。

集料情况：估计集料的最大粒径、形状及种类，粗细集料的比例和级配。

密实性：检查并记录存在的气孔，气孔的位置、尺寸与分布情况，必要时应拍下照片。

b. 测量。同前所述。

3）劈裂抗拉强度检测步骤。

a. 试件从养护地点取出后，擦拭干净，测量尺寸，检查外观，在试件中部划出劈裂面位置线。劈裂面与试件成型时的顶面垂直，尺寸测量精度至 1mm。

b. 将试件、劈裂夹具、垫条和垫层放在压力机上，借助夹具两侧杆将试件对中。

c. 开动压力机，当压力机压板与夹具垫条接近时，调整球座使压力均匀接触试件。当压力加到 5kN 时，将夹具的侧杆抽出，以（60 ± 4）N/s 左右的速度连续、均匀加荷，直至试件劈裂为止，记下破坏荷载，精确至 0.01kN。

4）检测结果计算。芯样劈裂抗拉强度 R_α 按下式计算：

$$R_\alpha = \frac{2P}{A\pi} = \frac{2P}{\pi d_m^2 \times L_m}$$

式中：R_α——芯样劈裂抗拉强度，MPa，精确至 0.1MPa；

P——极限荷载，N；

A——芯样劈裂面面积，mm^2；

d_m——芯样截面的平均直径，mm；

L_m——芯样平均长度，mm。

四、射钉法快速测定水泥混凝土强度试验方法

1. 目的与适用范围

（1）本方法采用发射枪使射钉射入混凝土，以射钉外露长度代表贯入阻力，通过相关关系快速评定水泥混凝土的硬化强度。可用于快速评定新浇混凝土的硬化强度，以检测现场混凝土的匀质性，了解质量低劣的部位或范围。它不适用于施工质量的评定验收与仲裁。

（2）本方法适用于抗压强度不大于 50MPa，且厚度不小于 15cm 的水泥混凝土。

2. 仪具与材料技术要求

本方法需要下列仪具与材料：

发射枪。经国家有关部门批准许可的专门用于向混凝土发射射钉，并保证射钉能嵌入混凝土的发射设备。发射能量应能使射钉嵌入混凝土中的深度和外露长度均不小于 10mm，不大于 70mm。

子弹。经国家有关部门批准许可的发射枪专用的配套子弹。

射钉。用淬火的合金钢制成，尖端锋利，顶端平整，应便于测定外露长度和拔出回收长度。射钉长度均匀一致，长度误差在 ±0.5% 范围内。

游标卡尺。准确至 0.05mm。

定位装置。为对准射击点而放在混凝土表面的一种装置。

3. 方法与步骤

（1）准备工作。

操作前应首先检查发射枪是否装有保险装置，如未安装保护罩，则不得发射；根据不同混凝土强度，选用不同型号的射钉与子弹，当射钉全部射入混凝土内时，可选用能量较低的子弹。测试时的子弹型号必须与标定时的型号相同；发射枪安装射钉和子弹后，应将管口朝下，防止发生意外。射钉和子弹应妥善保管，不得靠近火源或受潮。使用射钉枪的试验人员必须是经专业训练并经许可的人员；混凝土表面如不平整，射钉枪保护罩不能贴紧表面时，应先将表面处理平整之后进行试验；布置射钉之间的距离不小于 140mm，射钉与混凝土表面的边缘相距不得小于 100mm。在试验点放置定位装置。

（2）标定方法。

1）必须对每一支枪及每一批子弹针对工程实际情况进行标定试验，建立射钉外露长度与混凝土强度的相关关系，相关系数必须经数理统计检验为高度显著，且不得小于 0.90。变异系数不宜超过 15%。

2）对于同一工程，标定用的混凝土强度宜采用钻芯强度，也可采用标准尺寸的试件，与现场相同条件养护，湿养护和干养护应分别建立相关关系，采用湿养护时在试验前 24h 将试件搬到大气中养护。强度范围应包括抗压强度 5 ~ 50MPa（或抗折强度 1.5 ~ 7.0MPa），试验组数以 10 ~ 30 为宜。

3）按测试步骤分别测定射钉外露长度，并按有关规范规定测定钻芯或试件强度，按下式建立现场推定混凝土强度的回归方程式。

$$R = a + bL - S$$

式中：R——推定的现场混凝土抗压或抗弯强度，MPa；

a、b——回归系数；

L——射钉外露长度，mm；

S——推定式的剩余标准差，MPa。

（3）测试步骤。

试验应由专人用同一支发射枪及同一批射钉与子弹进行；从发射枪口装入射钉，

用送钉器将射钉推至发射管最深位置；拉出送弹器，装上子弹，推回原位。用定位装置或在划定位置对准混凝土表面射击点，垂直混凝土表面进行射击，把射钉射入混凝土中；在外露的射钉上套入一块中间有孔的标准厚度的金属片，套进射钉稳定地放于混凝土表面，以金属片为基准，用游标卡尺测量射钉外露长度，计算时将金属片厚度计入，并做记录。测量外露长度之前应检查射钉嵌入是否牢固，嵌入不牢固的射钉不能作为试验结果。外露长度不宜小于 10mm，也不宜大于 70mm，否则该试验值应予以作废；每次测定发射 3 枚射钉，射钉的间距宜为 20cm，取 3 枚射钉外露长度的平均值作为本次试验结果。

（4）强度的推定。由测定的射钉外露长度 L 按上式计算硬化混凝土的推定强度。

（5）报告。报告应包括以下内容：

所用发射枪和子弹的型号与规格；射钉型号、规格与尺寸；测定的混凝土结构和测试部位的说明（必要时绘图说明）；混凝土材料、配合比、龄期、养护条件等情况；试验部位混凝土的厚度；每个射钉的外露长度，每次试验的平均值、极差、标准差和变异系数，包括舍弃射钉的结果；必要时将试验结果列出射钉外露长度与强度的相关关系、剩余标准差和回归变异系数。

（6）精确度与容许差。专人操作者用同一支发射枪对同一种混凝土进行测定时，每组 3 个测值的最大值与最小值的差（极差）应不超过表 9–8 的规定。若 3 个测值的极差超出此规定时，应发射第 4 个射钉，去掉与 4 个测值平均值相差最大的数据。若其余 3 个测值仍不能满要求，可再发射第 5 个射钉并按上述方法进行处理。如果仍不能满足要求时，应把发射枪移动到不同部位重新测试。

表 9–8 射钉测值的容许差

材料	3 个测值的容许差（mm）
水泥砂浆	6
集料最大粒径 <16mm 的混凝土	8
集料最大粒径 <31.5mm 的混凝土	11

第三节 沥青混合料试验方法

沥青混合料主要是由沥青、粗集料、细集料和填料所组成，作为高等级道路路面的主要结构形式之一，沥青路面以其表面平整、坚实、无接缝、行车平稳、舒适、噪声小等优点，在国内外得到广泛的应用。为了保证高等级公路在高速、安全、经济和舒适四个方面的功能要求，沥青混合料除了要具备一定的力学强度，还要具备高温稳定性、低温抗裂性、耐久性、抗滑性等各项技术要求。因此在设计和施工过程中，应对沥青结合料和沥青混合料的各项性能进行准确的检验，以确保沥青路面的工程质量。本节简略介绍沥青混合料的组成结构和技术性能，重点介绍沥青混合料的试验检测技术。

一、沥青混合料马歇尔试验方法

1. 击实法制备沥青混合料马歇尔试件

由于不同的沥青混合料制件方法对沥青混合料的试验结果有较大的影响，因此不少国家对道路沥青混合料试件的制作方法都进行了研究，认为符合路面成型条件的方法主要是轮碾法和振动击实法，模拟路面成型的还有搓揉压实法。下面主要介绍击实法。

（1）目的及适用范围

本方法适用于标准击实法或大型击实法制作沥青混合料试件，以供实验室进行沥青混合料物理力学性质试验使用。标准击实法适用于马歇尔试验、间接拉伸试验等所用的直径 × 高 =101.6mm × 63.5mm 圆柱体试件的成型，大型击实法适用于直径 × 高 =152.4mm × 95.3mm 的大型圆柱体试件的成型。

在进行沥青混合物料配合比设计和实验室人工配制沥青混合料试件时，试件尺寸、矿料规格及试件数量应符合以下基本要求：

当集料公称最大粒径不大于 26.5mm 时，采用标准击实法。一组试件的数量不少于 4 个；当集料公称最大粒径大于 26.5mm 时，宜采用大型击实法。一组试件数量不少于 6 个。

（2）仪具与材料

1）击实仪。

标准击实仪。由击实锤、（ϕ98.5 ± 0.5）mm 平圆形压实头及带手柄的导向棒组成。用人工或机械将压实锤举起，从（457.2 ± 1.5）mm 高度沿导向棒自由落下击实，标准击实锤重量（4536 ± 9）g。

大型击实仪。由击实锤、（ϕ149.5 ± 0.5）mm 平圆形压实头及带手柄的导向棒组成。用人工或机械将压实锤举起，从（457.2 ± 2.5）mm 高度沿导向棒自由落下击实，标准击实锤质量（10210 ± 10）g。

自动击实仪。自动击实仪将标准击实锤及标准击实台安装于一体并用电力驱动使击实锤连续击实试件，且可自动记数，击实速度为（60 ± 5）次 /min。大型电动击实仪的功率不小于250W。

2）标准击实台。用以固定试模，在200mm × 200mm × 457mm的硬木墩上面有一块305mm × 305mm × 25mm的钢板，木墩用4根型钢固定在下面的水泥混凝土板上。木墩采用青冈栎、松或其他干密度为0.67 ～ 0.77g/cm^{3}的硬木制成。人工击实或机械击实必须有此标准击实台。

3）实验室用沥青混合料拌和机。能保证拌和温度并充分拌和均匀，可控制拌和时间，容量不少于10L，搅拌叶自转速度70 ～ 80r/min，公转速度40 ～ 50r/min。

4）脱模器。电动或手动，可无破损地推出圆柱体试件，备有标准圆柱体试件及大型圆柱体试件尺寸的推出环。

5）试模。由高碳钢或工具钢制成，每组包括内径（101.6 ± 0.2）mm、高约87mm的圆柱形金属筒、底座（直径约120.6mm）和套筒（内径101.6mm，高约70mm）各一个。

大型圆柱体试件的套筒外径165.1mm，内径（155.6 ± 0.3）mm、总高83mm、试模内径（1.452 ± 0.2）mm、总高115mm，底座板厚12.7mm、直径172mm。

6）烘箱。大、中型各一台，装有温度调节器。

7）天平或电子秤。用于称量矿料的，感量不大于0.5g；用于称量沥青的，感量不大于0.1g。

8）沥青运动黏度测定设备。毛细管黏度计、赛波特重油黏度计或布洛克菲尔德黏度计。

9）插刀或大螺丝刀。

10）温度计。分度为1℃，量程0 ～ 30℃。易采用有金属插杆的热电偶沥青温度计，金属插杆的长度不小于300mm，数字显示或度盘指针的分度为0.1℃，且有留置读数功能。

11）其他。电炉或煤气炉、沥青熔化锅、拌和铲、标准筛、滤纸（或普通纸）、胶布、卡尺、秒表、粉笔、棉纱等。

（3）试验方法

1）确定制作沥青混合料试件的拌和与压实温度。试件的拌和与压实温度可按表9–9选用，并根据沥青品种和标号作适当调整。针入度小，稠度大的沥青取高限，针入度大，稠度小的沥青取低限，一般取中值。对改性沥青，应根据改性剂的品种和用量，适当提高混合料的拌和和压实温度。对大部分聚合物改性沥青，需要在基质沥青的基础上提高15 ～ 30℃，掺入纤维时，尚需要提高10℃左右。

表 9–9　沥青混合料的拌和及压实温度参考表

沥青结合料种类	拌和温度（℃）	压实温度（℃）
石油沥青	130 ~ 160	120 ~ 150
煤沥青	90 ~ 120	80 ~ 110
改性沥青	160 ~ 175	140 ~ 170

2）成型准备工作。

将各种规格的矿料置于（105 ± 5）℃的烘箱中烘干至恒重（一般不少于 4 ~ 6h）。根据需要，粗集料可先用水冲洗干净后烘干。也可将粗细集料过筛后，用水冲洗再烘干备用；按规定试验方法分别测定不同粒径粗、细集料规格及填料（矿粉）的各种密度，并测定沥青的密度；将烘干分级的粗细集料，按每个试件设计级配要求称其质量，在一金属盘中混合均匀，矿粉单独加热，置于烘箱中预热至沥青拌和温度以上约 15℃（石油沥青通常为 163℃）备用。一般按一组试件（每组 4 ~ 6 个）备料，但进行配合比设计时宜对每个试件分别备料。当用替代法时，对粗集料中粒径大于 26.5mm 的部分，以 13.2 ~ 26.5mm 粗集料等量代替；将采集的沥青试样，用恒温烘箱或油浴、电热套熔化加热至规定的沥青混合料拌和温度备用，但不得超过 175℃。当不得已采用燃气炉或电炉直接加热进行脱水时，必须使用石棉垫隔开；用沾有少许黄油的棉纱擦净试模、套筒及击实座等，并置于 100℃左右烘箱中加热 1h 备用。

3）混合料拌制。

将沥青混合料拌和机预热至拌和温度以上 10℃备用；将每个试件预热的粗细集料置于拌和机中，用小铲适当混合，然后再加入需要数量的已加热至拌和温度的沥青，开动拌和机一边搅拌，一边将拌和叶片插入混合料中拌和 1 ~ 1.5min，然后暂停拌和，加入单独加热的矿粉，继续拌和至均匀为止，并使沥青混合料保持在要求的拌和温度范围内，标准的总拌和时间为 3min。

4）试件成型。

将拌好的沥青混合料，均匀称取一个试件所需的用量（标准试件约 1200g，大型试件约 4050g）。如已知沥青混合料的密度，可根据试件的标准尺寸计算并乘以 1.03 得到要求沥青混合料数量。当一次拌和几个试件时，宜将其倒入经预热的金属盘中，用小铲拌和均匀分成几份，分别取用。试件制作过程中，为防止混合料温度下降，应连盘放入烘箱中保温。

从烘箱中取出预热的试模及套筒，用沾有少许黄油的棉纱擦拭套筒、底座及击实锤底面，将试模装在底座上，垫一张圆形的吸油性小的纸，按四分法从四个方向用小铲将混合料铲入试模中，用插刀沿周边插捣 15 次，中间 10 次。插捣后将沥青混合料表面整平成凸圆弧面。对大型马歇尔试件，混合料分两次加入，每次插捣次数同上。

插入温度计，至混合料中心附近，检查混合料温度。

待混合料温度达到要求的压实温度后，将试模连同底座一起放在击实台上固定，也可在装好的混合料上垫一张吸油性小的圆纸，再将装有击实锤及导向棒的压实头插入试模中，然后开启电动机（或人工）将击实锤从 457mm 的高度自由落下击实规定的次数（75 次或 50 次）。对大型马歇尔试件，击实次数为 75 次（相应于标准击实 50 次的情况）或 112 次（相应于标准击实 75 次的情况）。

试件击实一面后，取下套筒，将试模掉头，装上套筒，然后以同样的方法和次数击实另一面。

试件击实结束后，如上下面垫有圆纸，应立即用镊子取掉，用卡尺量取试件距试模上口的高度并由此计算试件高度。如高度不符合要求时，试件应作废，并按下式调整试件的混合料数量，使高度符合（63.5 ± 1.3）mm（标准试件）或（95.3 ± 2.5）mm（大型试件）的要求。

$$q = q_0 \frac{63.5}{h_0}$$

式中：q——调整后沥青混合料质量，g；

q_0——制备试件的沥青混合料实际用量，g；

h_0——制备试件的实际高度，mm。

卸去套筒和底座，将装有试件的试模横向放置冷却至室温后（不少于 12h），置脱模机上脱出试件。

将试件仔细置于干燥洁净的平面上，供试验用。

2．沥青混合料的马歇尔稳定度试验

马歇尔试验是目前沥青混合料中最重要的试验方法之一，根据不同的试验条件，可分为标准马歇尔试验、浸水马歇尔试验或真空马歇尔试验。

标准马歇尔试验目前主要用于检测沥青混合料的高温性能，所测定的指标有马歇尔稳定度 *MS*、流值 *FL* 和马歇尔模数 *T*，并以这些指标来表征其高温时的稳定性和抗变形能力。稳定度是指在规定的温度和加荷速率下，标准试件的最大破坏荷载；流值是指最大破坏荷载时，试件的垂直变形；马歇尔模数为稳定度除以流值的商。

浸水马歇尔试验主要用来检验沥青混合料受水损害时抵抗剥落的能力，表征指标为残留稳定度，即为沥青混合料试件浸水 48h，浸水后的稳定度与标准马歇尔稳定度的比值，以百分数表示。

（1）目的与适用范围

1）本方法适用于马歇尔稳定度试验和浸水马歇尔稳定度试验，以进行沥青混合料的配合比设计或沥青路面施工质量检验。浸水马歇尔稳定度试验（根据需要，也可进行真空饱水马歇尔试验)供检验沥青混合料受水损害时抵抗剥落的能力时使用，通过测试其水稳定性检验配合比设计的可行性。

2）本方法适用于按击实法成型的标准马歇尔试件圆柱体和大型马歇尔试件圆柱体。

（2）仪具与材料

1）沥青混合料马歇尔试验仪。分为自动式和手动式。自动马歇尔试验仪应具备控制装置、记录荷载－位移曲线、自动测定荷载与试件的垂直变形，能自动显示和存储或打印试验结果等功能。手动式由人工操作，试验数据通过操作者目测后读取。

对用于高速公路和一级公路的沥青混合料宜采用自动马歇尔试验仪。

当集料公称最大粒径不大于 26.5mm 时，宜采用 ϕ101.66mm × 63.5mm 的标准马歇尔试件，试验仪最大荷载不得小于 251kN，读数准确至 0.1kN，加载速率应能保持（50 ± 5）mm/min。钢球直径（16 ± 0.05）mm，上下压头曲率半径为（50.8 ± 0.08）mm。

当集料公称最大粒径大于 26.5mm 时，宜采用 ϕ152.4mm × 95.3mm 大型马歇尔件，试验仪最大荷载不得小于 50kN，读数准确至 0.1kN。上下压头的曲率内径为（ϕ152.4 ± 0.2）mm，上下压头间距（19.05 ± 0.1）mm。

2）恒温水槽：控温准确至 1℃，深度不小于 150mm。

3）真空饱水容器：包括真空泵及真空干燥器。

4）烘箱。

5）天平：感量不大于 0.1g。

6）温度计：分度值 1℃。

7）卡尺。

8）其他：棉纱、黄油。

（3）标准马歇尔试验方法

1）准备工作。

按击实法成型马歇尔试件，标准马歇尔试件尺寸应符合直径（101.6 ± 0.2）mm、高（63.5 ± 1.3）mm 的要求。对大型马歇尔试件，尺寸应符合直径（152.4 ± 0.2）mm、高（95.3 土 2.5）mm 的要求。一组试件的数量不得少于 4 个。

测量试件的直径及高度：用卡尺测量试件中部的直径，用马歇尔试件高度测定器或用卡尺在十字对称的 4 个方向测量离试件边缘 10mm 处的高度，准确至 0.1mm，并以其平均值作为试件的高度。如试件高度不符合（63.5 ± 1.3）mm 或（95.3 ± 2.5）mm 要求或两侧高度差大于 2mm，此试件应作废。

按压实沥青混合料的密度试验的方法测定试件的密度，并计算空隙率、沥青体积百分率、沥青饱和度、矿料间隙率等体积指标。

将恒温水槽调节至要求的试验温度，对黏稠石油沥青或烘箱养生过的乳化沥青混合料为（60 ± 1）℃，对煤沥青混合料为（33.8 ± 1）℃，对空气养生的乳化沥青或液体沥青混合料为（25 ± 1）℃。

2）试验步骤。

将试件置于已达规定温度的恒温水槽中保温，保温时间对标准马歇尔试件需 30 ～ 40min，对大型马歇尔试件需 45 ～ 60min，试件之间应有间隔，底下应垫起，距水槽底部不小于 5cm。

将马歇尔试验仪的上下压头放入水槽或烘箱中达到同样温度。将上下压头从水槽或烘箱中取出擦拭干净内面。为使上下压头滑动自如，可在下压头的导棒上涂少量黄油。再将试件取出置于下压头上，盖上上压头，然后装在加载设备上。

在上压头的球座上放妥钢球，并对准荷载测定装置的压头。

当采用自动马歇尔试验仪时，将自动马歇尔试验仪的压力传感器、位移传感器与计算机或 *X–Y* 记录仪正确连接，调整好适宜的放大比例，压力和位移传感器调零。

当采用压力环和流值计时，将流值计安装在导棒上，使导向套管轻轻地压住上压头，同时将流值计读数调零。调整压力环中的百分表，对零。

启动加载设备，使试件承受荷载，加载速度为（50 ± 5）mm/min。计算机或 *X–Y* 记录仪自动记录传感器压力和试件变形曲线，并将数据自动存入计算机。

当试验荷载达到最大值的瞬间，取下流值计，同时读取压力环中百分表读数及流值计的流值读数。

从恒温水槽中取出试件至测出最大荷载值的时间，不得超过 30s。

（4）浸水马歇尔试验方法

浸水马歇尔试验方法与标准马歇尔试验方法的不同之处在于，试件在已达规定温度恒温水槽中的保温时间为 48h，其余步骤均与标准马歇尔试验方法相同。

（5）真空饱水马歇尔试验方法

试件先放入真空干燥器中，关闭进水胶管，开动真空泵，使干燥器的真空度达到 97.3kPa 以上，维持 15min；然后打开进水胶管，靠负压进入冷水流使试件全部浸入水中，浸水 15min 后恢复常压，取出试件再放入已达规定温度的恒温水槽中保温 48h。其余均与标准马歇尔试验方法相同。

（6）计算

1）试件的稳定度及流值。

当采用自动马歇尔试验仪时，将计算机采集的数据绘制成压力和试件变形曲线，或由 X–Y 记录仪自动记录的荷载 – 变形曲线，以 mm 计，准确至 0.1mm。最大荷载即为稳定度 MS，以 kN 计，准确至 0.01kN。

采用压力环和流值计测定时，根据压力环标定曲线，将压力环中百分表的读数换算为荷载值，或者由荷载测定装置读取的最大值即为试样的稳定度 MS，以 kN 计，准确至 0.01kN。由流值计及位移传感器测定装置读取的试件垂直变形，即为试件的流值 FL，以 mm 计，准确至 0.1mm。

2）试件的马歇尔模数按下式计算。

$$T=\frac{MS}{FL}$$

式中：T——试件的马歇尔模数，kN/mm；

MS——试件的稳定度，kN；

FL——试件的流值，mm。

3）试件的浸水残留稳定度按下式计算。

$$MS_0=\frac{MS_1}{MS}\times 100$$

式中：MS_0——试件的浸水残留稳定度，%；

MS_1——试件浸水 48h 后的稳定度，kN。

4）试件的真空饱水残留稳定度按下式计算。

$$MS_0^{'}=\frac{MS_2}{MS}\times 100$$

式中：MS_0——试件的真空饱水残留稳定度，%；

MS_2——试件真空饱水后浸水 48h 后的稳定度，kN。

（7）报告

1）当一组测定值中某个测定值与平均值之差大于标准差的 k 倍时，该测定值应予舍弃，并以其余测定值的平均值作为试验结果。当试件数目 n 为 3、4、5、6 个时，k 值分别为 1.15、1.46、1.67、1.82。

2）报告中需列出马歇尔稳定度、流值、马歇尔模数，以及试件尺寸、密度、空隙率、沥青用量、沥青体积百分率、沥青饱和度、矿料间隙率等各项物理指标。当采用自动马歇尔试验时，试验结果应附上荷载－变形曲线原件或自动打印结果。

3．沥青路面芯样马歇尔试验

（1）目的与适用范围

本方法适用于从沥青路面钻取的芯样进行马歇尔试验，供评定沥青路面施工质量是否符合设计要求或进行路况调查。标准芯样钻孔试件的直径为100mm，适用的试件高度为30～80mm；大型钻孔试件的直径为150mm，适用的试件高度为80～100mm。

（2）仪具与材料技术要求

本方法所用的仪具与材料与本任务沥青混合料马歇尔试验相同。

（3）方法与步骤

1）按现行《公路路基路面现场测试规程》的方法钻取压实沥青混合料路面芯样试件。

2）试验前必须将芯样试件黏附的黏层油、透层油和松散颗粒等清理干净。对与多层沥青混合料联结的芯样，宜采用以下方法进行分离：

在芯样上对不同沥青混合料层间画线作标记，然后将芯样在0℃以下冷却20～25min；取出芯样，用宽5cm以上的凿子对准层间画线标记处，用锤子敲打凿子，在敲打过程中不断旋转试件，直到试件分开；如果以上方法无法将试件分开，特别是层与层之间的界线难以分清时，宜采用切割方法进行分离。切割时需要连续加冷却水切割，并注意观察切割后的试件不能含有其他层次的混合料。

3）试件宜在阴凉处存放（温度不宜高于35℃），放置在水平的地方，注意不要使试件产生变形等。

4）测定试件的密度，并计算空隙率、沥青体积百分率、沥青饱和度、矿料间隙率等体积指标。

5）卡尺测定试件的直径，取两个方向的平均值。

6）测定试件的高度，取4个对称位置的平均值，准确至0.1mm。

二、沥青混合料热稳定性试验方法

沥青混合料是一种典型的流变性材料，它的强度和劲度模量随温度升高而降低。所以沥青路面在夏季高温时，在重交通荷载重复作用下，由于交通的渠化，在轮迹带逐渐形成变形下凹、两侧鼓起的所谓“车辙”，这是现代高等级沥青路面最常见的病害。沥青混合料高温稳定性是指沥青混合料夏季高温通常为60℃条件下，经车辆荷载长期重复作用后，不产生车辙和波浪等病害的性能。

我国现行规范规定，采用马歇尔稳定度试验进行沥青混合料级配设计；对高速公路、一级公路、城市快速路、主干路用沥青混合料，还应通过车辙试验动稳定度指标检验其抗车辙性能。

1．沥青混合料车辙试件制作（轮碾法）

（1）目的与适用范围

1）本方法规定了在实验室用轮碾法制作沥青混合料试件的方法，以供进行沥青混合料物理力学性质试验时使用。

2）轮碾法适用于 300mm × 300mm ×（50 ~ 100）mm（长 × 宽 × 厚）板块状试件的成型，此试件可用切割机切制成棱柱体试件，或在实验室用取芯机钻取试样。成型试件的密度应符合马歇尔标准击实试样密度 100% ± 1% 的要求。

3）沥青混合料试件制作时的试件厚度可根据集料粒径大小及工程需要进行选择。对于集料公称最大粒径不大于 19mm 的沥青混合料，宜采用 300mm × 300mm × 50mm（长 × 宽 × 厚）的板块试模成型；对于集料公称最大粒径不小于 26.5mm 的沥青混合料，宜采用 300mm × 300mm ×（80 ~ 100）mm（长 × 宽 × 厚）的板块试模成型。

（2）仪具与材料技术要求

1）轮碾成型机。具有与钢筒式压路机相似的圆弧形碾压轮，轮宽 300mm，压实线荷载为 300N/cm，碾压行程等于试件长度，经碾压后的板块状试件可达到马歇尔试验标准击实密度的 100% ± 1% 的要求。

2）实验室用沥青混合料拌和机。能保证拌和温度并充分拌和均匀，可控制拌和时间，宜采用容量大于 30L 的大型沥青混合料拌和机，也可采用容量大于 10L 的小型拌和机。

3）试模。由高碳钢或工具钢制成，试模尺寸应保证成型后符合要求试件尺寸的规定。实验室制作车辙试验板块状试件的标准试模如内部平面尺寸为 300mm × 300mm ×（50 ~ 100）mm（长 × 宽 × 厚）。

4）切割机。实验室用金刚石锯片切割机（单锯片或双锯片切割机）或现场用路面切割机，有淋水冷却装置，其切割厚度不小于试件厚度。

5）钻孔取芯机。用电力或汽油机、柴油机驱动，有淋水冷却装置。金刚石钻头的直径根据试件直径的大小选择（100mm 或 150mm）。钻孔深度不小于试件厚度，钻头转速不小于 1000r/min。

6）烘箱。大、中型各 1 台，装有温度调节器。

7）台秤、天平或电子秤。称量 5kg 以上的，感量不大于 1g；称量 5kg 以下的，用于称量矿料的感量不大于 0.5g，用于称量沥青的感量不大于 0.1g。

8）沥青黏度测定设备。布洛克菲尔德黏度计、真空减压毛细管。

9）小型击实锤。钢制端部断面 80mm × 80mm，厚 10mm，带手柄，总质量 0.5kg

左右。

10）温度计。分度值。宜采用有金属插杆的插入式数显温度计，金属插杆的长度不小于 150mm。量程 0 ~ 300℃。

11）其他。电炉或煤气炉、沥青熔化锅、拌和铲、标准筛、滤纸、胶布、卡尺、秒表、粉笔、垫木、棉纱等。

（3）准备工作

按马歇尔试件成型的方法决定制作沥青混合料试件的拌和与压实温度。常温沥青混合料的拌和及压实在常温下进行；按沥青混合料取样法在拌和厂或施工现场采取代表性的沥青混合料，如混合料温度符合要求，可直接用于成型。在实验室人工配制沥青混合料时，按马歇尔试件成型的方法准备矿料及沥青。常温沥青混合料的矿料不加热。

将金属试模及小型击实锤等置 100℃左右烘箱中加热 1h 备用。常温沥青混合料用试模不加热。

按马歇尔试件成型的方法拌制沥青混合料。当采用大容量沥青混合料拌和机时，宜一次拌和；当采用小型混合料拌和机时，可分两次拌和。混合料质量及各种材料数量由试件的体积按马歇尔标准密度乘以 1.03 的系数求得。常温沥青混合料的矿料不加热。

（4）轮碾成型方法

在实验室用轮碾成型机制备试件。试件尺寸可为 300mm × 300mm ×（50 ~ 100）mm（长 × 宽 × 厚）。试件的厚度可根据集料粒径大小选择，同时根据需要厚度也可以采用其他尺寸，但混合料一层碾压的厚度不得超过 100mm。

将预热的试模从烘箱中取出，装上试模框架；在试模中铺一张裁好的普通纸（可用报纸），使底面及侧面均被纸隔离；将拌和好的全部沥青混合料（注意不得散失，分两次拌和的应倒在一起），用小铲稍加拌和后均匀地沿试模由边至中按顺序转圈装入试模，中部要略高于四周。

取下试模框架，用预热的小型击实锤由边至中转圈夯实一遍，整平成凸圆弧形。

插入温度计，待混合料达到《公路工程沥青及沥青混合料试验规程》中 T0702 规定的压实温度（为使冷却均匀，试模底下可用垫木支起）时，在表面铺一张裁好尺寸的普通纸。

成型前将碾压轮预热至 100℃左右；然后，将盛有沥青混合料的试模置于轮碾机的平台上，轻轻放下碾压轮，调整总荷载为 9kN（线荷载 300N/cm）。

启动轮碾机，先在一个方向碾压 2 个往返（4 次）；卸荷；再抬起碾压轮，将试件调转方向；再加相同荷载碾压至马歇尔标准密实度 100% ± 1% 为止。试件正式压实前，应经试压，测定密度后，确定试件的碾压次数。对普通沥青混合料，一般12个往返（24次）左右可达要求（试件厚为50mm）。

压实成型后，揭去表面的纸，用粉笔在试件表面标明碾压方向。

2．沥青混合料车辙试验

车辙试验最初是英国道路研究所开发的，由于试验方法比较简单直观，而且与实际路面车辙的相关性好，因此在日本、欧洲、北美等地得到广泛应用。目前我国也将车辙试验用于测定沥青混合料的高温抗车辙能力。

车辙试验是用标准的成型方法，制成标准的混合料试件，在60℃的温度下，以一定荷载的轮子在同一轨迹做一定时间的反复行走，然后计算试件变形1mm所需车轮行走的次数，即动稳定度。动稳定度是评价沥青混凝土路面高温稳定性的一项指标，也是沥青混合料配合比设计时的一项辅助性检验指标。

（1）目的与适用范围

1）本方法适用于测定沥青混合料的高温抗车辙能力，供沥青混合料配合比设计时的高温稳定性检验使用，也可用于现场沥青混合料的高温稳定性检验。

2）车辙试验的温度与轮压（试验轮与试件的接触压强）可根据有关规定和需要选用，非经注明，试验温度为60℃，轮压为0.7MPa。根据需要，如在寒冷地区也可采用45℃，在高温条件下试验温度可采用70℃等，对重载交通的轮压可增加至1.4MPa，但应在报告中注明。计算动稳定度的时间原则上为试验开始后45 ~ 60min之间。

3）本方法适用于用轮碾成型机碾压成型的长300mm、宽300mm、厚50 ~ 100mm的板块状试件。根据工程需要也可采用其他尺寸的试件。本方法也适用于现场切割板块状试件，切割试件的尺寸根据现场面层的实际情况由试验确定。

（2）仪具与材料技术要求

1）车辙试验机。它主要由下列部分组成：

试件台。可牢固地安装两种宽度（300mm及150mm）规定尺寸试件的试模。

试验轮。橡胶制的实心轮胎，外径200mm，轮宽50mm，橡胶层厚15mm。橡胶硬度（国际标准硬度）20℃时为84 ± 4，60℃时为78 ± 2。试验轮行走距离为（230 ± 10）mm，往返碾压速度为（42 ± 1）次/min（21次往返/min）。采用曲柄连杆驱动加载轮往返运行方式。

这里要说明的是：轮胎橡胶硬度应注意检验，不符合要求的应及时更换。

加载装置。通常情况下试验轮与试件的接触压强在60℃时为（0.7 ± 0.05）MPa，施加的总荷载为780N左右，根据需要可以调整接触压强大小。

试模。钢板制成，由底板及侧板组成，试模内侧尺寸宜采用长为300mm，宽为

300mm，厚为 50 ~ 100mm，也可根据需要对厚度进行调整。

试件变形测量装置。自动采集车辙变形并记录曲线的装置，通常用位移传感器 LVDT 或非接触位移计。位移测量范围 0 ~ 130mm，精度 ±0.01mm。

温度检测装置。自动检测并记录试件表面及恒温室内温度的温度传感器，精度 ±0.5℃。温度应能自动连续记录。

2）恒温室。恒温室应具有足够的空间。车辙试验机必须整机安放在恒温室内，装有加热器、气流循环装置及自动温度控制设备，同时恒温室还应有至少能保温 3 块试件并进行试验的条件。保持恒温室温度（60±1）℃［试件内部温度（60±0.5）℃］，根据需要也可采用其他试验温度。

3）台称。量程 15kg，感量不大于 5g。

（3）方法与步骤

1）准备工作。

试验轮接地压强测定。测定在 60℃时进行，在试验台上放置一块 50mm 厚的钢板，其上铺一张毫米方格纸，上铺一张新的复写纸，以规定的 70N 荷载后试验轮静压复写纸，即可在方格纸上得出轮压面积，并由此求得接地压强。当压强不符合（0.7±0.05）MPa 时，荷载应予适当调整。

用轮碾成型法制作车辙试验试块。在实验室或工地制备成型的车辙试件，板块状试件尺寸为 300mm×300mm×（50 ~ 100）mm（长 × 宽 × 厚，厚度根据需要确定）。也可从路面切割得到需要尺寸的试件。

当直接在拌和厂取拌和好的沥青混合料样品制作车辙试验试件检验生产配合比设计或混合料生产质量时，必须将混合料装入保温桶中，在温度下降至成型温度之前迅速送达实验室制作试件。如果温度稍有不足，可放在烘箱中稍事加热（时间不超过 30min）后成型，但不得将混合料放冷却后二次加热重塑制作试件。重塑制件的试验结果仅供参考，不得作为评定配合比设计检验是否合格的标准。

如需要，将试件脱模按规范规定的方法测定密度及空隙率等各项物理指标。

试件成型后，连同试模一起在常温条件下放置的时间不得少于 12h。对聚合物改性沥青混合料，放置的时间以 48h 为宜，使聚合物改性沥青充分固化后方可进行车辙试验，室温放置时间不得长于一周。

2）试验步骤。

将试件连同试模一起，置于已达到试验温度（60±1）℃的恒温室中，保温不少于 5h，也不得超过 12h。在试件的试验轮不行走的部位上，粘贴一个热电偶温度计（也可在试件制作时预先将热电偶导线埋入试件一角），控制试件温度稳定在（60±0.5）℃。

将试件连同试模移置于轮辙试验机的试验台上，试验轮在试件的中央部位，其行走方向须与试件碾压或行车方向一致。开动车辙变形自动记录仪，然后启动试验机，使试验轮往返行走，时间约1h，或最大变形达到25mm时为止。试验时，记录仪自动记录变形曲线及试件温度。

这里要说明的是：对试验变形较小的试件，也可对一块试件在两侧1/3位置上进行两次试验，然后取平均值。

（4）计算

1）从曲线上读取45min（t_1）及60min（t_2）时的车辙变形d_1及d_2，准确至0.01mm。当变形过大，在未到60mim变形已达25mm时，则以达到25mm（d_2）的时间为t_2，将其前15min为t_1，此时的变形量为d_1。

2）沥青混合料试件的动稳定度按下式计算。

式中：DS——沥青混合料的动稳定度，次/min；

d_1——对应于时间t_1的变形量，mm；

d_2——对应于时间t_2的变形量，mm；

C_1——试验机类型系数，曲柄连杆驱动加载轮往返运行方式为1.0；链驱动试验轮的等速方式为1.5；

C_2——试件系数，实验室制备宽300mm的试件为1.0；从路面切割的宽150mm的试件为0.8；

N——试验轮往返碾压速度，通常为42次/min。

（5）报告

1）同一沥青混合料或同一路段路面，至少平行试验3个试件。当3个试件动稳定度变异系数不大于20%时，取其平均值作为试验结果；当变异系数大于20%时应分析原因，并追加试验。如计算动稳定度值大于6000次/mm，记作：>6000次/mm。

2）试验报告应注明试验温度、试验轮接地压强、试件密度、空隙率及试件制作方法等。

（6）允许误差

重复性试验动稳定度变异系数不大于20%。

三、沥青混合料水稳定性试验方法

沥青混合料受空气、温度和水分等环境因素的影响较大，同时，还与集料种类、沥青混合料成分、沥青含量（沥青膜厚度）、压实程度等因素有关。沥青路面耐久性优劣的一个重要方面即水稳定性。由水引起的沥青路面的损坏通称为“水损坏”，路面主要表现为麻面、唧浆、松散和坑槽等，它是一个普通的问题，已引起世界各国的注意，道路工作者对此进行了广泛的研究，提出了许多理论方法。就评价沥青路面水稳性方面，通常采用的方法分为两大类：第一类是沥青与矿料的黏附性试验，这类试验方法主要适用于判断沥青与粗集料（不包含矿粉）的黏附性，属于这类的试验方法有水煮法和静态浸水法；第二类是沥青混合料的水稳性试验，这类试验方法适用于级配矿料与适量沥青拌和成混合料，制成试样后，测定沥青混合料在水的作用下力学性质发生变化的程度，这类方法与沥青在路面中的使用状态较为接近，测试方法有浸水马歇尔试验、真空饱水马歇尔试验以及冻融劈裂试验。

1. 沥青与矿料的黏附性试验方法

（1）目的与适用范围

沥青与矿料黏附性试验是根据沥青黏附在粗集料表面的薄膜在一定温度下，受水的作用产生剥离的程度，以判断沥青与集料表面的黏附性能；本方法适用于检验沥青与粗集料表面的黏附性及评定粗集料的抗水剥离能力。对于最大粒径大于13.2mm 的集料应用水煮法，对最大粒径不大于 13.2mm 的集料应用水浸法进行试验。当同一种料源集料最大粒径既有大于又有小于 13.2mm 的集料时，取大于 13.2mm 水煮法试验为标准，对细粒式沥青混合料应以水浸法试验为标准。

（2）仪具与材料技术要求

天平：量程 500g，感量不大于 0.01g。

恒温水槽：能保持温度（80 ± 1）℃。

拌和用小型容器：500mL。

烧杯：1000mL。

试验架。

细线：尼龙线或棉线、铜丝线。

铁丝网。

标准筛：方孔筛，9.5mm、13.2mm、19mm 各 1 个。

烘箱：装有自动温度调节器。

电炉、燃气炉。

玻璃板：200mm × 200mm 左右。

搪瓷盘：300mm × 400mm 左右。

其他：拌和铲、石棉网、纱布、手套等。

（3）水煮法试验

适用于粒径大于 13.2mm 粗集料的试验方法。

1）准备工作。

将集料过 13.2mm、19mm 筛，取粒径 13.2 ~ 19mm 形状接近立方体的规则集料

5个，用洁净水洗净，置温度为（105±5）℃的烘箱中烘干，然后放在干燥器中备用；大烧杯中盛水，并置于加热炉的石棉网上煮沸。

2）试验步骤。

将集料逐个用细线在中部系牢，再置（105±5）℃烘箱内1h。按《公路工程沥青及沥青混合料试验规程》T0602的方法准备沥青试样；逐个用线提起加热的矿料颗粒，浸入预先加热的沥青（石油沥青130～150℃）中45s后，轻轻拿出，使集料颗粒完全为沥青膜所裹覆；将裹覆沥青的集料颗粒悬挂于试验架上，下面垫一张纸，使多余的沥青流掉，并在室温下冷却15min；待集料颗粒冷却后，逐个用线提起，浸入盛有煮沸水的大烧杯中央，调整加热炉，使烧杯中的水保持微沸状态，但不允许有沸开的泡沫；浸煮3min后，将集料从水中取出，适当冷却；然后放入一个盛有常温水的纸杯等容器中，在水中观察矿料颗粒上沥青膜的剥落程度，并按表9-10评定其黏附性等级。

表9-10　沥青与集料的黏附性等级

试验后集料表面上沥青膜剥落情况	黏附性等级
沥青膜完全保存，剥离面积百分率接近于0	5
沥青膜少部为水所移动，厚度不均匀，剥离面积百分率小于10%	4
沥青膜局部明显地为水所移动，基本保留在集料表面上，剥离面积百分率小于30%	3
沥青膜大部为水所移动，局部保留在集料表面上，剥离面积百分率大于30%	2
沥青膜完全为水所移动，集料基本裸露，沥青全浮于水面上	1

同一试样应平行试验5个集料颗粒，并由两名以上经验丰富的试验人员分别评定后取平均等级作为试验结果。

（4）水浸法试验

适用于粒径小于13.2mm粗集料的试验方法。

1）准备工作。

将集料过9.5mm、13.2mm筛，取粒径9.5～13.2mm形状规则的集料200g用洁净水洗净，并置温度为（105±5）℃的烘箱中烘干，然后放在干燥器中备用；按《公路工程沥青及沥青混合料试验规程》T0602准备沥青试样，加热至按T0702的要求决定的拌和温度；将煮沸过的热水注入恒温水槽中，并维持温度（80±1）℃。

2）试验步骤。

按四分法称取集料颗粒（9.5～13.2mm）100g置搪瓷盘中，连同搪瓷盘一起放入已升温至沥青拌和温度以上5℃的烘箱中持续加热1h；按每100g集料加入沥青

（5.5 ± 0.2）g 的比例称取沥青，准确至 0.1g，放入小型拌和容器中，一起置入同一烘箱中加热 15min；将搪瓷盘中的集料倒入拌和容器的沥青中后，从烘箱中取出拌和容器，立即用金属铲均匀拌和 1 ~ 1.5min，使集料完全被沥青薄膜裹覆；然后，立即将裹有沥青的集料取 20 个，用小铲移至玻璃板上摊开，并置室温下冷却 1h；将放有集料的玻璃板浸入温度为（80 ± 1）℃的恒温水槽中，保持 30min，并将剥离及浮于水面的沥青用纸片捞出；由水中小心取出玻璃板，浸入水槽内的冷水中，仔细观察裹覆集料的沥青薄膜的剥落情况。由两名以上经验丰富的试验人员分别目测，评定剥离面积的百分率，评定后取平均值。

这里要说明的是：为使估计的剥离面积百分率较为正确，宜先制取若干个不同剥离率的样本，用比照法目测评定。不同剥离率的样本，可用加不同比例抗剥离剂的改性沥青与酸性集料拌和后浸水得到，也可由同一种沥青与不同集料品种拌和后浸水得到，逐个仔细计算得出样本的剥离面积百分率。

（5）报告

试验结果应报告采用的方法及集料粒径。

2．浸水马歇尔试验方法

根据试件的浸水马歇尔稳定度和标准马歇尔稳定度，求得试件浸水残留稳定度。

3．真空饱水马歇尔试验方法

根据试件的真空饱水稳定度和标准稳定度，求得试件真空饱水残留稳定度。

4．冻融劈裂试验方法

冻融劈裂试验方法是将标准马歇尔试件分为两组，一组在 25℃水温中浸泡 2h 后，测定劈裂强度；第二组饱水过程如下：常温下（约 25℃）浸水 20min，0.09MPa 真空下浸水 15min 后恢复常压，−18℃冰箱中置放 16h，60℃水浴中恒定 24h，25℃水温中浸泡 2h 后，测定劈裂强度。测试劈裂强度时可在马歇尔仪上下各安装一根压条，压条宽度为 12.7min，内侧曲率半径为 50.8mm，压条两端均应磨平。将两压条对齐进行劈裂试验，然后按公式 $R=0.006287F_T/h$ 计算劈裂强度，其中 F_T 为劈裂压力（N），h 为马歇尔试件高度（mm），尺为劈裂强度（MPa）。第一级强度为 R_1，第二级强度为 R_2，则残留强度为 $R_o = R_2 / R_1 \times 100\%$，其值越大，表示抗水害性能越好。

第十章　沥青路面几何尺寸及路面厚度检测

第一节　路面现场测试随机选点方法

对公路路基路面各个层次进行各种测定时，为了公正、合理地反映工程质量状况，现场测试选点的位置不应带有任何倾向性，应该根据随机取点的方法来确定测点和断面以及测点区间断面、测点区间的具体位置。随机取样选点是按照数理统计原理，在路基路面现场测定时决定测定断面、测定区间、测点位置的方法。

随着计算机的普及，也可以采用 Excel 电子表格等软件或计算器中的随机函数代替模数来计算测点位置。

现场测试随机选点法需要的仪具及材料如下：

（1）量尺：钢尺、皮尺等。

（2）硬纸片：编号从 1 ~ 28，共 28 块，每块大小 2.5cm × 2.5cm，装在一个布袋中。

（3）骰子：2 个。

（4）其他：毛刷、粉笔等。

一、测定断面或测定区间的确定方法

检测路段是根据路基路面施工或者验收、质量评定方法等有关规范中需检测的路段，它可以是一个作业段、一天完成的路段或路线全程。在路基路面工程检查验收时，通常以 1km 为一个检测路段。下面主要介绍测定断面的确定步骤（检测路段的确定与本方法相同）。

（1）将确定的测试路段划分为一定长度的区间或按桩号间距（一般为 20m）划分若干断面。将其编为第 n 个区间或者第 n 个断面，其总的区间数或断面数为 n。

（2）从布袋中随机摸出一块硬纸片，硬纸片上的号数即为栏号，从 1 ~ 28 栏

中选出该栏号的一栏。

（3）按照测定区间数、断面数的频度要求确定测点断面的取样总数 n。依次找出与 A 列中 01，02，…，n 对应的 B 列中的值，共 n 对对应的 A、B 值。当 $n>30$ 时应分次进行。

（4）将 n 个 B 值与总的区间数或者断面数 T 相乘，四舍五入成整数，即得到 n 个断面的编号，与 A 栏的 1，2，…，n 对应。

（5）查断面编号对应的桩号。即为拟检测的断面。

二、测点位置确定方法

（1）从布袋中任意取出一块硬纸片，纸片上的号数的栏号中，从 1 ～ 28 栏中选出该栏号的一栏。

（2）按照测点数的频度要求（总的取样为 n），依次找出栏号的取样位置数，每个栏号均有 A、B、C 三列，根据取样总数 n（当 n 大于 30 时应分次进行）在所定栏号的 A 列找出等于所需取样位置数的全部数，如 01，02，…，n。

（3）确定取样位置的纵向距离，找出与 A 列中相对应的 B 列中的数值，以此数乘以检测区间总长度，并加上该段的起点桩号，即得出取样位置距该线段起点的距离或桩号。

（4）确定取样位置的横向间距，找出与 A 列中相对应的 C 列中的数值，以此数乘以检查路面的宽度，再减去宽度的一般，即得取样位置离路中心线的距离。如差值是正值（+），表示在中心线的右侧，如差值是负值（–），表示在中心线的左侧。

三、路基路面取样方法

公路路基路面施工完成后，为检测其是否达到质量要求，需要对其进行现场相关测试，测试时的取样方法也决定了其工程质量是否能达到规定标准。

从路面上钻孔取样是近年来广泛采用的标准试验方法，对水泥混凝土面层、沥青混合料面层，或水泥、石灰、粉煤灰等无机结合料稳定基层取样，以测定其厚度、密度、材料级配或其他物理力学性质，通常用路面取芯钻机或路面切割机在现场钻取或切割路面的代表性试样。钻孔采取芯样的直径不宜小于最大集料粒径的 3 倍。

1．仪具与材料

路面取芯钻机。牵引式（可用手推）或车载式，钻机由发动机或电力驱动，钻头直径根据需要确定，选用 ϕ100mm 或 150mm 的钻头，均有淋水冷却装置；对水泥混凝土面层及沥青混合料面层采用 ϕ100mm，对水泥、石灰等无机结合料稳定基层，细粒土可使用 ϕ100mm，粗粒土可使用 ϕ150mm。

路面切割机。牵引式或手推式，由发动机或电力驱动，也可利用汽车动力由液压泵驱动，附金刚石锯片，有淋水冷却装置。

台秤、盛样器或铁盘等。

干冰。

试样标签。

其他。镐、铁锹、量尺（绳）、毛刷、硬纸及棉纱等。

2. 方法与步骤

（1）准备工作

测试路段的选定：可以是一个作业段、一天完成的路段，或按相关规范的规定选取一定长度的检测路段；按路基路面现场测试随机选点的方法确定取样位置；将取样位置清扫干净。

（2）取样步骤

1）在取样地点的路面上，先用粉笔对钻孔位置做出标记或画出切割路面的大致面积，切割路面的面积根据取样目的和需要确定。

2）用钻机在取样地点垂直对准路面放下钻头，牢固安放钻机，使其在运转过程中不得移动。

3）开放冷却水，启动电动机，徐徐压下钻杆，钻取芯样，但不得使劲压下钻头。待钻透整个结构层后，上抬钻杆，拔出钻头，停止转动，不得使芯样损坏，取出芯样。沥青混合料或水泥混凝土芯样可用清水漂洗干净备用。

在此应说明：由于试验需要不能用冷水冷却时，应采用干钻孔。此时，为保护钻头，可先用干冰约 3kg 放在取样位置上，冷却路面约 1h，钻孔时通常以低温 CO_2 等冷却气体代替冷却水。

4）用切割机切割时，将锯片对准切割位置，开放冷却水，启动电动机，徐徐压下锯片达到要求深度（厚度），仔细向前推进，到需要一定长度后抬起锯片，四面全部锯完后，用镐或铁锹仔细取出芯样，取得的路面试块应保持边角完整，颗粒不得散失。

5）采用的路面混合料试样应整层取样，试样不得破碎。

6）将钻取的芯样或切割的试块妥善放置在盛样器中，必要时用塑料袋封装。

7）填写试样标签，一式两份，一份贴在试样上，另一份作为记录备查。

8）对钻孔或切割的路面坑洞，应采用同类型材料填补压实。取样时留下的水分应用干净的棉纱等吸走，待干燥后再填补。

第二节 路面几何尺寸测试方法

一、检测项目及要求

在路基路面施工过程中、交工验收期间及旧路调查中，都需要检测路基路面各部分的几何尺寸，以保证其符合规定的要求。本方法适用于路基路面各部分的宽度、纵断面高程、横坡及中线偏位等几何尺寸的检测，以供道路施工过程、路面交竣工验收及旧路调查使用。

几何尺寸检测所用的仪器与材料如下：

（1）长度量具：钢卷尺。

（2）经纬仪、精密水准仪、塔尺或全站仪。

（3）其他：粉笔等。

二、准备工作

在路基或路面上准确恢复桩号；根据有关施工规范或《公路工程质量检验评定标准（土建工程）》的要求，按随机选点的方法，在一个检测路段内选取测定的断面位置及里程桩号，在测定断面做上标记。通常将路面宽度、横坡、高程及中线平面偏位选取在同一断面位置，且宜在整数桩号上测定；根据道路设计的要求，确定路基路面各部分的设计宽度的边界位置，在测定位置上用粉笔做上记号；根据道路设计的要求，确定设计高程的纵断面位置，在测定位置上用粉笔做上记号；根据道路设计的要求，在与中线垂直的横断面上确定成型后路面的实际中心线位置；根据道路设计的路拱形状，确定曲线与直线部分的交界位置及路面与路肩（或硬路肩）的交界处，作为横坡检验的基准；当有路缘石或中央分隔带时，以两侧路缘石边缘为横坡测定的基准点，用粉笔做上记号。

三、路基路面各部分的宽度及总宽度测试步骤

用钢尺沿中心线垂直方向水平量取路基路面各部分的宽度，对高速公路及一级公路，准确至 0.005m；对其他等级公路，准确至 0.01m。测量时钢尺应保持水平，不得将尺紧贴路面量取，也不得使用皮尺。

按下式计算各个断面的实测宽度与设计宽度 B_{oi} 之差。总宽度为路基路面各部分宽度之和。

$$\Delta B_i = B_{1i} - B_{oi}$$

式中：B_{1i}——各断面的实测宽度，m；

B_{oi}——各断面的设计宽度，m；

ΔB_i——各断面的实测宽度和设计宽度的差值，m。

四、纵断面高程测试步骤

（1）将精密水平仪架设在路面平顺处调平，将塔尺竖立在中线的测定位置上，以路线附近的水准点高程作为基准。测记测定点的高程读数，准确至0.001m。

（2）连续测定全部测点，并与水准点闭合。

按下式计算各个断面的实测高程 H_{1i} 与设计高程 H_{oi} 之差。

$$\Delta H_i = H_{1i} - H_{oi}$$

式中：H_{1i}——各个断面的纵断面实测高程，m；

H_{0i}——各个断面的纵断面设计高程，m；

ΔH_i——各个断面的纵断面实测高程和设计高程的差值，m。

五、路面横坡测试步骤

（1）设有中央分隔带的路面：将精密水准仪架设在路面平顺处调平，将塔尺分别竖立在路面与中央分隔带分界的路缘带边缘 d_1 处及路面与路肩交界位置（或外侧路缘石边缘）d_2 处，d_1 与 d_2 两测点必须在同一横断面上，测量 d_1 与 d_2 处的高程，记录高程读数，准确至0.001m。

（2）无中央分隔带的路面：将精密水准仪架设在路面平顺处调平，将塔尺分别竖立在路拱曲线与直线部分的交界位置 d_1 及路面与路肩（或硬路肩）的交界位置 d_2 处，d_1 与 d_2 两测点必须在同一横断面上，测量 d_1 与 d_2 处的高程，记录高程读数，准确至0.001m。

（3）用钢尺测量两测点的水平距离，对高速公路及一级公路，准确至0.005m；对其他等级公路，准确至0.01m。

各测定断面的路面横坡 i_i 按下式计算，准确至一位小数。按下式计算实测横坡 i_{1i} 与设计横坡 i_{0i} 之差 Δi_i。

$$i_i = \frac{h_{d1} - h_{d2}}{B_i}$$

$$\Delta i_i = i_{1i} - i_{0i}$$

式中：i_{1i}——各测定断面的横坡，%；

h_{d1}、h_{d2}——各断面测点 d_1 及 d_2 处的高程读数，m；

B_i——各断面测点 d_1 与 d_2 之间的水平距离，m；

i_{oi}——各断面的设计横坡，%；

Δi_i——各测定断面的横坡和设计横坡的差值，%。

六、中线偏位测试步骤

（1）有中线坐标的道路：首先从设计资料中查出待测点 P 的设计坐标，用经纬仪对该设计坐标进行放样，并在放样点 P'，做好标记，量取 PP' 的长度，即为中线平面偏位 Δ_{CL}。对高速公路及一级公路，准确至 5mm；对其他等级公路，准确至 10mm。

（2）无中桩坐标的低等级道路：首先恢复交点或转点，实测偏角和距离，然后采用链距法、切线支距法或偏角法等传统方法敷设道路中线的设计位置，量取设计位置与施工位置之间的距离，即为中线平面偏位 Δ_{α}，准确至 10mm。

七、检测报告

以评定路段为单位列出桩号、宽度、高程、横坡以及中线偏位测定的记录表，记录平均值、标准差、变异系数。注明不符合规范要求的断面；纵断面高程测试报告中应报告实测高程与设计高程的差值，低于设计高程为负，高于设计高程为正；路面横坡测试报告中应报告实测横坡与设计横坡的差值。实测横坡小于设计横坡，差值为负；实测横坡大于设计横坡，差值为正。

第三节 路面厚度检测

在路面工程中，各个层次的厚度是和道路整体强度密切相关的。在路面设计中，不管是刚性路面还是柔性路面，只有在保证厚度的情况下，路面的各个层次及整体的强度才能得到保证；严格控制各结构层的厚度，还能对路面的标高起到一定的控制作用。路面厚度是道路检测过程中一个非常重要的指标。

路面各结构层厚度的检测一般与压实度同时进行，当用灌砂法进行压实度检查时，可量取挖坑灌砂深度，即为结构层厚度；当用钻芯取样法检查压实度时，可以直接量取芯样的高度，即为结构层厚度。结构层厚度也可以采用水准仪量测法求得，即在同一测点量出结构层底面及顶面的高程，然后求其差值。这种方法无须破坏路面，测试精度高。目前，国内外还用短脉冲雷达、超声波等方法检测路面结构层厚度。

对于基层或砂石路面的厚度，可用挖坑法测定，沥青面层与水泥混凝土路面板的厚度应用钻孔法测定。路面厚度检测时根据需要选用下列仪具和材料：

挖坑用镐、铲、凿子、锤子、小铲、毛刷。

路面取芯样钻机及钻头、冷却水：钻头的标准直径为 100mm，如芯样仅供测量厚度，不做其他试验时，对沥青面层与水泥混凝土板也可用直径 50mm 的钻头，对基层材料有可能损坏试件时，也可用直径 150mm 的钻头，但钻孔深度均须达到层厚。

量尺：钢板尺、钢卷尺、卡尺。

补坑材料：与检查层位的材料相同。

补坑用具：夯、热夯、水等。

其他：搪瓷盘、棉纱等。

抽检频率：水泥混凝土面层，每 200m 每车道检查 2 处；沥青混凝土、沥青碎石及沥青贯入式面层，每 200m 每车道检查 1 处；水泥稳定粒料基层及石灰稳定土底基层，每 200m 每车道检查 1 处。

一、路面厚度代表值与极值的允许偏差

路面结构层厚度是关系公路工程质量和造价的重要指标，既不能给承包商提供偷工减料的机会，又要考虑正常施工条件下的厚度偏差情况，以确保公路工程质量合格和工程造价合理。因此，常采用平均值的置信下限作为否决指标，单点极值作为扣分指标。几种常采用的路面结构层厚度的代表值与极值的允许偏差见表 10–1。

表 10–1　几种常用路面结构层厚度的代表值与极值的允许偏差

类型与层位	厚度（mm）			
	代表值		合格值	
	高速公路、一级公路	其他公路	高速公路、一级公路	其他公路
水泥混凝土面层	–5	–5	–10	–10
沥青混凝土、沥青碎石面层	总厚度：–8%H 上面层：–10%H	–8%H	总厚度：–10%H 上面层：–20%H	–15%H
沥青贯入式面层	–	–8%H 或 –5mm	–	–15%/H 或 –10mm

续表

类型与层位		厚度（mm）			
		代表值		合格值	
		高速公路、一级公路	其他公路	高速公路、一级公路	其他公路
水泥稳定粒料	基层	-8	-10	-15	-20
	底基层	-10	-12	-25	-30
石灰土	基层	-	-10	-	-25
	底基层	-10	-12	-25	-30

计算一个评定路段检测的厚度的平均值、标准偏差、变异系数，并计算代表厚度。厚度代表值为厚度的算术平均值的置信下限，即

$$h_L = \bar{h} - S\frac{t_\alpha}{\sqrt{n}}$$

式中：h_L——厚度代表值；

$\bar{h}$——厚度平均值；

S——标准偏差；

n——检查数量；

t_α——t 分布中随测点数和保证率（置信度 α）而变化的系数。

采用的保证率：高速公路和一级公路基层、底基层为 99%、面层为 95%；其他公路基层、底基层为 95%、面层为 90%。

当厚度代表值大于等于设计厚度减代表值允许偏差时，则按单个检查值的允许偏差是否超过极值来评定合格率和计算应得分数；当厚度代表值小于设计厚度减去代表值允许偏差时，则厚度指标评分为零分。

沥青面层一般按沥青铺筑层总厚度进行评定，但高速公路和一级公路多分 2 ~ 3 层铺筑，还应进行上面层厚度检查和评定。

二、挖坑法测定路面厚度试验方法

1. 目的与适用范围

本方法适用于路面各层施工过程中的厚度检验及工程交工验收检查使用，一般用于基层或砂石路面的厚度检测。

2. 方法与步骤

（1）根据现行规范的要求，按随机取样的方法，随机取样决定挖坑检查的位置，

如为旧路，该点有坑洞等显著缺陷或接缝时，可在其旁边检测。

（2）在选择试验地点，选一块约 40cm × 40cm 的平坦表面，用毛刷将其清扫干净。

（3）根据材料坚硬程度，选择镐、铲、凿子等适当的工具，开挖这一层材料，直至层位底面。在便于开挖的前提下，开挖面积应尽量缩小，坑洞大体呈圆形，边开挖边将材料铲出，置于搪瓷盘中。

（4）用毛刷将坑底清扫，确认为下一层的顶面。

（5）将钢板尺平放横跨于坑的两边，用另一把钢尺或卡尺等量具在坑的中部位置垂直伸至坑底，测量坑底至钢板尺的距离，即为检查层的厚度，以 mm 计，准确至 1mm。

三、钻芯法测定路面厚度试验方法

1．目的与适用范围

本方法适用于路面各层施工过程中的厚度检验及工程交工验收检查使用，一般用于沥青面层及水泥混凝土路面板的厚度检测。

2．方法与步骤

（1）根据现行规范的要求，按随机取样的方法，随机取样决定钻孔检查的位置，如为旧路，该点有坑洞等显著缺陷或接缝时，可在其旁边检测。

（2）用路面取芯钻机钻孔，芯样的直径应为 100mm。如芯样仅供测量厚度，不做其他试验，对沥青面层与水泥混凝土板也可用直径 50mm 的钻头，对基层材料有可能损坏试件时，也可用直径 150mm 的钻头，但钻孔深度均必须达到层厚。

（3）仔细取出芯样，清除底面灰土，找出与下层的分界面。

（4）用钢板尺或卡尺沿圆周对称的十字方向四处量取表面至上下层界面的高度，取其平均值，即为该层的厚度，准确至 1mm。

在沥青路面施工过程中，当沥青混合料尚未冷却时，可根据需要随机选择测点，用大螺丝刀插入至沥青层底面深度后用尺读数，量取沥青层的厚度，以 mm 计，准确至 1mm。

3．坑槽或钻孔处理

按下列步骤，用与取样层相同的材料填补挖坑或钻孔：

适当清理坑中残留物，钻孔时留下的积水应用棉纱吸干；对无机结合料稳定层及水泥混凝土路面板，应按相同配合比用新拌的材料分层填补，并用小锤压实，水泥混凝土中宜掺加少量快凝早强剂；对无结合料粒料基层，可用挖坑时取出的材料，适当加水拌和后分层填补，并用小锤压实；对正在施工的沥青路面，用相同级配的热拌沥青混合料分层填补，并用加热的铁锤或热夯压实，旧路钻孔也可用乳化沥青混合料修补；所有补坑结束时，宜比原面层略鼓出少许，用重锤或压路机压实平整。

在此说明：补坑工序如有疏忽、遗留或补得不好，易成为隐患而导致开裂，所有挖坑、钻孔均应仔细做好。

4. 检测结果计算

（1）按下式计算路面实测厚度 h_{1i} 与设计厚度 h_{0i} 之差。

$$\Delta h_i = h_{1i} - h_{oi}$$

式中：h_{1i}——路面的实测厚度，mm；

h_{oi}——路面的设计厚度，mm；

Δh_i——路面实测厚度与设计厚度的差值，mm。

（2）当为检测路面总厚度时，则将各层平均厚度相加即为路面总厚度。按数据整理的方法，计算一个评定路段检测厚度的平均值、标准差、变异系数，并计算代表厚度。

5. 检测报告

路面厚度检测报告应列表填写，并记录与设计厚度之差，不足设计厚度为负，大于设计厚度为正。

四、短脉冲雷达测定路面厚度试验方法

短脉冲雷达测试适用于新建、改建路基路面工程质量验收和旧路加铺路面设计的厚度及各结构层布置情况调查。雷达发射的电磁波在路基路面层传播过程中会逐渐削弱、消散、层面反射。雷达最大探测深度是由雷达系统的参数以及路面材料的电磁属性决定的。对于材料过度潮湿或饱和以及有高含铁矿渣集料的路面不适合用短脉冲雷达测定路面厚度。

1. 设备主要组成

雷达测试系统由雷达主机、雷达天线、距离测量轮、笔记本电脑等组成。

2. 测试系统技术要求和参数

距离标定误差：不大于 0.1%。

设备工作温度：0 ~ 40℃。

最小分辨层厚：不大于 40mm。

系统测量精度要求，见表 10–2。

表 10-2 系统测量精度要求

测量深度（cm）	测量误差（mm）	测量深度（cm）	测量误差（mm）
<10	± 3	>25	± 10
10 ~ 25	± 5		

天线：带宽能适应所选择的发射脉冲频率。通常，在检测路面厚度时宜选择使用 2.0Hz 的天线，在检测路基各结构层情况时宜选择使用 900MHz 的天线。

收发器：脉冲宽度不大于 1.0ns，时间信号处理能力可以适应所需的测试深度。

3. 雷达检测厚度的基本原理

雷达检测公路路面面层厚度属于反射探测法。其基本原理是，不同的介质具有不同的介电常数，雷达向地下发射一定强度的高频电磁波，电磁波在地下传播的过程中遇到不同的介电常数的界面时，一部分能量产生反射波，一部分能量继续向地下传播，雷达接收并记录这些反射信息。

4. 检测方法与步骤

（1）准备工作

1）本仪器使用前，须检查仪器各连接端口的状态，确保各组成部件的可靠连接，并在使用前及使用过程中定时检查雷达供电电瓶的工作情况。

2）根据检测需求，选定所使用的雷达天线型号。通常，在检测道路面层厚度时，宜选择 2GHz 的天线，在检测道路各结构层厚度时，宜选择 900MHz 的天线。将距离测量轮固定在雷达天线侧部，并连接距离测量轮数据线至雷达天线上部插口。

3）将雷达主机和电瓶背负在操作人员甲的身上，系扣安全带后将笔记本电脑挂置在操作人员甲的胸前。之后操作人员乙根据仪器的原版说明书中所述的方法，先将雷达天线连接雷达主机，再将雷达主机和笔记本电脑连接，最后将雷达主机和雷达供电电瓶连接。雷达天线由操作人员乙手持。应说明：雷达天线通常与雷达主机上的 1 号插口（“AntlConnectors”）连接。

（2）测试步骤

钻孔取芯标定材料的介电常数：首先令雷达天线在需要标定芯样点的上方采样，然后钻孔取芯，测得芯样直观厚度并将数据输入到计算程序中，反算得路基路面组成材料的介电常数或雷达波在材料中的传播速度。钻孔取芯数量可根据实际情况确定，宜每一次成型（摊铺）的路基路面工作面取芯 1 次，在不能确定路基路面成型（摊铺）情况时宜每 10000m^2 至少取芯 1 次。

将测区表面进行清扫，要求测区表面无浮尘或积水。

检测操作人员到达选定的位置，由操作人员甲开启电脑，启动操作程序即桌面上的“K2”文件，操作程序为中文版。根据所选择的雷达天线型号设定相应的驱动程序，即在程序主界面右中位置的“驱动”，一般不变更各型号雷达天线驱动程序的默认设定。之后在操作程序主界面中点击启动主界面左下的“开始增益”，同时向操作人员乙发布开始指令。由操作人员乙将天线接触地面并由测区起始点向天线所标示的正方向平稳滑移。程序会驱动雷达自动完成增益，待增益结束后，主界面会自动进入采集选择窗口。此时由操作人员甲向操作人员乙发布停止指令，操作人员乙即停止滑移天线。之后，操作人员乙持雷达天线离开地面。雷达天线切忌逆向滑移。

由操作人员甲在操作程序采集选择窗口建立本次检测的文件名（本窗口界面左上方，在写入栏输入拟定的文件名后点击其右侧“新建”）以及当前侧区的文件名（本窗口界面左下方，在写入栏输入拟定的文件名后点击其右侧“新建”），之后操作程序会自动进入采集窗口工作界面，点击采集窗口工作界面右下方的“开始”，同时向操作人员乙发布开始指令。由操作人员乙将天线接触地面并由测区起始点向天线所标示的正方向平稳滑移。由操作人员甲在观测操作程序中的图文，图像右上方有距离显示，待雷达天线前进超越当前测区的终点后（可从图像右上方有距离显示或工作面预先标记确认雷达天线前进是否已超越当前测区的终点），操作人员甲向操作人员乙发布停止指令，操作人员乙即停止滑移天线。之后由操作人员甲保存文件（点击“保存信息”），同时宜用剪印屏幕的方法直接将所测得的雷达图像保存。然后，结束本测区检测（点击“停止检测”）。由操作人员甲从图文上直接判断本次测区的情况，在该测区均布的 10 测点，记录每个测点的数值及本测区内的最大值和最小值。应说明：所保存的文件通常默认保存在“C：\K2\Mission\...，”下。

通常以道路每 1 车道每纵向延伸 5m 为 1 测区。每 1 测区完成检测时，操作人员甲应检查数据文件及设备状态，文件应完整，文件内容应正常，设备应正常，否则应重新检测或待设备调整正常后重新检测。

进入下一测区时，重复如上所述诸条目之操作。

待整个检测任务完成后，由操作人员甲保存检测信息，并退出操作程序（可直接点击操作程序主界面右上方的“×”），关闭笔记本电脑，之后解开电脑与雷达主机的连接线。此后由操作人员乙在解开雷达主机与雷达供电电瓶的连接后相继解开其余各处连接线。待各处连接线一并解开后，操作人员甲方可脱下所背负的雷达主机与笔记本电脑。在检测结束后，所有设备应立即放入整理箱。

5. 计算原理

由于地下材料介质具有不同的介电常数，因此各种材料介质具有不同的电导性，电导性的差异影响了电磁波的传播速度。一般用下式计算电磁波在材料介质中的传播速度。

$$\upsilon=\frac{c}{\sqrt{\varepsilon_r}}$$

式中：v——电磁波在介质中的传播速度，mm/ns；

c——电磁波在空气中的传播速度，取 300mm/ns；

ε_r——介质的相对介电常数。

根据雷达波在路面面层中的双程走时以及材料的相对介电常数，用下式计算面层厚度。

$$T=\frac{\Delta t\mathrm{c}}{2\sqrt{\varepsilon_r}}$$

式中：T——面层厚度，mm；

c——电磁波在空气中的传播速度，取 300mm/ns；

ε_r——相对介电常数；

Δt——雷达波在路面面层中的双程走时，ns。

为了准确反算出路面厚度，必须知道路面材料介电常数，通常采用在路面上钻芯取样的方法。其方法是首先用雷达天线在需要标定芯样点的上方采样，然后钻芯，最后将芯样的真实厚度数据输入到计算机程序中，反算出路面材料的介电常数或者雷达波在材料中的传播速度；路面材料的介电常数会随集料类型、沥青产地、密度、湿度等而不同。测试过程中应根据实际情况增加芯样数量，以保证测试厚度的准确性。

6. 报告

检测报告应包括检测路段路基路面或各结构层的厚度平均值、标准差、厚度代表值，并记录检测时天气状况、气温及工作面的基本情况。

第四节　路面错台测试方法

路面错台是路面常见的损坏形式，也是产生跳车的主要原因。路面错台的测试方法适用于测定路面、人工构造物端部接头、水泥混凝土路面或桥梁的伸缩缝，以及沥青混凝土路面的裂缝两侧沉降所造成的错台（台阶）高度，以评价路面行车的舒适性能，并作为计算维修工作量的依据。

一、仪具与材料

皮尺。

精密水准仪。

3m 直尺。

其他：钢板尺或钢卷尺、粉笔等。

二、方法与步骤

1. 准备工作

在检测之前，应选择需要测定的部位断面，记录检测位置及桩号，并详细描述发生错台的原因。非经注明，错台的测定位置以行车道错台最大处纵断面为准，根据需要也可以其他代表性纵断面为测定位置。

2. 构造物端部接头处的错台

（1）将精密水准仪架在距构造物端部不远的路面平顺处并调平。

（2）从构造物端部无沉降或鼓包的断面位置起，沿路线纵向用皮尺量取一定距离，作为测点，在该处立起塔尺，测定高程。再向前量取一定距离，测量高程。如此反复，直至无明显沉降的断面。无特殊要求时，从构造物端部起的 2m 内，应每隔 0.2m 量测 1 次，2 ~ 5m 宜每隔 0.5m 量测 1 次，5m 以上可每隔 1m 量测 1 次，由此得出沉降纵断面及最大沉降值，即最大错台高度 D_m，精确至 1mm。

3. 水泥混凝土路面接缝、桥梁伸缩缝及沥青路面裂缝处的错台

对于水泥混凝土路面的接缝，桥梁伸缩缝及沥青路面横向开裂造成的接缝错台和裂缝错台，可按上述方法用水准仪测定接缝或裂缝两侧一定范围内的道路纵断面，确定最大错台位置及高度 D_m，精确至 1mm。

当发生错台变形的范围不足 3m 时，可在错台最大位置沿路线纵向将 3m 直尺架在路面上，其一端位于错台高出的一侧，另一端位于无明显沉降变形处，作为基准线。用钢板尺或钢卷尺每隔 0.2m 量取路面与基准线之间高度 D，同时测记最大错台高度 D_m，精确至 1mm。

三、数据处理与结果分析

以测定的错台读数 D 与各测点的距离绘成纵断面图作为测定结果，图中应标明相应断面的设计纵断面高程，最大错台的位置与高度 D_m，精确至 1mm。

四、报告

测试报告应记录如下事项：

路线名、测定日期、天气情况；测定地点、桩号路面及构造物概况；道路交通情况及造成错台的原因初步分析；最大错台高度 D_m 及错台纵断面图。

第十一章　路面压实度检测

第一节　挖坑灌砂法

灌砂法适用于在现场测定基层（或底基层），砂石路面及路基土的各种材料压实层的密度和压实度检测。但不适用于填石路堤等有大孔洞或大孔隙材料的压实度测定。

一、仪具与材料

（1）灌砂筒。有大小两种，当集料的最大粒径小于 13.2mm，测定层的厚度不超过 150mm 时，宜采用 φ100mm 的小型灌砂筒测试；当集料的最大粒径等于或大于 13.2mm 且不大于 31.5mm，测定层的厚度不超过 200mm 时，应采用 φ150mm 的大型灌砂筒测试。灌砂筒的主要尺寸见表 11–1，尺寸与表中不一致但不影响使用时也可使用。上部为储砂筒，筒底中心有一个圆孔。下部装一倒置的圆锥形漏斗，漏斗上端面开口，直径与储砂筒的圆孔相同，漏斗焊接在一块铁板上，铁板中心有一圆孔与漏斗上开口相接。在储砂筒筒底与漏斗顶端铁板之间设有开关。开关为一薄铁板，一端与筒底及漏斗铁板铰链在一起，另一端伸出筒身外，开关铁板上也有一个相同直径的圆孔。

表 11–1　灌砂仪的主要尺寸

结构		小型灌砂筒	大型灌砂筒
储砂筒	直径（mm）	100	150
	容积（cm^3）	2120	4600
流砂孔	直径（mm）	10	15
金属标定罐	内径（mm）	100	150
	外径（mm）	150	200

续表

结构		小型灌砂筒	大型灌砂筒
金属方盘基板	边长（mm）	350	400
	边长（mm）	40	50
中孔	直径（mm）	100	150

（2）金属标定罐。用薄铁板制作的金属罐，上端周围有一罐缘。

（3）基板。用薄铁板制作的金属方盘，盘的中心有一圆孔。

（4）玻璃板。边长约 500 ~ 600mm 的方形板。

（5）试样盘。小筒挖出的试样可用饭盒存放，大筒挖出的试样可用 300mm × 500mm × 40mm 的搪瓷盘存放。

（6）天平或台秤。量程 10 ~ 15kg，感量不大于 1g，用于含水率测定的天平精度对细粒土、中粒土、粗粒土宜分别为 0.01g、0.1g、1.0g。

（7）含水率测定器具。如铝盒、烘箱等。

（8）量砂。粒径 0.30 ~ 0.60mm 清洁干燥的均匀砂，约 20 ~ 40kg。使用前须洗净放置足够的时间，使其与空气的湿度达到平衡。

（9）盛砂的容器。塑料桶等。

（10）其他。凿子、螺丝刀、铁锤、长把勺、长把小簸箕、毛刷等。

二、方法和步骤

（1）按现行试验方法对检测对象试样用同种材料进行击实试验，得到最大干密度 p 及最佳含水率。

（2）选用适宜的灌砂筒。

（3）按下列步骤标定灌砂筒下部圆锥体内砂的质量：

1）在灌砂筒筒口高度上，向灌砂筒内装砂至距筒顶的距离 15mm 左右为止。称取装入筒内砂的质量 m_1，准确至 1g。以后每次标定及试验都应该维持装砂高度与质量不变。

2）将开关打开，使灌砂筒筒底的流砂孔、圆锥形漏斗上端开口圆孔及开关铁板中心的圆孔上下对准重叠在一起，让砂自由流出，并使流出砂的体积与工地所挖试坑内的体积相当（或等于标定罐的容积），然后关上开关。

3）不晃动储砂筒的砂，轻轻地将灌砂筒移至玻璃板上，将开关打开，让砂流出。直到筒内砂不再下流时，将开关关上，并细心地取走灌砂筒。

4）收集并称量留在玻璃板上的砂或称量筒内的砂，准确至 1g。玻璃板上的砂就是填满下部圆锥体的砂 m_2。

5）重复上述测量三次，取其平均值。

（4）标定量砂的松方密度 p_s（g/cm^3）。

1）用水确定标定罐的容积 V，准确到 1mL。

2）在储砂筒中装入质量为 m_1 的砂，并将灌砂筒放在标定罐上，将开关打开，让砂流出。在整个流砂过程中，不要碰动灌砂筒，直到储砂筒内的砂不再下流时，将开关关闭。取下灌砂筒，称量筒内剩余砂的质量 m_3，准确至 1g。

3）按下式计算填满标定罐所需砂的质量 m_a：

$$m_a = m_1 - m_2 - m_3$$

式中：m_a——标定罐中砂的质量，g；

m_1——装入灌砂筒内砂的总质量，g；

m_2——灌砂筒下部圆锥体内砂的质量，g；

m_3——灌砂入标定罐后，筒内剩余砂的质量，g。

4）重复上述测量三次，取其平均值。

5）按下式计算量砂的松方密度 p_s：

$$p_s = \frac{m_a}{V}$$

式中：p_s——量砂的松方密度，g/cm^3；

V——标定罐的体积，cm^3。

（5）试验步骤。

1）在试验地点，选一块平坦表面，并将其清扫干净，其面积不得小于基板面积。

2）将基板放在平坦表面上。当表面的粗糙度较大时，则将盛有量砂 m_5 的灌砂筒放在基板中间的圆孔上，将灌砂筒的开关打开，让砂流入基板的中间孔内，直到储砂孔内的砂不再下流时关闭开关。取下灌砂筒，并称量筒内砂的质量 m_6，准确至 1g。当需要检测厚度时，应先测量厚度后再进行这一步骤。

3）取走基板，并将留在试验地点的量砂收回，重新将表面清扫干净。

4）将基板放回清扫干净的表面上（尽量放在原处），沿基板中孔凿洞（洞的直径与灌砂筒一致）。在凿洞过程中，应注意勿使凿出的材料丢失，并随时将凿松的材料取出装入塑料袋中，防止水分蒸发，也可放在大试样盒内。试洞的深度应等于测定层厚度，但不得有下层材料混入，最后将洞内的全部凿松材料取出，对土基或基层，为防止试样盘内材料的水分蒸发，可分几次称取材料的质量，全部取出材料的总质量为 m_w，准确至 1g。

5）从挖出的全部材料取出有代表性的样品，放在铝盒或洁净的搪瓷盘中，测定其含水量（w，以%计），样品的数量如下：用小型灌砂筒测定时，对于细粒土，不少于100g；对于各种中粒土，不少于500g，用大型灌砂筒测定时，对于细粒土，不少于200g；对于各种中粒土，不少于1000g。对于粗粒土或水泥、石灰、粉煤灰等无机结合料稳定材料，宜将取出的全部材料烘干，且不少于2000g，称其质量m_d。

（6）将基板安放在试坑上，将灌砂筒安放在基板中间（储砂筒内放满砂到要求质量m_1），使灌砂筒的下口对准基板的中孔及试洞，打开灌砂筒的开关，让砂流入试坑内。在此期间，应注意勿碰动灌砂筒，直到储砂筒内的砂不再下流时，关闭开关，小心取走灌砂筒，并称量筒内剩余砂的质量m_4，精确到1g。

（7）如清扫干净的平坦表面的粗糙度不大，也可省去上述2）和3）的操作，在试筒挖好后，将灌砂筒直接对准放在试坑上，中间不需要放基板，打开筒的开关，让砂流入试坑内。在此期间，应注意勿碰动灌砂筒。直到储砂筒内的砂不再下流时，关闭开关，小心取走灌砂筒，并称量剩余砂的质量m'_4，准确至1g。

（8）仔细取出试筒内的量砂，以备下次试验时再用，若量砂的湿度已发生变化或量砂中混有杂质，则应该重新烘干、过筛，并放置一段时间，将其与空气的湿度达到平衡后再用。

三、检测结果计算

1．计算填满试坑所用的砂的质量m_b

（1）灌砂时，试坑上放有基板时：

$$m_b = m_1 - m_4 - (m_5 - m_6)$$

（2）灌砂时，试坑上不放基板时：

$$m_b = m_1 - m_4' - m_2$$

式中：m_b——填满试坑的砂的质量，g；

m_1——灌砂前灌砂筒内砂的质量，g；

m_2——灌砂筒下部圆锥体内砂的质量，g；

m_4、m'_4——灌砂后，灌砂筒内剩余砂的质量，g；

m_5–m_6——灌砂筒下部圆锥体内及基板和粗糙表面间砂的合计质量，g。

2．按下式计算试坑材料的湿密度p_w

$$p_w = \frac{m_w}{m_b} \times p_s$$

式中：m_w——试坑中取出的全部材料的质量，g；

P_s——量砂的松方密度，g/cm³。

3．计算试坑材料的干密度 p_d

$$p_d = \frac{p_w}{1+0.01w}$$

式中：w——试坑材料的含水率，%。

4．当为水泥、石灰、粉煤灰等无机结合料稳定土的场合，可按下式计算干密度 p_d

$$p_d = \frac{m_d}{m_d} \times p_s$$

式中：m_d——试坑中取出的稳定土的烘干质量，g。

5．按下式计算施工压实度

$$K = \frac{p_d}{p_c} \times 100$$

式中：K——测试地点的施工压实度，%；

p_d——试样的干密度，g/cm³；

p_c——由击实试验得到的试验的最大干密度，g/cm³。

当试坑材料组成与击实试验的材料有较大差异时，可以试坑材料做标准击实，求取实际的最大干密度。

四、试验中应注意的问题

灌砂法是施工过程中最常用的试验方法之一。此方法表面上看起来较为简单，但实际操作时常常不好掌握，并会引起较大误差；又因为它是测定压实度的依据，故经常是质量检测监督部门与施工单位之间发生矛盾或纠纷的环节，因此应严格遵循试验的每个细节，以提高试验精确度。为使试验做得准确，应注意以下几个环节：

（1）量砂要规则。量砂如果重复使用，一定要注意晾干，处理一致，否则影响量砂的松方密度。

（2）每换一次量砂，都必须测定松方密度，灌砂筒下部圆锥体内砂的数量也应该每次重新标定。因此，量砂宜事先准备较多数量。切勿到试验时临时找砂，或不进行标定，仅使用以前的数据。

（3）地表面处理要平，只要表面凸出一点（即使是1mm），使整个表面高出一薄层，其体积也算到试坑中去了，将影响试验结果。因此，本方法一般宜采用先放上基板测定一次粗糙表面消耗的量砂，只有在非常光滑的情况下方可省去此步骤操作。

（4）在挖坑时试坑周壁应笔直，避免出现上大下小或上小下大的情形，这样就会使检测密度偏大或偏小。

（5）灌砂时检测厚度应为整个碾压层厚，不能只取上部或者取到下一个碾压层中。

五、检测报告

各种材料的干密度均应准确至 0.01g/cm^3。

第二节　核子密湿度仪法

在施工现场用核子密湿度仪以散射法或直接透射法可以快速测定路基或路面材料的密度和含水率，并计算施工压实度。核子密湿度仪是现场检测压实度较常用的一种方法，仪器按规定标定后，其检测结果可作为工程质量评定与验收的依据。

核子密湿度仪可以检测土壤、碎石、土石混合料、沥青混合料和非硬化水泥混凝土等材料。当测定沥青混合料面层的压实度或硬化水泥混凝土等难以打孔材料的密度时应使用散射法；当测定土基、基层材料或非硬化水泥混凝土等可以打孔材料的密度及含水率时，应使用直接透射法。在表面用散射法测定时，所测定沥青面层的层厚度应根据仪器的性能决定最大厚度。用于测定土基和基层材料的压实度及含水率时，打洞后用直接透射法测定，所测定的厚度不宜大于 30cm。

一、仪具与材料

（1）核子密湿度仪。符合国家规定的关于健康保护和安全使用标准，密度的测定范围为 1.12 ~ 2.73g/cm^3，测定误差不大于 ±0.03g/cm^3，含水率测量范围为 0 ~ 0.64g/cm^3，测定误差不大于 ±0.015g/cm^3。它主要包括下列部件：

γ 射线源。双层密封的同位素放射源，如铯 –137、钴 –60 或镭 –226 等。

中子源。如镅（241）– 铍等。

探测器。γ 射线探测器，如 G–M 计数管；热中子探测器，如氦 –3 管。

读数显示设备。如液晶显示器、脉冲计数器、数率表或直接读数表。

标准计数块。密度和含氢量都均匀不变的材料块，用于标验仪器运行状况和提供射线计数的参考标准。

钻杆。用于打测试孔以便插入探测杆。

安全防护设备。符合国家规定要求的设备。

刮平板、钻杆、接线等。

（2）细砂。0.15 ~ 0.3mm。

（3）天平或台秤。

（4）其他。毛刷等。

二、方法与步骤

本方法用于测定沥青混合料面层的压实密度或硬化水泥混凝土等难以打孔材料的密度时宜使用散射法；用于测定土基、基层材料或非硬化水泥混凝土等可以打孔材料的密度及含水率时，应使用直接透射法。在表面用散射法测定时，所测定沥青面层的层厚应根据仪器的性能决定最大厚度。用于测定土基或基层材料的压实密度及含水率时，打洞后用直接透射法所测定的厚度不宜大于 30cm。

1. 准备工作

（1）每天使用前或者对测试结果有怀疑的时候，按下列步骤用标准计数块测定仪器的标准值：

进行标准值测定时的地点至少离其他放射源 10m 的距离，地面必须经压实而且平整。

接通电源，按照仪器使用说明书建议的预热时间，预热测定仪。

在测定前，应检查仪器性能是否正常。将仪器在标准计数块上放置平稳，按照仪器使用说明书的要求进行标准化计数，并判断仪器标准化计数值符合要求。如标准化计数值超过规定的限值时，应确认标准计数的方法和环境是否符合要求，并重复进行标准化计数；若第二次标准化计数值仍超出规定的限界，需视作故障并进行仪器检查。

（2）在进行沥青混合料压实层密度测定前，应用核子密湿度仪与钻孔取样的试件进行标定；测定其他材料密度时，宜与挖坑灌砂法的结果进行标定。标定的步骤如下：

选择压实的路表面，与试验段测定时的条件一致，对纹理较大的路面必须用细砂填平，然后将仪器放置在测试点上转动几下，或者在测试点上用刮平板平刮几下，以达到测试条件。按要求的测定步骤用核子密湿度仪测定密度，读数。

在测定的同一位置用钻机钻孔法或挖坑灌砂法取样，测量厚度，按相关规范规定的标准方法测定材料的密度。

对同一种路面厚度及材料类型，在使用前至少测定 15 处，求取两种不同方法测定的密度的相关关系，其相关系数 R 应不小于 0.95。

（3）测试位置的选择。

按照随机取样的方法确定测试位置，但与路面边缘或其他物体的最小距离不得小于 30cm。核子密湿度仪距其他射线源不得少于 10m。

当用散射法测定时，用细砂填平测试位置路表结构凹凸不平的空隙，使路表面平整，能与仪器紧密接触。

当使用直接透射法测定时，表面上用导板和钻杆打孔，在拟测试材料的表面打一个垂直的测试孔，测试孔要做到插进探测杆后仪器在测点表面上不倾斜为准。孔深必须大于探测杆达到的测试深度。再将探测杆放下插入已打好的测试孔内，前后或左右移动仪器，使之安放稳固。

2．测定步骤

（1）如用散射法测定沥青混合料压实层密度时，将核子密湿度仪平稳地置于测试位置上。测点应随机选择，测定温度应与试验段测定时一致，一组不少于 13 点，取平均值。检测精度通过试验路段与钻孔试件比较评定。

（2）如用直接透射法测定时，将放射源棒放下插入已预先打好的孔内。

（3）打开仪器，测试员退至距仪器 2m 以外，按照选定的测定时间进行测量，到达测定时间后，读取显示的各项数值，并迅速关机。

说明一点：有关各种型号仪器的具体操作步骤略有不同，可按照仪器使用说明书进行。

三、检测结果计算

按下式计算施工干密度及压实度：

$$p_d = \frac{p_w}{1+0.01w}$$

$$K = \frac{p_d}{p_c} \times 100$$

式中：K——测试地点的施工压实度，%；

w——试样的含水率，%；

p_w——试样的湿密度，g/cm^3；

p_d——试样的干密度，g/cm^3；

p_c——沥青混合料的标准密度，按照《公路沥青路面施工技术规范》附录 E 的规定选用，g/cm^3。

四、检测报告

测定路面密度及压实度的同时，应同时记录温度、材料类型、路面的结构层厚度及测试深度等数据和资料。

五、使用安全注意事项

仪器工作时，所有人员均应退到距仪器 2m 以外的地方；仪器不使用时，应将手柄置于安全位置，仪器应装入专用的仪器箱内，放置在符合核辐射安全规定的地方；仪器应由经有关部门审查合格的专人保管，专人使用。从事仪器保管及使用的人员，应符合有关核辐射检测的有关规定。

第三节　环刀法与钻芯法

一、环刀法

环刀法是测量现场密度的传统方法，适用于测定细粒土及无机结合料稳定细粒土的密度。但对无机结合料稳定细粒土，其龄期不宜超过 2d，且宜用于施工过程中的压实度检验。环刀法测定土体密度的原理在于用确定体积的环刀切削土体，在尽量少的扰动下，使土灌满环刀，从而达到测定密度的目的。

1. 仪具与材料

（1）人工取土器：包括环刀、环盖、定向筒和击实锤系统（导杆、落锤、手柄）。环刀内径 6 ~ 8cm，高 2 ~ 3cm，壁厚 1.5 ~ 2mm。

（2）电动取土器如图 11-1 所示，由底座、行走轮、立柱、齿轮箱、升降机构、取芯头等组成。

1）底座。由底座平台（16）、定位销（15）、行走轮（14）组成。平台是整个仪器支撑基础；定位销供操作时仪器定位用；行车轮供换点取芯时仪器近距离移动用，当定位时四只轮子可扳起离开地面。

2）立柱。由立柱（1）与立柱套（11）组成，装在底座平台上，作为升降机构、取芯机构、动力和传动机构的支架。

3）升降机构。由升降手柄（9）、锁紧手柄（8）组成，供调整取芯机构高低用。松开锁紧手柄，转动升降手轮，取芯机构即可升降，到所需位置时拧紧手柄定位。

4）取芯机构。由取芯头（10）、升降轴（2）组成，取芯头为金属圆筒，下口对称焊接两个合金钢切削刀头，上端面焊有平盖，其上焊螺母，靠螺旋接于升降轴上。

取芯头有三种规格，即 50mm × 50mm、70mm × 70mm、100mm × 100mm，取芯头为可换式，另配有相应的取芯套筒、扳手、铝盒等。

5）动力和传动机构。主要由直流电机（4）、调速器（12）、齿轮箱组成，另配蓄电池和充电器。当电动机工作时，通过齿轮箱的齿轮将动力传给取芯机构，升降轴旋转，取芯头进入旋切工作状态。

6）电动取土器主要技术参数如下：

a. 工作电压 DC24V（36A · h）；

b. 转速 50 ~ 70r/min，无级调速；

c. 整机质量约 35kg。

（3）天平。质量 0.1g（用于取芯头内径小于 70mm 样品的称量），或 1.0g（用于取芯头内径 100mm 样品的称量）。

（4）其他。镐、小铁锹、修土刀、毛刷、直尺、钢丝锯、凡士林、木板及测定含水量设备等。

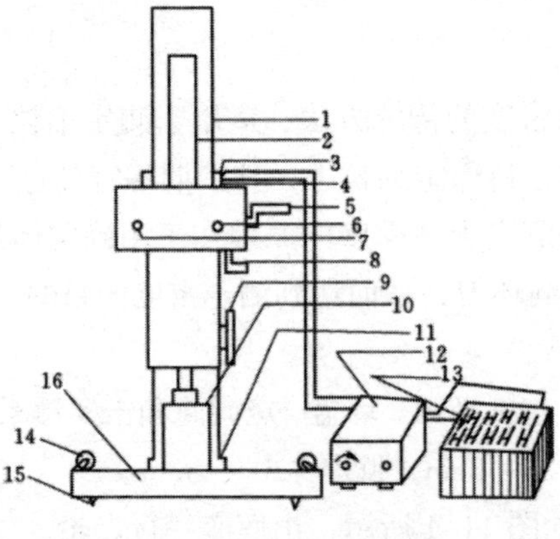

图 11–1　电动取土器示意图

2. 方法与步骤

（1）按有关试验方法对检测对象用同种材料进行击实试验，得到最大干密度及最佳含水率。

（2）用人工取土器测定黏性土及无机结合料稳定细粒土密度的步骤。

1）擦净环刀，称取环刀质量 m_2，准确至 0.1g。

2）在试验地点，将面积约 30cm × 30cm 的地面清扫干净，并将压实层铲去表面浮动及不平整部分，达到一定深度，使环刀打下后，能达到要求的取土深度，但不得将下层扰动。

3）将定向筒固定于铲平的地面上，顺次将环刀、环盖放入定向筒内与地面垂直。

4）将导杆保持垂直状态，用取土器落锤将环刀打入压实层中，至环盖顶面与定向筒上口平齐为止。

5）去掉击实锤和定向筒，用镐将环刀及试样挖出。

6）轻轻取下环盖，用修土刀自边至中削去环刀两端余土，用直尺检测。直至修平为止。

7）擦净环刀外壁，用天平称取环刀及试样合计质量 m_1，准确至 0.1g。

8）自环刀中取出试样，取具有代表性的试样，测定其含水量 w。

（3）用人工取土器测定砂性土或砂层密度的步骤。

如为湿润的砂土，试验时不需使用击实锤和定向筒，在铲平的地面上，细心挖出一个直径较环刀外径略大的砂土柱，将环刀刃口向下，平置于砂土柱上，用两手平稳地将环刀垂直压下，直至砂土柱突出环刀上端约 2cm 时为止。

削掉环刀口上的多余砂土，并用直尺刮平。

在环刀上口盖一块平滑的木板，一手按住木板，另一手用小铁锹将试样从环刀底部切断，然后将装满试样的环刀反转过来，削去环刀刃口上部的多余砂土，并用直尺刮平。

擦净环刀外壁，称环刀与试样合计质量 m_1，精确至 0.1g。

自环刀中取具有代表性的试样，测定其含水率 w。

干燥的砂土不能挖成砂土柱时，可直接将环刀压入或打入土中。

（4）用电动取土器测定无机结合料细粒土和硬塑土密度的步骤。

装上所需规格的取芯头。在施工现场取芯前，选择一块平整的路段，将四只行走轮打起，四根定位销钉采用人工加压的方法，压入路基土层中。松开锁紧手柄，旋动升降手轮，使取芯头刚好与土层接触，锁紧手柄。

将蓄电池与调速器接通，调速器的输出端接入取芯机电源插口，指示灯亮，显示电路已通；启动开关，电动机工作，带动取芯机构转动。根据土层含水率调节转速，操作升降手柄，上提取芯机构，停机，移开机器。由于取芯头圆筒外表有几条螺旋状突起，切下的土屑排在筒外顺螺纹上旋抛出地表，因此，将取芯套筒套在切削好的土芯立柱上，摇动即可取出样品。

取出样品，立即按取芯套筒长度用修土刀或钢丝锯修平两端制成所需规格土芯，如拟进行其他试验项目，装入铝盒，送实验室备用。

用天平称量土芯带套筒质量 m_1，从土芯中心部分取试样，测定含水率 w。

本试验须进行两次平行测定，其平行差值不得大于 0.03g/cm^3，求其算术平均值。

3．检测结果计算

（1）按下式计算试样的湿密度 p_w 及干密度 p_d：

$$p_w = \frac{4(m_1 - m_2)}{\pi d^2 h}$$

$$p_d = \frac{p_w}{1 + 0.01w}$$

式中：p_w——试样的湿密度，g/cm^3；

p_d——试样的干密度，g/cm^3；

m_1——环刀或取芯套筒与试样合计质量，g；

m_2——环刀或取芯套筒质量，g；

d——环刀或取芯套筒直径，cm；

h——环刀或取芯套筒高度，cm；

w——试样的含水率，%。

（2）按下式计算施工压实度：

$$K = \frac{p_d}{p_c} \times 100$$

式中：K——测试点的施工压实度，%，

p_d——试样的干密度，g/cm^3；

P_c——由击实试验得到的试样的最大干密度，g/cm^3。

4．检测报告

试验应报告土的鉴别分类、含水率、湿密度、干密度、最大干密度、压实度等。

二、钻芯法

沥青混合料面层的压实度是指按施工规范规定的方法测定的混合料试样的毛体积密度与标准密度之比值，以百分率表示。钻芯法适用于检验从压实的沥青路面上钻取的沥青混合料芯样试件的密度，以评定沥青面层的施工压实度。

1．仪具与材料

（1）路面取芯钻机。

（2）天平。质量不大于 0.1g。

（3）水槽。

（4）吊篮。

（5）石蜡。

（6）其他。卡尺、毛刷、小勺、取样袋（容器）、电风扇。

2. 方法与步骤

（1）钻取芯样

按现行《公路路基路面现场测试规程》中“T0901 取样方法”钻取路面芯样，芯样直径不宜小于100mm。当一次钻孔取得的芯样包含有不同层位的沥青混合料时，应根据结构组合情况用切割机将芯样沿各层结合面锯开分层进行测定。

钻孔取样应在路面完全冷却后进行，对普通沥青路面通常在第二天取样，对改性沥青及SMA路面宜在第三天以后取样。

（2）测定试件密度

1）将钻取的试件在水中用毛刷轻轻刷净黏附的粉尘。如试件边角有浮松颗粒，应仔细清除。

2）将试件晾干或用电风扇吹干不少于24h，直至恒重。

3）按现行JTG E20—2011《公路工程沥青及沥青混合料试验规程》的沥青混合料试件密度试验方法测定试件密度 A。通常情况下采用表干法测定试件的毛体积相对密度，对吸水率大于2%的试件，宜采用蜡封法测定试件的毛体积相对密度，对吸水率小于0.5%特别致密的沥青混合料，在施工质量检验时，允许采用水中重法测定表观相对密度。

根据JTG F40—2004《公路沥青路面施工技术规范》附录E的规定，确定计算压实度的标准密度。

3. 检验结果计算

（1）当计算压实度的标准密度采用每天实验室实测的马歇尔击实试件密度或试验路段钻孔取样密度时，沥青面层的压实度按下式计算：

$$K=\frac{p_s}{p_0}\times 100$$

式中：K——沥青面层某一测定部位的压实度，%；

p_s——沥青混合料芯样试样的实际密度，g/cm^3；

p_0——沥青混合料的标准密度，g/cm^3。

（2）计算压实度的标准密度采用最大理论密度时，沥青面层的压实度按下式计算：

$$K=\frac{p_s}{p_t}\times 100$$

式中：p_s——沥青混合料芯样试件的实际密度，g/cm^3；

p_t——沥青混合料的最大理论密度，g/cm^3。

沥青路面的压实度采取重点进行碾压工艺的过程控制，适度钻孔抽检压实度校核的方法，对施工及验收过程中的压实度检验不得采用配合比设计时的标准密度，应按以下方法检测确定：

以实验室密度作为标准密度，即沥青拌和厂每天取样 1 ~ 2 次实测的马歇尔试件密度，取平均值作为该批混合料铺筑路段压实度的标准密度。其试件成型温度与路面复压温度一致。当采用配合比设计时，也可采用其他相同的成型方法的实验室密度作为标准密度。

以每天实测的最大理论密度作为标准密度。对普通沥青混合料，沥青拌和厂在取样进行马歇尔试验的同时以真空法实测最大理论密度，平行试验的试样数不少于 2 个，以平均值作为该批混合料铺筑路段压实度的标准密度；但对改性沥青混合料和 SMA 混合料，以计算的最大理论密度为准，也可采用抽提筛分的结果及油石比计算最大理论密度。

以试验路密度作为标准密度。用核子密湿度仪定点检查密度不再变化为止，然后取不少于 15 个钻孔试件的平均密度为计算压实度的标准密度。

可根据需要选用实验室标准密度、最大理论密度、试验路密度中的 1 ~ 2 种作为钻孔法检验评定的标准密度。

施工中采用核子密湿度仪等无破损检测设备进行压实度控制时，宜以试验路密度作为标准密度，核子密湿度仪的测数点不宜少于 39 个，取平均值，但核子密湿度仪需经标定。

压实度钻孔频率按相关规范的要求执行。

4．检测报告

压实度试验报告应记载压实度检查的标准密度及依据，并列表表示各测点的试验结果。

三、无核密度仪测定压实度试验方法

1．目的与适用范围

本方法适用于现场无核密度仪快速测定沥青路面各层沥青混合料的密度，并计算施工压实度，但测定结果不宜用于评定验收或仲裁；无核密度仪可用于检测铺筑完工的路面、现场沥青混合料铺筑层密度及快速检查混合料的离析；应用无核密度仪时，必须严格标定，通过对比试验检验，确认其可靠性；每 12 个月要将无核密度仪送到授权服务中心进行标定和检查。

2．仪具与材料

本方法需要下列仪具与材料：

（1）无核密度仪：内含电子模块和可充电电池。

探头：无核，无电容，用于野外测量。

探测深度：不小于 4.0cm。

测量时间：1s。

精度：$0.003g/cm^3$。

操作环境温度：0 ~ 70℃。

测试材料表面最高温度：150℃。

湿度：98% 且不结露。

（2）标准密度块：供密度标准计数用。

（3）交流充电器或直流充电器。

（4）打印机：用于打印测试数据。

3．方法与步骤

（1）准备工作

所测定沥青面层的层厚应不大于该仪器性能探测的最大深度。在进行沥青混合料压实层密度测定前，应用无核密度仪与钻孔取样的试件进行标定；第一次使用前需要对软件进行设置。仪器存储了软件的设置后，操作者无须每次开机后都进行软件的设置；按照仪器使用说明书的要求综合标定仪器的测量精度；按照不同的需要选择想要的测量模式；按照仪器使用说明的规定，进行修正值设置。

（2）测试步骤

为了保证测量精度，在正式测量前应正确选择测量场地；把仪器放置平稳，保证仪器不晃动；为了确保精确测量，仪器应与测量面紧密接触；在开始测量前应检查仪器的工作状态，如电池电压、内部温度、选择的测量单位、运行参考读数的日期和时间等；根据需要选择测量模式进行测试。

4．检测结果计算

按下式计算压实度：

$$K = \frac{p_d}{p_c} \times 100$$

式中：K——测试点的施工压实度，%；

p_d——由无核密度仪测定的压实沥青混合料的实际密度，一组不少于 13 个点，取平均值，g/cm^3；

p_c——沥青混合料的标准密度，g/cm^3，按照《公路沥青路面施工技术规范》附录 E 的规定选用。

5. 检测报告

测定路面密度及压实度的同时，应记录气温、路面的结构深度、沥青混合料类型、面层结构及测定厚度等数据和资料。

第十二章　路面平整度检测

第一节　三米直尺测定平整度试验方法

三米直尺法有单尺测定最大间隙及等距离（1.5m）连续测定两种。单尺测定最大间隙常用于施工质量控制与检查验收，测定时要计算测定段的合格率；等距离连续测定也可用于施工质量检查验收，要计算出标准偏差，用标准偏差来表示平整程度。

一、目的与适用范围

本方法规定用三米直尺测定路表面的平整度。定义三米直尺基准面距离路表面的最大间隙表示路基路面的平整度，以 mm 计。适用于测定压实成型的路面各层表面的平整度，以评定路面的施工质量，也可用于路基表面成型后的施工平整度检测。

二、仪具与材料

本方法需要下列仪具与材料：

（1）三米直尺。测量基准面长度为 3m 长，基准面应平直，用硬木或铝合金钢等材料制成。

（2）最大间隙测量器具。

楔形塞尺。硬木或金属制的三角形塞尺，有手柄。塞尺的长度与高度之比不小于 10，宽度不大于 15mm，边部有高度标记，刻度读数分辨率不大于 0.2mm。

深度尺。金属制的深度测量尺，有手柄。深度尺测量杆端头直径不小于 10mm，刻度读数分辨率不大于 0.2mm。

（3）其他。皮尺或钢尺、粉笔等。

三、方法与步骤

1. 准备工作

（1）按有关规范规定选择测试路段。

（2）测试路段的测试地点选择：当为沥青路面施工过程中的质量检测时，测试地点应选在接缝处，以单杆测定评定；除高速公路以外，可用于其他等级公路路基路面工程质量检查验收或进行路况评定，每 200m 测 2 处，每处连续测量 10 尺。除特殊需要者外，应以行车道一侧车轮轮迹（距车道线 0.8 ~ 1.0m）作为连续测定的标准位置，如图 12-1 所示。对旧路已形成车辙的路面，应取车辙中间位置为测定位置，用粉笔在路面上做好标记。

（3）清扫路面测定位置处的污物。

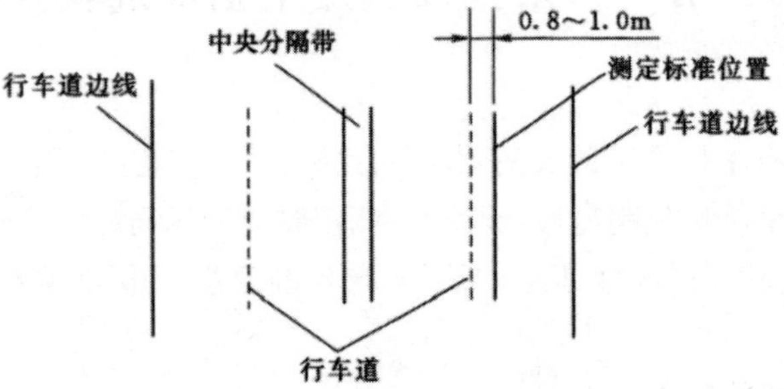

图 12-1　测点位置示意图

2. 试验步骤

（1）施工过程中检测时，根据需要确定的方向，将三米直尺摆在测试地点的路面上。

（2）目测三米直尺底面与路面之间的间隙情况，确定最大间隙的位置。

（3）用有高度标线的塞尺塞进间隙处，测量其最大间隙的高度（mm）；或者用深度尺在最大间隙位置测量直尺上顶面距地面的深度，该深度减去尺高即为测试点最大间隙的高度，准确至 0.2mm。

四、检测结果计算

单杆检测路面的平整度计算，以三米直尺与路面的最大间隙为测定结果。连续测定 10 尺时，判断每个测定值是否合格，根据要求计算合格百分率，并计算 10 个最大间隙的平均值。

五、检测报告

单杆检测的结果应随时记录测试位置及检测结果。连续测定 10 尺时，应报告平均值、不合格尺数、合格率。

第二节　连续式平整度仪测定平整度试验方法

一、目的与适用范围

本方法规定用连续式平整度仪测量路面的不平整度的标准差，以表示路面的平整度，以 mm 计。本方法适用于测定路表面的平整度，评定路面的施工质量和使用质量，但不适用于在已有较多坑槽、破损严重的路面上测定。

二、仪具与材料

本方法需要下列仪具与材料：

（1）连续式平整度仪。

整体结构。连续式平整度仪一般标准长度为 3m，其质量应符合仪器标准的要求；中间为一个 3m 长的机架，机架可缩短或折叠，前后各 4 个行走轮，前后两组轮的轴间距离为 3m。

标准差测量传感器。安装在机架中间，可以是能起落的测定轮，或非接触式位移传感器，如激光或超声位移测量传感器。

其他辅助机构。蓄电池电源，距离传感器，与数据采集、处理、存储、输出部分配套的采集控制箱及计算机、打印机等。

测定间距为 10cm，每一个计算区间的长度为 100m 并输出一次结果。

可记录测试长度（m）、曲线振幅大于某一定值（如 3mm、5mm、8mm、10mm 等）的次数、曲线振幅的单向（凸起或凹下）累计值及以 3m 机架为基准的中点路面偏差曲线图，计算打印。

机架装有一牵引钩及手拉柄，可用人力或汽车牵引。

（2）牵引车。小面包车或其他小型牵引汽车。

（3）皮尺或测绳。

三、方法与步骤

1．准备工作

（1）选择测试路段。

（2）当施工过程中质量检测需要时，测试地点根据需要决定；当为路面工程质量检查验收或进行路况评定需要时，通常以行车道一侧车轮轮迹带作为连续测定的标准位置。对旧路已形成车辙的路面，取一侧车辙中间位置为测定位置。

按规定在测试路段路面上确定测试位置，当以内侧轮迹带（IWP）或外侧轮迹带（OWP）作为测定位置时，测定位置距车道标线 80 ~ 100cm。

（3）清扫路面测定位置处的脏物。

（4）检查仪器，检测箱各部分是否完好、灵敏，并将各连接线接妥，安装记录设备。

2. 测试步骤

（1）将连续式平整度仪置于测试路段路面起点上。

（2）在牵引汽车的后部，将连续式平整度仪与牵引汽车连接好，按照仪器使用手册依次完成各项操作。

（3）启动牵引汽车，沿道路纵向行驶，横向位置保持稳定。

（4）确认连续式平整度仪工作正常。牵引连续式平整度仪的速度应保持匀速，速度宜为 5km/h，最大不得超过 12km/h。

在测试路段较短时，亦可用人力拖拉平整度仪测定路面的平整度，但拖拉时应保持匀速前进。

四、检测结果计算

（1）连续式平整度测定仪测定后，可按每 10cm 间距采集的位移值自动计算得到每 100m 计算区间的平整度标准差（mm），还可记录测试长度（m）。

（2）每一个计算区间的路面平整度以该区间测定结果的标准差表示，按下式计算。

$$\sigma_i = \sqrt{\frac{\Sigma d_i^2 - (\Sigma d_i)^2 / N}{N-1}}$$

式中：σ_i——各计算区间的平整度计算值，mm；

d_i——以 100m 为一个计算区间，每隔一定距离（自动采集间距为 10cm，人工采集间距为 1.5m）采集的路面凹凸偏差位移值，mm；

N——计算区间用于计算标准差的测试数据个数。

（3）计算一个评定路段内各区间的平整度标准差的平均值、标准差、变异系数。

五、检测报告

试验应列表报告每一个评定路段内各测定区间的平整度标准差，各评定路段平整度的平均值、标准差、变异系数以及不合格区间数。

第三节　车载式颠簸累积仪测定平整度试验方法

一、目的与适用范围

本方法适用于各类颠簸累积仪在新建、改建路面工程质量验收和无严重坑槽、车辙等病害的正常行车条件下连续采集路段平整度数据。本方法的数据采集、传输、记录和处理分别由专用软件自动控制进行。

二、仪具与材料

1. 测试系统

测试系统由承载车辆、距离测量装置、颠簸累积值测试装置和主控制系统组成。主控制系统对测试装置的操作实施控制，完成数据采集、传输、存储与计算的过程。

2. 设备承载车要求

根据设备供应商的要求选择测试系统承载车辆。

3. 测试系统基本技术要求和参数

测试速度：30 ~ 80km/h。

最大测试幅值：± 20cm。

垂直位移分辨率：1mm。

距离标定误差：小于 0.5%。

系统工作环境温度：0 ~ 60℃。

系统软件能够依据相关关系公式自动对颠簸累积值进行换算，间接输出国际平整度指数 *IRI*。

三、方法与步骤

1. 准备工作

（1）测试车辆有下面条件之一时，都应进行仪器测值与国际平整度指数 *IRI* 的相关性标定，相关系数 *R* 应不低于 0.99：在正常状态下行驶超过 2 万 km；标定的时间间隔超过 1 年；减震器、轮胎等发生更换、维修。

（2）检查测试车轮胎气压，应达到车辆轮胎规定的标准气压，车胎应清洁，不得黏附杂物，车上载重、人数以及分布应与仪器相关性标定试验时一致。

（3）距离测量系统需要现场安装的，根据设备操作手册说明进行安装，确保紧固装置安装牢固。

（4）检查测试系统各部分应符合测试要求，不应有明显的可视性破损。

（5）打开系统电源，启动控制程序，检查系统各部分的工作状态。

2. 测试步骤

测试开始之前应让测试车以测试速度行驶 5 ~ 10km，按照设备操作手册规定的预热时间对测试系统进行预热；测试车停在测试起点前 300 ~ 500m 处，启动平整度测试系统程序，按照设备操作手册的规定和测试路段的现场技术要求设置完毕所需的测试状态；驾驶员在进入测试路段前应保持车速在规定的测试速度范围内，沿正常行车轨迹驶入测试路段；进入测试路段后，测试人员启动系统的采集和记录程序，在测试过程中必须及时准确地将测试路段的起终点和其他需要特殊标记点的位置输入测试数据记录中；当测试车辆驶出测试路段后，仪器操作人员停止数据采集和记录，并恢复仪器各部分至初始状态；操作人员检查数据文件，文件应完整，内容应正常，否则需要重新测试；关闭测试系统电源，结束测试。

四、检测结果计算

颠簸累积仪直接测试输出的颠簸累积值 *VBI*，要按照相关性标定试验得到相关关系式，并以 100m 为计算区间换算成 *IRI*（以 m/km 计）。

五、颠簸累积仪测值与国际平整度指数 *IRI* 相关关系对比试验

1. 基本要求

由于颠簸累积仪测值受测试速度等因素影响，因此测试系统的每一种实际采用的测试速度都应单独进行标定，建立相关关系公式。标定过程及分析结果应详细记录并存档。

2. 试验条件

（1）按照每段 *IRI* 值变化幅度不小于 1.0 的范围选择不少于 4 段不同平整度水平，且有足够加速或减速长度的路段。根据实际测试道路 *IRI* 的分布情况，可以增加某些范围内的标定路段。

（2）每一路段长度不小于 300m。

（3）每一段内的平整度应均匀，包括路段前 50m 的引道。

（4）选择坡度变化较小的直线路段，路段交通量小，便于疏导。

（5）标定宜选择在车道的正常行驶轮迹上进行，明确标出标定路段的轮迹、起终点。

3．试验步骤

（1）距离标定。

依据设备供应商建议的长度，选择坡度变化较小的平坦直线路段，标出起终点和行驶轨迹；标定开始之前应让测试车以测试速度行驶 5 ~ 10km，按照设备操作手册规定的预热时间对测试系统进行预热；将测试车的前轮对准起点线，启动距离校准程序，然后令车辆沿着路段轨迹直线行驶，避免突然加速或减速，接近终点时，看指挥人员手势减速停车，确保测试车的前轮对准终点线，结束距离校准程序。重复此过程，确保距离传感器脉冲当量的准确性，应在允许误差范围之内。

（2）令颠簸累积仪按选定的测试速度测试每个标定路段的反应值，重复测试至少 5 次，取其平均值作为该路段的反应值。

（3）*IRI* 值的确定。

1）以精密水准仪作为标准仪具，分别测量标定路段两个轮迹的纵断高程，要求采样间隔为 250mm，高程测试精度为 0.5mm；然后用 *IRI* 标准计算程序对每个轮迹的纵断面测量值进行模型计算，得到该轮迹的 *IRI* 值。两个轮迹 *IRI* 值的平均值即为该路段的 *IRI* 值。

2）其他符合世界银行一类平整度测试标准的纵断面测试仪具也可以作为确定标定路段标准 *IRI* 值的仪具。

4．试验数据处理

用数理统计的方法将各标定路段的 *IRI* 值和相应的颠簸累积仪值进行回归分析，建立相关关系方程式，相关系数 R 不得小于 0.99。

六、检测报告

（1）平整度测试报告应包括颠簸累积值 *VBI*、国际平整度 *IRI* 平均值和现场测试速度。

（2）提供颠簸累积值 *VBI* 与国际平整度指数 *IRI* 在选定测试条件下的相关关系式及相关系数。

第四节　车载式激光平整度仪测定平整度试验方法

一、目的与适用范围

本方法适用于各类车载式激光平整度仪在新建、改建路面工程质量验收和无严重坑槽、车辙等病害及无积水、积雪、泥浆的正常通车条件下连续采集路段平整度数据。本方法的数据采集、传输、记录和处理分别由专用软件自动控制进行。

二、仪具与材料

1. 测试系统

测试系统由承载车辆、距离传感器、纵断面高程传感器和主控制系统组成。主控制系统对测试装置的操作实施控制，完成数据采集、传输、存储与计算过程。

2. 设备承载车要求

根据设备供应商的要求选择测试系统承载车辆。

3. 测试系统基本技术要求和参数

测试速度：30 ~ 100km/h。

采样间隔：不大于 500mm。

传感器测试精度：0.5mm。

距离标定误差：小于 0.1%。

系统工作环境温度：0 ~ 60℃。

三、方法与步骤

1. 准备工作

设备安装到承载车上以后应按规定进行相关性试验；根据设备操作手册的要求对测试系统各传感器进行校准；检查测试车轮胎气压，应达到车辆轮胎规定的标准气压，车胎应清洁，不得黏附杂物；距离测量装置需要现场安装的，根据设备操作手册说明进行安装，确保机械紧固装置安装牢固；检查测试系统各部分应符合测试要求，不应有明显的可视性破损；打开系统电源，启动控制程序，检查各部分的工作状态。

2. 测试步骤

（1）测试开始之前应让测试车以测试速度行驶 5 ~ 10km，按照设备操作手册规定的预热时间对测试系统进行预热。

（2）测试车停在测试起点前 50 ~ 100m 处，启动平整度测试系统程序，按照设备操作手册的规定和测试路段的现场技术要求设置完毕所需的测试状态。

（3）驾驶员应按照设备操作手册要求的测试速度范围驾驶测试车，宜在 50 ~ 80km/h，避免急加速和急减速，急弯路段应放慢车速，沿正常行车轨迹驶入测试路段。

车载式激光平整度仪受行车速度的影响很小，但是急加减速会引入较大偏差，应避免检测过程中出现急加减速情况。

（4）进入测试路段后，测试人员启动系统的采集和记录程序，在测试过程中必须及时准确地将测试路段的起终点和其他需要特殊标记点的位置输入测试数据记录中。

（5）当测试车辆驶出测试路段后，仪器操作人员停止数据采集和记录，并恢复仪器各部分至初始状态。

（6）检查测试数据文件，文件应完整，内容应正常，否则需要重新测试。

（7）关闭测试系统电源，结束测试。

四、检测结果计算

激光平整度仪采集的数据是路面相对高程值，应以 100m 为计算区间长度用 *IRI* 标准计算程序计算 *IRI* 值，以 m/km 计。

五、激光平整度仪测值与国际平整度指数相关关系对比试验

1. 试验条件

（1）按照 *IRI* 值，每段间距大于 1.0 的范围选择不少于 4 段不同平整度水平，且有足够加速或减速长度的路段，根据实际测试道路 *IRI* 的分布情况，可以增加某些范围内的标定路段。

（2）每一路段长度不小于 300m。

（3）每一段内的平整度应均匀，包括路段前 50m 的引道。

（4）选择坡度变化较小的直线路段，路段交通量小，便于疏导。

（5）有多个激光测头的系统需要分别标定。

（6）标定宜选择在车道的正常行驶轮迹上进行，明确画出轮迹带测线和起终点位置。

2. 试验步骤

（1）距离标定

依据设备供应商建议的长度，选择坡度变化较小的平坦直线路段，标出起终点和行驶轨迹；标定开始之前应让测试车以测试速度行驶 5 ~ 10km，按照设备操作手册规定的预热时间对测试系统进行预热；将测试车的前轮对准起点线，启动距离校准程序，然后令车辆沿着路段轨迹直线行驶，避免突然加速或减速，接近终点时，看指挥人员手势减速停车，确保测试车的前轮对准终点线，结束距离校准程序。重复此过程，确保距离传感器脉冲当量的准确性，应在允许误差范围之内。

（2）令所标定的纵断面高程传感器对准测线重复测试 5 次，取其 *IRI* 计算值的平均值作为该路段的测试值。

（3）*IRI* 值的确定

以精密水准仪作为标准仪具，测量标定路段上测线的纵断高程，要求采样间隔为 250mm，高程测试精度为 0.5mm。然后用 *IRI* 标准计算程序对纵断面测量值进行模型计算，得到标定线路的 *IRI* 值；其他符合世界银行一类平整度测试标准的纵断面测试仪具也可以作为确定标定路段标准 *IRI* 值的仪具。

3. 试验数据处理

用数理统计的方法将各标定路段的值和相应的平整度仪值进行回归分析，建立相关关系方程式，相关系数 R 不得小于 0.99。

六、检测报告

平整度检测报告应包括以下内容：

国际平整度平均值；提供激光平整度仪测值与国际平整度指数在选定测试条件下的相关关系式及相关系数。

第十三章　路面抗滑性能检测

第一节　路面构造深度检测

构造深度以前称纹理深度，指一定面积的路表面上凹凸不平的开口孔隙的平均深度，是路面粗糙度的重要指标。它与路表抗滑性能、排水、噪声等都有一定关系。手工铺砂法与电动铺砂法都是将细砂铺在路面上，计算嵌入凹凸不平的表面空隙中的砂的体积与覆盖面积之比，从而求得构造深度。这是目前工程上最基本也是最常用的方法。

一、手工铺砂法

1．适用范围及检测频率

本方法适用于测定沥青路面及水泥混凝土路面表面的构造深度，用以评定路面表面的宏观构造。检测频率为每 200m 测一处。

2．仪具与材料

（1）人工铺砂仪。由量砂筒、推平板和刮平尺组成。

1）量砂筒。形状尺寸如图 13-1 所示，一端是封闭的，容积为（25 ± 0.15）mL，可通过称量砂筒中水的质量以确定其容积 V，并调整其高度，使其容积符合要求。

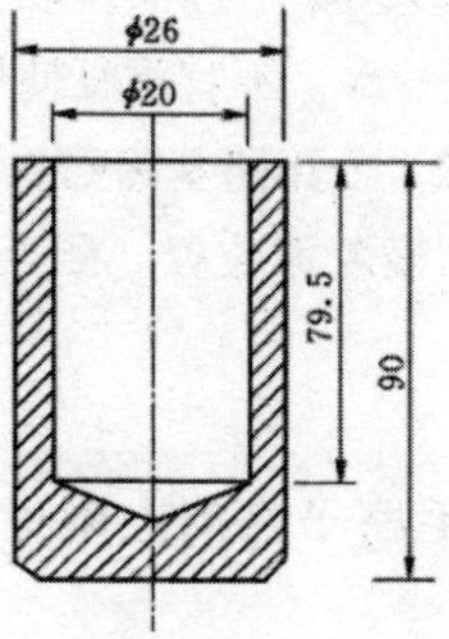

图 13-1　量砂筒（单位：mm）

2）推平板。形状尺寸如图 13-2 所示，推平板应为木制或铝制，直径 50mm，底面粘一层厚 1.5mm 的橡胶片，上面有一圆柱把手。

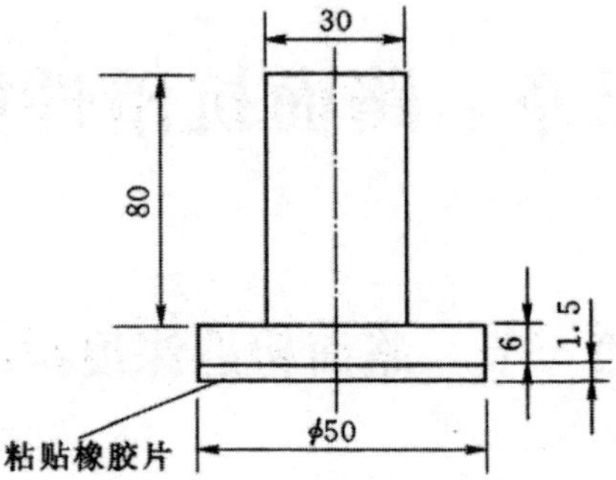

图 13-2　推平板（单位：mm）

3）刮平尺。可用 30cm 钢尺代替，其主要作用是用来将筒口量砂刮平。

（2）量砂。足够数量的干燥洁净的均匀砂，粒径为 0.15 ～ 0.3mm。

（3）量尺。钢板尺、钢卷尺，或采用已按下式将直径换算成构造深度作为刻度单位的专用构造深度尺。

$$TD=\frac{1000V}{\pi D^2/4}=\frac{31831}{D^2}$$

式中：TD——路面表面构造深度 ,mm；

V——砂的体积：25cm^3；

D——摊平砂的平均直径，mm。

（4）其他。装砂容器（小铲）、扫帚或毛刷、挡风板等。

3．方法与步骤

（1）准备工作。

1）量砂准备。取洁净的细砂，晾干过筛，取 0.15 ～ 0.3mm 的砂置适当的容器中备用。量砂只能在路面上使用一次，不宜重复使用。

2）选择测点。对测试路段按《公路路基路面现场测试规程》中随机选点的方法，在行车道上随机选取测点所在的横断面位置。测点应选在车道的轮迹带上，距路面边缘不应小于 1m。

（2）测试步骤。

1）清扫现场。用扫帚或毛刷子将测点附近的路面清扫干净，面积不小于 30cm × 30cm。

2）装砂。用小铲装砂，沿筒壁向圆筒中注满砂，手提圆筒上方，在硬质路表面上轻轻地叩打 3 次，使砂密实，补足砂面用钢尺一次刮平。

3）铺砂。将砂倒在路面上，用底面粘有橡胶片的推平板，由里向外重复作旋转摊铺运动，稍稍用力将砂细心地尽可能地向外摊开，使砂填入凹凸不平的路表面的空隙中，尽可能将砂摊成圆形，并不得在表面上留有浮动余砂。

4）测直径。用钢板尺测量所构成圆的两个垂直方向的直径，取其平均值，准确至 5mm。

5）按以上方法，同一处平行测定不少于 3 次，3 个测点均位于轮迹带上，测点间距 3 ~ 5m。对同一处，应该由同一个试验员进行测定。该处的测定位置以中间测点的位置表示。

4. 注意事项

（1）本方法对于具有较大不规则孔隙或坑槽的沥青路面和具有防滑沟槽结构的水泥路面不适用。

（2）量砂只能在路面上使用一次，不宜重复使用。

（3）不可直接用量砂筒装砂，以免影响量砂密度的均匀性。

（4）摊铺时不可用力过大或向外推挤。

5. 计算

（1）路面表面构造深度测定结果按下式计算：

$$TD = \frac{1000V}{\pi D^2 / 4} = \frac{31832}{D^2}$$

式中：TD——路面表面构造深度，mm；

V——砂的体积，25cm^3；

D——摊平砂的平均直径，mm。

（2）每一处均取 3 次路面构造深度的测定结果的平均值作为试验结果，精确至 0.01mm。

（3）计算每一个评定区间路面构造深度的平均值、标准差、变异系数。

6. 报告

（1）列表逐点报告路面构造深度的测定值及 3 次测定的平均值，当平均值小于 0.2mm 时，试验结果以小于 0.2mm 表示。

（2）每一个评定区间路面构造深度的平均值、标准差、变异系数。

二、电动铺砂法

1. 目的与适用范围

本方法适用于测定沥青路面及水泥混凝土路面表面构造深度，用以评定路面表面的宏观构造。

2. 仪具与材料

（1）电动铺砂仪。利用可充电的直流电源将量砂通过砂漏铺设成宽度 5cm、厚度均匀一致的器具，如图 13–3 所示。

（2）量砂。足够数量的干燥洁净的匀质砂，粒径为 0.15 ~ 0.3mm。

（3）标准量筒。容积 50mL。

（4）玻璃板。面积大于铺砂器，厚 5mm。

（5）其他。直尺、扫帚、毛刷等。

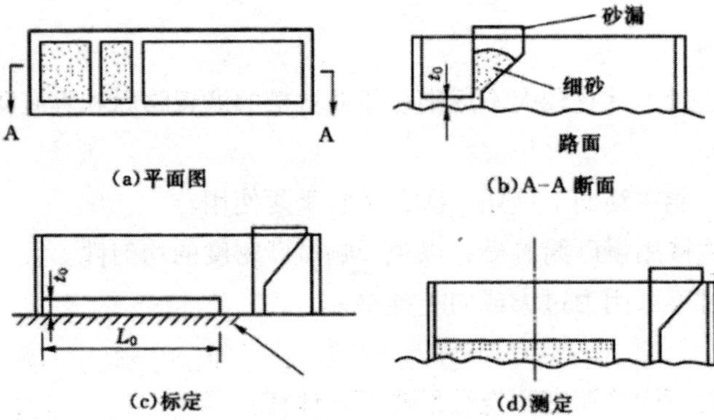

图 13–3 电动铺砂仪示意图

3. 方法与步骤

（1）准备工作。

1）量砂准备。取洁净的细砂，晾干过筛，取 0.15 ~ 0.3mm 的砂置适当的容器中备用。

2）选择测点：对测试路段按《公路路基路面现场测试规程》中随机选点的方法，在行车道上随机选取测点所在的横断面位置。测点应选在车道的轮迹带上，距路面边缘应不小于 1m。

（2）电动铺砂器标定。

1）将铺砂器平放在玻璃板上，将砂漏移至铺砂器端部。

2）使灌砂漏斗口和量筒口大致齐平。通过漏斗向量筒中缓缓注入准备好的量砂至高出量筒成尖顶状，用直尺沿筒口一次刮平，其容积为 50mL。

3）使漏斗口与铺砂器砂漏上口大致齐平。将砂通过漏斗均匀倒入砂漏，漏斗前后移动，使砂的表面大致齐平，但不得用任何其他工具刮动砂。

4）开动电动机，使砂漏向另一端缓缓运动，量砂沿砂漏底部铺成如图 13–4 所示的宽 5cm 的带状，待砂全部漏完后停止。

5）按图 13–4，下式由 L_1 及 L_2 的平均值决定量砂的摊铺长度 L_0，准确至 1mm。

$$L_0=(L_1+L_2)/2$$

重复标定 3 次，取平均值决定 L_0，准确至 1mm。

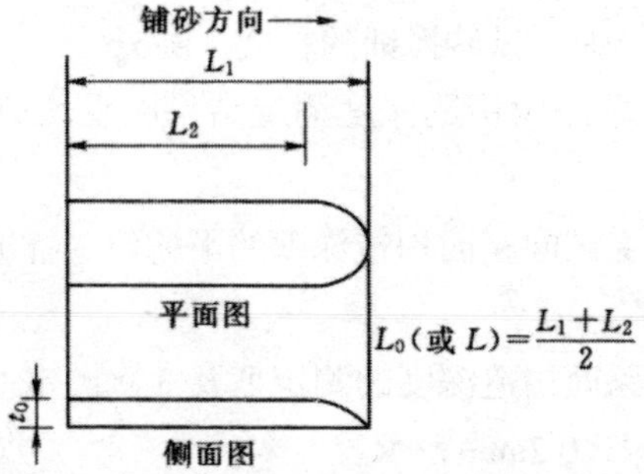

图 13–4　决定 L_0 及 L 的方法

（3）测试步骤。

1）将测试地点用毛刷刷净，面积大于铺砂仪。

2）将铺砂仪沿道路纵向平稳地放在路面上，将砂漏移至端部。

3）按以上电动铺砂仪标定过程中 2 ~ 5 相同的步骤，在测试地点摊铺 50mL 量砂，按图 13–4 方法量取摊铺长度 L_1 及 L_2，由下式计算 L，准确至 1mm。

$$L=(L_1+L_2)/2$$

4）按以上方法，同一处平行测定不少于 3 次，3 个测点均位于轮迹带上，测点间距 3 ~ 5m。该处的测定位置以中间测点的位置表示。

4．注意事项

（1）量砂只能在路面上使用一次，不宜重复使用。

（2）标定应在每次测试前进行，用同一种量砂，由承担测试的同一试验员进行。

5．计算

（1）按下式计算铺砂仪在玻璃板上摊铺的量砂厚度 t_0：

$$t_0=\frac{V}{B\times L_0}\times 1000=\frac{1000}{L_0}$$

式中：t_0——量砂在玻璃板上摊铺的标定厚度，mm；

V——量砂体积，V=50mL；

B——铺砂仪铺砂宽度，B=50mm；

L_0——玻璃板上 50mL 量砂摊铺的长度，mm。

（2）按下式计算路面构造深度 TD：

$$TD=\frac{L_0-L}{L}\times t_0=\frac{L_0-L}{L\times L_0}\times 1000$$

式中：TD——路面的构造深度，mm；

L——路面上 50mL 量砂摊铺的长度，mm。

（3）每一处均取 3 次路面构造深度测定结果的平均值作为试验结果，精确至 0.1mm。

（4）计算每一个评定区间路面构造深度的平均值、标准差、变异系数。

6. 报告

（1）列表逐点报告路面构造深度的测定值及 3 次测定的平均值，当平均值小于 0.2mm 时，试验结果以小于 0.2mm 表示。

（2）每一个评定区间路面构造深度的平均值、标准差、变异系数。

三、车载式激光构造深度仪

1. 目的与适用范围

本方法适用于各类车载式激光构造深度仪在新建、改建路面工程质量验收和无严重破损病害及无积水、积雪、泥浆等正常行车条件下的测定，连续采集路面构造深度，但不适用于带有沟槽构造的水泥混凝土路面构造深度的测定。本方法的数据采集、传输、记录和处理分别由专用软件自动控制进行。

2. 仪器与材料

（1）测试系统构成。

测试系统由承载车辆、距离传感器、激光传感器和主控制系统组成。主控制系统对测试装置的操作实施控制，完成数据采集、传输、存储与计算过程。

（2）设备承载车要求。

根据设备供应商的要求选择测试系统承载车辆。

（3）测试系统基本技术要求和参数。

最大测试速度：不小于 50km/h。

采样间隔：不大于 10mm。

传感器测试精度：0.1mm。

距离标定误差：小于 0.1%。

系统工作环境温度：0 ~ 60℃。

3．方法与步骤

（1）准备工作。

设备安装到承载车上以后应进行相关性标定试验；根据设备操作手册的要求对测试系统各传感器进行校准；距离测量装置需要现场安装的，根据设备操作手册说明进行安装，确保机械紧固装置安装牢固；测试系统各部分应符合测试要求，不应有明显的可视性破损；打开系统电源，启动控制程序，检查各部分的工作状态。

（2）测试步骤。

1）按照设备使用说明规定的预热时间对测试系统预热。

2）测试车停在测试起点前 50 ~ 100m 处，启动测试系统程序，按照设备操作手册的规定和测试路段的现场技术要求设置完毕所需的测试状态。

3）驾驶员应按照设备操作手册要求的测试速度范围驾驶测试车，避免急加速和急减速，急弯路段应放慢车速，沿正常行车轨迹驶入测试路段。

4）进入测试路段后，测试人员启动系统的采集和记录程序，在测试过程中必须及时准确地将测试路段的起终点和其他需要特殊标记的位置输入测试数据记录中。

5）当测试车辆驶出测试路段后，测试人员停止数据采集和记录，并恢复仪器各部分至初始状态。

6）检查。测试数据文件应完整，内容应正常，否则需要重新测试。

7）关闭测试系统电源，结束测试。

4．激光构造深度仪测值与铺砂法构造深度值相关关系对比试验

（1）选择构造深度分别在 0 ~ 0.3mm、0.3 ~ 0.55mm、0.55 ~ 0.8mm、0.8 ~ 1.2mm 范围的 4 个各长 100m 的试验路段。试验前将路面清扫干净，并在起终点做上标记。

（2）在每个试验路段上沿一侧行车轮迹用铺砂法测试至少 10 点的构造深度值，并计算平均值。

（3）驾驶测试车以 30 ~ 50km/h 速度驶过试验路段，并且保证激光构造深度仪的激光传感器探头沿铺砂法所测构造深度的行车轮迹运行，计算试验路段的构造深度平均值。

（4）建立两种方法的相关关系式，要求相关系数 R 不小于 0.97。

5．报告

构造深度检测报告应包括以下内容：

（1）路段构造深度平均值、标准差。

（2）提供激光构造深度仪测值与铺砂法构造深度值在选定测试条件下的相关关系式及相关系数。

第二节　路面摩擦系数检测

一、摆式仪测定路面摩擦系数

摆式仪法是我国普遍采用的一种抗滑性能测试方法。它的基本原理是，将摆式仪的摆锤底面装一橡胶滑块，当摆锤从一定高度自由下摆时，滑块面同试验表面接触，由于两者间的摩擦而损耗部分能量，使摆锤只能回摆到一定高度，表面摩擦阻力越大，回摆高度越小（即摆值越大）。路面的抗滑摆值（*BPN* 值）是指用标准的手提式摆式摩擦系数测定仪测定的路面在潮湿条件下对摆的摩擦阻力，是反映路面抗滑性能的综合性指标。

1. 适用范围及检测频率

本方法适用于以摆式摩擦系数测定仪测定沥青路面、标线或其他材料试件的抗滑值，用以评定路面或路面材料试件在潮湿状态下的抗滑能力。检测频率为每 200m 测一处。

2. 仪具与材料

（1）摆式仪。形状及结构如图 13-5 所示。摆及摆的连接部分总质量为（1500 ± 30）g，摆动中心至摆的重心距离为（410 ± 5）mm，测定时摆在路面上滑动长度为（126 ± 1）mm，摆上橡胶片端部至摆动中心的距离为 510mm，橡胶片对路面的正向静压力为（22.2 ± 0.5）N。

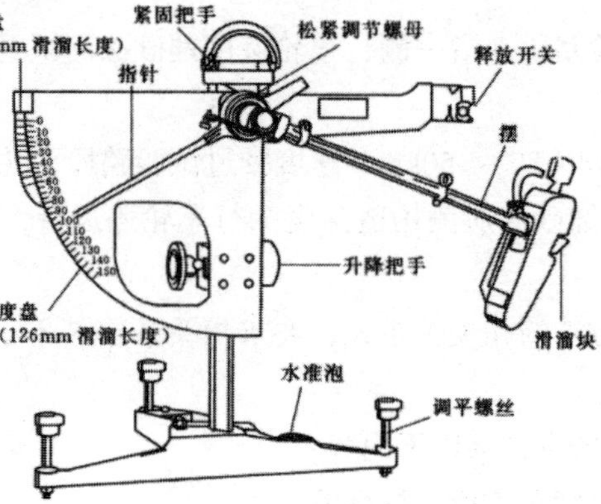

图 13-5　摆式仪结构示意图

（2）橡胶片。当用于测定路面抗滑值时，其尺寸为 6.35mm × 25.4mm ×

76.2mm。橡胶质量应符合表 13-1 的要求。当橡胶片使用后，端部在长度方向上磨耗超过 1.6mm 或边缘在宽度方向上磨耗超过 3.2mm，或有油类污染时，即应更换新橡胶片。新橡胶片应先在干燥路面上测试 10 次后再用于测试。橡胶片的有效使用期从出厂日期起算为 12 个月。

表 13-1　橡胶物理性质技术要求

温度（℃） 性质指标	0	10	20	30	40
弹性（%）	43 ~ 49	58 ~ 65	66 ~ 73	71 ~ 77	74 ~ 79
硬度（IR）	55 ± 5				

（3）滑动长度量尺。长 126mm。

（4）喷水壶。

（5）硬毛刷。

（6）路面温度计。分度不大于 1℃。

（7）其他。扫帚、记录表格等。

3. 方法与步骤

（1）准备工作。

1）检查摆式仪的调零灵敏情况，并定期进行仪器的标定。

2）按 JTG E60—2008《公路路基路面现场测试规程》中随机选点的方法，进行测试路段的取样选点。在横断面上测点应选在行车道的轮迹带上，距路面边缘应不小于 1m。

（2）测试步骤。

1）清洁路面。用扫帚或其他工具将测点附近的路面清扫干净。

2）仪器调平。

将仪器置于路面测点上，并使摆的摆动方向与行车方向一致；转动底座上的调平螺栓，使水准泡居中。

3）调零。

a. 放松紧固把手，转动升降把手，使摆升高并能自由摆动，然后旋紧紧固把手。

b. 将摆固定在右侧悬臂上，使摆处于水平释放位置，并把指针拨至右端与摆杆平行处。

c. 按下释放开关，使摆向左带动指针摆动。当摆达到最高位置后下落时，用手将摆杆接住，此时指针应指零。

d. 若不指零，可稍旋紧或旋松摆的调节螺母。

e. 重复上述 4 个步骤，直至指针指零。调零允许误差为 ±1BPN。

4）校核滑动长度。

a. 让摆处于自然下垂状态，松开固定把手，转动升降把手，使摆下降。与此同时，提起举升柄使摆向左侧移动，然后放下举升柄使橡胶片下缘轻轻触地，紧靠橡胶片摆放滑动长度量尺，使量尺左端对准橡胶片下缘；再提起举升柄使摆向右侧移动，然后放下举升柄使橡胶片下缘轻轻触地，检查橡胶片下缘应与滑动长度量尺的右端齐平。

b. 若齐平，则说明橡胶片两次触地的距离（滑动长度）符合 126mm 的规定。校核滑动长度时，应以橡胶片长边刚刚接触路面为准，不可借摆的力量向前滑动，以免标定的滑动长度与实际不符。

c. 若不齐平，升高或降低摆或仪器底座的高度。微调时用旋转仪底座上的调平螺丝调整仪器底座高度的方法比较方便，但需注意保持水准泡居中。

d. 重复上述动作，直至滑动长度符合 126mm 的规定。

5）将摆固定在右侧悬臂上，使摆处于水平释放位置，并把指针拨至右端与摆杆平行处。

6）用喷水壶浇洒测点，使路面处于湿润状态。

7）按下右侧悬臂上的释放开关，使摆在路面滑过。当摆杆回落时，用手接住，读数但不记录。然后使摆杆和指针重新置于水平释放位置。

8）重复 6）和 7）的操作 5 次，并读记每次测定的摆值。

单点测定的 5 个值中最大值与最小值的差值不得大于 3。如差值大于 3 时，应检查产生的原因，并再次重复上述各项操作，至符合规定为止。

取 5 次测定的平均值作为单点的路面抗滑值（即摆值 BPN_t），取整数。

9）在测点位置用温度计测记潮湿路表温度，准确至 1℃。

10）每个测点由 3 个单点组成，即需按以上方法在同一测点处平行测定 3 次，以 3 次测定结果的平均值作为该测点的代表值（精确到 1）。

3 个单点均应位于轮迹带上，单点间距离为 3 ～ 5m。该测点的位置以中间单点的位置表示。

4．抗滑值的温度修正

当路面温度为 t（℃）时，测得的摆值为 BPN_t 必须按下式换算成标准温度 20℃的摆值 BPN_{20}。

$$BPN_{20}=BPN_t+\Delta BPN$$

式中：BPN_{20}——换算成标准温度 20℃时的摆值；

BPN_t——路面温度 t 时测得的摆值；

ΔBPN——温度修正值按表 13-2 采用。

表 13-2　温度修正值

温度（℃）	0	5	10	15	20	25	30	35	40
温度修正值 ΔBFN	−6	−4	−3	−1	0	+2	+3	+5	+7

5. 注意事项

水泥路面不宜采用摆式仪法测定抗滑性能；按下释放开关后，摆杆回落时用手接住，减少橡胶片与地面的磨损；路面温度不为 20℃时需按表 13-2 进行温度修正，在中间温度时，可用内插法计算。

6. 报告

报告内容应包括：

路面单点测定值经温度修正后的 BPN_{20}、现场温度、3 次的平均值；评定路段路面抗滑值的平均值、标准差、变异系数。

二、单轮式横向力系数测试系统

1. 适用范围及检测频率

（1）本方法适用于工作原理和结构与 SCRIM 测试车相同的横向力系数测试系统在新建、改建路面工程质量验收和无严重坑槽、车辙等病害的正常行车条件下连续采集路面的横向力系数。

（2）本方法的数据采集、传输、记录和处理分别由专用软件自动控制进行。

2. 仪具与材料

（1）测试系统构成。测试系统由承载车辆、距离测试装置、横向力测试装置、供水装置和主控制系统组成。主控制系统除实施对测试装置和供水装置的操作控制外，同时还控制数据的传输、记录与计算等环节。

（2）设备承载车基本技术要求和参数。横向力系数测试系统的承载车辆应为能够固定和安装测试、储供水、控制和记录等系统的载货车底盘，具有在水罐满载状态下最高车速大于 100km/h 的性能。

（3）测试系统技术要求和参数。

测试轮胎类型：光面天然橡胶充气轮胎。

测试轮胎规格：3.00/20。

测试轮胎标准气压：（350 ± 20）kPa。

测试轮偏置角：19.5 ～ 21°。

测试轮静态垂直标准荷载：（2000 ± 20）N。

拉力传感器非线性误差：小于 0.05%。

拉力传感器有效量程：0 ～ 2000N。

距离标定误差：小于 2%。

3．方法与步骤

（1）准备工作。

1）每个测试项目开始前或连续测试超过 1000km 后必须按照设备使用手册规定的方法进行测试系统的标定，记录标定数据并存档。

2）检查测试车轮胎气压，应达到车辆轮胎规定的标准气压。

3）检查测试轮胎磨损情况，当其直径比新轮胎减小达 6mm（也即胎面磨损 3mm）以上或有明显磨损裂口时，必须立即更换新轮胎。更换的新轮胎在正式测试前应试测 2km。

4）检测测试轮气压，应达到（0.35 ± 0.02）MPa 的要求。

5）检查测试轮固定螺栓应拧紧。将测试轮放到正常测试时的位置，检查其应能够沿两侧滑柱上下自由升降。

6）根据测试里程的需要向水罐加注清洁测试用水。

7）检查洒水口出水情况和洒水位置应正常；洒水位置应在测试轮触地面中点沿行驶方向前方（400 ± 50）mm 处，洒水宽度应为中心线两侧各不小于 75mm。

8）将控制面板电源打开，检查各项控制功能键、指示灯和技术参数选择状态应正常。

（2）测试步骤。

正式开始测试前，首先应按设备操作手册规定的时间要求对系统进行通电预热；进入测试路段前应将测试轮胎降至路面上预跑约 500m；按照设备操作手册的规定和测试路段的现场技术要求设置完毕所需的测试状态；驾驶员在进入测试路段前应保持车速在规定的测试速度范围内，沿正常行车轨迹驶入测试路段；进入测试路段后，测试人员启动系统的采集和记录程序。在测试过程中必须及时准确地将测试路段的起终点和其他需要特殊标记点的位置输入测试数据记录中；当测试车辆驶出测试路段后，仪器操作人员停止数据采集和记录，提升测量轮并恢复仪器各部分至初始状态；操作人员检查数据文件应完整，内容应正常，否则需要重新测试；关闭测试系统电源，结束测试。

4．*SFC* 值的修正

（1）*SFC* 值的速度修正。测试系统的标准测试速度范围规定为（50 ± 4）km/h，其他速度条件下测试的 *SFC* 值必须通过下式转换至标准速度下的等效 *SFC* 值。

$$SFC_{标}=SFC_{测}-0.22\left(v_{标}-v_{测}\right)$$

式中：$SFC_{标}$——标准测试速度下的等效 *SFC* 值；

$SFC_{测}$——现场实际测试速度条件下的 *SFC* 测试值；

$v_{标}$——标准测试速度，取值 50km/h；

$v_{测}$——现场实际测试速度。

（2）*SFC* 值的温度修正。测试系统的标准现场测试地面温度范围为（20 ± 5）℃，其他地面温度条件下测试的 *SFC* 值必须通过表 13–3 转换至标准温度下的等效 *SFC* 值。系统测试要求地面温度控制在 8 ～ 60℃范围内。

表 13–3　SFC 温度修正

温度（℃）	10	15	20	25	30	35	40	45	50	55	60
修正	–3	–1	0	+1	+3	+4	+6	+7	+8	+9	+10

5．不同类型摩擦系数测试设备间相关关系对比试验

（1）基本要求。不同类型摩擦系数测试设备的测值应换算成 *SFC* 值后使用，所以制动式摩擦系数测试设备和其他类型横向力式测试设备在使用时必须和 SCRIM 系统进行对比试验，建立测试结果与 SCRIM 系统测值——*SFC* 值的相关关系。

（2）试验条件。

1）按 *SFC* 值 0 ～ 30、30 ～ 50、50 ～ 70、70 ～ 100 的范围选择 4 段不同摩擦系数的路段，路段长度可为 100 ～ 300m。

2）对比试验路段地面应清洁干燥，地面温度应在 10 ～ 30℃范围内，天气条件宜为晴天无风。

（3）试验步骤。

测试系统和需要进行对比试验的其他类型设备分别按准备工作的方法及其操作手册规定的程序准备就绪；两套设备分别以 40km/h、50km/h、60km/h、70km/h、80km/h 的速度在所选择的 4 种试验路段上各测试 3 次，3 次测试的平均值的绝对差值不得大于 5，否则重测；两种试验设备设置的采样频率差值不应超过一倍，每个试验路段的采样数据量不应少于 10 个。

（4）试验数据处理。

分别计算出每种速度下各路段 3 次测试结果的总平均值和标准差，超过 3 倍标

准差的值应予以舍弃；用数理统计的回归分析方法建立试验设备测值与速度的相关关系式，相关系数 R 不得小于 0.95；建立不同速度下试验设备测值 SFC 的相关关系式，相关系数 R 不得小于 0.95。

6. 报告

报告应包括横向力系数 SFC 的平均值、标准差、代表值及现场测试速度和温度。

第十四章　沥青路面渗水系数和车辙测试

第一节　沥青路面渗水系数测试方法

沥青路面渗水性能是反映路面沥青混合料级配组成的一个间接指标，也是沥青路面水稳定性的一个重要指标。如果整个沥青面层均透水，则水势必进入基层或路基，使路面承载力降低。相反，如果沥青面层中有一层不透水，而表层能很快透水，则不致形成水膜，对抗滑性能有很大好处。所以路面渗水系数是评价路面使用性能的一个重要指标。

路面渗水系数是指在规定的条件下，单位时间内渗入路面结构中水的体积，用 C_W 表示，单位为 mL/min。《公路工程质量检验评定标准》中规定：路面表层渗水系数宜在路面成型后立即测定。高速公路、一级公路渗水系数要求：SMA 路面 200mL/min；其他沥青混凝土路 300mL/min。

一、适用范围及检测频率

本方法适用于在路面现场测定沥青路面的渗水系数。检测频率为每 200m 测一处。

二、仪具与材料

（1）路面渗水仪：形状及尺寸如图 14-1 所示，上部盛水量筒由透明有机玻璃制成，容积 600mL，上有刻度，在 100mL 和 500mL 处有粗标线，下方通过 ϕ10mm 的细管与底座相接，中间有一开关。量筒通过支架联结，底座下方开口内径 150mm，外径 220mm，仪器附不锈钢圈压重两个，每个质量约 5kg，内径 160mm。

（2）水筒及大漏斗。

（3）秒表。

（4）密封材料。防水腻子、油灰或橡皮泥。

（5）其他。水、粉笔、塑料圈、刮刀、扫帚等。

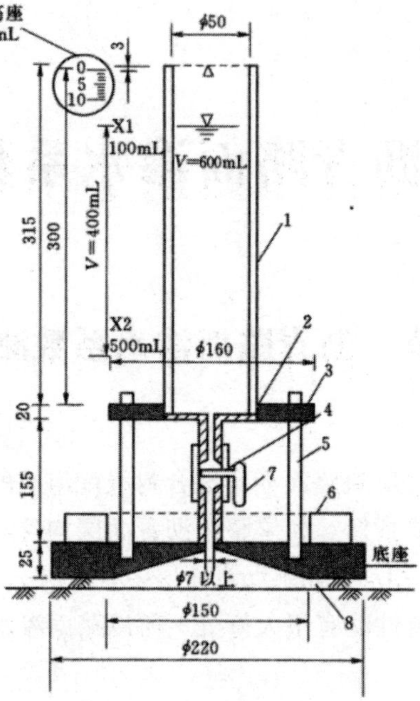

图 14–1　渗水仪结构示意图

三、方法与步骤

1．准备工作

（1）在测试路段的行车道路面上，按《公路路基路面现场测试规程》中公路路基路面现场测试的随机选点方法确定测试位置，每一个检测路段应测定 5 个测点，并用粉笔画上测试标记。

（2）试验前，首先用扫帚清扫表面，并用刷子将路面表面的杂物刷去。杂物的存在一方面会影响水的渗入，另一方面也会影响渗水仪和路面或者试件的密封效果。

2．试验步骤

（1）将塑料圈置于试件中央或者路面表面的测点上，用粉笔分别沿着塑料圈的内侧和外侧画上圈，在外环和内环之间的部分就是需要用密封材料进行密封的区域。

如果在密封区域内发现有构造深度较大的部位时，必须先用密封剂对这些部位的纹理深度进行填充，以防止渗水试验时水通过这些表面纹理渗出，从而影响试验结果。对较大的纹理进行处理后，再用密封剂对环状密封区域进行处理，用刮刀将密封剂均匀地涂抹在此区域内的试件表面上，用刮刀刮平，可以防止渗水仪压上去后密封剂被挤到内圈而改变渗水面积。

（2）用密封材料对环状密封区域进行密封处理，注意不要使密封材料进入内圈。如果密封材料不小心进入内圈，必须用刮刀将其刮走。然后再将搓成拇指粗细的条状密封材料摞在环状密封区域的中央，并且摞成一圈。

（3）将渗水仪放在试件或者路面表面的测点上，注意使渗水仪的中心尽量和圆环中心重合，然后略微使劲将渗水仪压在条状密封材料表面，再将配重加上，以防压力水从底座与路面间流出。

（4）将开关关闭，向量筒中注满水，然后打开开关，使量筒中的水下流以排出渗水仪底部内的空气，当量筒中水面下降速度变慢时用双手轻压渗水仪使渗水仪底部的气泡全部排出。关闭开关，并再次向量筒中注满水。

（5）将开关打开，待水面下降至 100mL 刻度时，立即开动秒表开始计时，每间隔 60s，读记仪器管的刻度一次，至水面下降至 500mL 时为止。测试过程中，如水从底座与密封材料间渗出，说明底座与路面密封不好，应移至附近干燥路面处重新操作。当水面下降速度较慢，则测定 3min 的渗水量即可停止；如果水面下降速度较快，在不到 3min 的时间内达到了 500mL 刻度线，则记录到达 500mL 刻度线时的时间；若水面下降至一定程度后基本保持不动，说明基本不透水或根本不透水，在报告中注明。

（6）按以上步骤在同一个检测路段选择 5 个测点测定渗水系数，取其平均值作为检测结果。

四、检测结果计算

计算时以水面从 100mL 下降至 500mL 所需的时间为标准，若渗水时间过长，也可以采用 3min 通过的水量计算。

$$C_W = \frac{V_2 - V_1}{t_2 - t_1} \times 60$$

式中：C_w——路面渗水系数，mL/min；

V_1——第一次计时时的水量，mL，通常为 100mL；

V_2——第二次计时时的水量，mL，通常为 500mL；

t_1——第一次计时的时间，s；

t_2——第二次计时的时间，s。

五、注意事项

（1）采用防水腻子作为密封材料时，要用新鲜的腻子，存放时要注意密封，时间较长或比较干燥的腻子不能再使用。

（2）对渗水较快，水面从 100mL 降至 500mL 的时间不长时，中间也可不读数；如果渗水太慢，则从水面降至 100mL 时开始，测记 3min 即可中止试验；若水面基本不动，说明路面不透水，则在报告中注明即可。

六、报告

现场检测，每一个检测路段应测定 5 个测点，计算其平均值作为检测结果。若路面不透水，在报告中注明渗水系数为 0。

第二节　沥青路面车辙测试方法

近年来，随着国内高速公路的大量通车运行，沥青路面的车辙现象日益严重，交通部 2004 年 3 号令《公路工程竣（交）工验收办法》和《公路技术状况评定标准》均已把车辙作为单独评定的技术指标。

一、仪具与材料

（1）路面横断面仪。如图 14-2 所示。其长度不小于一个车道宽度，横梁上有一位移传感器，可自动记录横断面形状，测试间距小于 20cm，测试精度 1mm。

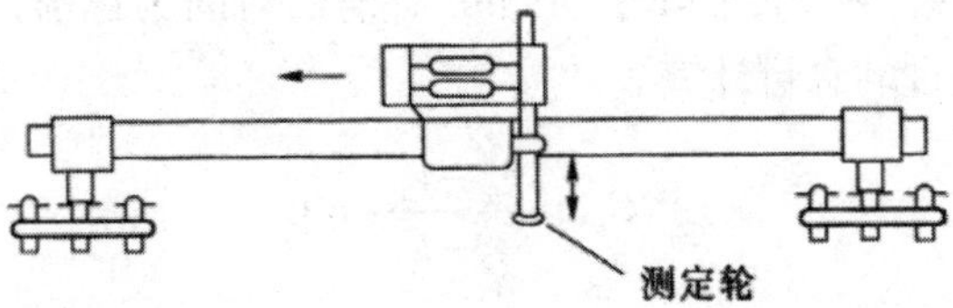

图 14-2　路面横断面仪示意图

（2）激光或超声波车辙仪。包括多点激光或超声波车辙仪、线激光车辙仪和线扫描激光车辙仪等类型，通过激光测距技术或激光成像和数字图像分析技术得到车道横断面相对高程数据，并按规定模式计算车辙深度。

要求激光或超声波车辙仪有效测试宽度不小于 3.2m，测点不少于 13 点，测试精度 1mm。

（3）横断面尺。如图 14-3 所示。横断面尺为硬木或金属制直尺，刻度间距 5cm，长度不小于一个车道宽度。顶面平直，最大弯曲不超过 1mm。两端有把手及高度为 10 ~ 20cm 的支脚，两支脚的高度相同。

（4）量尺。钢板尺、卡尺、塞尺，量程大于车辙深度，刻度至 1mm。

（5）其他。皮尺、粉笔等。

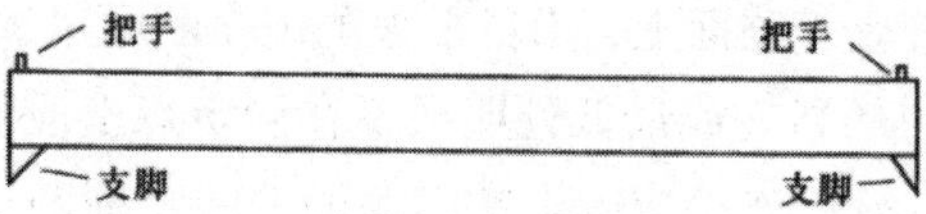

图 14-3　路面横断面尺示意图

二、方法与步骤

1. 确定车辙测定的基准测量宽度

（1）对高速公路及一级公路，以发生车辙的一个车道两侧标线宽度中点到中点的距离为基准测量宽度。

（2）对二级及二级以下公路，有车道区画线时，以发生车辙的一个车道两侧标线宽度中点到中点的距离为基准测量宽度；无车道区画线时，以形成车辙部位的一个设计车道宽度作为基准测量宽度。

2. 确定车辙测定的间距

以一个评定路段为单位，用激光车辙仪连续检测时，测定断面间隔不大于 10m。用其他方法非连续测定时，在车道上每隔 50m 作为一测定断面，用粉笔画上标记进行测定。根据需要也可按《公路路基路面现场测试规程》中的随机选点方法在行车道上随机选取测定断面，在特殊需要的路段如交叉口前后可予以加密。

3. 各种仪器的测定方法

（1）采用激光或超声波车辙仪的测试步骤如下：

将检测车辆就位于测定区间起点前；启动并设定检测系统参数；启动车辙和距离测试装置，开动测试车沿车道轮迹位置且平行于车道线平稳行驶，测试系统自动记录每个断面和距离数据；到达测定区间终点后，结束测定；系统处理软件按照规定的模式通过各横断面相对高程数据计算车辙深度。

传感器数量较多的设备能够采集到全部计算控制点的高程，因此车辆在车道上的行驶位置对测试结果的影响不大；但传感器数量少的设备，必须保证车辆严格在行车轨迹上行驶，否则将导致传感器与车辙计算控制点错位，采集不到控制点高程数据，进而计算出错误的车辙深度。

（2）采用路面横断面仪的测试步骤如下：

将路面横断面仪就位于测定断面上，方向与道路中心线垂直，两端支脚立于测定车道的两侧边缘，记录断面桩号；调整两端支脚高度，使其等高；移动横断面仪的测量器，从测定车道的一端移到另一端，记录断面形状。

（3）采用横断面尺的测试步骤：

将横断面尺就位于测定断面上，两端支脚置于测定车道两侧；沿横断面尺每隔20cm一点，用量尺垂直立于路面上，用目平视测记横断面尺顶面与路面之间的距离，准确至1mm。如断面的最高处或最低处明显不在测定点上应加测该点距离；记录测定读数，绘出断面图，最后连接成圆滑的横断面曲线；横断面尺也可用线绳代替；当不需要测定横断面，仅需要测定最大车辙时，亦可用不带支脚的横断面尺架在路面上由目测确定最大车辙位置并用尺量取。

三、检测结果计算

（1）根据断面线按图14–4的方法画出横断面图及顶面基准线。通常为其中一种形式。

（2）在图上确定车辙深度 D_1 及 D_2，读至1mm。以其中最大值作为断面的最大车辙深度。

（3）求取各测定断面最大车辙深度的平均值作为该评定路段的平均车辙深度。

（4）由于造成车辙的原因不同（沥青混合料推挤流动、压密、路基压实、沉降）以及车轮横向分布的不同，车辙形状是不同的。断面图概括了不同形状及不同程度的车辙。

世界各国采用的车辙深度计算方法有所不同。例如，美国以两条车辙中部最高点与车辙最低点的两个高差的平均值作为测试断面的车辙深度，这种模式只要测横断面上3点的高程即可；而我国将车辙分为7种形式，先通过控制点画出基准线，再以车辙最低点到基准线的距离作为车辙深度，并且只取同一断面上的最大深度作为测试结果。

四、检测报告

测试报告应记录下列事项：

采用的测定方法；路段描述，包括里程桩号、路面结构及横断面、使用年限、交通情况等；各测定断面的横断面图；各测定断面的最大车辙深度表；各评定路段的最大车辙深度及平均车辙深度；根据测定目的应记录的其他事项或数据。

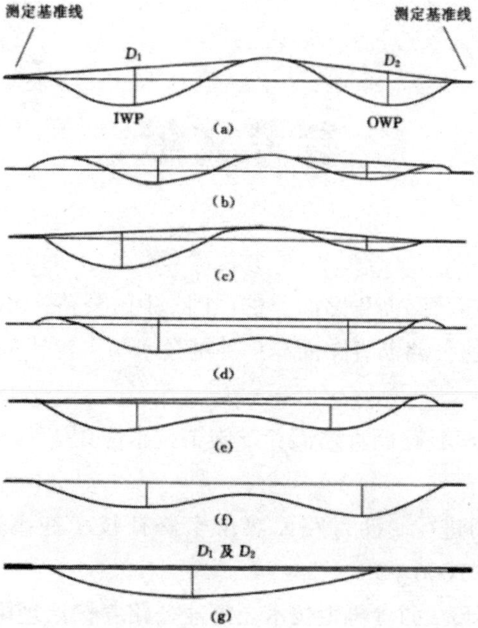

图 14–4　不同形状、不同程度的路面车辙示意图

参考文献

[1] 王春昱 . 高速公路沥青路面养护［J］. 中国公路，2016（5）.

[2] 高建立 . 高速公路沥青路面养护关键技术与工程实例［M］. 人民交通出版社，2006.

[3] 李增辉 . 高速公路沥青路面养护施工技术应用［J］. 山西建筑，2018，44（9）：134–135.

[4] 赵树生，杨进伦 . 沥青路面热再生修补技术在高速公路养护中的应用［J］. 公路交通技术，2006（3）：33–34.

[5] 叶继闹，李玲 . 沥青再生技术在高速公路养护治理中的应用［J］. 中国高新技术企业，2016（24）：105–106.

[6] 胡洋 . 沥青路面再生技术在高速公路养护中的应用［J］. 低碳世界，2016（30）：199–200.

[7] 孙青，王真，袁堂涛 . 热再生设备在高速公路养护中的应用［J］. 中国公路，2011（15）：116–118.

[8] 萧继辉 . 微波热再生技术在莞深高速公路养护中的应用［J］. 交通世界：建养，2007，149（6S）：104–105.

[9] 刁红雨 . 浅析微波热再生技术在高速公路沥青路面养护中的应用［J］. 中国新技术新产品，2011（4）：163–164.

[10] 郑珏琳 . 浅谈热再生技术在高速公路养护中的应用［J］. 现代企业文化，2009（12）：176–177.

[11] 黄江红 . 高速公路沥青路面检测技术［J］. 广西质量监督导报，2008（8）：123–124.

[12] 明图章，蔡瑾，胡光伟 . 路面检测技术在高速公路沥青路面养护应用研究［J］. 西部探矿工程，2009，21（4）：219–221.

[13] 李辉 . 探究高速公路沥青路面养护管理中路面检测技术的应用［J］. 城市建筑，2014（4）：269–270.

[14] 王吉林，杜文靖，王国强 . 沥青路面检测技术现状［J］. 交通科技与经济，

2003，5（3）.

［15］来战华. 路基、路面检测技术与质量控制［J］. 黑龙江交通科技，2012（8）：33-33.

［16］马玉兰，常静，肖峰. 浅谈道路检测技术［J］. 山西建筑，2007，30（32）：280-282.

［17］郑世强. 高速公路路面检测技术探讨［J］. 黑龙江交通科技，2011（9）：59-59.

［18］关博文，晏宇，刘开平. 浅谈路面检测技术［J］. 北方交通，2008（8）：1-3.

［19］倪一超，颜习. 沥青混凝土路面检测技术［J］. 中国新技术新产品，2010（8）：55-55.

［20］杨静，李孝兵. 路面检测技术现状及未来发展趋势［J］. 公路交通科技（应用技术版），2012（1）：104-106.